Von öffentlichen Einrichtungen zu sozialen Unternehmen

Modernisierung des öffentlichen Sektors   Sonderband **16**

Herausgegeben von

Carl Böhret	Hochschule für Verwaltungswissenschaften, Speyer
Hans Brinckmann	Gesamthochschule Kassel, Forschungsgruppe für Verwaltungsautomation
Dietrich Budäus	Hochschule für Wirtschaft und Politik, Arbeitsbereich Public Management, Hamburg
Gisela Färber	Hochschule für Verwaltungswissenschaften, Speyer
Sabine Groner-Weber	Vereinte Dienstleistungsgewerkschaft – ver.di, Bundesverwaltung, Berlin
Rolf G. Heinze	Ruhr-Universität Bochum, Fakultät für Sozialwissenschaften
Joseph Huber	Martin-Luther-Universität Halle-Wittenberg, Institut für Soziologie
Werner Jann	Universität Potsdam, Wirtschafts- und sozialwissenschaftliche Fakultät
Berndt Keller	Universität Konstanz, Fakultät für Verwaltungswissenschaften
Erika Mezger	Leiterin der Abteilung Forschungsförderung der Hans-Böckler-Stiftung, Düsseldorf
Frieder Naschold ✟	Wissenschaftszentrum Berlin für Sozialforschung
Christoph Reichard	Universität Potsdam, Wirtschafts- und sozialwissenschaftliche Fakultät
Kuno Schedler	Universität St. Gallen, Institut für öffentliche Dienstleistungen und Tourismus
Heinrich Tiemann	Abteilungsleiter im Bundeskanzleramt, Berlin

Gedruckt mit freundlicher Unterstützung der Hans-Böckler-Stiftung.

Adalbert Evers, Ulrich Rauch, Uta Stitz

Von öffentlichen Einrichtungen zu sozialen Unternehmen

Hybride Organisationsformen im Bereich sozialer Dienstleistungen

Eine Studie der Hans-Böckler-Stiftung.

Die Deutsche Bibliothek - CIP-Einheitsaufnahme

Evers, Adalbert:
Von öffentlichen Einrichtungen zu sozialen Unternehmen :
hybride Organisationsformen im Bereich sozialer
Dienstleistungen ; [eine Studie der Hans-Böckler-Stiftung] /
Adalbert Evers ; Ulrich Rauch ; Uta Stitz. - Berlin : Ed. Sigma, 2002
  (Modernisierung des öffentlichen Sektors : Sonderband ; 16)
  ISBN 3-89404-766-6

ISBN 3-89404-766-6
ISSN 0948-2555

Copyright 2002 by edition sigma, Berlin.
Alle Rechte vorbehalten. Dieses Werk einschließlich aller seiner Teile ist urheberrechtlich geschützt. Jede Verwertung außerhalb der engen Grenzen des Urheberrechtsgesetzes ist ohne schriftliche Zustimmung des Verlags unzulässig und strafbar. Das gilt insbesondere für Vervielfältigungen, Mikroverfilmungen, Übersetzungen und die Einspeicherung in elektronische Systeme.

Druck: Rosch-Buch, Scheßlitz   Printed in Germany

Inhalt

Vorwort 9

1. **Gegenstand, analytisches Konzept und Methodik der Studie** 11
   Adalbert Evers

1.1 Welche Chancen bieten Tendenzen zur Verschränkung von sozialstaatlichen, marktbezogenen und bürgergesellschaftlichen Elementen in sozialen Einrichtungen und Diensten? – Die Fragestellung des Projekts 11

1.2 Zum theoretischen und begrifflichen Gerüst der Untersuchung 15

1.2.1 Zur Nachrangigkeit herkömmlicher Definitionen und sektoraler Abgrenzungen 15

1.2.2 Möglichkeiten und Dimensionen hybrider Organisationsformen 20

1.2.3 Zum Konzept des sozialen Kapitals 23

1.2.4 Ressourcenmix 26

1.2.5 Zielbündel 29

1.2.6 Wer nimmt Einfluss und wer steuert? Soziale Einbettung und Lokalisierung 32

1.2.7 Veränderte Organisationskulturen und Handlungsstile – auf dem Weg zu sozialen Unternehmen? 35

1.3 Zur Methodik der Studie 40

2. **Der Bereich Schule** 45
   Uta Stitz, Claudia Wiesner

2.1 Zum Hintergrund der Fallbeispiele 45
2.2 Fallbeispiele im Bereich Schule 72
2.2.1 Die Georg-August-Zinn-Schule (GAZ), Kassel 72
2.2.2 Die Helene-Lange-Schule (HLS), Wiesbaden (Hessen) 77

2.2.3	Die Grund- und Hauptschule Stuttgart-Degerloch (Filderschule)	82
2.2.4	Die Pestalozzischule Durlach: Grund- und Hauptschule mit Werkrealschule	87
2.2.5	Die 9. Grundschule (9. GS) Prenzlauer Berg, Berlin	92
2.2.6	Die Integrierte Stadtteilschule Hermannsburg, Bremen	97
2.3	Diskussion und Auswertung der Fallbeispiele	101

3. Der Bereich Kultur und Sport 113
Uta Stitz

3.1	Zum Hintergrund der Fallbeispiele	113
3.2	Fallbeispiele im Bereich Kultur und Sport	124
3.2.1	Das Bürgerzentrum Alte Feuerwache, Köln	124
3.2.2	Der Kulturverein riesa efau, Dresden	128
3.2.3	Das Reiss-Museum Mannheim	132
3.2.4	Das Stadttheater Fürth	137
3.2.5	Die Öffentliche Bibliothek Braunschweig	141
3.2.6	Die Kinder- und Jugendbücherei Kolibri, Hamburg	145
3.2.7	Das Hellweg-Bad, Unna-Lünern	149
3.3	Diskussion und Auswertung der Fallbeispiele	153

4. Der Bereich Altenpflege und Altenhilfe 163
Ulrich Rauch

4.1	Zum Hintergrund der Fallbeispiele	163
4.2	Fallbeispiele im Bereich Altenpflege und Altenhilfe	173
4.2.1	Der Krankenpflegeverein (KPV) in Adelberg, Baden-Württemberg	173
4.2.2	Der Senioren-Kreativ-Verein Halle	179
4.2.3	Die Diakoniestation Weil am Rhein – Vorderes Kandertal e.V.	184
4.2.4	Der Kreisverband der Volkssolidarität Altenburg e.V.	190

4.2.5	Der Nachbarschaftshilfeverein der Glückauf Wohnungsbaugesellschaft mbH in Lünen	195
4.2.6	Das Modernisierungskonzept der evangelischen Kirche Hessen-Nassau (EKHN) – ein Beispiel aus der Praxis	200
4.3	Diskussion und Auswertung der Fallbeispiele	206

5. Zusammenfassung und Auswertung der Befunde 217
Adalbert Evers

5.1	Verschiedene Muster der Verknüpfung von Staat, Markt und Sozialkapital	217
5.1.1	Im Trend oder gegen den Strom – Bereichsspezifische Traditionen und Entwicklungspfade	219
5.1.2	Partnerschaften und organisationsinterner Mix – Zum Zusammenhang von Innen und Außen	220
5.1.3	Zwischen öffentlicher Einrichtung und Verein – Unterschiedliche Formen der Trägerschaft	222
5.1.4	Weniger staatliche Garantien und mehr öffentliche Verantwortung?	223
5.1.5	Staatliche Beiträge – Weniger Geld, mehr Spielraum?	225
5.1.6	Der Beitrag von sozialem Kapital – zusätzliche Ressource und Mittel der lokalen sozialen Einbindung	226
5.1.7	Marktelemente – Zwischen Ökonomisierung und unternehmerischer Orientierung	229
5.1.8	Positive Effekte der Verschränkung staatlicher, marktlicher und bürgerschaftlicher Elemente	230
5.1.9	Organisationskultur und Selbstverständnis	232
5.1.10	Auswirkungen auf die Qualität der Angebote – der sozialpolitische Aspekt	234
5.1.11	Auswirkungen auf Beschäftigung – ein wirtschaftlicher Aspekt	237
5.1.12	Auswirkungen auf Entscheidungsstrukturen – der demokratiepolitische Aspekt	242

5.2	Zentrale Herausforderungen und Schwierigkeiten	244
5.2.1	Kann man zugleich Verein, Unternehmen und öffentliche Dienstleistung sein?	244
5.2.2	Andere Leitbilder für Beschäftigung und Mitarbeit	246
5.2.3	Modernisierungskosten und Modernisierungsgewinne – Wer bekommt was?	248
5.2.4	Eine neue Balance zwischen Vielfalt und Chancengleichheit?	249
5.2.5	Beteiligung nicht nur als Recht, sondern auch als Verpflichtung?	252
5.2.6	Aktivierung demokratischer Politik oder Bedienung privater Sonderinteressen?	255
5.3	Resümee: Auf dem Weg zu sozialen Unternehmen – Von der Tendenzbeschreibung zur Handlungsempfehlung	259

Literatur 267

Vorwort

Die folgende Studie entstand im Rahmen eines von der Hans-Böckler-Stiftung geförderten Forschungsprojekts am Institut für Sozialforschung (IfS) der Johann Wolfgang Goethe Universität in Frankfurt a.M. *Adalbert Evers* war dort bis Ende 2001 als Mitglied des Kollegiums des Instituts tätig. *Uta Stitz* war während der Zeit der Projektdurchführung wissenschaftliche Mitarbeiterin am IfS und *Ulrich Rauch* im Rahmen seiner Tätigkeit als wissenschaftlicher Mitarbeiter von A. Evers an der Justus-Liebig-Universität in Gießen am Forschungsprojekt beteiligt. Die wesentlichen empirischen Arbeiten für das Projekt wurden in der Zeit von Herbst 1998 bis Herbst 2000 durchgeführt. Der Abschlussbericht wurde im Mai 2001 fertig gestellt. Die hier vorgelegte Publikation enthält etwa die Hälfte der darin präsentierten Fallbeispiele. Frau *Claudia Wiesner*, wissenschaftliche Mitarbeiterin von Herrn Evers, aktualisierte und erweiterte den dem Problemfeld Schule gewidmeten Teil. Außerdem wurden neuere Literaturbeiträge eingearbeitet und kritische Hinweise von Kolleginnen und Kollegen berücksichtigt.

Die Verfasser möchten sich an dieser Stelle bei Frau Dr. *Mezger* von der Hans-Böckler-Stiftung für gute Zusammenarbeit und aktive Unterstützung bedanken und bei allen Gesprächspartnerinnen und -partnern im Rahmen der Durchführung von Interviews und Recherchen für die Zeit und Mühe, die sie aufgewendet haben. Unser Dank gilt auch denjenigen, die uns mit Blick auf die Veröffentlichung kritische Hinweise gegeben haben – insbesondere Dr. *Ingo Bode* von der Universität Duisburg, mit dem wir auch in anderen Projekten kooperieren.

Unsere Arbeit am Forschungsprojekt und der hier vorgelegten Veröffentlichung war und ist von der Hoffnung auf Widerhall getragen – nicht nur im wissenschaftlichen Bereich, sondern auch bei denjenigen, die zur Zukunftssicherung öffentlicher Dienste und Einrichtungen etwas unternehmen wollen.

Gießen, Dezember 2001
Adalbert Evers
Ulrich Rauch
Uta Stitz

1. Gegenstand, analytisches Konzept und Methodik der Studie

Adalbert Evers

1.1 Welche Chancen bieten Tendenzen zur Verschränkung von sozialstaatlichen, marktbezogenen und bürgergesellschaftlichen Elementen in sozialen Einrichtungen und Diensten? – Die Fragestellung des Projekts

Viele der gegenwärtigen Veränderungen im Bereich öffentlicher sozialer Dienstleistungen könnte man unter die Überschrift der „schleichenden Privatisierung" stellen: Wo Quantität und Qualität von öffentlichen Leistungen nicht mehr den Erwartungen der Bürger entsprechen, suchen die entsprechenden Einrichtungen, aber auch die betroffenen Bürger, jeweils im Rahmen ihrer Möglichkeiten nach individuellen Auswegen; zugleich wittern hier aber auch kommerzielle Anbieter ihre Chance. „Sozialstaatsreform" auf diesem Wege kann dann z.B. bedeuten, dass man sich Pflegeleistungen immer mehr auf eigene Kosten am grauen Markt individueller Hilfeangebote für Haushalt und Pflege besorgt; im Kulturbereich bedeutet es vielfach, dass Ausgaben umgeschichtet werden auf solche Angebote, die sich besser verkaufen; im Schulbereich meint „schleichende Privatisierung", dass Eltern, die es sich leisten können, auf Privatschulen ausweichen oder Mängel des Schulsystems zunehmend durch teure private Nachhilfeangebote auszubessern suchen. Die öffentliche Hand selbst tut das ihrige, wenn sie z.B. den Betrieb von Einrichtungen wie Bädern und Sportstätten an kommerzielle Anbieter oder aber Verbände abgibt und das Entscheiden über ihre Zukunft dem einzelnen Investor und den Konsumenten oder aber Arbeitsgemeinschaften freier Träger und Vereine überlässt. Und die Ergebnisse der viel diskutierten Studie PISA 2000 (Deutsches PISA-Konsortium 2001; OECD 2001b) wird unter anderem denen Auftrieb geben, die auch im Schulbereich vor allem mehr Markt fordern.

Es sollte jedoch nicht übersehen werden, dass es heute gleichzeitig viele Fälle gibt, wo lokale Einrichtungen und die dort arbeitenden Fachkräfte, sowie ihre Partner in der Verwaltung, bei den Nutzern und in der lokalen Community, auch Bewältigungsstrategien entwickeln, die

- einer gemeinsamen Anstrengung entspringen;
- darauf abzielen, Qualitäten bei vorhandenen Einrichtungen zu wahren oder zu verbessern, statt mit individuellem „Exit" zu kommerziellen Alternativen zu reagieren;
- Eigenbeteiligung und Mitarbeit nicht nur als Notmaßnahme auf Grund nicht vorhandener Alternativen ansehen, sondern – auch in Verbindung mit Gegenwehr – zum Ausgangspunkt von Mitgestaltungsforderungen und Strategien der Übernahme von Verantwortlichkeiten machen.

Vor allem an derartigen Versuchen, lokale Bewältigungsstrategien zu entwickeln, die jenseits von Anpassung nach Innovationen und Auswegen suchen, hat die vorliegende Untersuchung angesetzt. Uns interessierten Beispiele, bei denen es nicht nur um die Überwälzung von staatlichen Lasten und ihre schlichte Übernahme durch die Bürger geht, bei weitgehend unveränderter Qualität der Angebote, sondern wo *auch* versucht wird, in diesem Zusammenhang etwas anders und besser zu machen. Das kann sowohl die Qualität der Dienste und Einrichtungen (den sozialen Aspekt), Fragen der Betriebsführung (den wirtschaftlichen Aspekt) als auch Entscheidungsstrukturen und Mitgestaltungsmöglichkeiten (den demokratischen Aspekt) betreffen. In der Regel sind die von uns in dieser explorativen Studie aufgegriffenen Beispiele jenseits der schlichten Alternativen staatlich-öffentliche Verantwortung versus Privatisierung und individuelle Eigenverantwortung angesiedelt; es kommt eine dritte Dimension mit ins Spiel: die der Bürgergesellschaft als Bezugspunkt für Sozialstaatlichkeit (Olk 2001) – z.B. in Form der engagierten Mitarbeit, des gemeinsamen Handelns, der Mobilisierung lokaler Unterstützung durch Spenden, Sponsoring u.Ä. (speziell dazu Evers/Rauch/Stitz 2001).

Die zentrale Arbeitshypothese unserer Untersuchung lautete: Statt in einer Diskussion um die Zukunft sozialer Dienste und Einrichtungen lediglich staatliche Lösungen zu verteidigen, privatwirtschaftliche Alternativen oder eine freie Trägerschaft im „Dritten Sektor" zu fordern, wäre es möglicherweise realitätsangemessener, aber auch ergiebiger, Entwicklungen aufzugreifen, die diese Elemente zu kombinieren suchen. Soziale Dienste und Einrichtungen präsentieren sich heute vielfach als gemischte Strukturen, in denen sich staatliche Mitverantwortung, Engagement aus der Bürgergesellschaft und die Nutzung von Marktelementen miteinander verknüpfen, sodass Organisationen einen „hybriden" Charakter aufweisen, der freilich je nach Standort im Spannungsfeld von Markt, Staat und Bürgergesellschaft unterschiedlich ausgeformt ist. Es spricht einiges dafür, dass die bewusste Verschränkung der verschiedenen Elemente besondere

Möglichkeiten der Revitalisierung solcher Organisationen bietet und Synergieeffekte freisetzt.

Der Vorteil solcher innerorganisatorischer Verschränkungen verschiedener Logiken und Organisationsprinzipien und entsprechend gemischter Strukturen wäre, dass sich Ressourcen verschiedener Art ergänzen, eine Mehrzahl von Zielen gebündelt und kooperative Entscheidungsstrukturen gefunden werden könnten, die Kompromisse zwischen verschiedenen Interessen und Blickwinkeln erleichtern würden.

- *Ressourcen* wie die staatlicher Finanzmittel, von Erträgen aus Beziehungen zum Privatsektor und von Unterstützungsleistungen aus der Bürgergesellschaft,
- *Ziele* wie die der Sozialverpflichtung gegenüber der Gesellschaft als Ganzer, der Erschließung von Effizienz steigernden Mechanismen, wie sie in der Marktwirtschaft entwickelt worden sind, und der Abstimmung auf die besonderen Bedürfnisse einer Gruppe oder örtlichen Gemeinschaft,
- *Entscheidungsstrukturen und Einflussgrößen* wie die bürokratischer Hierarchien, repräsentativer demokratischer Entscheidungen und direkter als auch indirekter Beteiligungsformen von Kunden, Nutzern, aber auch interessierten „Teilhabern" („Stakeholder") im Umfeld der Einrichtung.

Eine derartige Reformperspektive bedeutet analytisch, die aus der Diskussion über den Umbau des Sozialstaates bereits seit längerem bekannte Frage nach einem zukünftigen Wohlfahrtsmix gewissermaßen in die einzelne Organisation hinein zu verlagern. Es gilt zu fragen, wie deren Strukturen gesichert und verbessert werden können, indem man drei Elemente in ein neues Verhältnis setzt:

(a) Staatliche Vorgaben und Beiträge,
(b) unternehmerische Eigeninitiative und Nutzung privatwirtschaftlicher Mittel und
(c) die engagierte Eigeninitiative von unmittelbar Beteiligten sowie weiteren Gruppen und Instanzen im Umfeld (vgl. auch Abb. 2).

Die Orientierung an den Ressourcen, aber auch an den Bedürfnissen des jeweiligen sozialen Umfelds, das Aufgreifen unternehmerischer Initiative und die Notwendigkeit der Beachtung wirtschaftlicher Erfordernisse kann aus öffentlichen Einrichtungen der Tendenz nach so etwas wie *soziale Unternehmen* werden lassen. Wir operieren hier mit einem Begriff, der bislang oft nur für solche Organisationen im Dritten Sektor verwendet wurde, die sich vor allem Aufgaben der sozialen Integration und der Schaffung von Arbeits- und Beschäftigungsmöglichkeiten verschrieben haben. Im Unterschied dazu soll er hier für alle Organisationen verwendet werden, die – ob nun im Bereich der staatlich-öffentlichen Einrichtungen oder des Dritten Sektors – mit einem gewissen Maß an Entscheidungsautonomie ausgestattet sind, unternehmerisch handeln, sich aber einem Bündel sozialer Ziele verschrieben haben.

Beispiele für derartige Entwicklungen sind von uns in den drei Feldern „Schule", „Kultur und Sport" sowie „Altenpflege und Altenhilfe" ausgewählt worden: Es sollten einerseits Felder herangezogen werden, die als sozialstaatliche Kernbereiche gelten können und nicht unter dem Verdikt stehen, nur für einen Randbereich der sozialstaatlichen Wirklichkeit im Dienstleistungssektor zu stehen; sie sollten jenen breiten „öffentlichen Bereich" abdecken, der herkömmliche Abgrenzungen zwischen dem Sektor staatlicher/kommunaler Einrichtungen und dem Sektor der freien Träger übergreift. Außerdem sollte gezeigt werden, wie Initiativen in Richtung auf einen „Mix" in Bereichen wirken, die historisch sehr unterschiedlich geprägt sind – durch eine Vielfalt der Ressourcen (wie der Kulturbereich), durch einen große Rolle „freier Trägerschaft" (wie im Altenpflegebereich) oder durch die alles überschattende Dominanz staatlicher und kommunaler Ressourcen und Regeln (wie im Schulbereich).

Die explorative Studie soll also eine theoretische Argumentationsfigur mit einer empirischen Untersuchung verbinden. Sie soll zeigen, dass gegenwärtig in der Bundesrepublik vor Ort vielfach etwas passiert, das quer zu Sichtweisen steht, die jeweils in einem von drei „Sektoren" – Markt, Staat oder Drittem Sektor – nach Alternativen suchen. Derartige reale Entwicklungen sollten durch Politik, Verwaltung und andere Akteure aufgegriffen werden, um einem öffentlichen Bereich von Einrichtungen und Diensten wieder eine Dynamik und breite Legitimität zu geben, die weder mit der Verteidigung staatlich-kommunaler Lösungen noch durch Privatisierung und Kommerzialisierung zu erreichen sind, aber auch nicht in einem „Dritten Sektor" gefunden werden können.

Für unsere Untersuchung von Fallbeispielen unter dem Gesichtspunkt, wie öffentliche Angebote erhalten und erneuert werden können, hatten drei Fragen besondere Bedeutung:

1. Welche Formen nimmt hier jeweils der Beitrag aus dem Bereich „Staat", „Markt" und der Bürgergesellschaft mit ihrem „sozialen Kapital" an, und wie verhält es sich jeweils mit der Verschränkung dieser Elemente?

2. Was ergibt sich aus derartigen „hybriden" Strukturen für die Qualität der Dienste und Einrichtungen, ihr Selbstverständnis und ihren Arbeitsstil?
3. Was kann man speziell mit Blick auf Fragen der Beschäftigung und Mitarbeit beobachten?

1.2 Zum theoretischen und begrifflichen Gerüst der Untersuchung

Die folgenden Kapitel sollen darstellen, welche theoretischen Vorüberlegungen für den gerade skizzierten Ansatz der Studie maßgebend waren. Zu diesem Zweck werden einige der für sie wesentlichen und später immer wieder aufgegriffenen Begriffe erläutert.

1.2.1 Zur Nachrangigkeit herkömmlicher Definitionen und sektoraler Abgrenzungen

Das zuvor skizzierte erkenntnisleitende Interesse der Studie lässt sich mit der Frage umschreiben, wie zeitgemäße Formen aussehen könnten, mittels derer *öffentliche* und *soziale* Einrichtungen und Dienste erhalten und erneuert werden können. Eine Erläuterung ist hier notwendig, da beide Begriffe verschieden verstanden und verwendet werden können.

Wenn im Folgenden der Begriff „*sozial*" verwendet wird, dann soll damit keine Abgrenzung gegenüber anderen Politikfeldern, wie z.B. der Kultur oder der Bildung, markiert werden, d.h. „sozial" ist hier nicht mit sozialer Unterstützung gleichzusetzen. Wir möchten einer anderen Definition folgen, bei der „sozial" im Sinne von „orientiert an Bedürfnissen von Gemeinschaft und Gesellschaft" verwendet wird. Bereits hier ergibt sich eine Verwandtschaft mit dem Begriff „öffentlich", nämlich dann, wenn man öffentliche Einrichtungen als allgemein zugänglich definiert. Diese Nähe wird im angelsächsischen Sprachgebrauch mit der Verwendung der zwei Leitbegriffe „public good" und „public sector" (zum Überblick vgl. Lane 1993) noch deutlicher.

Nun ist es ein spezifisches Merkmal des deutschen Sozialstaats, dass soziale Angebote und Dienste sowohl unmittelbar staatlich-kommunal als auch von freien und privatwirtschaftlichen Trägern erbracht werden. Im Zusammenhang mit der Produktion von Gütern und Leistungen wird gemeinhin jedoch mit einer Gegenüberstellung von „öffentlich" und „privat" operiert, bei der das Attribut „öffentlich" nur den staatlich/kommunal verwalteten Angeboten, Trägern und Einrichtungen zukommt (Gablers

Lexikon des Wirtschaftsrechts 1972; HdWW 1980; Ehrhardt 1989). In der deutschen verwaltungswissenschaftlichen Diskussion hat man den angelsächsischen Begriff des „öffentlichen Sektors" übernommen, wobei darunter in der Regel die staatlich/kommunale Leistungsverwaltung und der Finanzierungsbereich öffentlicher Haushalte verstanden wird (vgl. Naschold 1995: 11f., 44).

Aber nicht nur die umfangreiche Diskussion über die Möglichkeiten der staatlichen *Finanzierung* privater Angebote, staatliche *Gewährleistung* bei nicht-staatlicher Trägerschaft und die Prozesse einer schleichenden Etatisierung und Kommerzialisierung von Organisationen des Dritten Sektors verweisen darauf, dass der Begriff des öffentlichen Sektors nicht so trennscharf ist, wie sein Klang vermuten lässt (Wimmer 1999). Auch in der angelsächsischen Debatte gibt es verschiedene Fassungen des Begriffs. Sie reichen von der gerade angesprochenen engen Fassung des öffentlichen Sektors als dem Bereich staatlicher Finanzverwendung und staatlich finanzierter und betriebener Einrichtungen und Dienste bis zu einer weiten Fassung im Sinne von „government activity and its consequences" (Lane 1993: 14). Der Umfang des „public sector" wäre demnach durch die „Leistungstiefe" (Naschold et al. 1996), oder anders formuliert, die Reichweite und den Umfang eines vorrangigen Geltungsbereichs regulativer staatlicher Politik geprägt.

Kehrseite der weit gehenden Identifikation von „öffentlich" und „staatlich" ist die Identifikation aller anderen Bereiche mit „privat". Vor diesem Hintergrund werden speziell im US-amerikanischen Sprachgebrauch freie Träger und gesellschaftliche Initiativen als private-non-profit dem Bereich der „private interest" und der „private action" zugeschlagen (vgl. dazu die Beiträge in Powell/Clemens 1998).

Geht man von derartigen Definitionen aus, dann verhandelt unsere Untersuchung Dienstleistungen aus zwei sehr verschiedenen Bereichen: dem öffentlichen Sektor als Bereich staatlicher Einrichtungen (so: im Untersuchungsbereich Schule) und dem – je nach Diktion – „private nonprofit sector"/"Dritten Sektor" (so: viele Einrichtungen des Untersuchungsbereichs Altenhilfe und Kultur). Was hat uns nun zu einem anderen Begriff des „öffentlichen Bereichs" geführt, der die Trennlinien zwischen öffentlich-staatlichem und „Drittem" Sektor eher als zweitrangig erachtet? Wenn wir die Diskussion über Entwicklungen bei den entsprechenden Diensten als Diskussion über Entwicklungen im *öffentlichen Bereich* führen wollen, so geht das auf einen soziologischen und politikwissenschaftlichen Begriff des „Öffentlichen" zurück. Er bezeichnet eine Sphäre des Meinungsaustausches, des Konflikts und der Konsensbildung, die zunächst als bürgerliche Öffentlichkeit Gestalt annimmt, dann aber mit Demokratie und Sozialstaat potenziell jedem Mitglied des politischen Gemeinwesens zugänglich wird. Was öffentlich erörtert wird, sind öffentliche Angelegenheiten. Einiges davon wird auf dem Wege der Gesetzgebung und Verwaltung auch zu einer Angelegenheit demokratischer Entscheidungen und staatlicher Verwaltung. Ein solcher Begriff von „öffentlichem Raum" und öffentlichen Angelegenheiten (dazu auch Fuchs 1992), wo die individuell und kollektiv Teilnehmenden als Bürger agieren, verweist auf den programmatischen Begriff der Bürgergesellschaft und eines politischen Gemeinwesens.

Angesichts dessen (und nicht nur, wie oft zugestanden wird, nach Maßgabe einer Etatisierung des Dritten Sektors) relativiert sich die Grenzziehung zwischen staatlichem Bereich und Drittem Sektor. Assoziationsformen in der Bürgergesellschaft, wie Vereine, Genossenschaften und freie Träger sozialer Angebote, sind nicht als Privatinitiative, sondern als gesellschaftliche, öffentlichkeitsbezogene Aktivitäten zu verstehen. In diesem Kontext haben Anheier und Salamon in der Diskussion zum „Dritten Sektor" und in impliziter Abgrenzung zum Begriff des „private nonprofit sector" den Begriff des „civil society sector" (Salamon/Anheier 1997) geprägt. Auch die Rede von „gemeinnützigen" Initiativen unterstreicht diesen Aspekt des Gesellschafts- und Öffentlichkeitsbezugs nicht-staatlicher Assoziations- und Trägerformen.

Vor diesem Hintergrund ergibt sich auch eine spezifische Definition des „öffentlichen Gutes" (Mansbridge 1998). Heute herrscht immer noch eine Definition vor, die als Kriterien für den „öffentlichen" Charakter eines Angebots entweder sachliche, gewissermaßen natürliche Eigenschaften (Musgrave/Peacock 1967) zugrundelegt oder, klassifikatorisch argumentierend, lediglich das faktische Maß allgemeiner Zugänglichkeit zum ausschlaggebenden Kriterium erklärt. In beiden Fällen bleibt man über die Konstitutionsbedingungen dafür, dass etwas ein öffentliches Gut wird, im Unklaren. Im Unterschied dazu wäre nach unserem Verständnis die Verleihung des Prädikats eines öffentlichen Gutes vor allem abhängig zu machen vom Gewicht, das dabei öffentlichen Erörterungsprozessen zukommt. Ausschlaggebend wäre dann, inwieweit die an diesem Prozess Beteiligten zu der Überzeugung gelangen, dass Angebote benötigt werden, bei denen im Interesse aller Beteiligten bestimmte Qualitäten verbindlich festgeschrieben werden sollten; derartige Festlegungen können bis zu dem Punkt führen, wo man im Interesse der Sicherstellung dieser Qualitäten auch die Finanzierungs- und Produktionsformen einer dauerhaften Kontrolle unterwirft. Dabei werden in der Regel sowohl die Gemeinwohlvorstellungen einer weiteren Öffentlichkeit als auch die Wertvorstellungen des engeren Adressatenkreises eine Rolle spielen.

Das führt zu einem weiteren Aspekt der Gemeinsamkeiten zwischen Einrichtungen und Diensten im staatlichen und im „Dritten" Sektor. Er hat damit zu tun, dass hier wie dort neben dem Herstellen von Diensten und Gütern andere Tätigkeiten und Orientierungen eine wichtige Rolle spielen. Öffentliche Anliegen – mögen es die der Allgemeinheit, der lokalen Gemeinschaft oder einer bestimmten Klasse oder Gruppe sein – erfordern in beiden „Sektoren" Engagement, politisches wie soziales. Es ist die Fähigkeit, Adressaten und Betroffene für soziale Kooperation und politische Beteiligung – etwa in Form von ehrenamtlichem Engagement – gewinnen zu können, die den öffentlichen Bereich von staatlichen und Dritte-Sektor-Organisationen insgesamt charakterisiert und ihn gleichzeitig von privaten Bereichen – speziell dem privatwirtschaftlichen Bereich – unterscheidet (Evers/Wintersberger 1990; 6/Leat 1996). Freiwilliges Engagement kann sich in kommunalen und kirchlich getragenen Altenheimen finden, kaum aber in einer kommerziellen Institution. 6/Leat haben zu Recht darauf aufmerksam gemacht, dass der Begriff des „voluntary sector" in England z.B. erst sehr spät den auf den gesamten Bereich öffentlicher Angelegenheiten gerichteten Begriff der „voluntary action" abgelöst hat.

Verwendet man den Begriff des öffentlichen Bereichs nicht länger synonym mit dem des öffentlichen Sektors, dann ergibt sich schließlich ein nicht ein für alle Mal nach technisch-organisatorischen Gesichtspunkten festzulegender Bereich. Was zum öffentlichen Gut und zur sozialen Einrichtung wird, bleibt immer umstritten, und es wird deshalb auch immer unscharfe Grenzen geben. Drei Aspekte sind dabei hervorzuheben.

Zum Ersten ist der schlichte Umstand festzuhalten, dass es verschiedene Öffentlichkeiten gibt: Was zum Beispiel in einer Gemeinde zum öffentlichen Problem wird und über die Einrichtung eines sozialen Dienstes als öffentliches Gut Gestalt annimmt, kann sich in einer anderen Gemeinde ganz anders bestimmen. Einerseits finden sich speziell im staatlichen Bereich Dienste und Einrichtungen, die quer durch die gesamte Republik die gleichen Standards aufweisen; andererseits gibt es aber auch andauernde Diskussion darüber, wie öffentliche Schulen, Pflegeeinrichtungen und kulturelle Angebote beschaffen sein sollten. Auf dem Wege der öffentlichen Auseinandersetzung wird es im staatlichen und gesellschaftlichen Bereich immer wieder Prozesse geben, bei denen sich aus „lokalen" Einzelinteressen und variierenden Definitionen eines möglichen öffentlichen Amtsinteresses ein breiteres öffentliches Interesse erst konstituiert. In diesem Zusammenhang spricht Mansbridge von der immer währenden Auseinandersetzung um das, was „öffentlich" und das, was „gut" ist (Mansbridge 1998: 17), und Calhoun ergänzt mit Blick auf den Dritten Sektor, dass dieser seine Aufgabe vor allem darin sehen sollte, eine Möglichkeit zu bieten, dies herausfinden zu können (Calhoun 1998: 23).

Zum Zweiten ist zu berücksichtigen, dass öffentliche Angebote immer einen unscharfen Rand gegenüber dem aufweisen, was sich an neuen Bedarfen erst öffentlich Geltung zu schaffen versucht bzw. zunächst nur lokal hier und dort als öffentliches Anliegen Anerkennung findet. Die Geschichte des Sozialstaates kennt viele Beispiele für Wege von einer minoritären, öffentlich erhobenen Forderung und Selbsthilfeaktivität hin zu einem standardisierten öffentlichen Angebot. Auf der einen Seite sind Einrichtungen und Initiativen in der Gesellschaft – von den Genossenschaften bis zu Bürgervereinen und karitativen Organisationen der Kirchen – Anstoßgeber für Prozesse öffentlicher Meinungsbildung gewesen, aus denen heraus sich die Verwandlung ihrer Hilfen und Dienste in staatliche Einrichtungen ergab. Auf der anderen Seite hat staatliche Politik solche gesellschaftlichen Initiativen wiederum in Dienst genommen und zu vertraglichen Partnern gemacht es (Sachße 1996; Evers/Sachße 2002). Die Geschichte von Schule, Altenhilfe- und Kultureinrichtungen kann hiervon ein beredtes Zeugnis geben.

Schließlich wird es ein immer wieder neu zu verhandelndes Problem sein, welche sozialen Angebote und Dienste in welchem Maße staatlich (durch parlamentarische Gremien und öffentliche Verwaltung) bestimmt werden sollen und wo und in welchem Maße gesellschaftliche Abstimmungsmechanismen sie ergänzen oder an ihre Stelle treten (Selbstverwaltung, Beteiligung unmittelbarer Nutzer). Traditionell hat sich das in einer ganzen Reihe entsprechender juristischer Formen widergespiegelt, die z.B. jenseits des verwaltungsunmittelbaren Bereichs auch die öffentlich rechtlichen Körperschaften (rechtlich gefasste Mitgliederorganisationen mit Selbstverwaltungsrechten wie die Sozialversicherungen) und Anstalten (Organisationen der Leistungsverwaltung mit Teilautonomie) kennen (Rinken 1971; Schuppert 1981). Man findet heute in der Literatur zum „institutional choice" und zum public management dementsprechend auch einen großen Reichtum organisatorischer und rechtlicher Formen, mittels derer zwischen Staat und gesellschaftlichem „Dritten Sektor" die Verantwortung für öffentliche Dienste in einem „abgestuften Staatsaufgabenkonzept" (Naschold/Bogumil 2000: 68) geteilt wird (für einen Überblick vgl. Naschold et al. 1996: 101f. sowie Naschold/Bogumil 2000).

Zusammenfassend kann man also sagen, dass wir in unserer Studie von einem weiten Begriff öffentlicher Einrichtungen und Dienste ausgegangen sind, der nicht allein den Sektor der staatlich/kommunal finanzierten und betriebenen Einrichtungen und Dienste umfasst, sondern auch Dienste, die von Organisationen des Dritten Sektors getragen werden.

■ 1.2.2 Möglichkeiten und Dimensionen hybrider Organisationsformen

Im Zusammenhang unserer weiten Fassung des Begriffs der „öffentlichen Einrichtungen und Dienste" ist bereits deutlich geworden, dass das theoretische Konzept, auf das hier Bezug genommen wird, das eines „welfare mix" ist (Evers 1990; Evers 1995a; Evers/Olk 1996; Pestoff 1998; Laville et al. 2000; zur Übersicht vgl. auch Kramer 1998 und 2000). Es lässt sich bildlich als „Wohlfahrtsdreieck" (Evers 1990) darstellen (vgl. Abb. 1).

≡ Abb. 1: Das „Wohlfahrtsdreieck"

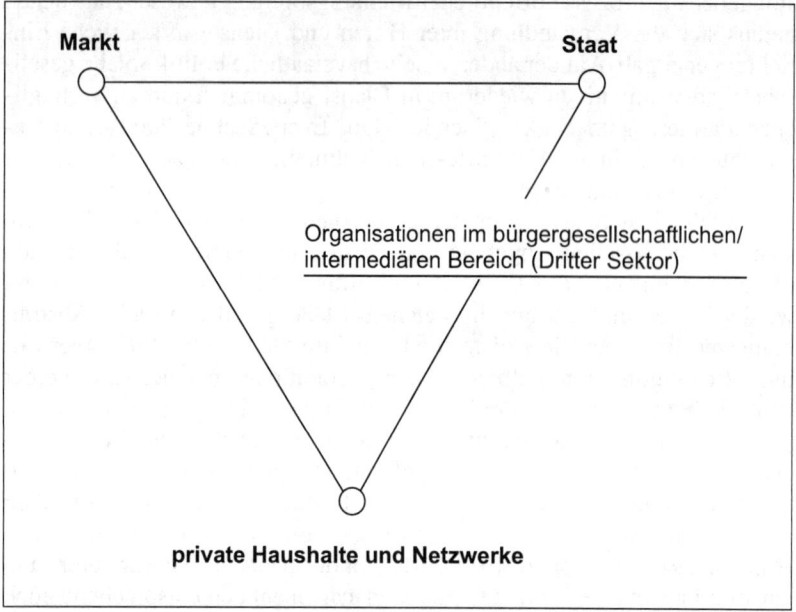

(nach: Evers 1990)

Analytisch lässt es sich kurz wie folgt charakterisieren:

– Zur Qualität gesellschaftlicher Wohlfahrtsentwicklung tragen neben Markt und Staat auch Organisationen der Bürgergesellschaft und informelle Gemeinschaften – wie etwa die privaten Haushalte und die Familien – bei.
– Während Markt, Staat und primäre Gemeinschaftsformen sich durch die Dominanz bestimmter Strukturprinzipien bestimmen lassen, ist

für Organisationen in der Bürgergesellschaft kennzeichnend, dass sich bei ihnen derartige Strukturprinzipien überlagern; dementsprechend wird hier häufig auch eher von einem *intermediären Bereich* als von einem Dritten Sektor gesprochen.

- Im Hinblick auf die *Ökonomie* von Organisationen im Dritten Sektor bedeutet das, dass sie drei verschiedene ökonomische Prinzipien miteinander verknüpfen: die „moralische" Ökonomie der Solidarität und wechselseitigen Unterstützung, die staatliche Ökonomie der Redistribution und die Ökonomie des Warentausches an Märkten; speziell im Hinblick auf diese wirtschaftssoziologische Dimension spricht man – speziell in der lateineuropäischen Diskussion – von einer „économie sociale", also einer Sozialwirtschaft (Seibel et. al. 1997) in dem Sinne, dass sich hier soziale und marktwirtschaftliche Elemente durchdringen.
- Diese Begrifflichkeit soll auch darauf verweisen, dass zwischen den oben genannten Bereichen von Staat, Markt und Gemeinschaften in ihrem Bezug zum bürgergesellschaftlichen Bereich *kaum trennscharfe sektorale Abgrenzungen* zu ziehen sind: Es gibt Organisationen an der Grenze von Gemeinschaft und Gesellschaft, Staat und „freier Wohlfahrtspflege", aber auch im Zwischenfeld von privatwirtschaftlicher und sozialer Orientierung.

Im Rahmen dieses Theoriekonzepts ergeben sich für die Organisation sozialer Einrichtungen und Dienste unterschiedliche „Mixturen" und Einfärbungen; im Hinblick auf drei Aspekte soll dies näher behandelt werden:

Die Ebene der *Ressourcen:* Idealtypisch kann es sich ausschließlich um staatliche Finanzierungsmittel handeln, um Einkommen aus Wettbewerbsmärkten oder um die Finanzierung aus Freiwilligenarbeit, wechselseitiger Unterstützung, Mitgliederbeiträgen und Spenden.

Die Ebene der *Ziele:* Sie können je nach Verortung von Träger und Einrichtung idealtypische wohlfahrtsstaatliche Ziele sein (gleiche Verteilung von Gütern und Leistungen), von Marktprinzipien bestimmt sein (Dominanz von Rentabilitätszielen), aber auch einem gesellschaftlichen Teilbereich und -interesse entspringen (Verbesserung der Lebensbedingungen einer bestimmten Adressatengruppe, die mitunter aus den Mitgliedern und Gründern der Organisation besteht).

Die Ebene der *Einfluss- und Entscheidungsstrukturen:* Sie können je nach Verortung von Träger und Einrichtung idealtypisch weitgehend von staatlicher Politik und Verwaltung geprägt sein, vor allem bei den Mitgliedern und den tragenden gesellschaftlichen Interessengruppen liegen oder auch in hohem Maße bei den Marktpartnern verortet sein.

Weitere wichtige Aspekte betreffen *Organisationskultur* und *Handlungsstil:* Bei staatlichen Einrichtungen sind sie herkömmlicherweise durch den bürokratisch-hierarchischen Modus bestimmt, der bestimmte Verfahren der Betriebsführung, des Rechnungswesens, der Standardisierung von Leistungen, aber auch der Personalpolitik einschließt – bis hin zu den Besonderheiten von Arbeitsmärkten im öffentlichen Bereich (Beförderungsregeln, Rekrutierungspolitik etc.); ganz anders präsentieren sich in der Regel vor allem von Bürgerengagement geprägten Organisationen „sozialer Bewegung", wo z.b. der Handlungsstil auf Grund der großen Anteile von solidarischen Beiträgen und freiwilligem Engagement weniger distanziert und professionalisiert ist; wieder anders verhält es sich bei einem stärkerem Einfluss von Marktkomponenten, wo man sich z.B. in Hinblick auf Organisationsführung, Management und den Handlungsstil an privatwirtschaftlichen Vorbildern orientiert.

Nur bei einem der drei von uns untersuchten Dienstleistungsbereiche lässt sich eine gewissermaßen idealtypisch „eindimensionale" Zuordnung vornehmen: beim *Schulbereich.* Hier kann man argumentieren, dass in vielen Schulen angesichts der weitgehend zentral vorgenommen Bestimmung der Lernziele, der Verteilung der Ressourcen und auf Grund des geringen direkten Einflusses von lokalen gesellschaftlichen Organisationen und der Privatwirtschaft auf schulbezogene Zielsetzungen Schule eine weitgehend staatliche Veranstaltung ist. Im Bereich von Einrichtungen der *Altenhilfe* gilt das in dieser deutlichen Form bereits nicht mehr, wobei man jedoch argumentieren könnte, dass auch nach der Implementierung der Pflegeversicherung und der Gestaltung des Pflegebereichs als einem Wettbewerbsmarkt durch den hohen Regulierungsgrad durchweg staatliche Elemente dominieren. Deutlich anders verhält es sich aber im *Bereich der Kultureinrichtungen und des Freizeitsports.* Bei vielen Einrichtungen werden die Ziele in Abstimmung mit einer Reihe von gesellschaftlichen und öffentlichen Instanzen formuliert, während z.B. bei den Ressourcen die Einnahmen aus dem Verkauf von Dienstleistungen oft an Gewicht gewonnen haben. Hier wird am ehesten sinnfällig, dass sich bei der Führung dieser Einrichtungen staatliche, marktliche und gesellschaftliche Einflussfaktoren miteinander verschränken.

Auf derartige *Verschränkungsmöglichkeiten*, die nicht nur die von außen einwirkenden Kräfte im Spannungsfeld von Staat, Markt und Gesellschaft/Gemeinschaft, sondern die *internen Organisationsstrukturen selbst betreffen*, zielt das Konzept von Organisationen als „mixes in the welfare mix" (Evers 1995a: 170), geprägt durch ein mehr oder minder großes Maß an – wie es in der französischen Debatte ausgedrückt wird – *„Hybridisierung"* (Laville/Sainsaulieu 1997).

Dabei sind die Begriffe „Staat", „Markt" aber auch „Gesellschaft" als Leitbegriffe innerhalb sie umgebender semantischer Felder zu verstehen, in denen sich jeweils verschiedene Bedeutungsdimensionen und Teilelemente des Leitbegriffs widerspiegeln.

– Mit dem Begriff „Markt" eröffnet sich ein semantisches Feld zugeordneter Bedeutungen und Begriffe wie: Wettbewerb, Kundenbeziehungen, Rentabilitäts- bzw. Profitorientierung.
– Mit dem Begriff „Staat" verbinden sich im Kontext von Sozialstaat und politischer Demokratie Dimensionen wie Gleichheitsgrundsatz, Finanzierung, Umverteilung, aber auch politisches Entscheiden, bürokratische Verwaltung.

Dementsprechend spiegelt sich in Begriffen wie „Kommerzialisierung" oder „Etatisierung", dass Organisationen graduell durch Elemente und Dimensionen eines oder mehrerer Bereiche geprägt werden können, sich also ihr interner Strukturmix verändern kann – entsprechend dem in der Dritte-Sektor-Forschung als Isomorphismus (di Maggio/Powell 1993) bekannten Phänomen.

1.2.3 Zum Konzept des sozialen Kapitals

Während bei staatlichen, administrativ gelenkten Diensten, aber auch bei kommerziellen Angeboten in der Regel ein relativ hohes Maß an Distanz gegenüber dem Einfluss organisierter gesellschaftlicher Interessen und Anliegen besteht, wird in der Literatur zum Dritten Sektor die *gesellschaftliche Einbettung* auf den Ebenen von Einfluss- und Entscheidungsstrukturen, Zielen und Ressourcen zu einem zentralen Merkmal:

– Organisationen des Dritten Sektors werden maßgeblich durch Zusammenschlüsse von Betroffenen oder Bürgern mit gemeinsamen Anliegen gebildet und geleitet;
– diese Interessen und die gruppenspezifisch geprägten Gemeinwohlvorstellungen – und nicht ein staatliches Verdikt bzw. eine gesamtgesellschaftlich bereits etablierte Konzeption des Allgemeinwohls oder die Suche nach materiellem Gewinn – prägen die Ziele;
– dementsprechend liegt eine wesentliche Besonderheit der Organisation darin, dass sie Ressourcen in Form von freiwilliger und ehren-

amtlicher Mitarbeit (zu deren Historie in Deutschland: Olk 1997) bzw. in Form von Spenden mobilisieren kann.

Bei derartigen Bestimmungsversuchen der „sozialen" Qualität von Dritte-Sektor- Organisationen, öffentlichen Einrichtungen oder Unternehmungen besteht aber nun die Gefahr, dass der gesellschaftliche Bezug auf ein oder zwei scheinbar leicht rechenbare Faktoren wie Spenden und freiwillige Mitarbeit reduziert wird. Um seine weit darüber hinausgehenden vielfältigen Formen besser verstehen zu können, ist für unsere Studie ein an anderer Stelle entwickeltes theoretisches Konzept übernommen worden – der Begriff des *„sozialen Kapitals"*.

Der Begriff des Sozialkapitals bezieht sich in dem Verständnis, in dem wir ihn benutzen, vor allem auf die Ausarbeitungen von Robert Putnam und die von ihm angestoßene Debatte (Putnam 1993, 1995, 2000; Harriss/ de Renzio 1997; Offe 1999). Konstitutive Elemente dieses Konzepts lassen sich mit Begriffen wie Vertrauen, bürgerschaftliches Engagement, Solidarität („norms of reciprocity and networks of civic engagement" Putnam 1993, S. 171), und der Bereitschaft sich zusammenzuschließen und Gemeinschaften zu pflegen, umschreiben. Folgt man Putnam, so sind derartige Elemente das historische Produkt einer insgesamt reich entwickelten Bürgergesellschaft, lokal wie national. Der Begriff des Sozialkapitals zielt auf eine Diskussion der Art und Weise, wie sich eine derartige Entwicklung des Sozialen für Regierungshandeln und wirtschaftliche Entwicklung „auszahlt" („kapitalisiert"). Wie Putnam in seiner Untersuchung der Ursachen für eine unterschiedliche Entwicklung italienischer Regionen deutlich gemacht hat, materialisiert und reproduziert sich Sozialkapital nicht in allen Formen von Gemeinschaft oder Zusammenschluss, sondern speziell in denen, die (etwa im Gegensatz zu mafiösen Strukturen) öffentlichkeitszugewandt sind, und insbesondere in jenen freiwilligen Zusammenschlüssen, die quer zu sonst geltenden kulturellen und sozialen Abgrenzungslinien liegen, sei es nun eine auf ein Stadtquartier bezogene Vereinigung oder eine andere Interessengemeinschaft, die von bürgerschaftlichem Engagement getragen wird. Putnam hat sich in diesem Zusammenhang selbst die von Gittel und Vidal geprägten Begriffe des „bounding" und „bridging" social capital (Gittell/Vidal 1998: 8f.) zu Eigen gemacht – also jener unterschiedlichen Formen sozialen Kapitals, die aus der Kohäsion tradierter Gemeinschaften (mit entsprechenden Exklusionswirkungen) entstehen, und jenen, die sich speziell im Rahmen von bürgerschaftlichem Engagement bilden. Vor allem in Letzteren wird ja mit der Bildung von Aktionsnetzwerken für soziale und politische Anliegen quer zu herkömmlichen kulturellen Identitäten das wirksam, was Granovetter (1973) „the strength of weak ties" genannt hat, die Stärke jener „schwachen" Bindungen, die sich aus der begrenzten Kooperation von Gruppen und Personen mit sonst durchaus verschiedenen Identitäten ergeben.

Putnams Konzept interessiert sich also vor allem für jene Dimensionen von Vertrauen und jene Aspekte von Selbstorganisation, die mit einer Gesellschaft als einem politisch konstituierten Gemeinwesen zu tun haben, das sich an demokratischen und auf das Gemeinwohl gerichteten Zielen orientiert. Die Assoziationen, die Putnam als Kristallisationen von Sozialkapital meint, bezeichnet er stellenweise auch als bürgergesellschaftliche Organisationen („civil society organisations"), und mit Bezug auf Süditalien formuliert er am Ende seiner Studie (1993, S. 185):

> „[...] diejenigen, denen es um Demokratie und Entwicklung im Süden zu tun ist, sollten stärker von bürgerschaftlichen Tugenden geprägte Gemeinschaftsformen entwickeln [„a more civic community", d. Verf.]. Sozialkapital aufzubauen wird nicht leicht sein, aber es ist der Schlüssel zu einer funktionierenden Demokratie" [Übersetzung: A. E.]

und, wie er an anderen Stellen deutlich macht, auch für wirtschaftliche Entwicklung.

Zwei Merkmale kennzeichnen eine an Sozialkapital reiche Gesellschaft. Eines dieser Merkmale ist der Verbreitungsgrad entsprechender Einstellungen und Organisationen, die dazu beitragen, eine von sozialen Grenzen und Interessengegensätzen durchzogene Gesellschaft zusammenzuhalten. Ein zweites Merkmal ist das Maß an grundlegendem Vertrauen, von dem es abhängt, wie gut Konflikte bewältigt werden können und gemeinsame Projekte verschiedener Gruppen gelingen.

Es ist verschiedentlich darauf hingewiesen worden, dass Putnams Konzept der Beziehungen zwischen „good government" und Sozialkapital einige unklare Punkte enthält (Skocpol 1996; einen Überblick geben Harris/de Renzio 1997). Mitunter entsteht der Eindruck, dass die unter dem Begriff des sozialen Kapitals gefassten Qualitäten eine *Voraussetzung* staatlicher Politik bilden. Es wird u.a. richtigerweise eingewandt, dass die Politisierung gesellschaftlicher Tatbestände und entsprechende politische Konflikte im gesellschaftlichen Raum, im Zusammenhang damit aber auch „good government", zur Bildung von Sozialkapital erheblich beitragen können. Deshalb könnte es angeraten sein, statt von Sozialkapital besser von „civic capital" (Evers 2002), also einem mehr oder weniger entwickelten *Vermögen zu bürgerschaftlichem Verhalten und Engagement* zu sprechen.

Betont man in diesem Sinne die Mitverantwortung von Politik für die Bildung und Erhaltung von Sozialkapital, dann heißt das auch, dass sich für Einrichtungen als soziale Unternehmen bessere Entwicklungschancen ergeben, wenn staatliche Politik ganz bewusst die für die entsprechenden Träger und Organisationen konstitutive Rolle sozialen Kapitals berücksichtigt und eine dem entsprechende „aktivierende" Politik entwickelt.

Für unsere Untersuchung bedeutete das zusammenfassend, dass wir unter dem Dachbegriff des sozialen Kapitals all jene Elemente einer Bürgergesellschaft gefasst haben, die sich für die von uns betrachteten Organisationen im öffentlichen Bereich als unterstützendes Potential und Ressource fassen lassen.

Diese Form der Aneignung des Konzepts des sozialen Kapitals bestimmt auch unser Verständnis von „hybriden" sozialen Organisationen (dazu auch: Evers u.a. 2000, S. 42f.; Evers 2001) Im Hinblick auf drei Dimensionen,

(1) Ressourcen,
(2) Ziele und
(3) Einfluss- und Entscheidungsstrukturen

soll dies näher erläutert werden.

■ 1.2.4 Ressourcenmix

Für soziale Dienste und Einrichtungen sind vor allem *staatliche Ressourcen* eine wesentliche, oft alles andere dominierende Quelle. Das gilt ganz besonders in Deutschland, insoweit hier für die Entwicklung des Sozialstaates korporative Absprachen und Formen der Einbeziehung vormals weitgehend unabhängiger Organisationen in ein normiertes öffentliches Versorgungssystem kennzeichnend waren (Backhaus-Maul/Olk 1997; Zimmer 1999). Es kann sich dabei zunächst einmal um (z.T. in Rechtsform gefasste) Regulative handeln, die Einrichtungen und Diensten ein Operationsfeld geben. Bei der großen Vielzahl von finanziellen Zuwendungen macht es Sinn, zwischen zwei grundlegend verschiedenen Formen zu unterscheiden:

– Finanzzuwendungen, die der Organisation nach Maßgabe der *Anerkennung ihrer Gemeinwohlorientierung* zukommen (z.B. Mittelzuteilungen im Rahmen der Steuerbegünstigung gemeinnütziger Organisationen);

- Finanzzuwendungen als *Leistungsvergütung* für spezifizierte Leistungen (traditionell nach kameralistischen Grundsätzen, zunehmend im Rahmen von Leistungsverträgen);

Ressourcen, die sich mit *„Markt"* assoziieren lassen, sind vor allem Einnahmen aus dem Verkauf von Diensten und Leistungen. Adressaten sind hier nicht nur individuelle Klienten und private Firmen, sondern auch staatliche Organisationen. Marktbezogene Einnahmen sind aber auch jene Leistungsvergütungen der öffentlichen Hand, um die man im Rahmen von Wettbewerbsbeziehungen konkurriert (wie z.B. bei Anbietern von Pflegeleistungen).

Im Unterschied zu den gerade genannten Mitteln, nehmen *Sozialkapitalressourcen* zumeist nicht unmittelbar die Form einer monetären Leistung an. Drei Elemente sind unstrittig:

- Einnahmen/Ersparnisse durch die Mitarbeit von weitgehend unentgeltlich Engagierten, deren „Input" oft durch die Bildung von Schattenpreisen zu bestimmen versucht wird (der Ausgaben, die nötig gewesen wären, wenn die Arbeit durch bezahlte Kräfte erledigt worden wäre),
- Einnahmen durch Spenden und
- Einnahmen durch jene Formen des Sponsoring (etwa in Form der Bereitstellung von Räumen, Geräten u.Ä.), die sich nicht auf eine reine Geschäftsbeziehung beider Seiten reduzieren lassen, sondern bei denen ein bestimmtes Engagement und eine gewisse Identifizierung des Sponsors mit den Zielen der unterstützten Organisation deutlich wird.

In der Regel werden nur diese drei – relativ leicht abgrenzbaren – Formen von Unterstützung aus der Bürgergesellschaft vermerkt. Nur in wenigen Beiträgen ist versucht worden, „Bürgerengagement als Ressourcen für soziale Einrichtungen" (Freier 1997) weiter zu differenzieren und auch Engagement im Sinne der Mittlerschaft zu anderen Institutionen, der Vertrauensbasis bei Mitgliedern oder auch der Nutzung von Formen der Bürgerstiftung mit ins Auge zu fassen (ebda.).

Der Begriff des Sozialkapitals ermöglicht es, die vorgenannten Elemente und eine ganze Reihe weiterer Unterstützungspotenziale mit einzubeziehen:

- Die partnerschaftliche Unterstützung durch (lokale) zivilgesellschaftliche Akteure (z.B. durch andere Vereine, Berufsverbände, Organisationen der Privatwirtschaft u.Ä.);
- das auf Grund der eigenen Arbeit erworbene Vertrauenskapital;

- Beziehungen zu politischen Gruppierungen, Institutionen und dort tätigen Personen auf Grund besonders verlässlicher (gemeinwohlorientierter) Arbeit.

Derartige Formen von Sozialkapital stehen öffentlichkeitsabgewandt arbeitenden und engen gruppenspezifischen Zielsetzungen verpflichteten Organisationen, aber auch privatwirtschaftlichen Akteuren weit weniger zur Verfügung. Eine kommerzielle Organisation kann zwar Vertrauenskapital erwerben und nutzen, aber sie wird z.B. kaum auf Spenden und freiwillige Mitarbeit zählen können. Staatliche und privatwirtschaftliche Einrichtungen mögen auf die Nutzung lokalen sozialen Kapitals verzichten können; für den Bestand einer lebendigen Organisationskultur bei Dritte-Sektor-Organisationen hingegen ist es unverzichtbar. In Abbildung 2 haben wir die gerade skizzierten drei Bereiche möglicher Ressourcen von Diensten und Einrichtungen im öffentlichen Bereich zusammengefasst. Da Beiträge der Bürgergesellschaft als Ressource gefasst worden sind, ist in der Abbildung neben „Markt" sowie „Staat und Kommunen" unmittelbar der Begriff „Soziales Kapital" eingesetzt worden.

≡ Abb. 2: Mögliche Ressourcen von Diensten und Einrichtungen im öffentlichen Bereich

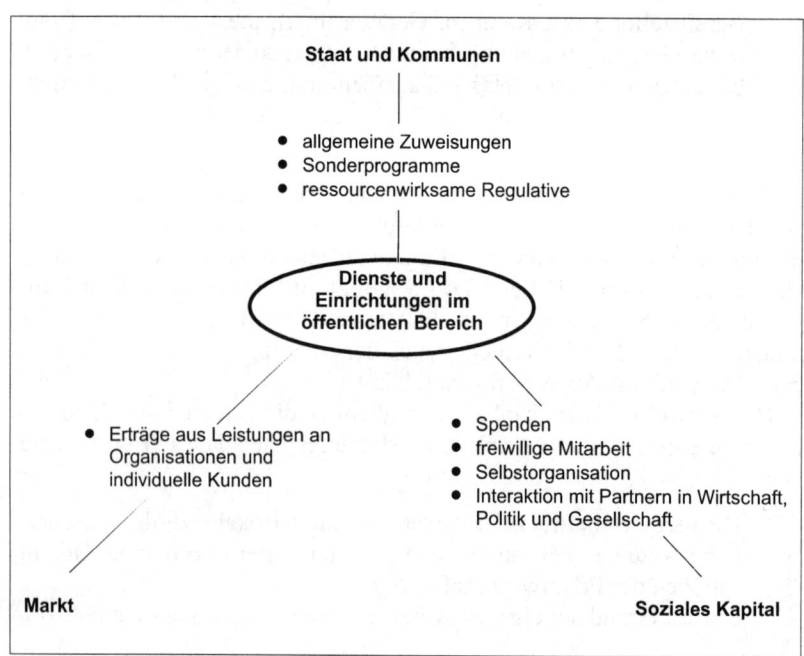

1.2.5 Zielbündel

Mit dem Begriff des „Zielbündels" ist ein Ensemble von Handlungs- und Organisationszielen gemeint, das nicht strukturell hierarchisch festgelegt ist. Veranschaulichen lässt sich das am Unterschied zwischen privatwirtschaftlichen und anderen – sei es staatlichen oder gesellschaftlichen – Einrichtungen. Nur Erstere sind in Wettbewerbszusammenhängen des Marktes strukturell auf die Dominanz eines Ziels, nämlich des Rentabilitätskalküls, festgelegt. Was immer man tut, oberstes Ziel bleibt er immer, eine bestimmte Gewinnmarge zu erzielen. Wo immer man auf ein derartiges Oberziel verzichtet, ergibt sich nun aber für das Handeln einer Organisation eine Freiheit in der Auswahl der maßgeblichen Ziele, die durchaus problematisch ist. Das Ziel der Gewinnmaximierung wird in der Regel nicht durch *ein* anderes, sondern durch eine Pluralität verschiedener, potenziell konfligierender Ziele ersetzt (Tirole 1994; Evers et al. 2000: 51f.; Evers 2001: 302f.; Bachiega/Borzaga 2001). Abbildung 3 veranschaulicht, welche Ziele dabei in Verbindung zu mit den Bereichen von Markt, Staat und Bürgergesellschaft jeweils im Vordergrund stehen. Was in welcher Weise bei der Erbringung einer (Dienst-)Leistung getan werden soll, kann in seinem Wert nicht a priori durch das alles andere überragende Ziel der Gewinnerzielung beurteilt werden. Der Unterschied zwischen einem privatwirtschaftlichen und einem sozialen Unternehmen muss also nicht darin bestehen, dass in Letzterem der Gewinn keine Rolle spielt; er wird eher darin zum Ausdruck kommen, dass es einer bewussten Entscheidung bedarf, welches Gewicht die Festlegung auf eine Gewinnerwartung gegenüber der jeweiligen sozialen Aufgabenstellung haben soll.

Der amerikanische Ökonom und Dritte-Sektor-Forscher Weisbrod hat für den Unterschied zwischen Rentabilitätskalkülen verpflichteten und anderen Organisationen die sprechende Bezeichnung der „profit maximiser" und der „bonoficer" geprägt. Letztere, so argumentiert er, sind Organisationen, die in der Lage sind, „weniger als den maximal erzielbaren Gewinn zu generieren, insoweit sie sich in Aktivitäten engagieren, die sozial erwünscht, aber nicht profitabel sind" (Weisbrod 1998b: 74; Übersetzung: A.E.). Für den Bereich der Altenpflegeinrichtungen ist bekannt, dass Anbieter (vgl. etwa die später von uns aufgeführten Beispiele kirchlicher Organisationen) immer wieder Raum für der Situation angepasste „Extraleistungen" geben, die die Einhaltung von vorgegebenen Wirtschaftlichkeitskriterien und die Erzielung der notwendigen Überschüsse in Frage stellen.

Abb. 3: Mögliche Zielbündel von Diensten und Einrichtungen im öffentlichen Bereich

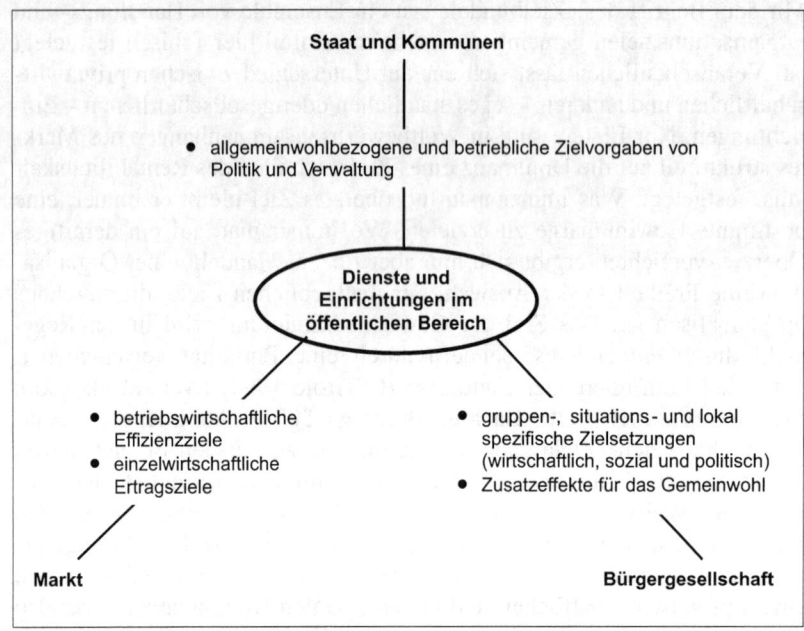

Dritte-Sektor-Organisationen/soziale Unternehmen zeichnen sich, so die konzeptionelle Debatte, also dadurch aus, dass sie gemeinwohlbezogenen Zielen einen besonderen Platz einräumen. Dabei muss die von ihnen jeweils verwendete Definition von Gemeinwohl sich durchaus nicht mit dem decken, was gesamtgesellschaftlich als dem Gemeinwohl dienlich gilt – in den heutigen Demokratien „repräsentiert nicht mehr der Staat allein das Gemeinwohl" (Sachße 2001: 31). Dabei werden sie im Rahmen der Gemeinwohlorientierung in der Regel ein Bündel verschiedener Ziele verfolgen – z.B. an einer Schule die effektive Vermittlung eines festgelegten Lernstoffes, aber auch die Förderung bürgerschaftlicher Kompetenzen der Heranwachsenden und den Ausgleich von ungleichen Chancen. Manche dieser Ziele werden einander möglicherweise widersprechen. Außerdem ergibt sich ein strukturelles Problem dadurch, dass gerade gemeinwohlbezogene Leistungen (ähnlich wie andere Qualitätsziele) sich nur schwer quantifizieren und kodifizieren lassen (Bacchiega/Borzaga 2001; Evers et al. 2000: 62f.; Evers 2001: 307). Wenn z.B. in einer Schule Mit dem Ziel, demokratische Beteiligung zu stärken, ein anderes Leitungs-, Entscheidungs- und Beratungsprinzip eingeführt wird, dann wird der Ertrag dieser Entscheidung nicht quantifizierbar sein und immer umstritten bleiben.

Welche Ziele lassen sich nun bei öffentlichen Einrichtungen speziell mit Markt, Staat und Bürgergesellschaft assoziieren?

Staatliche Zielvorgaben im sozialstaatlichen Bereich sind vor allem: die allgemeine Zugänglichkeit von Leistungen, die den Status eines verbürgten Rechts haben, zu sichern; mehr Gleichheit im Hinblick auf Zugangschancen zu schaffen; allgemein gültige Qualitätsstandards durchzusetzen.

Eine Zielvorgabe, die typischerweise *mit Markt assoziiert wird*, wäre z.B., Überschüsse zu erwirtschaften, damit die Handlungs- und Dispositionsfreiheit und die Stabilität eines Angebots oder Trägers erhalten bleiben kann.

Ziele, die speziell mit Sozialkapital verknüpft sind, können einerseits darin bestehen, sich mit Hilfe dieser Quelle der zusätzlichen Unterstützung ein Stück weit von Kommerzialisierungsdruck oder staatlicher Bevormundung zu befreien: ein entsprechendes Ziel wird dann die Gewinnung eines positiven lokalen Meinungsklimas vor Ort und die aktive Vernetzung mit relevanten Initiativen und Gruppen sein; andererseits können die materiellen Zielsetzungen hinsichtlich der Art des Angebots stärker durch die Einbindung in lokale Kontexte bestimmt werden: Bestmögliche Orts- und Problemangemessenheit wären dann die Ziele des entsprechenden Dienstleistungsträgers. Die Nutzung und der Einfluss von Sozialkapital kann sich aber insbesondere in der Stärkung und Erweiterung *politisch-demokratischer* Zielsetzungen ausdrücken. Mit der Stärkung von Formen direkter Partizipation können lokale Träger und Einrichtungen so etwas wie „Schulen der Demokratie" (Cohen/Rogers 1994: 152) sein.

Möglicherweise sind privatwirtschaftliche Anbieter gegenüber „sozialen Unternehmen" deshalb vergleichsweise robuster und durchsetzungsfähiger, weil sie sich von vornherein auf Leistungen und Zielsetzungen beschränken, die im Hinblick auf das primäre Ziel des Gewinns als Teilbeiträge quantifizierbar sind. Immer öfter lassen Politik und öffentliche Meinung nur gelten, was „in Heller und Pfennig" nachweisbar ist. Bei Evaluationen und Verfahren der Qualitätsmessung werden schließlich jene Organisationen strukturell benachteiligt sein, die nicht eindeutig quantifizierbaren Zielen und Ergebnissen – z.B. solchen, die sich auf das Gemeinwesen beziehen – einen wichtigen Stellenwert einräumen.

■ 1.2.6 Wer nimmt Einfluss und wer steuert? Soziale Einbettung und Lokalisierung

In Bezug auf die Diskussion von Einfluss- und Entscheidungsstrukturen bei öffentlichen Einrichtungen haben wir vor allem zwei Konzepte verwendet: das Konzept der „social embeddedness" und das Konzept der „stakeholder", hier von uns übersetzt als „Betroffene und interessierte Beteiligte".

Das Konzept der „social embeddedness", geprägt durch amerikanische Wirtschaftssoziologen wie Granovetter (1985), geht von Organisationen als wirtschaftlichen Akteuren aus und betont, dass jenseits formeller Entscheidungsmechanismen und der Stilisierung wirtschaftlicher Akteure als „economic men" soziale, kulturelle und politische Rahmenbedingungen in erheblichem Maße die Entscheidungen in den jeweiligen Organisationen beeinflussen. Insoweit sind grundsätzlich alle Ökonomien sozial eingebettet (Barber 1995). Dieser Ansatz erinnert in vieler Hinsicht an die in Deutschland geführte Debatte über „Wirtschaftsstile". Granovetter u.a. betonen darüber hinaus aber auch, dass es auf Grund der historischen Transformations- und Entbindungsprozesse in Ökonomie, Gesellschaft und Politik auch verschiedene Ökonomien, oder besser, Wirtschaftsformen gibt, sodass markt-wirtschaftliches Handeln nur einen Bereich neben anderen darstellt – allerdings eine Form des Wirtschaftens mit einem derart großen Gewicht, dass dadurch informelle „moralische Ökonomien", aber auch reformpolitische Ökonomien wie die der Genossenschaften immer wieder ins Abseits auch der analytischen Aufmerksamkeit gedrängt worden sind. Vor diesem Hintergrund wird ein Zusammenhang deutlich: Mit wachsender Bedeutung der Nutzung sozialen Kapitals im (lokalen) Bereich der Bürgergesellschaft wächst auch die Bedeutung sozialer Einbindung.

Im Zusammenhang damit steht auch das Konzept der Betonung der Rolle von „stakeholdern" für die Entwicklung von Organisationen und Unternehmen. Es besagt, dass bei Organisationen – auch bei Wirtschaftsunternehmen und privaten Firmen – Entscheidungen nicht nur durch die jeweilige formelle Leitungsstruktur anhand von über den politischen Prozess oder den Markt vermittelten „Daten" getroffen werden, sondern dass man diese Entscheidungen auch als das Ergebnis direkter und indirekter Einflussnahme interessierter Beteiligter und Betroffener verstehen sollte (vgl. Krashinsky 1997; Borzaga/Mittone 1997; Pestoff 1996 und 1998: 106f.).

In der Diskussion über Stakeholder wird dabei oft zwischen Stakeholdern ersten und zweiten Ranges (Clarkson 1995) unterschieden. Sehr oft sind die erstrangigen Stakeholder formal an Entscheidungsprozessen, die die Organisation betreffen, beteiligt, die anderen nur informell. Bei Stakeholdern zweiten Ranges handelt es sich um Gruppen, mit denen die jeweilige Organisation nicht notwendigerweise zu tun haben muss und die damit für ihre Arbeit nicht überlebenswichtig sind. Schule z.B. existiert nicht ohne die vorgesetzten staatlichen Behörden, kann aber im Prinzip sehr wohl ohne Kontakte zum lokalen Umfeld auskommen; Altenpflegeeinrichtungen sind existenziell auf geregelte Beziehungen zu den Pflegekassen angewiesen, nicht aber auf Kontakte zu Altenklubs, Pfarreien, Krankenhäusern.

Abbildung 4 veranschaulicht die wichtigsten Steuerungsprinzipien und Einflussgrößen, die bei Diensten und Einrichtungen im öffentlichen Bereich von Bedeutung sein können.

Der Begriff der Multistakeholder-Organisation verweist auch auf die wachsende Bedeutung von *Netzwerkbeziehungen*. Bei immer mehr Organisationen im öffentlichen Bereich spielen materielle Zuwendungen,

Abb. 4: Mögliche Steuerungsprinzipien und Einflussgrößen bei Diensten und Einrichtungen im öffentlichen Bereich

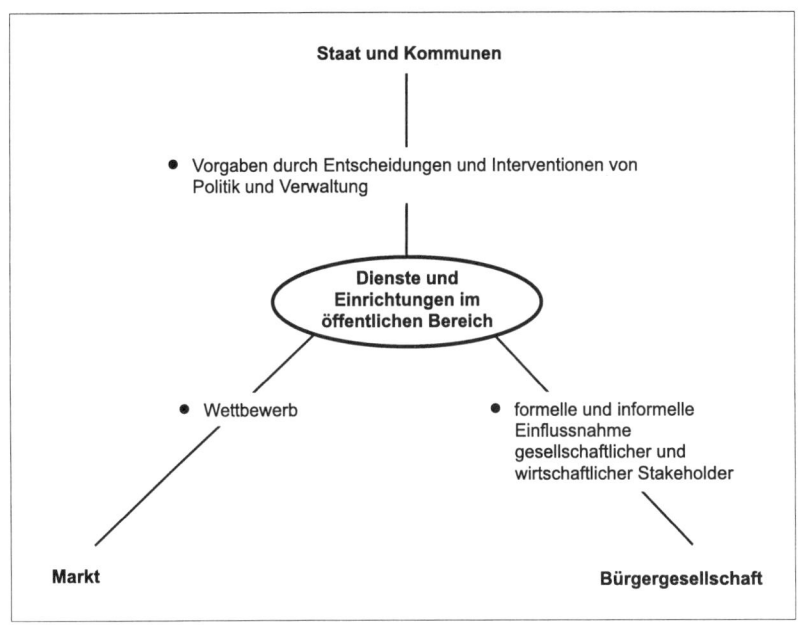

Vertragsbeziehungen und der Leistungsaustausch mit einer Vielzahl verschiedener Partner eine Rolle. Nur ein kleinerer Teil ist ausschließlich einer einzigen klar dominierenden Organisation verpflichtet. Und insofern wächst tendenziell der Anteil der *Multi*-Stakeholder-Organisationen, während die Bedeutung von Single-Stakeholder-Organisationen abnimmt. So repräsentieren z.b. heute viele gemeinnützige Organisationen, Vereine und Initiativen im Sozialsektor im Unterschied zu den zwanziger oder fünfziger Jahren nicht mehr *eine* Strömung und *einen* „Stakeholder" – also z.b. eine Kirchenorganisation wie die Caritas, eine Parteiströmung wie die Arbeiterwohlfahrt – ‚sondern es finden sich vermehrt lokale Initiativen und Organisationen, die über eine Art von (Gründungs-)Beirat verfügen, in den verschiedene Interessenträger delegiert sind; oft sind die entsprechenden Organisationen erst durch ein Konsortium interessierter Stakeholder ins Leben gerufen worden; so können sich z.B. zur Gründung einer lokalen Beschäftigungsgesellschaft Kirchen, Berufsschullehrer, Vertreter des Sozialamtes und des Arbeitsamtes und der Gewerkschaften zusammengeschlossen haben (zur Illustration von Multi-Stakeholder-Strukturen im Bereich der Beschäftigungsintegration vgl. Evers et al. 2000).

Sind nun derartige Mechanismen der Einflussnahme von gewählten Repräsentanten, von Organisationsleitern, aber auch von privaten und öffentlichen Finanziers, Konsumenten und Klientenvertretungen eher eine Ergänzung und Erweiterung oder eine Einschränkung demokratischer Gestaltungsmöglichkeiten (zur Diskussion in den USA vgl. van Deth 1997)? Diese nicht pauschal zu beantwortende Frage möchten wir hier zunächst offen lassen. Betont werden sollte, dass den Vertretern eines normativen Konzeptes von Multistakeholder-Strukturen daran liegt, traditionelle Strukturen der Einflussnahme so zu ändern, dass z.B. bislang *zu wenig berücksichtige Gruppen*, wie beispielsweise die Mitarbeitenden und die Klienten, mehr Möglichkeiten der Einflussnahme bekommen und dass gegenüber zentralisierten Stakeholdern wie einem landes- oder bundesweiten Ausschuss, Kassen, Berufsverbänden etc. *lokale* Interessen mehr Gewicht erhalten.

Insofern verbindet sich ein solches Konzept oft mit dem Ziel, die lokalen Bindungen von sozialen Einrichtungen und Unternehmen – auf die das Konzept der „social embeddedness" abhebt – zu wahren und stärken. *„Lokalisierung"* meint dabei mehr und z.T. auch etwas anderes als lediglich die Dezentralisierung staatlicher Entscheidungsgewalt. Es geht hier vielmehr um alle Bemühungen, Einrichtungen, Dienste und ihre Träger stärker auf örtliche Gegebenheiten einzustellen. Das ist insofern mehr als Dezentralisierung, als es gilt, sich in ein Netz lokaler Akteure einzubinden.

Betont werden sollte jedoch, dass eine derartige Lokalisierung als lokale soziale Einbettung vor allem dann negativ wirken kann, wenn sie die Offenheit für überregionale Prozesse und Innovationen anderenorts verhindert. Soziale Einbettung sollte also nicht nur in Hinblick auf Akteure und Prozesse im räumlichen Nahbereich gedacht werden. Und die Vernetzung mit Partnern anderenorts kann durchaus erfordern, auch mit bestimmten lokalen Bezügen zu brechen. So wird z.B. eine innovative Pflegeeinrichtung möglicherweise auf Grund ihrer Vernetzung mit einem bundesweiten Kreis ähnlich agierender Institutionen vor Ort Reformen einleiten wollen, die bei vielen traditionellen Partnern auf erhebliche Widerstände stoßen.

1.2.7 Veränderte Organisationskulturen und Handlungsstile – auf dem Weg zu sozialen Unternehmen?

Der vielfältige Einfluss von Akteuren aus Staat, Markt und Bürgergesellschaft auf soziale Einrichtungen und Dienste ist bisher nur unzureichend erfasst worden, insofern nach Einflussbereichen getrennt, nicht aber in Bezug auf die Organisationen als Ganzes die jeweilige Rolle von Staat, Markt und sozialem Kapital erörtert wurde. Lediglich die Ebene der Ressourcen, Ziele und Entscheidungsstrukturen wurde angesprochen, nicht aber die Gesamtheit von Routinen Denkweisen, Leitbildern und Handlungsstilen der Einrichtungen. Wir möchten diese Gesamtheit nun mit den beiden Begriffen der Organisationskultur und des Handlungsstils ansprechen. Wie beide in je eigener Weise von Markt, Staat und gesellschaftlichem Umfeld geprägt werden können, soll im Folgenden kurz skizziert werden – ein Zusammenhang, der in Abbildung 5 veranschaulicht ist.

Auslöser und Richtungsgeber für veränderte Organisationskulturen und Handlungsstile in den Einrichtungen und Diensten sind in den letzten Jahrzehnten weniger staatliche Reglementierungen als vielmehr die größere Bedeutung von Marktelementen und – in zweiter Linie – von Bürgerengagement und Beteiligung gewesen.

Der zuletzt genannt Prozess, der Einfluss veränderter Erwartungen und Sozialkompetenzen auf die Organisationskultur sozialer Dienste, lässt sich hier nur mit Stichworten andeuten; immer wieder genannt werden (Bullinger 1997; Evers et al. 1997; Flösser/Otto 1998; Badura/Hart/Schellschmidt 1999; Hinte/Litges/Springer 1999; Bauer 2001):

– Ein grundsätzlich gewachsenes Selbstbewusstsein der Adressaten, sei es nun als Konsumenten, Klienten oder Auftraggeber und damit die Bedeutungszunahme eines normativ aufgeladenen Kundenbe-

griffs, in dem sich auch Mit- und Selbstbestimmungswünsche ausdrücken;
- die stärkere Sensibilisierung für die Rolle vieler Adressaten als Koproduzenten, also als aktiv Beteiligte im Dienst-Leistungsprozess;
- eine in diesem Zusammenhang generell gewachsene Legitimität von Mitspracheforderungen z.B. von Eltern, von Angehörigen Pflegebedürftiger, von Besuchern kultureller Einrichtungen, von Fördervereinen, Konsumentenorganisationen und, last not least, auch von Steuerzahlern;
- in Verbindung damit eine veränderte Stellung der herkömmlich dominierenden Professionen, deren zentraler Status auch im Sinne der Meinungsführerschaft nicht mehr sicher ist;
- selbst dort, wo die Beteiligung Betroffener zunächst eher als Notnagel und Ausfallbürge fungiert (Eltern müssen z.B. Arbeiten der Instandhaltung und Reinigung an einer Schule übernehmen), passiert dies in einem Kontext, in dem das Bild der Institution als einer ausschließlich professionell geführten „Einrichtung" längst nicht mehr unangefochten ist.

≡ Abb. 5: Organisationskulturen und Handlungsstile bei Diensten und Einrichtungen im öffentlichen Bereich

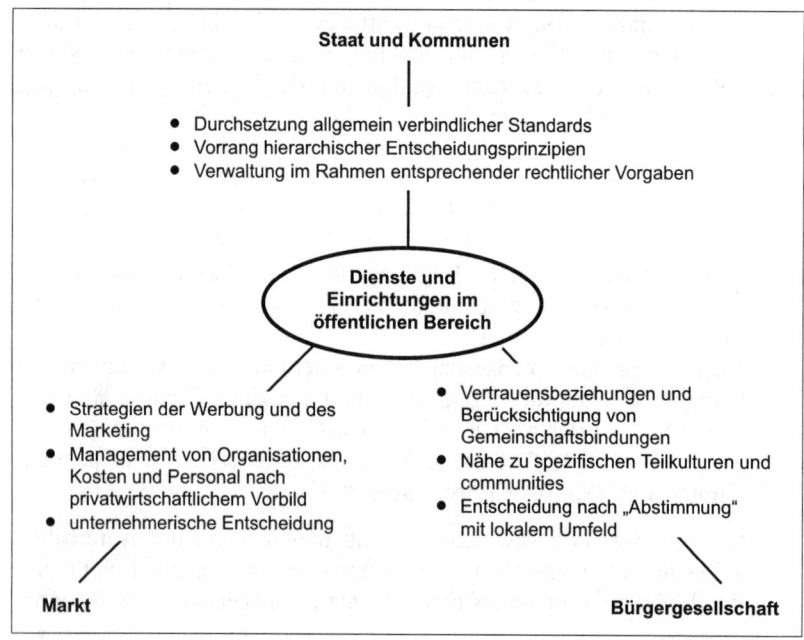

Wie allerdings noch zu zeigen sein wird, haben diese gesellschaftlichen Aufbrüche als Ausdruck eines größeren Selbstbewusstseins, das vereinzelt und zugespitzt dann auch zu Forderungen nach mehr Mitsprachemöglichkeiten und damit einhergehenden Bereitschaften zur Mit-Trägerschaft und -Verantwortung führen kann, sich nicht in entsprechenden Reformen der staatlichen Regulation und des Designs der Institutionen des öffentlichen Bereichs niedergeschlagen. In den Schulen sind Reformen der herkömmlichen Entscheidungsstrukturen bescheiden geblieben; im Altenpflegebereich spielte bei den großen Reformmaßnahmen der Pflegeversicherung die Verstärkung (lokaler) Mitsprache keinerlei Rolle und im Kulturbereich hat z.B. erst mit den Veränderungen des Stiftungsrechts der bürgergesellschaftliche Aufbruch punktuell ein spätes Echo gehabt.

Sehr viel prägender für die Organisationskultur öffentlicher Einrichtungen waren demgegenüber Marktelemente, die sich in den letzten Jahrzehnten vor allem als ein „Umdenken im Rathaus" (Reichard 1996) in Richtung auf die Übernahme privatwirtschaftlicher Organisationsmuster niederschlugen (zur Debatte vgl. insbesondere: Naschold et al. 1996; Backhaus-Maul/Olk 1997; Heinelt/Mayer 1997; Boessenecker/Trube/Wohlfahrt 2000; Pollitt 2000). Erst in jüngster Zeit beginnt man – etwa unter Bezugnahme auf Begriffe wie „Bürgerkommune" (zu dieser Diskussion: Plamper 2000) – auch Fragen von Demokratie und Bürgerbeteiligung wieder als Bezugsgrößen für eine Veränderung der Dienstleistungskultur ernst zu nehmen. Nach wie vor dominiert jedoch die Bewegung des New Public Management, die dem privatwirtschaftlichen Bereich entnommene Prinzipien auf den Bereich öffentlicher Einrichtungen und Dienste überträgt; zusammengenommen haben diese Entwicklungen z.B.

- den Wettbewerb unter Leistungsanbietern (sowohl um individuelle Klienten als auch um staatliche/kommunale Leistungsvergabe an den Anbieter als Subunternehmen) gefördert,
- bürokratische Leitungsstrukturen durch Beziehungen analog zu Abteilungsbeziehungen in Unternehmen zu strukturieren versucht,
- Konzepte dafür bereitgestellt, wie Zielen und Dienstleistungsvollzügen eine rechenbare Form (Produktdefinitionen) gegeben werden kann und
- wie Modelle der Organisationsführung des Privatbereichs in die öffentliche Verwaltung übernommen werden können.

In den Kontroversen um die „Privatisierung öffentlicher Dienstleistungen" bleibt jedoch oft unberücksichtigt, dass es gilt, drei verschiedene Dimensionen zu unterscheiden. In jeder von ihnen hat die Aufwertung von Marktelementen eine andere Bedeutung:

- Prozesse der *Rationalisierung* „weicher" und wenig regulierter, lebensweltlich orientierter Dienstleistungsangebote, die sowohl bürokratische als auch marktliche Form annehmen können (die jeweiligen Konsequenzen beider Varianten dieser Rationalisierungsform lassen sich vor allem an den Beispielen aus dem Bereich Altenpflege studieren);
- Prozesse der *Kommodifizierung*: Dienstleistungen verwandeln sich in Marktgüter, womit alle Dimensionen an Bedeutung verlieren, die in diesem Konzept eines Dienstleistungsprodukts nicht unterzubringen sind;
- Prozesse der *Entbürokratisierung, Flexibilisierung und Deregulierung*, die daraus resultieren, dass man flexible marktorientierte Strukturen einführt, die den Handlungsstil sowohl nach Innen wie nach Außen ändern sollen.

Wir schlagen hier vor, die Folgen, die die Gewichtsverschiebung und die engere Verknüpfung zwischen staatlichen, marktlichen und bürgergesellschaftlichen Elementen auf der Ebene einzelner Organisationen im Sozialbereich hat, zusammenfassend als einen Wandel von öffentlichen Einrichtungen zu *sozialen Unternehmen* zu thematisieren. Wir greifen damit einen Begriff auf, der bislang oft nur für solche Organisationen im Dritten Sektor verwendet wurde, die sich vor allem Aufgaben der sozialen Integration und der Schaffung von Arbeits- und Beschäftigungsmöglichkeiten verschrieben haben (zu einer solchen Begriffsfassung vgl. Bonas 1997; OECD 1999). Im Unterschied dazu soll er hier für alle Organisationen verwendet werden, die – ob nun im Bereich der staatlich-öffentlichen Einrichtungen oder des Dritten Sektors – mit einem gewissen Maß an Entscheidungsautonomie ausgestattet sind, unternehmerisch handeln, sich aber einem Bündel sozialer Ziele verschrieben haben (zu dieser Definition vgl. Pestoff 1998; Evers et al. 2000; Borzaga/Defourny 2001; Evers 2001; Laville/Nyssen 2001). Damit möchten wir einerseits zum Ausdruck bringen, dass Begriffe wie „Einrichtung" zu sehr mit dem staatlich-hoheitlichen Element verknüpft sind, als dass sie noch allgemeine Geltung haben könnten. Warum aber stattdessen „Unternehmen"? Wir haben den Begriff des sozialen *Unternehmens* nicht nur einfach als eine Form der sprachlichen Übersetzung des mittlerweile international etablierten Begriffs des „social enterprise" gewählt. Im Unterschied zu einer anderen möglichen Übersetzung – „sozialer Betrieb" – und im Kontrast zu Interpretationen, die die Theorie des marktwirtschaftlichen Unternehmens auf den Dritten Sektor zu übertragen suchen (vgl. für einen Überblick Badelt 1997) soll damit auf eine unternehmerische Orientierung im Schumpeter'schen Sinne verwiesen werden. Mehr Markt verstanden als Zunahmen von Rationalisierung und Kommodifizierung können eine derartige Orientierung begünstigen, sollen aber nicht damit verwechselt werden. Für einen derartigen Begriff des Unternehmens sind die gerade erwähnten Prozesse der Entbürokratisierung, Flexibilisierung und Deregulierung von besonderem Interesse, insofern vor allem sie von den Beteiligten eine im weitesten Sinn *unternehmerische Einstellung* verlangen – die Fähigkeit, Entwicklungsperspektiven und Strategien zu entwerfen, für die Einrichtungen und ihre Leistungen zu werben und Prioritäten zu setzen (zur Rolle sozialer Unternehmer und Unternehmen in diesem Sinne vgl. Leadbeater 1997).

Die Verwendung des Begriffs des „Unternehmens" statt des neutralen Begriffs der „Organisation" verweist also auf zwei verschiedene Phänomene:

– Auf der einen Seite können Organisationen des intermediären „dritten" Bereichs in dem Maße zu sozialen Unternehmen werden, wie sie Werte und Handlungsstile des kommerziellen Bereichs übernehmen. Das kann sich in ihrer Preispolitik oder in einem stärkeren Gewicht betriebswirtschaftlicher Überlegungen zum Organisationswachstum auf Kosten gemeinnütziger Orientierungen – einer „Ökonomisierung" in diesem Sinne – äußern (Dees 1998; Weisbrod 1998a; Young 1998).
– Auf der anderen Seite kann die unternehmerische Orientierung sich auch am Schumpeter'schen Begriff des Unternehmers orientieren – etwa dadurch, dass die Bereitschaft zur Übernahme von Risiken wächst oder die internen Entscheidungsstrukturen stärker durch unternehmerische Personen als z.B. durch vereinstypische Abstimmungsmechanismen oder die Orientierung an staatlichen Vorschriften geprägt werden (Bode/Evers 2000); eine derartige unternehmerische Orientierung ist nicht notwendig mit „Ökonomisierung" und „Privatisierung" verbunden.

Die Orientierung öffentlicher Einrichtungen an einem derartigen Leitbild des sozialen Unternehmens ist aber nicht nur mit einer Aufwertung von Elementen verbunden, die vor allem im Marktbereich dominieren. Gerade dort, wo der staatliche Einfluss traditionell groß ist, verlangt sie auch, dass dem Leiter einer Einrichtung ein bestimmter Grad an Autonomie zugestanden wird, dass er Erträge erwirtschaften kann, aber auch selbst Verluste zu übernehmen hat, dass er also Chancen erhält und Risiken (mit-) tragen muss. Was das am herkömmlichen Bild z.B. eines Schulleiters oder eines Museumsdirektors ändern könnte, lässt sich unschwer vorstellen.

Das Adjektiv *sozial* im Begriff des sozialen Unternehmens soll gleich auf zwei Dimensionen verweisen. Einerseits soll damit die Wahrnehmung öffentlicher Verantwortung und die Orientierung am Allgemeinwohl und an Staat und Kommunen als dessen Repräsentanten angesprochen werden. „Sozial" meint andererseits aber auch eine stärkere Orientierung am gesellschaftlichen Umfeld im Sinne der Öffnung zu prinzipiell „mehrstimmigen" und nie vollends festgelegten gesellschaftlichen Interessen und Milieus, die nicht allein Bedarfe, sondern auch ein soziales Kapital an Kompetenzen repräsentieren.

Allerdings: Der jeweilige Mix staatlicher, marktwirtschaftlicher und gesellschaftlicher Elemente des sozialen Kapitals wird in verschiedenen Bereichen variieren – abhängig von Traditionen und nie abschließend festzulegenden Entwicklungsdynamiken. Doch gerade in dieser relativen Unbestimmtheit scheint uns der Begriff des sozialen Unternehmens tauglich zu sein für Veränderungsprozesse, bei denen bislang die Unterschiede zur Tradition klarer auszumachen sind als die Verlaufsformen weiterer Entwicklungen.

■ 1.3 Zur Methodik der Studie

Unsere Studie versucht einen theoretischen Diskurs mit empirischen Beispielen in Beziehung zu setzen. Der Verlauf der Arbeit an der zweieinhalbjährigen Untersuchung gestaltete sich vor allem im ersten Drittel als ein Wechselspiel zwischen der Konstruktion eines theoretisch-konzeptionellen Rahmens mit entsprechender Selektivität und seiner Konkretisierung und Korrektur auf Grund empirischer Erfahrungen.

Dabei ist die Studie nicht frei von einer grundsätzlichen normativen Orientierung. Diese lässt sich umschreiben als Orientierung auf Sozialstaatsreformen vom Typus des „aktivierenden Sozialstaats in der Bürgergesellschaft" (Evers/Leggewie 1999; Mezger/West 2000; Heinze/Olk 2001). Im Rahmen dieser Perspektive haben wir uns bei der Auswahl von Praxisfällen vor allem vom Interesse am Ausweis positiver *Möglichkeiten* leiten lassen. Nur eine kleine Minderheit der Fälle illustriert die Dominanz z.B. von Zielen simpler Einsparungsstrategien.

Bei der Auswahl von Dienstleistungsbereichen haben wir uns grundsätzlich an dem Kriterium orientiert, Dienste und Einrichtungen zu wählen, die nicht randständig sind und die zugleich die Heterogenität des jeweiligen Bereichs in Hinblick auf die Einflussgrößen Staat, Markt und Bürgergesellschaft (mit ihrem Sozialkapital) spiegeln.

Der Bereich *Schule* steht am ehesten für eine eindimensionale staatliche Kultur im Bereich von öffentlichen Dienstleistungen mit einem starken Gewicht hierarchischer und administrativer Kompetenzen, einer traditionell recht geringen Bedeutung lokalen Sozialkapitals und einem weit gehenden Ausschluss von Marktelementen.

Der historische Entwicklungspfad von Einrichtungen im *Kulturbereich* ist ebenfalls durch eine besondere Verantwortung der kommunalen Ebene und die Rolle bürgerschaftlichen Engagements in traditionellen („Honoratioren") und neuen Formen („Stadtteilkultur") geprägt. Durch das wachsende Gewicht kommerzieller Zwänge und Orientierungen ist so etwas wie ein Mix bei Ressourcen, Zielen und Einflussgrößen in diesem Bereich am ehesten zu einem selbstverständlichen Bezugspunkt von Diskussionen geworden.

Einrichtungen der *Altenpflege* repräsentieren einen Bereich, der in den letzten Jahren einen starken Wandel durchlaufen hat. Historisch war er ein stark lokalisierter, von den Kommunen, aber auch von bürgerschaftlichem Engagement getragener Bereich; seit das Pflegerisiko in den Katalog zentralstaatlich abgesicherter Lebensrisiken aufgenommen wurde und auch privatwirtschaftlicher Anbieter auf dem nun von den Sozialkassen refinanzierten Pflegemarkt zugelassen sind, dominieren jedoch Entwicklungen in Richtung auf hochgradig standardisierte Leistungen; lokale Einflüsse treten gegenüber marktlichen und (zentral)bürokratischen Elementen (die Sozialversicherungen) zurück.

Wenn wir uns dabei in allen drei Bereichen auf die Aufarbeitungen *lokaler Fallbeispiele* konzentriert haben, so geschah das vor allem aus zwei Gründen. Zum einen sind wir davon ausgegangen, dass hier bereits Probleme und Entwicklungen ablesbar sind, die den Praktiken auf der Ebene der repräsentativen Politik und den (Fach-)Programmen von Ministerien und Dezernaten z.T. vorauseilen. Zum anderen wollten wir auch solche Projekte dokumentieren, die nicht unbedingt in den Mainstream übergeordneter Politiken passen. Letzteres erwies sich im Bereich der Altenpflege als besonders wichtig, wo die Komponente der Nutzung des Sozialkapitals an gesellschaftlichem Engagement heute in den offiziellen Konzepten eine vergleichsweise weitaus geringere Rolle spielt als in den anderen beiden Politikbereichen.

Dabei waren wir uns von Anfang an der Tatsache bewusst, dass es sich bei derartigen Modellprojekten um das handelt, was man vielleicht am besten als *Bewältigungsstrategien* („coping strategies") bezeichnen kann. Im Unterschied zu Problemlösungsstrategien sind sie dadurch gekennzeichnet, dass die Beteiligten versuchen, auf eine problematische Situation zu reagieren, ohne ihre eigenen Bemühungen in jedem Fall konzeptionell auch selbst ausweisen zu können. Besonders dann, wenn derartige lokale Praktiken sich nicht auf eine Art von „Reformbewegung" stützen können, sind sie dadurch beeinträchtigt, die Rahmenbedingungen im Umfeld – z.B. finanzielle und juristische Vorgaben – nicht mit verändert werden können.

Die Auswahl der Beispiele erfolgte in einem mehrstufigen Verfahren:

- Durch Schlüsselpersonen (wie z.B. Experten), die Suche in Medien, Fachjournalen etc. wurden Hinweise auf interessante Fälle gesammelt.
- Dort, wo es viel versprechend schien, wurden telefonische Voranfragen durchgeführt und je nach deren Ergebnis Besuche vereinbart.
- Die Mehrzahl der Beispiele erwies sich als interessant genug, um in das Verzeichnis der etwa ein Dutzend Fälle pro Beispielsbereich, die wir uns zu dokumentieren vorgenommen hatten, aufgenommen zu werden.

Insgesamt sind jedoch nicht nur die dargestellten 19, sondern mehr als 50 lokale Praxisbeispiele besucht worden. Bei der Auswahl von Beispielen ist auch darauf geachtet worden, eine gewisse *regionale Balance* in Hinblick auf die Nord-Süd- und die Ost-West-Dimension herzustellen; ein systematischer Vergleich bezüglich unterschiedlicher Formen und Bedeutungen gemischter Strukturen in Diensten auf Grund der verschiedenen Entwicklungsverläufe in Ost und West war jedoch von Anfang an nicht beabsichtigt. Im Schulbereich ist wegen seiner starken Prägung durch die Kompetenz der Länder dann eine Auswahl getroffen worden, die sich ausschließlich aus Beispielen aus den Stadtstaaten Berlin und Bremen und den Ländern Hessen und Baden-Württemberg zusammensetzt.

Die Interviews vor Ort wurden entlang eines halbstandardisierten Leitfadens durchgeführt. Auf diese Weise sollte dazu beigetragen werden, dass die Bestandsaufnahme, Darstellung und Diskussion aller Beispiele denselben Kriterien folgen konnten (vgl. die strukturierenden Kapitelüberschriften in den Falldarstellungen).

Zentraler Gegenstand der Bestandsaufnahme und der Interviews waren jeweils die Genese des Fallbeispiels und die Darstellung des Gewichts der Einflüsse

(a) von staatlichen/kommunalen/para-staatlichen Organisationen,
(b) von marktbezogenen Elementen und
(c) von bürgergesellschaftlichen Elementen des sozialen Kapitals.

In Hinblick auf die Folgen von Veränderungen im internen Mix verfolgten wir besonders aufmerksam

(i) die Entwicklung der Dienstleistungsqualität sowie
(ii) die Entwicklung von Mitarbeit und Beschäftigung.

Bei der Darstellung haben wir diese Gesichtspunkte auch jeweils zur Gliederung der Befunde verwendet
Bei der Bestandsaufnahme von *Dienstleistungsqualität* – die sich prinzipiell in eine Vielzahl von Facetten zerlegen lässt – haben uns vor allem zwei Fragen interessiert:

– Inwieweit gelingt es, Angebote, die auf einen standardisierten Kern zusammengeschmolzen sind, durch den Einbezug zusätzlicher Ressourcen zu bereichern und so einen Mantel von weniger stark verfassten zusätzlichen Leistungen zu etablieren?
– Inwieweit ändert sich etwas in Hinblick auf sozialpolitische Qualitätsaspekte? Der Begriff „sozialpolitisch" meint hier Fragen sozialer Gerechtigkeit und demokratiepolitische Qualitäten, etwa die allgemeine Zugänglichkeit von Leistungen, Leistungssicherheit sowie sozial-integrative und zur Beteiligung ermunternde Effekte.

Fragen der Mitarbeit und Beschäftigung haben wir auch deshalb besondere Aufmerksamkeit geschenkt, weil seit einigen Jahren intensiv darüber debattiert wird, welche Beiträge der Dienstleistungsbereich hier erbringen kann. Ein spezieller Bezug zu Fragen von „gemischten Strukturen" ergibt sich dabei vor dem Hintergrund der auf den ersten Blick paradoxen Tatsache, dass zwar einerseits der Bereich personenintensiver Dienstleistungen als der womöglich wichtigste Bereich für Beschäftigungsmöglichkeiten angesehen, andererseits jedoch der öffentlich finanzierte Teilbereich dabei ausgeklammert wird. Realistischerweise geht man davon aus, dass die Finanzlage noch auf längere Sicht eine Ausweitung des öffentlichen (öffentlich finanzierten) Dienstleistungsbereichs unwahrscheinlich macht. Unter Beschäftigungsgesichtspunkten gerät der Bereich öffentlicher Leistungen und Einrichtungen so an den Rand der Aufmerksamkeit. Marktelemente wie z.B. die Anlagerung von Leistungen, für die die Adressaten aus eigenen privaten Mitteln zahlen, könnten hier neben der Reformdynamik, die sie auslösen, auch zusätzliche Möglichkeiten für Beschäftigung bieten.

Sehr viel ambivalenter erscheint demgegenüber gleich auf den ersten Blick die Rolle von Engagement und ehrenamtlicher Beteiligung. Die Diskussion wird hier mitunter von der Befürchtung dominiert, dass Engagement nicht in erster Linie als *Komplement* der bisherigen Beschäftigungsstruktur anzusehen ist, sondern vor allem der *Substitution* bezahlter durch unbezahlte Tätigkeiten dient. Demgegenüber ist aber auch argumentiert worden, dass freiwilliges Engagement neben staatlich-öffentlicher Unterstützung der wichtigste Faktor für die Konstitution neuer Angebote und Dienstleistungen und Ausgangspunkt ihrer allmählichen Etablierung als anerkannter Leistung sein könnte.

In die Debatte mit einzubeziehen ist auch noch die Frage nach Veränderungen in der Charakteristik des Arbeitsmarktes. Die von uns thematisierten Beschäftigungsbereiche sind hier sehr verschieden strukturiert. In der Altenpflege vermischen sich z.b. späte, etwa in den 70er Jahren einsetzende Professionalisierungsprozesse, die traditionell erhebliche Rolle sozialmoralischer Ressourcen (z.B. kirchlichen Engagements), und – nunmehr im Rahmen des durch die Pflegeversicherung ausgelösten Rationalisierungszwangs – die wachsende Bedeutung geringfügiger Beschäftigungsverhältnisse und nicht formell qualifizierter Mitarbeit. Die große Verschiedenheit von Beschäftigungsregimes bei öffentlichen Dienstleistungen erschließt sich aber auch im Bereich Schule, wo eine Profession und eine Form des vertraglichen Arbeitsverhältnisses – die Lehrperson im Beamtenstatus – in der Regel immer noch alle anderen Formen der Mitarbeit marginalisiert.

Alles in allem sollte unsere Untersuchung an drei selbst gesetzten Aufgabenstellungen und Zielen gemessen werden:

1. Sie sollte ein theoretisches Konzept, das des „Wohlfahrtsmix", weiter entwickeln – indem sie den gemischten Charakters der *internen* Strukturen einzelner Einrichtungen herausarbeitet
2. Sie sollte einen Impuls geben für eine Debatte über öffentliche Dienstleistungen jenseits herkömmlicher Grenzziehungen zwischen fachlichen und ressortpolitischen Abgrenzungen.
3. Sie sollte auf die reformpolitischen Möglichkeiten aufmerksam machen, die sich ergeben, wenn man eine zwischen dem sozial-staatlichen und marktlichen Pol pendelnde Debatte unter dem Gesichtspunkt der möglichen Rolle bürgergesellschaftlicher Beiträge öffnet.

2. Der Bereich Schule

Uta Stitz, Claudia Wiesner

2.1 Zum Hintergrund der Fallbeispiele

Schule ist unter drei Gesichtspunkten wieder zu einem vorrangigen Diskussionsthema in Öffentlichkeit und Politik geworden. Zum Ersten sind Erwartungen gewachsen, denen die Schule in ihrer bisherigen Form nicht mehr gerecht wird: Schule soll für neue Medien qualifizieren, soll neben der Wissensvermittlung auch Sozialisationsleistungen, Erziehungshilfen und als Ganztagsschule eine umfassende tägliche Betreuung bieten. Zum Zweiten wird Schule als ein Feld thematisiert, in dem sich allgemeine gesellschaftliche Probleme und Herausforderungen gewissermaßen verdichten und an dem sie sich exemplarisch ablesen lassen: wachsende Schwierigkeiten der Familien im Spannungsfeld von beruflichen und Erziehungsaufgaben, eine neuer Stellenwert von Integrationsaufgaben in einer multikulturellen Gesellschaft und gestiegene Herausforderungen durch Probleme wie Drogen und Alltagsgewalt. Angesichts von mehr Problemen und gestiegenen Anforderungen an die Schule erscheint schließlich deren bisherige Ausstattung und Verortung umso problematischer: zum Teil fehlt es sogar an Mitteln für die Erhaltung des baulichen Status quo, und immer lauter wird die Kritik an einer Schulplanung und Verwaltung, deren hierarchische Orientierung Innovationen und ortsnahen Konzepten im Wege steht.

Angesichts dieser neuen Herausforderungen und Probleme und des Nebeneinanders ehrgeiziger Ziele und krasser Mängellagen entwickeln einzelne Schulen vor Ort durch eigenes Engagement individuelle Lösungsstrategien. Community-bezogene – und nicht automatisch von einer Schule auf die andere übertragbare – Antworten sind das Resultat. Schulreformversuche, neue Leitbilder, Initiativen von Stiftungen, die versuchen, innovative Entwicklungen zu fördern und zu vernetzen, aber auch Konzepte zur Neubestimmung des Managements von Schulen erlangen in diesen Zeiten des Umbruchs neue Bedeutung (vgl. Stern 1999; Lohre 1999; Preiß/Wahler 1999; OECD 2001).

Der Bereich „Schule" war in Deutschland immer relativ deutlich von obrigkeitsstaatlichem Denken geprägt, eine Tradition, die bis ins 19. Jahrhundert zurückreicht. Seit den in den 60er Jahren vorgenommenen Schritten zur Demokratisierung der Schulen und zum Abbau von Hierarchien hat es in der Bundesrepublik Deutschland zum Teil einen Bruch mit diesen stark obrigkeitsstaatlich geprägten Traditionen gegeben. Die Bildungsreformen im Zeichen eines aufklärerischen Ansatzes wurden beispielhaft durch die Einführung eines vollkommen neuen Schulmodells, der Gesamtschule repräsentiert (vgl. von Friedeburg 1994). Auch bei unserer Untersuchung hat es sich gezeigt, dass Gesamtschulen immer noch sehr oft Vorreiter von innovativen Entwicklungen und Ansätzen in der Schullandschaft sind.

Die Bildungsreformen hatten jedoch eine offene Flanke: Sie konzentrierten sich auf eine bessere Wissensvermittlung und setzten damit so etwas wie ein funktionierendes gesellschaftliches Umfeld voraus; sie hielten an der Tradition der Schule als einer „Lehranstalt" fest, als sie davon ausgingen, dass alle relevanten Aufgaben in dieser Institution wahrgenommen werden können; und schließlich blieben bei dieser Zentrierung auf ein professionelles Schulsystem Fragen der Partizipation von Eltern und anderen Akteuren im Prinzip weiterhin „außen vor". Ein hierarchischer Zug blieb auch bei der Reform selbst erhalten. Beim letztlich gescheiterten Versuch, ein neues System von oben nach unten durchzusetzen, entstanden oftmals Konflikte zwischen den Ansprüchen progressiver Bildungspolitik und den Verhältnissen vor Ort.

Betrachtet man die heutige Bildungslandschaft und die sich dort entwickelnden Innovationen, dann lassen sich die Herausforderungen recht plastisch mit der oft benutzten Formel von der „äußeren und inneren Öffnung der Schulen" auf einen Nenner bringen. Das System Schule und seine Träger bemerken an veränderten Umwelten, wie sehr sie von diesen abhängig sind; sie müssen sich zu ihnen öffnen, sowohl im Sinne der Wahrnehmung neuer Aufgaben und Herausforderungen als auch im Sinne der Einbeziehung der Ressourcen, die ein lokales Umfeld für Schule bieten kann. Komplementär zu einer solchen äußeren ist die innere Öffnung, die neuen Formen der Mitarbeit von Schülern und Eltern, Fachkräften in verschiedenen Professionen und unterschiedlichen Anstellungsverhältnissen gelten sollte.

Damit wird schließlich etwas in Frage gestellt, das auch nach den Bildungsreformen geblieben war, eine Betrachtungsweise, in der Schulen fast ausschließlich als staatliche – und nicht als gesellschaftliche – Institutionen behandelt werden. Verbeamtete Staatsdiener/innen unterrichten staatlich verabschiedete Lehrpläne unter staatlicher Aufsicht. Tatsächlich legt Artikel 7 des Grundgesetzes aber lediglich fest, dass der Staat die Aufsicht über das Schulwesen innehat, weist ihm also nicht die alleinige Verantwortung für dessen Gestaltung zu.

Prozesse der Öffnung und Erweiterung des Aktivitätenspektrums an Schulen unter Einbeziehung von Marktelementen und gesellschaftlicher Beteiligung gibt es auf verschiedenen Ebenen: bei den einzelnen Schulen, bei den Städten und Landkreisen als Schulträger, auf Landes-, Bundes- oder sogar Europaebene. Die vorliegende Untersuchung konzentriert sich auf Fallbeispiele einzelner Schulen. Zuvor sollen jedoch kurz die zentralen Herausforderungen skizziert werden, auf die Reform und Entwicklung an Schulen heute reagieren muss, und es soll dargestellt werden, in welchem Maße in den jeweiligen Ländern und Stadtstaaten, aus denen die von uns ausgewählten Beispiele stammen, darauf bisher reagiert wurde. Die Ebene der lokalen Schulträger und der dortigen „Entwicklungsplanung" ist nur am Rande beleuchtet werden. Sie spielte für die ausgesuchten innovativen Projekte nur eine geringe Rolle (für eine Übersicht über innovative Projekte von lokalen Schulträgern vgl. Lohre 1999). Fallbeispiele wurden aus zwei Flächen- und zwei Stadtstaaten ausgewählt (Hessen, Baden-Württemberg, Berlin, Bremen), sie stammen aus dem Grundschul- und dem weiterführenden Schulbereich.

Herausforderungen

(a) Veränderte Familienstrukturen, Erwerbstätigkeit der Eltern und der gestiegene Bedarf an Kinderbetreuungsangeboten

Die Familienstrukturen in der Bundesrepublik waren in den letzten Jahrzehnten einem starken Wandel unterworfen (vgl. ausführlich Bien 1996). Dazu zählt vor allem die Zunahme von Einelternfamilien und der Anstieg der Scheidungsquoten. Trotz dieser Entwicklungen wachsen in der Bundesrepublik nach wie vor rund 85% aller Kinder bis zum Alter von 14 Jahren in einer Familie mit verheirateten Eltern auf (BMFSFJ 1998: 26). Zudem ist eine wachsende Beteiligung von Frauen, speziell auch Müttern, am Erwerbsleben festzustellen. Die Erwerbsquote der Frauen lag 1998 bei 63% (Statistisches Bundesamt 1999: 101). In Westdeutschland gingen 1999 knapp 60% der Mütter im erwerbsfähigen Alter mit mindestens einem minderjährigen Kind einer Erwerbstätigkeit nach,

> „rund acht Prozentpunkte mehr als 1991. In den neuen Ländern und Berlin-Ost entwickelte sich die Erwerbstätigkeit gegensätzlich: Dort nahmen 1999 73,3% dieser Mütter am Erwerbsleben teil, zehn Prozentpunkte weniger als 1991" (Statistisches Bundesamt, Mitteilung für die Presse vom 11.5.2000).

Diese Veränderungen, vor allem die zunehmende Zahl von Alleinerziehenden und von erwerbstätigen Müttern, haben zur Konsequenz, dass Familien vermehrt auf außerfamiliäre Betreuungsangebote angewiesen sind. Das im internationalen Vergleich unterdurchschnittliche Betreuungsangebot (Weinkopf 1998: 49) und Forderungen nach längeren Betreuungszeiten stehen deshalb heute im Zentrum der Schuldebatten. Ganztagsschulen gibt es kaum – nur knapp 1.000 von insgesamt 35.000 Schulen in Deutschland bieten Ganztagsbetreuung an. Das Institut der deutschen Wirtschaft schätzt, dass es jährlich 6 Mrd. DM kosten würde, die Ganztagsschule für alle Schüler von Klasse 5 bis 10 einzuführen (Stern, Heft 14, 2001: 122). Einzelne Bundesländer haben mit der Einführung von so genannten „Kernbetreuungszeiten" oder mit dem Modell der „betreuenden Grundschule" reagiert. Das Versprechen der Einführung zumindest einer halbtägigen festen Betreuung ist zu so etwas wie einem neuen Mindeststandard bei den bildungspolitischen Versprechen von Landesregierungen geworden. Eltern messen dem Thema eine große Bedeutung zu. Nach einer Untersuchung des IAB wünscht sich jede dritte erwerbstätige westdeutsche und jede fünfte erwerbstätige ostdeutsche Frau eine Nachmittagsbetreuung durch die Schule für ihre schulpflichtigen Kinder (IAB 1998: 14 und wäre dafür auch bereit, höhere Kosten zu übernehmen. Während jedoch in Ostdeutschland knapp drei von zehn Schulkindern tagsüber einen Hort besuchen und die Versorgungsquote im Bereich der Betreuung von Grundschulkindern zwischen 45 und 80% liegt (vgl. DJI 1998: 84), ist in Westdeutschland die Bedeutung der Horte äußerst gering. Schulen, die – z.B. im Rahmen von Schulprofilbildungen – verlässliche Betreuungszeiten bieten oder gar Betreuungsangebote am Nachmittag bereitstellen, sind immer noch eher die Ausnahme als die Regel. Dabei ist noch zu berücksichtigen, dass die Angebote an vielen dieser Schulen nur für einen kleinen Teil der Schüler und Eltern ein derartiges Angebot bereithalten.

Hinzu kommen hier die Kontraste zwischen städtischen und ländlichen Gebieten. Mehr als vier Fünftel aller Hortplätze im Westen befinden sich in Städten mit mehr als 100.000 Einwohnern/Einwohnerinnen. Die Versorgungsquote von Kindern von 6 bis 16 mit Hortplätzen ist in den drei Stadtstaaten Bremen (16%), Hamburg (23%) und Berlin (28%) am höchsten; sie bewegt sich bei den Flächenstaaten zwischen 2 und 3% (vgl. Frank/Pelzer 1996: 47).

(b)   Der Erziehungsauftrag

„Die Schule hat den in der Landesverfassung verankerten Erziehungs- und Bildungsauftrag zu verwirklichen" – diese Aussage ist in dieser oder ähnlicher Form im Schulgesetz eines jeden Bundeslandes (vgl. für Baden-Württemberg Holfelder/Bosse 1998: 29) zu lesen. Dieser staatliche Erziehungsauftrag ist dem elterlichen Erziehungsrecht nicht nach-, sondern gleichgeordnet.

„Insbesondere lässt sich die Erziehung nicht in einen häuslichen und in einen schulischen Bereich aufspalten, da diese beiden Sphären ineinander greifen und unlösbar verzahnt sind" (Holfelder/Bosse 1998: 30).

Gerade dort, wo Lernen die Entwicklung der Persönlichkeit und die Förderung von Handlungskompetenz im späteren Beruf, aber auch als Bürger in der Demokratie, betrifft, spielt die Fähigkeit von Schule, das gesellschaftliche und institutionelle Umfeld einzubeziehen, eine zentrale Rolle. Der Erwerb bürgerschaftlicher Kompetenz kann nicht in der Schulklasse erlernt werden (dazu: Beutel/Fauser 2001).

Im gegenwärtigen System, das offiziell Elternverantwortung und schulische Verantwortung trennt, drohen beide Seiten einander zu überfordern. Insbesondere die Eltern fordern von einer Schule einen Erziehungsbeitrag, der im Rahmen eines knappen Halbtagsprogramms einer „Lehrerschule" ohne ergänzende Ressourcen von außen kaum zu erbringen ist.

In den letzten Jahren wird aber immer offensichtlicher, dass auch viele Eltern nicht mehr in der Lage sind, ihrer Erziehungsverantwortung in vollem Umfang nachzukommen. Der Einfluss sozialer und wirtschaftlicher Schwierigkeiten sollte dabei nicht übersehen werden. Die Zahl der vernachlässigten (kein Frühstück, keine warme Kleidung, keine Arbeitsmaterialien) und sozial kaum kompetenten Kinder wächst. Zusätzlich werden auch die überbehüteten Kinder zu Problemfällen in den Schulen. Beiden Gruppen ist gemeinsam, dass ihnen zu Hause kaum Grenzen gesetzt werden. Das heißt, dass eine „Erziehungskrise" (DIE ZEIT vom 11.5.2000) sich durchaus auch an weiterführenden Schulen manifestiert.

Die Schule sieht sich mit Kindern konfrontiert, die nicht ohne weiteres „schulfähig" sind: Unter Umständen können sie weder konzentriert mitarbeiten, noch akzeptabel mit anderen umgehen. Mit der Aufgabe, solchen Kindern die notwendige Primärsozialisation zukommen zu lassen, ist die Schule zumindest bei der derzeitigen Mittel- und Personalausstattung überfordert. Auch wenn Schule „Lebens- und Lernort" (taz vom 2.1.1997) ist und Kinder auch oder gerade an der Schule immer mehr „feste Regeln und Bezugspersonen" brauchen (Erziehung und Wissenschaft 6/98: 14), kann dennoch Schule allein die Erziehungsaufgabe nicht leisten, sie ist auf die Mitwirkung der Eltern angewiesen.

Das unterstreicht noch, wie wichtig es ist, wenn Eltern eine positive und engagierte Rolle im Schulbetrieb einnehmen. Die institutionellen Mitbestimmungsrechte der Eltern beschränken sich heute nicht nur auf die Funktionen als Klassen- und Schul- oder sogar Landeselternbeiräte. In allen untersuchten Bundesländern gibt es Schulkonferenzen, die sich aus Vertretern/Vertreterinnen der Eltern, der Schülerinnen und des Personals zusammensetzen. In der Regel haben diese Gruppen jeweils eine Drittelparität. In Hessen, Baden-Württemberg und Berlin haben die Schulkonferenzen beratende Funktion. In Bremen sind sie dagegen das oberste Entscheidungsgremium der Schulen. Die Schulkonferenzen haben eine breit gefächerte Zuständigkeit. Zu fragen ist, ob das Potenzial dieser formal garantierten Kooperationsmöglichkeiten auch immer ausreichend genutzt wird.

Darüber hinaus gibt es zusätzliche freiwillige Formen des Engagements von Eltern. Viele engagieren sich in so genannten Schulfördervereinen. Tätigkeiten wie das Organisieren von Schulfesten gehören heutzutage ebenso zum Repertoire wie das gemeinsame Zupacken, wenn es darum geht, Klassenräume zu renovieren und Schulhöfe umzugestalten. Auch im EDV-Bereich oder bei der Sponsorensuche können Eltern behilflich sein. Holzapfel (1996: 63) verweist auf den doppelten Aspekt dieser Formen des Einbezugs von Eltern (sowie von Vereinen, Betrieben etc.):

> „Es ist eine Reaktion auf begrenzte Ressourcen, aber zugleich auch ein Beitrag zur Verankerung sozialer Verantwortung."

(c)   Gewalt, Aggression und Drogen

Dass die soziale Kompetenz der Schüler/innen insgesamt eine abnehmende Tendenz aufweist, trägt mit dazu bei, dass Aggression und Gewalt im Schulalltag bedeutsamer werden. Umstritten ist, ob die tatsächliche Zahl von Gewaltakten in Schulen und ihrem Umfeld ansteigt, sicher ist, dass die Schwere der Delikte zunimmt. Drogen gehören mehr und mehr zum Alltag fast aller Schüler/innen, sei es, dass sie direkt auf dem Schulgelände erhältlich sind, oder sei es, dass jede/r „jemanden kennt", der sie verkauft und/oder konsumiert. „Diese Probleme nehmen zu. Das ist das Umfeld, in dem wir versuchen, Schulpolitik zu gestalten", bestätigt ein Referent des baden-württembergischen Kultusministeriums (Kultusministerium Baden-Württemberg 2001). Die Situation zwingt nicht nur dazu, neue Themen wie etwa Drogenprävention auf die Tagesordnung zu setzen, sondern bewirkt auch, dass ein größerer Teil der Unterrichtszeit darauf verwandt werden muss, Schüler/innen überhaupt aufnahmefähig für die Lehrinhalte zu machen. Es entsteht ein weiterer Bereich, in dem Schule Erziehungs- oder Sozialarbeit leisten muss.

Viele Schulen haben auf diese Entwicklungen bereits mit einer Öffnung zu anderen Institutionen und Organisationen reagiert, die sich ebenfalls mit den genannten Entwicklungen befassen, nicht nur in Form einer verstärkten Kooperation mit Instanzen der Jugendhilfe (Hartnuss/Maykus 2000). Das kann bedeuten, dass Beamte einer Sonderkommission in Zivil auf dem Schulgelände patrouillieren, aber auch, dass die Polizei eine Telefonleitung einrichtet, über die Schüler/innen anonym Erfahrungen mit Gewalt und/oder Drogen(handel) berichten und sogar – normalerweise ist dies im deutschen Polizei- und Justizwesen nicht zulässig – Täter/innen nennen können. Es gibt Schulen, die Projekttage in Kooperation mit lokalen Drogenberatungen veranstalten. Die Zusammenarbeit mit entsprechenden Institutionen ergibt sich zwangsläufig, wenn Schüler/innen straffällig oder eventuell auch extrem verhaltensauffällig werden.

(d) Multikulturelle Gesellschaft: Integrationsprobleme

Mit dieser Problematik kommen Kinder bereits in frühen Jahren in Berührung, wenn sie mit Kindern aus Einwanderer-, Zuwanderer- oder Aussiedlerfamilien, die meist einen anderen kulturellen und oft auch einen anderen religiösen Hintergrund haben, konfrontiert werden. Am Beispiel Berlins können die Probleme besonders gut illustriert werden. Dort liegt in den Stadtteilen Kreuzberg und Wedding der Anteil von Schülern/Schülerinnen nicht deutscher Herkunft bei knapp 60%. In Berlin hat jeder/jede vierte Schüler/in bei der Einschulung Schwierigkeiten mit der deutschen Sprache. Wenn „nur" 10% der deutschen Schüler/innen Berlins die Schule ohne Abschluss verlassen, so sind es bei Kindern nicht deutscher Herkunft 27% und bei Kindern türkischer Herkunft 25% (Neues Deutschland vom 10.7.2000).

Um die sich damit stellenden Aufgaben zu bewältigen, greift man mancherorts auf pädagogische Methoden zurück, die insbesondere das Selbstwertgefühl des Kindes festigen sollen, unabhängig vom schulischen Erfolg. Die Berliner Ferdinand-Freiligrath-Schule hat einen hohen Bekanntheitsgrad erlangt, weil sie als eine der ersten Schulen große pädagogische Erfolge durch das Einbeziehen von so genannten „schulfremden Dritten" in den Unterricht erzielt hat. Andere betroffene Schulen kooperieren eng mit den umliegenden Behörden und sozialen Diensten, um den jeweiligen Schülern/Schülerinnen die besten Hilfsangebote machen zu können.

(e) Medien- und Informationsgesellschaft

Zumindest als Wahlfach sind heute computerbezogene Angebote an fast allen Schulen ab der Sekundarstufe zu finden, aber längst nicht alle Schüler/innen werden von diesen erreicht. Es fehlt einerseits an qualifiziertem Lehrpersonal, welches es ermöglichen könnte, diese Thematik in alle relevanten Unterrichtsfächer einzubeziehen. In Berlin lernen beispielsweise nur sechs Prozent der Lehrer/innen an Gymnasien, Gesamt- und Realschulen selbst den Umgang mit dem Computer (Wirtschaftswoche Nr. 30 vom 20.7.2000). Nach einer Studie der Bertelsmann-Stiftung hat nur jeder fünfte Lehrer schon einmal im Internet gesurft (DIE ZEIT vom 5.1.2000). Außerdem fehlt es oft an der entsprechenden Ausrüstung mit aktueller Hard- und Software. Sie ist abhängig von der finanziellen Situation des Schulträgers. Selbst in vernetzten Schulen kommen die Computer nicht immer zum Einsatz, weil es dem Lehrpersonal an Zeit für die Wartung fehlt (DIE ZEIT vom 6.7.2000).

Gerade dieses Thema bietet deshalb einen Anlass für Schulleiter/innen, Hilfe von außen in Anspruch zu nehmen – sei es über die Kontaktaufnahme zu einem professionellen Anbieter von solchen Dienstleistungen und das Einbeziehen von professionellen Dritten als Lehrkräfte an der Schule oder aber durch das Ansprechen von Unternehmen oder Banken, die den Schulen Computer oder Zubehör sponsern. Es kommt darauf an, gerade Kindern, die zu Hause keinen Umgang mit dem Computer (laut Shell Jugendstudie 44%, Deutsche Shell 2000: 201) bzw. mit dem Internet haben, einen Zugang zu diesen Medien zu verschaffen.

(f) Bildungsauftrag, Bildungsdefizite, Chancengleichheit

Bildungserhebungen der OECD, insbesondere die viel diskutierte Studie PISA 2000 stellen dem gesamten deutschen Bildungswesen ein schlechtes Zeugnis aus (vgl. OECD 1998, 1999, 2000, 2001a, 2001b; Deutsches PISA-Konsortium 2001). Jüngere Schüler/innen der Primarstufe werden in Deutschland im internationalen Vergleich unterdurchschnittlich gefördert, während in die gymnasiale Oberstufe überdurchschnittlich viel Geld investiert wird. Bruneforth vom Zentrum für Forschung und Innovation der OEDC in Paris nennt das

> „eine schreiende Gerechtigkeitslücke. [...] Wenn Kinder aus der Unterschicht in den Brunnen gefallen sind, werden die besser Gestellten gefördert" (DIE ZEIT 18.5.2000).

Chancenungleichheit im deutschen Bildungssystem zeigt auch die Praxis des Nachhilfeunterrichts. Der Verband Bildung und Erziehung (VBE) veranschlagt den Betrag, der jährlich für Nachhilfeunterricht ausgegeben wird, auf 4,5 Milliarden Mark. Die Unterrichtsstunden kosten dabei zwischen 15 und 30 Mark – eine Summe, die sich nicht jede Familie leisten kann. Interessanterweise nehmen nicht nur Schüler/innen der weiterführenden

Schulen selbst organisierten und bezahlten Zusatzunterricht: Der VBE errechnet, dass in Nordrhein-Westfalen bereits jeder/jede fünfte Grundschüler/in Nachhilfestunden erhält (Frankfurter Allgemeine Zeitung vom 12.1.1999).

Im Frühjahr und Sommer 2000 wurde an Deutschlands Schulen der internationale Leistungstest PISA (Programme for International Student Assessment) durchgeführt, anhand dessen Wissen und Können von Schülern/Schülerinnen aus 32 Ländern verglichen werden sollen. Die wichtigsten Ergebnisse lauteten:

- In allen drei getesteten Bereichen (Lesen, Mathematik, Naturwissenschaften) ist der deutsche Durchschnittsschüler schlechter als sein internationales Pendant; in der Lesekompetenz erreichten Deutschlands 15jährige z.B. nur Rang 21 von 31 Ländern.
- In den oberen Rängen ist Deutschland Mittelmaß: die Gruppe der besten Leser ist z.B. kleiner als in vielen anderen Ländern; überproportional vertreten ist Deutschland hingegen mit Schülerinnen und Schülern, die nicht richtig rechnen und lesen können; beinahe jeder vierte 15-Jährige kann nur rechnen wie ein Grundschüler und versteht nur simpelste Texte.
- Die Kopplung zwischen Leistung und sozialer Herkunft ist in Deutschland besonders eng; das heißt u.a., dass die Chancen eines Arbeiterkindes, anstelle der Realschule ein Gymnasium zu besuchen, viermal geringer sind als die eines Kindes aus der Oberschicht und dass beim Vergleich der Leistungen von Kindern aus zugewanderten Familien Deutschland international besonders schlecht dasteht, wobei zu berücksichtigen ist, dass die große Mehrheit der ausländischen Schüler, 70%, in Deutschland eingeschult worden sind (zur Diskussion der Befunde vgl. auch: Die ZEIT vom 6. 12. 2001 und Der Spiegel vom 10. 12. 2001).

Dem PISA-Test vorausgegangen war der so genannte „TIMMS-Schock", eine internationale Schulleistungsstudie für Mathematik und Naturwissenschaften, in dessen Verlauf deutsche Schüler/innen nur einen enttäuschenden Mittelplatz erreichten. Die Tests zeugen von einem Wandel in der deutschen Bildungspolitik. Leistungstests werden akzeptiert und könnten unter Umständen helfen, ideologische Grabenkämpfe zwischen 'Kuscheleckenpädagogik' und 'Paukerschulen' überwinden zu helfen. Denn die TIMMS-Studie hat u.a. gezeigt, dass nicht das gegliederte Schulsystem oder das Gesamtschulsystem für ein gutes Abschneiden der Schüler/innen ausschlaggebend waren: Ausschlaggebend waren die Lehrformen: Die Ermunterung zu kreativem Denken, das Zulassen von Fehlern und die Anregung zur Teamarbeit (vgl. DIE ZEIT vom 18.5.2000).

Auch aus der deutschen Wirtschaft ist immer wieder Kritik an der Schulausbildung zu vernehmen. Neben den klassischen Klagen über mangelnde mathematisch-naturwissenschaftliche oder Informatikausbildung werden auch Schlüsselqualifikationen wie Bereitschaft zur Gruppenarbeit von Schulabgängern/Schulabgängerinnen erwartet. Viele Schulen versuchen, ihren Schülern/Schülerinnen diese Kompetenzen zu vermitteln. Kontakte und Partnerschaften mit Organisationen des Wirtschafts- und Arbeitslebens sind vor allem hilfreich, wenn es darum geht, Schulabgängern/Schulabgängerinnen nach der neunten oder zehnten Klasse bei der Suche nach Ausbildungsplätzen und Berufspraktika zu helfen. An anderen Schulen geht das Arbeiten im Team oder das praxisorientierte Arbeiten eng mit (reform-)pädagogischen Konzepten oder mit dem Einbezug von „schulfremden" Dritten als Honorarkräften einher. Das sicherlich ehrgeizigste Ziel ist das der Einrichtung von Ganztagsschulen. Hier soll nicht nur durch wahlweise zusätzliche Betreuungsangebote mit unterschiedlichem Qualitätsgrad den Problemen der Eltern in Hinblick auf die Vereinbarkeit von Familie und Beruf Rechnung getragen werden. Im Interesse der Kinder soll ein (z.T. als verbindlich konzipiertes) neu strukturiertes ganztägiges Angebot die Schulqualität bereichern und verbessern und zugleich die Bindung zwischen sozialer Herkunft und Schulerfolg im Sinne verbesserter Chancengleichheit lockern helfen.

Für ein besseres Verständnis der Fallbeispiele werden nun im Folgenden länderspezifische Besonderheiten verdeutlicht.

Mehr Autonomie und unternehmerische Entscheidungsfreiheit für die einzelne Schule ist dabei ein weit verbreitetes Credo und der Ruf nach einer Öffnung für Marktelemente wie privates Sponsoring, Profilbildung, Wettbewerb u.ä. wird lauter. Sehr viel unschärfer ist das Profil der Reformüberlegungen, wenn es jenseits einer neuen Balance von Staat und Markt um die Einbeziehung des sozialen Kapitals der Bürgergesellschaft geht. Wenn mehr ins Spiel kommt als Empfehlungen zu Partnerschaften mit Wirtschaft und Vereinen betritt man nämlich ein kontroverses Feld. Das gilt vor allem für Fragen wie die einer stärkeren Mitverantwortung der Eltern und Schüler – auch eine Mitverantwortung in Dimensionen wie finanzieller Beteiligung, Gebühren, regelmäßiger Unterstützung.

Schule in Bundesländern, aus denen Fallbeispiele ausgewählt wurden

1.)   Hessen

Hessens gegenwärtige Schulpolitik ist mitgeprägt von den Folgen des Regierungswechsels von 1999. Die neue CDU-FDP-Regierung hat nur Teile der Reformen, die von SPD und Grünen angestoßen wurden, übernommen. Die relativ große rechtliche und wirtschaftliche Autonomie, die Schulen in Hessen haben, steht im Zusammenhang mit der Verwaltungsmodernisierung. Bereits die SPD-Grünen-Regierung hatte beschlossen, in allen Ministerien die Budgetierung und die Kosten- und Leistungsrechnung einzuführen. Die CDU-FDP-Regierung übernahm diesen Beschluss. Bis 2008 werden danach alle Kosten der Landesverwaltung umgebrochen auf „Mandanten- und Produktstrukturen".

(a)   Autonomie im wirtschaftlichen Bereich

Hessen weist dementsprechend eine im Vergleich zu anderen Bundesländern sehr weit gehende rechtliche Autonomie für Schulen auf, die im Schulgesetz von 1997 festgehalten ist. Schulen können Rechtsgeschäfte mit Wirkung für den Schulträger eingehen.[1] In der Praxis bedeutet dies, dass Schulen mit den ihnen zur Verfügung stehenden Geldmitteln wirtschaften und beispielsweise Honorarkräfte einstellen können. Die Schulen können überdies Stellen selbst ausschreiben – derzeit werden etwa 75% der freien Lehrerstellen in Hessen nach Ausschreibungen besetzt. An fast allen Schulen gibt es mittlerweile Budgets für diejenigen Ausgaben, die in den Zuständigkeitsbereich der Schulträger fallen. Dies sind in der Regel die Bau- und Unterhaltskosten für die Schulen sowie die so genannten „Lehrmittel", mit Ausnahme der investiven Baukosten. Die Kreise als Schulträger übergeben in diesen Bereichen ihre Finanzverantwortung den Rektoraten. Damit stehen den Schulen Summen zur Verfügung, die beispielsweise im Kreis Darmstadt-Dieburg zwischen 7.000 und 90.000 Mark variieren (FAZ vom 28.1.1999). Auf Grund dieser Regelung können die Schulen Gelder für größere Anschaffungen zurücklegen und – etwa durch Einkauf von Sonderangeboten und durch Preisvergleiche – wirtschaftli-

---

1   In §127a, Absatz 2 des hessischen Schulgesetzes in seiner zuletzt 1999 geänderten Fassung heißt es: „Die öffentlichen Schulen sind nicht rechtsfähige öffentliche Anstalten. Sie können jedoch auf der Grundlage einer allgemein oder im Einzelfall erteilten Ermächtigung und im Rahmen der ihnen zur Verfügung stehenden Mittel Rechtsgeschäfte mit Wirkung für den ermächtigenden Rechtsträger [...] abschließen und für diesen Verpflichtungen eingehen."

cher handeln. In den Ausgabenbereichen, die unter die Zuständigkeit des Landes fallen, gibt es im Regelfall keine Budgets. Das Land trägt die Personalkosten und die so genannten „Lernmittel". Damit ist der weitaus größte Bereich der Ausgaben für die Schulen in Hessen nach der Mitbestimmung der Schulen vor Ort entzogen.

(b) Autonomie und Öffnung im pädagogischen Bereich

Im pädagogischen Bereich zeigt sich nach dem Regierungswechsel eine deutliche Trendwende. Die CDU-FDP-Regierung hat den Haushaltsansatz für Projekte, die der Öffnung von Schulen dienen sollen, ersatzlos gestrichen. Überdies wurden wieder für alle Fächer und alle Schulformen verbindliche Lehrpläne eingeführt (in Hessen gab es seit mindestens zwanzig Jahren nur Rahmenpläne). Allerdings wurde §127b des hessischen Schulgesetzes beibehalten, der besagt, dass alle Schulen bis zum 31.7.2002 ein Schulprogramm mit ihrem eigenen Profil entwickeln müssen.

In Hessen gibt es einige von den Schulen selbst initiierte und organisierte Projekte der Öffnung und Erweiterung von schulischen Leistungen. Von Seiten des Landes wird solches Engagement gefördert. Allerdings stehen für derartige Projekte einzelner Schulen, etwa Kooperationen mit kulturellen Einrichtungen oder Sportvereinen, mit insgesamt 500.000 DM bzw. 600.000 DM gemessen am Gesamtetat des Kultusministeriums von etwa 5 Mrd. DM nur sehr geringe Summen zur Verfügung. Es fragt sich, ob die Realität in Hessen mit §16 des hessischen Schulgesetzes konform geht, wo es heißt: „Die Öffnung der Schule gegenüber ihrem Umfeld ist zu fördern."

(c) Öffnung der Schulen und lokale Kooperation

Es gibt an einer Reihe von hessischen Schulen Fördervereine. Wichtig sind sie vor allem bei der Organisation der neuen Form der betreuenden Grundschule. Die jährlich von der hessischen Landesregierung zur Verfügung gestellten 10.000 DM pro Schule sind selbst gemessen an Betreuungsmodellen, die wie in Bremen oder stellenweise in Baden-Württemberg mit Honorarkräften und geringfügig Beschäftigten arbeiten, eine äußerst geringe Summe. Deshalb würde dieses System ohne Fördervereine nicht funktionieren.

Schulsponsoring wird in Hessen durch eine eigene, privatwirtschaftlich arbeitende Agentur koordiniert, die bereits von der rot-grünen Regierung eingerichtet wurde. Diese war zu Beginn ihrer Tätigkeit in den Räumen des Landespädagogischen Instituts Hessen angesiedelt, hat inzwischen aber ihren Sitz in Frankfurt. Sie ist Vertragspartner des Landes Hessen, untersteht aber nicht der Aufsicht oder Hoheit des Ministeriums. In der Selbstbeschreibung dieser Agentur heißt es: Sie

> „hat seit 1996 den bildungspolitischen Auftrag, die Öffnung von Schule sowie die Modernisierung von Lehren und Lernen in Schule und Hochschule durch projektbezogenes Bildungssponsoring, Beratung und Dienstleistung nachhaltig zu unterstützen" (Projektbüro 2001).

Damit existiert also außerhalb der Strukturen der öffentlichen Verwaltung eine Art von ausgelagerter („outsourced") Beratungs- und Dienstleistungsagentur des Ministeriums, die mit Großunternehmen kooperiert.

(d)   Organisationsentwicklung und Entscheidungsstrukturen

Hatte die Schulkonferenz unter der Regierung von SPD und Grünen entscheidende oder mitentscheidende Funktion, darf sie jetzt nur noch beraten. Nicht geändert wurde dagegen das Elternmitbestimmungsrecht durch Elternbeiräte und Schüler/innenvertretungen.

(e)   Initiativen im Betreuungsbereich

Das hessische Schulgesetz vom 17.6.1992 legte fest, dass an Grundschulen Betreuungsangebote und an Schulen des Mittelstufenbereiches Ganztagsangebote eingerichtet werden können. Bereits seit 1990 wurden Grundschulen, die Betreuungsangebote (Modell: Betreute Grundschule) hatten, vom Land bezuschusst. Das Land wies den Schulträgern dafür zwischen 7.000 und 70.000 Mark pro Schule zu. 1997 gab es 288 Schulen mit einem solchen Angebot, und im selben Jahr wurde beschlossen, bis zum Jahr 2003 in Hessens Grundschulen so genannte „feste Öffnungszeiten" einzurichten (für eine erste Analyse vgl. Burk/Rasch/Thurn 1998). Bis zum Schuljahr 1999/2000 gab es diese festen Öffnungszeiten an 198 von 1.100 Grundschulen. Dieses Modell zur Betreuung der Kinder ist am kostenintensivsten, da es gänzlich von den Lehrern/Lehrerinnen übernommen wird. Überdies ist es mit verpflichtenden Anwesenheitszeiten für alle Kinder in der Schule verbunden.

Die CDU-FDP-Landesregierung hat beide beschriebenen Betreuungsmodelle beendet bzw. auslaufen lassen. Stattdessen wird versucht, über eine Veränderung der Stundentafeln eine „Verlässliche Halbtagsgrundschule" einzurichten. Die betreute Grundschule wird seit August 2000 nur noch mit einem Landeszuschuss von 10.000 Mark pro Schule gefördert. Mit diesen Kürzungen soll die „krasse Ungleichbehandlung" (Wolff 1999) beseitigt werden, nach der 288 Schulen überdurchschnittlich viele Mittel zur Verfügung gestanden hätten. Stattdessen sollen zukünftig allen etwa

1.100 Grundschulen Gelder zugewiesen werden können. In der Praxis bedeutet das, dass bei den lokalen Schulträgern, wo nur ein Teil der jeweiligen Schulen real Betreuungsangebote organisiert, pro Schule ein höherer Betrag zur Verfügung steht, da der Landeszuschuss für jede Schule gezahlt wird.

Von Kürzungen besonders schwer betroffen sind Schulen mit einem hohen Anteil an Kindern nichtdeutscher Herkunft, die in hohem Maße auf pädagogische Hilfe angewiesen sind und sich eine solche nun nicht mehr leisten können. Darüber hinaus hat die neue Landesregierung Stellenkürzungen bei den Ganztagsschulen beschlossen. „Diese Aufgabe können schließlich preiswerter Sozialpädagogen oder Erzieher übernehmen, die von den Kommunen oder von Fördervereinen bezahlt werden sollten. Es wäre auch denkbar, dass Eltern selbst Betreuungsaufgaben übernehmen", so ein Ministeriumssprecher (FAZ vom 8.10.1999).

Es werden mit der letzten Gesetzesänderung insgesamt 14,8 Mio. DM für Betreuungsleistungen an Grundschulen zur Verfügung gestellt; der Gesamtetat des Kultusministeriums beträgt etwa 5 Mrd. DM. An weiterführenden Schulen stehen 400 Stellen für Ganztagsbetreuung zur Verfügung, davon können 150 in Geld umgewandelt werden (in Hessen gibt es insgesamt 46.000 Lehrerstellen).

(f)   Konflikte und Umsetzungsprobleme

Probleme bei der Umsetzung der vorhandenen Projekte zur Weiterentwicklung und Öffnung von Schulen entstehen vor allem vor Ort, nämlich zwischen Schulleitungen und Lehrern/Lehrerinnen. Wie sich in allen von uns untersuchten Bundesländern zeigte, werden fast alle diese Leistungen additiv organisiert. Das bedeutet eine deutliche – unvergütete – Zusatzleistung der Lehrer, die überdies für die ihnen neu zugewiesenen Aufgaben nicht ausgebildet sind.

2.)   Berlin

Was sich auch in den anderen Bundesländern als „Rahmenproblem" der Schulen manifestiert, die Finanzknappheit der öffentlichen Hand, ist im Stadtstaat Berlin noch stärker zu spüren: Er zahlt 320 Millionen Mark Zinsen am Tag. Die Ausgaben für den Schulbereich sind im Vergleich zum Bruttoinlandsprodukt Berlins in den letzten Jahren gesunken (Volkholz 2001). Dies führt zu einer sehr knappen Ausstattung der Schulen. 40.000 Personen – Kinder, Eltern und Lehrer/innen – machten dementsprechend ihrem Unmut über die aktuellen Zustände an Berlins Schulen am 11. März 2000 bei einem Sternmarsch Luft. Im Mittelpunkt der Kritik standen überalterte Lehrerkollegien, Arbeitszeitverlängerung für Lehrer/innen zum Schuljahresbeginn 2000/2001, marode Schulgebäude, Vergrößerung der Klassenstärken und fehlende Mittel für Arbeitsgemeinschaften an den Schulen. Die hohe Beteiligung an der Demonstration dürfte nicht zuletzt damit zusammenhängen, dass sich in Berlin eine große Zahl von Eltern an Schulen engagiert. Wer sich mit eigenen Leistungen einbringt, muss also nicht, wie häufig behauptet wird, stillschweigender Lückenbüßer sein; praktisch gewendete Identifikation mit einer Schule ist vielleicht viel eher Ausgangspunkt auch für aktives öffentliches Engagement.

Autonomie im wirtschaftlichen Bereich

Was die Autonomie im wirtschaftlichen Bereich betrifft, ist in Berlin die Gesetzeslage eher restriktiv. Das geltende Schulgesetz ist mehr als 20 Jahre alt; ein neues befindet sich in der Entwicklung. Schulträger sind in Berlin die Bezirke. Sie können entscheiden, Mittel aus ihren Etats an die Schulen zu übertragen. Das Land Berlin hat über diese Entwicklungen wenig Übersicht. Bemerkenswert im Bereich der wirtschaftlichen Autonomie ist, dass in Berlin Werbung an Schulen – und überhaupt in öffentlichen Einrichtungen – erlaubt ist.

(a)   Autonomie und Öffnung im pädagogischen Bereich

Auch was die Autonomie im pädagogischen Bereich angeht, gewährt die eher restriktive Gesetzeslage theoretisch wenig Freiräume. Die Stundentafeln sind festgelegt, prinzipiell muss jede Abweichung genehmigt werden. Trotzdem gibt es in Berlin eine sehr große Zahl an Projekten und Initiativen, die von den Beteiligten selbst organisiert werden und denen Pilotprojekte und Schulversuche einen Rahmen geben.

Am zwischen 1995 und 1998 durchgeführten Modellversuch „Schule in erweiterter Verantwortung", der durch einen Senatsbeschluss initiiert wurde, haben etwa 25% der Berliner Schulen teilgenommen. Geplant war ursprünglich, die Erfahrungen aus dem Modellversuch in das noch ausstehende neue Berliner Schulgesetz einzubringen Dieser Versuch fand im Zusammenhang mit der Beratung der Berliner Verwaltung durch eine Unternehmensberatung statt. Im ersten Schritt dieses Projekts wurde die Öffnung der teilnehmenden Schulen betrieben: Sie erhielten mehr Freiräume, ein eigenständiges pädagogisches Profil zu entwickeln, mehr Mitverantwortung bei Personalentscheidungen, und sie konnten eigenständig über zugewiesene Mittel verfügen. Heute ist in der Berliner Praxis von den ursprünglich diskutierten Bausteinen des Modellversuchs, der Budget-, Personal- und pädagogischen Autonomie, nur letztere übrig geblieben.

(b)   Öffnung der Schulen und lokale Kooperation

Die interne Schulorganisation ist in Berlin entsprechend der Gesetzeslage traditionell und wenig partizipativ organisiert. Eltern, Lehrer/innen und Schüler/innen sind mit einer Drittelparität in der Schulkonferenz vertreten, die beratende Funktion hat. Trotzdem gibt es in Berlin eine riesige und bunte Vielfalt von Engagement an und von Schulen, die eine sehr lange Tradition hat. Die große Mehrzahl der Berliner Schulen ist in irgendeiner Weise aktiv – durch Fördervereine, Öffnung zum Viertel, Kooperation mit Vereinen und freien Trägern, Projekte und Aktionen oder alles zusammen. Ein Beispiel außerhalb der untersuchten Schulen ist die Hauptschule Siemensstadt: Sie war Brennpunkt für Konflikte und Jugendkriminalität, bis sich eine Nachbarschaftsinitiative aus Schule, Jugendamt und Kaufleuten gründete und ein Nachbarschaftsheim in der Schule aufbaute. Ein weiteres Beispiel ist ein Modell, das es Hauptschulen ermöglicht, den 45-Minuten-Takt aufzubrechen. Dabei werden beispielsweise die Stunden um jeweils fünf Minuten verkürzt, damit die so „gesammelte" Zeit für einen Block von Wiederholungen und den gemeinsamen Tagesbeginn am Morgen zur Verfügung steht.

Das Land unterstützt diese Berliner Engagementkultur allein durch die relativ hohe Anzahl von Modellprojekten und Schulversuchen, die die Senatsbehörde initiiert. Diese stehen allen Schulen offen. Es beteiligen sich etwa 25% von ihnen regelmäßig an solchen Modellprojekten. Viele Schulversuche werden in Berlin auch durch die betroffenen Schulen selbst ins Werk gesetzt, die ihre Ideen bei der Senatsverwaltung genehmigen lassen müssen.

Eine allgemeine Beschränkung für Innovationen stellt die restriktive Finanzlage dar: Projekte der Schulen müssen, wenn sie Aussicht auf Genehmigung haben wollen, kostenneutral sein. So wurde beispielsweise an einigen Hauptschulen die Schulsozialarbeit gestrichen, um Gelder zum Projekt „Deutsch als Zweitsprache" umschichten zu können.

Besonders groß ist das innovative Potenzial an den Haupt- und Gesamtschulen Berlins. Dies scheint seine Ursache unter anderem darin zu haben, dass an den Hauptschulen „die Not am größten ist": Sie sind „Restschulen", an denen die pädagogisch schwierigsten Schüler/innen unterrichtet werden, die sich in den anderen Schulformen nicht halten konnten.

Die wichtigste Form des Elternengagements sind Fördervereine oder Sonderaktivitäten der Schulen. Weil die Initiative zur Gründung eines Fördervereins allein von den Schulen ausgeht, hat das Land Berlin keine repräsentative Übersicht über Wirken und Mittel der Fördervereine. Es wird davon ausgegangen, dass weit über 50% der weiterführenden Berliner Schulen Fördervereine haben, die vor allem von den Eltern getragen werden. Einige Schulen verbessern darüber ihre Finanzsituation erheblich. Dabei lässt sich, wie auch in anderen Bundesländern, eine gewisse Tendenz beobachten, dass Schulen in „besser gestellten" Vierteln bzw. Schulen, bei denen die Elternschaft vermögender ist, mehr Mittel einwerben.

Ähnlich stellt sich die Situation beim Schulsponsoring dar: Es sind zumeist Gymnasien oder Realschulen, die aus den oben genannten Gründen die höchsten Beträge erhalten. Der Erfolg des Schulsponsorings hängt zudem vom Engagement der Schulleiterinnen ab, die es betreiben. Das bedeutet, dass Hauptschulen schlechtere Zugangschancen zu Geldern durch verstärkten „Einsatz" wettmachen können. Es gibt auch vereinzelte Sponsoringprojekte, die sich an alle Berliner Schulen richten. Die Bandbreite dessen, was im Zuge des Schulsponsorings und der Werbung zulässig ist, scheint in Berlin größer zu sein als anderswo: Ein Werbeschild über einem gespendeten Computer wäre hier „kein Problem" (Senatsbehörde 2001a). Im Einzelfall hätte bei solchen Fragen in Berlin der Schulträger, also der Bezirk zu entscheiden. Die Grundsatzentscheidung zur Öffnung der Berliner Schulen für Sponsoring ging von der Senatsverwaltung aus. Die Schulen erhalten vor allem Sachspenden, weniger Geldmittel, und letztlich ist der Anteil der durch Sponsoring erworbenen Gelder geringer als der der Elternspenden.

(c)   Initiativen im Betreuungsbereich

Dichte und Qualität des Angebots im Betreuungsbereich sind im Osten und im Westen der Stadt verschieden: In Ostberlin liegt die Versorgungsquote für Sechs- bis Zehnjährige mit 80% noch genauso hoch wie zu DDR-Zeiten.

> „Durch den Geburtenrückgang bei den jüngeren Kindern im Ostteil der Stadt wurden im Krippen- und Kindergartenbereich von Tagesstätten Plätze frei, die als Hortplätze für Schulkinder bereitgestellt werden" (Frank/Pelzer 1996: 105).

Im Westen sind die Zahlen niedriger, trotzdem hat Westberlin traditionell die beste Versorgungsquote unter den westlichen Bundesländern. Über 30% der Sechs- bis Zwölfjährigen sind in Horten untergebracht. Knapp 10% der Grundschulen in den westlichen Bezirken sind Ganztagsschulen.

In Berlin erstreckt sich die Grundschule über 6 Jahre. Auf so genannte ‚Lückenkinder' zwischen 8 und 14 Jahren, die für den Hortbetrieb zu alt sind, zielen Bestrebungen, offene Angebote an Schulen oder die so genannte „Verlässliche Halbtagsgrundschule" einzurichten. Im Schuljahr 2000/2001 gibt es dieses Angebot an 45 von 470 Berliner Grundschulen. Die Betreuung wird bei diesem Modell durch Lehrer/innen wahrgenommen. An Haupt- und Realschulen ist im Gegensatz zu Gesamtschulen eine Betreuung nicht vorgesehen. Es gibt sie aber an einigen Schulen, wo sie dann auf irgendeine erfinderische Art und Weise organisiert wurde – so existieren zahlreiche Sportangebote, die in Kooperation mit Vereinen oder freien Trägern durchgeführt werden, oder auch ein Projekt, bei dem Schüler in Zusammenarbeit mit einem Verein ABM-Beschäftigter nachmittags handwerkliche Arbeiten ausführen.

Im Jahr 2001 sind 61 der weiterführenden Schulen Berlins Ganztagsschulen. Darunter befinden sich alle Schultypen, es überwiegen jedoch Gesamtschulen. An Ganztagsschulen wird die Betreuung durch Lehrer/innen, Erzieher/innen und Sozialpädagogen/Sozialpädagoginnen vorgenommen. Insgesamt 476 Schulen gaben zu Beginn 2001 an, dass sie eine Form von Betreuung anbieten. Dazu zählen auch 96 Schulen mit Schulstationen, die nur vormittags geöffnet sind. Eine weitere Form, in der Betreuungsangebote ermöglicht werden, sind Arbeitsgemeinschaften am Nachmittag, für die ein bestimmter Anteil der Stundentafel zur Verfügung steht – an den Hauptschulen sind dies 11% der Pflichtstunden in den Klassenstufen sieben und acht sowie 3,5% der Pflichtstunden in den Klassen neun und zehn (alle Zahlen Senatsverwaltung 2001b). Die Senatsverwaltung hat auch in diesem Bereich keine Übersicht über die jeweilige Anzahl der teilnehmenden Schüler/innen.

(e)   Konflikte und Umsetzungsprobleme

Auf den Einfluss der fehlenden materiellen Mittel ist bereits hingewiesen worden. Die Frage ist, wann derartige in der einzelnen Schule nicht auflösbare Strukturprobleme auch dort zu einer allgemeinen Resignation führen. Aber noch gibt es trotz alledem eine große Vielfalt an Initiativen, die von der Senatsverwaltung in der Gesamtheit positiv bewertet wird, auch wenn die Ergebnisse nicht in Form einer Kosten-Nutzen-Rechung aufgearbeitet werden können. Auch seitens der Verwaltung initiierte Projekte werden als Erfolge gesehen:

> „Es gab noch keinen Schulversuch, kein Projekt oder Modell, das nachteilig war" (Senatsverwaltung 2001).

> „Eine Schule ist umso besser, je mehr sich die Beteiligten mit ihr identifizieren" (Volkholz 2001).

Problematisch für die Entwicklung der Berliner Schulen ist jedoch die derzeitige Rechtslage und die mit ihr verbundene Flut an Vorschriften. Das führt dazu, dass zwar nicht offiziell Position gegen die Autonomie von Schulen bezogen, aber durch rigide Anwendung von Vorschriften ihre Entfaltung behindert wird.

Auf der Schulebene wiederum wird nicht ohne Weiteres akzeptiert, dass mit größerer Autonomie auch der Anteil an Eigenverantwortung und die notwendige Anzahl von dafür selbst zu entwickelnden Regeln steigen muss. Es zeigt sich immer wieder die Beharrungskraft einer Erwartungshaltung gegenüber der Senatsverwaltung, diese Risiken der Autonomie stellvertretend zu übernehmen.

3.)   Baden-Württemberg

Baden-Württemberg weist, gemessen an den anderen untersuchten Bundesländern, eine geradezu luxuriöse Finanzsituation im Bildungsbereich auf: Mit 11 Milliarden DM (Kultusministerium Baden-Württemberg 2001) ist der Etat des Kultusministeriums mehr als doppelt so hoch wie der in Hessen. In Baden-Württemberg stellt diese Summe 20% des Gesamthaushaltes dar.

(a)   Autonomie im wirtschaftlichen Bereich

In Baden-Württemberg gibt es eine relativ ausgeprägte Autonomie im wirtschaftlichen Bereich. Fast alle Schulen in Baden-Württemberg haben Globalhaushalte im Bereich der Lehr- und Lernmittel sowie der Bürokosten. Die Personalhoheit ist hingegen, wie auch in anderen Ländern, in der Zuständigkeit des Landes. Die Schulen haben aber ein Mitspracherecht bei Einstellungen. Schulen, die ein besonderes Profil entwickelt haben, dürfen schulspezifisch Stellen ausschreiben. Alle Schulen können aus der ihnen vom Oberschulamt vorgelegten Bewerber/Bewerberinnenauswahl die geeignetste Person aussuchen.

(b)   Autonomie und Öffnung im pädagogischen Bereich

Seit Annette Schavans Amtsantritt als Kultusministerin im Jahre 1995 wuchs in Baden-Württemberg auch die *pädagogische Autonomie*: Im Rahmen des Konzeptes der „Inneren Schulreform" werden Schulen in vier Handlungsfeldern zu Reformen ausdrücklich ermutigt. Bei der Entwicklung neuer Erziehungs- und Unterrichtsformen werden ein verstärktes themenorientiertes Arbeiten über Fächergrenzen hinweg und Gruppenarbeit angestrebt; die Mitverantwortung von Eltern und Schülern/Schülerinnen für das Schulleben soll intensiviert werden; angestrebt wird die Öffnung der Schule in ihr Umfeld. Verbesserung der Kommunikation in der Schule bzw. Verfahren der Organisationsentwicklung bilden einen vierten Reformschwerpunkt(vgl. Kolinek 2000).

Profile und Programme, die die Schulen entwickeln, sollen auf deren Initiative beruhen und von ihnen gewollt sein. Das Kultusministerium und die niedrigeren Verwaltungsstufen, die Oberschulämter und Schulämter, versuchen Eigenentwicklungen der Schulen zu unterstützen, indem sie ergänzende Infrastruktur und Fortbildungsmaßnahmen anbieten. Seitens des Ministeriums wird klargestellt, dass strikte gesetzliche Vorgaben der Schulentwicklungsphilosophie widersprächen und nicht angestrebt sind – wesentlich sei die Identifikation der Beteiligten mit ihren Schulen sowie die Freiwilligkeit von Veränderungen. Dabei sollen allerdings die Effekte der Konkurrenz der Schulen untereinander genutzt werden, um zusätzlich zu Veränderungen anzutreiben.

Mehr Autonomie und pädagogische Neuerungen in vielen Bereichen, also „Deregulierung", sind jedoch gekoppelt mit der Entwicklung von festen Standards und gleichen Anforderungen in Kernbereichen. Im Bereich der Stundentafel und des Fächerkanons gab es Lockerungen und Neuerungen: ein Aufbrechen des 45-Minuten-Taktes, Epochenunterricht, die Möglichkeit zum Stundentransfer in vielfältiger Form sowie verschiedene Flexibilisierungen bei den beruflichen Schulen. Bemerkenswert ist insbesondere die generelle Möglichkeit zum Aufbrechen des 45-Minuten-Taktes. Schulen können völlig neue Zeiteinheiten bilden (30 Minuten, 10 Minuten etc.) oder die Möglichkeiten für eine langfristige Planung nutzen. Stunden können jetzt sowohl innerhalb von Klassen und Klassenstufen als auch fächer-, jahrgangs- und sogar schuljahresübergreifend umgeschichtet werden, je nach Bedarf und pädagogischer Situation. Dies soll beispielsweise ermöglichen, dass eine Klasse, die in Mathematik Schwächen hat, eine zusätzliche Stunde in diesem Fach bekommen kann.

Eingeschränkt wurden die Wahlmöglichkeiten der Schüler/innen durch die Entwicklung fester Standards. Für das Beispiel der gymnasialen Oberstufe heißt das: Mit dem Schuljahr 2001/2001 werden die Fächer Deutsch, Mathematik und die erste Fremdsprache für alle Schüler/innen verpflichtend und vierstündig unterrichtet. Zusätzlich wählen die Schüler/innen ein Profil- und ein Neigungsfach, die auch je vierstündig unterrichtet werden. Außerdem wählen sie das Feld, in dem sie eine „besondere Lernleistung" erbringen wollen. Zwei naturwissenschaftliche Fächer sind für alle Schüler/innen verbindlich. Alle erbrachten Leistungen und erlernten Fähigkeiten sollen auch abgeprüft werden. Die zentralen Abschlussprüfungen, die Baden-Württemberg in allen Schulformen abhält, sollen eine „Leistungsendkontrolle" mit gleichen Standards für alle darstellen. Schulpolitik in Baden-Württemberg versucht also, sowohl verbindliche Standards zu setzen als auch Vielfalt zu ermöglichen.

(c)   Öffnung der Schulen und lokale Kooperation

Kooperationen von Schulen mit Partnern des lokalen Umfelds, insbesondere mit Stiftungen und der Wirtschaft, werden seitens des Ministeriums gefördert. Ein zweiwöchiges Betriebspraktikum ist verpflichtender Bestandteil der Lehrer-/Lehrerinnenausbildung. Die Wirtschaft in Baden-Württemberg bietet außerdem ein ganze Reihe von Projekten und Wettbewerben für Schulen an. Auch im Bereich des Sports sind in Baden-Württemberg Kooperationsprogramme besonders stark ausgeprägt. In diesem Zusammenhang ist unter anderem auf die Arbeit der Stiftung Schulsport zu verweisen, die solche Kooperationen initiiert und betreut (vgl. Fessler/Ziroli 1997; Bujalla/Ziroli 1995).

Schüler/innen sollen in ihrem außerschulischen Engagement explizit unterstützt und gefördert werden. Beim Kultusministerium existiert deshalb ein eigenes Ehrenamtsbüro. Engagement der Schüler/innen wird nicht nur im Abschlusszeugnis vermerkt, sondern auch durch die Gewährung von Fortbildungen und Boni gefördert und belohnt. Es existieren Mentoren-/Mentorinnenprogramme in folgenden Bereichen: soziale Verantwortung (in Kooperation mit der kirchlichen Jugendarbeit), Sport, Musik, Verkehrserziehung und Technik. All diese Programme können mit einem Zertifikat abgeschlossen werden. Finanziert wird die Ausbildung sowohl mit Beiträgen der Kooperationspartner (Kirchen, THW, Sportverbände etc.) als auch aus Landesmitteln. Zu Mentoren/Mentorinnen ausgebildete Schüler/innen sollen Lehrgänge und Veranstaltungen zu ihren Themenbereichen durchführen sowie an ihren Schulen als „Sachverständige" zur Verfügung stehen. Praktiziert wird die Mentoren/Mentorinnenausbildung allerdings fast ausschließlich an Gymnasien und Realschulen.

Die Öffnung der Schulen wird weiterhin über ein Ehrenamtsprogramm für Angebote in Schulen betrieben: Dabei bieten engagierte Personen gegen eine „Ehrenamtsentschädigung" von 13,60 DM pro Unterrichtsstunde besondere Lerninhalte an Schulen an, die von Chinesischunterricht bis zu Theaterspielen reichen. Das Programm hat ein Budget von 5 Millionen Mark.

Werbung an Schulen ist untersagt, Schulsponsoring wird aber gezielt gefördert. Um Sponsoring zu unterstützen und über gegebene Möglichkeiten zu informieren, gibt es einen „Förderalmanach" des Kultusministeriums. Dieser bietet eine Übersicht über Förderprogramme und Stiftungen sowie grundsätzliche Informationen und einen Leitfaden zu Sponsoring und der Gründung eines Fördervereins.

Engagement der Eltern ist ausdrücklich erwünscht. Dennoch hat die Schulkonferenz nur beratende Funktion. Allerdings weist das Ministerium darauf hin, dass in der Praxis die Schulträger nicht ohne Weiteres gegen den erklärten Willen der Schulkonferenz vorgehen könnten.

Fast jede Schule in Baden Württemberg hat einen Förderverein, der vor allem aus Eltern und Ehemaligen besteht. Beim Elternengagement zeigt sich auch in Baden-Württemberg eine abnehmende Tendenz von den Gymnasien über die Real- zu den Hauptschulen. Sprachschwierigkeiten von Eltern ausländischer Herkunft erschweren deren Beteiligung. Trotzdem gibt es, so das Ministerium, zumindest hinsichtlich der Anzahl der Fördervereine keine großen Unterschiede zwischen den Schulformen.

(d)   Initiativen im Bereich Betreuung

Es gibt in Baden-Württemberg derzeit an 79% der Grundschulen die verlässliche Grundschule von 7:30 bis 13:00 Uhr. Im Ländervergleich liegt Baden-Württemberg unter den westlichen Bundesländern damit im vorderen Bereich – allerdings ist ausgerechnet das finanziell Not leidende Bremen besser ausgestattet und hat flächendeckend an allen Grundschulen verlässliche Betreuungszeiten eingeführt. Das Angebot steht allen Schülern/Schülerinnen offen, ist aber nicht verpflichtend; im Unterschied zur ehemaligen hessischen Praxis der Grundschule mit festen Öffnungszeiten können also Betreuungsstunden wahlweise genutzt werden. Das Betreuungsangebot liegt in gemischter Verantwortung: Das Land stellt die Lehrer/innen zur Unterrichtsversorgung und die Kommunen die Betreuer/innen für die verbleibende Zeit, wobei allerdings das Land einen Zuschuss zu den Kosten zahlt. In städtischen Räumen werden tendenziell eher Erzieher/innen für die Betreuungsaufgaben eingestellt, während man in ländlichen Gebieten eher mit 630-Mark-Stellen arbeitet.

Jenseits der Schwelle einer verlässlichen Halbtagsbetreuung wird kaum etwas angeboten. Es gibt derzeit (Kultusministerium Baden-Württemberg 2001) in ganz Baden-Württemberg 372 Kinderhorte für Sechs- bis Zwölfjährige, in denen 6.500 Kinder betreut werden – eine Versorgung ist somit nur für einen kleinen Teil der Schüler/innen gewährleistet, wobei das System dieser Betreuungsangebote außerdem regional sehr unterschiedlich ausgebaut ist. Bei der Landtagswahl im Frühjahr 2001 macht die SPD nicht zufällig neben dem Verweis auf den regelmäßigen Unterrichtsausfall die schlechte Versorgung mit Ganztagsangeboten im Betreuungsbereich zum Thema. Die meisten Gruppen sind in Großstädten, speziell im Großraum Stuttgart eingerichtet. Auf dem Land können auf Grund der geringen Bevölkerungsdichte oft keine sinnvollen Gruppengrößen erreicht werden. Das Land fördert die Gruppen mit maximal 24.000 DM Zuschuss pro Gruppe und Jahr.

(f)   Konflikte und Umsetzungsprobleme

Konflikte bei der Umsetzung von Neuerungen sollen in Baden-Württemberg dadurch reduziert werden, dass Veränderungen durch von den Beteiligten getragene Prozesse zu Stande kommen. Im Ministerium ist man sich bewusst, dass mit den Anstößen zur Entwicklung und Initiative eine Vielzahl von neuen Erwartungen und veränderten Anforderungen an Schulen und Lehrer/innen herangetragen wird. Deshalb ist in Baden-Württemberg eine Infrastruktur im Aufbau, die die „Innere Schulreform" des Landes durch Fortbildungen und Unterstützungsangebote für Lehrer/innen unterstützen soll.

4.)   Bremen

Bremen ist wie Berlin geprägt von seiner desolaten Finanzsituation. In diesem Zusammenhang ist das Land – anders als Berlin – dazu übergegangen, den Schulen große rechtliche Freiräume zu geben, die sich durch das seit 1995 geltende Schulgesetz nochmals erweitert haben. Ein Veränderungsfaktor in der bremischen Bildungslandschaft war die Evaluation der Senatsbehörden und auch des Bildungsbereiches durch eine Unternehmensberatung. Ab 2002 wird es in Bremens Finanzwesen Kosten- und Leistungsrechung geben, der Haushalt ist bereits auf Produktstrukturen umgestellt.

(a)   Autonomie im wirtschaftlichen Bereich

Seit dem 1.1.2000 haben Bremer Schulen Budgetautonomie in allen Bereichen mit Ausnahme der Personalkosten, der investiven Baukosten und der Energiekosten. De facto werden also auch in Bremen lediglich gewisse Bereiche der sonst beim Schulträger anfallenden Kosten in die Verfügung der Schulen gegeben. Letztere werden seitens der Behörde gezielt zu wirtschaftlichem Handeln angeregt. So wird beispielsweise die Vermietung von Räumen gefördert, wobei allerdings lediglich 30% der Einnahmen bei den Schulen verbleiben und der Rest an die Schulträger geht.

Auch aus wirtschaftlichen Überlegungen wird eine Vielfalt von Anstellungs- und Mitarbeitsformen gefördert. Ein Programm, das der neue Senator Lemke als „Geld statt Stellen" bekannt gemacht hat, sah ursprünglich vor, dass für Schulen, die auf Neueinstellungen beamteter Lehrer verzichten, Geld bereitgestellt werden kann, um Teilzeitstellen aufzustocken, aber auch Referendare, Pensionäre oder Studierende im Unterricht einzusetzen. Diese Ideen werden jetzt im Rahmen von Vertretungen praktiziert. Überdies stehen Gelder für so genannte „unterrichtsergänzende Maßnahmen" zur Verfügung. Formalrechtlich werden diese Beträge aus der Unterrichtsversorgung herausgezogen und den Schulen als „Sachmittel" zur Verfügung gestellt, damit diese davon Honorarkräfte einstellen können. Eine derartige Ausweisung hat den Vorteil, dass nun – wie mit Sachmitteln allgemein – auch im Personalbereich wesentlich freier und flexibler gewirtschaftet werden kann. Allerdings können Sachaufwendungen auch eher gekürzt werden als Personalmittel.

(b)   Autonomie und Öffnung im pädagogischen Bereich

Zum 1.1.1995 trat ein neues Schulgesetz in Kraft, das „das Ziel verfolgt, die Schulen so weit in die Mündigkeit zu führen, wie es die verfassungsrechtlichen Vorgaben, das föderale System und auch die Tradition in Deutschland zulassen" (Kahrs 1999). Das neue bremische Schulgesetz misst – anders als in allen anderen untersuchten Bundesländern – insbesondere der Schulkonferenz eine große Bedeutung zu: Sie ist oberste Entscheidungsinstanz der Schulen. Alle Gruppen in der Schulkonferenz, die in Bremen paritätisch aus unterrichtendem und nicht unterrichtendem Personal, Schüler/innen- und Elternvertreter/innen zusammengesetzt ist, haben ein Vetorecht.

Weitere Neuerungen des Gesetzes sind die ausdrückliche Forderung nach einer Öffnung der Schulen gegenüber der Gesellschaft, dem Stadtteil und der Region, die Entwicklung unterschiedlicher Schulprofile, die Verlagerung von Verwaltungskompetenzen auf die Schulen sowie eine größere Autonomie der Schulen. Das Schulentwicklungsgesetz Bremens sieht gleichzeitig vor, diese relativ große Autonomie im pädagogischen Bereich durch verbindliche Rahmen und Standards zu strukturieren. Die Gleichwertigkeit der Abschlüsse soll gewährleistet werden.

Um den Unterrichtsausfall vor allem in der Grundschule zu verhindern, die ja „verlässlich" sein soll, hat Bremen u.a. eine „Lehrerfeuerwehr" eingeführt, die mit 2 Millionen DM ausgestattet ist. Diese besteht aus sieben Lehrern/Lehrerinnen, die mit halber Stelle eingestellt wurden und als

Springerkräfte bei Ausfällen von mehr als sechs Monaten Dauer eingesetzt werden sollen.

(c)   Öffnung der Schulen und lokale Kooperation

Kooperation mit Vereinen und freien Trägern hat in Bremen eine lange Tradition. Hier dürfte sich ähnlich wie in Berlin der „Stadtstaateneffekt" bemerkbar machen, der sich in kurzen und direkten Kommunikations- und Transportwegen manifestiert. In Großstädten, so eine Vermutung der Senatsbehörde, kommt hinzu, dass es mehr Initiativen und Vereine und eine breitere Palette von Aktivitäten gibt als im ländlichen Raum.

Fast alle Bremer Schulen haben Fördervereine. Mit dem Amtsantritt von Willi Lemke wurde deren Nutzen zunehmend thematisiert: So gab der Senator Ende 2000 einen Empfang im oberen Rathaussaal, einer „allerhöchsten" Anlässen vorbehaltenen Lokalität. Dort wurden die Vertreter/innen der Fördervereine offiziell für ihr Engagement gewürdigt. Auch in Bezug auf die Lehrer/innen betreibt Lemke diese Politik der Motivation. In der „Bremer Erklärung", die er in seiner Funktion als Präsident der Kultusministerkonferenz gemeinsam mit den Bildungs- und Lehrer-/Lehrerinnengewerkschaften, dem DGB und dem DBB abgab, wird ein positives Leitbild für den Lehrer-/Lehrerinnenberuf gezeichnet, das mit einer ausdrücklichen Anerkennung dieses Berufs und seiner Anforderungen verbunden ist.

Es gibt eine Reihe von Kooperationsprojekten mit der Wirtschaft. In einer gemeinsamen Erklärung der Handelskammer und des Bildungssenators vom März 2000 wurden mehr Praktika in der Wirtschaft – allerdings ohne Umsetzungsvorgaben – sowie eine Reihe von Neuerungen im Hinblick auf den Unterricht und die Bewertung der Schüler/innen vereinbart: Es soll nicht nur das Arbeits- und Sozialverhalten im Lehrplan verankert und im Zeugnis bewertet, sondern auch ein Berufswahlpass eingeführt werden, der bis zur Jahrgangsstufe 10 alle Lernphasen festhält, die mit der Berufsorientierung zu tun haben. Im Rahmen der üblichen Forderung nach mehr Computereinsatz in den Schulen werden Patenschaften zwischen Betrieben und Schulen in Aussicht gestellt. In der Lehrerausbildung werden mehr praktische Elemente angestrebt. Ein Kooperationsprojekt mit der Wirtschaft, genauer zwischen Politik und Verwaltung, den „Wirtschaftjunioren Bremen" und der Universität Bremen, ist der „Bremer Lernorteatlas". Er stellt auf CD-Rom eine Übersicht über Arbeitgeber, Institutionen und Organisationen in der Region Bremen vor, die „arbeitsorientierte Lernorte" sein wollen. Dazu gehören vor allem Informationen über Praktikumsangebote, aber auch andere Formen der Kooperation und des Kontakts zwischen Schulen und Betrieben.

Die relativ große Bedeutung und Förderung von Sponsoring in Bremen verdeutlicht auch der schulübergreifende Förderverein für Spenden und Sponsoring. Schulen werden ausdrücklich zu Sponsoring ermutigt. Werbung an Schulen ist in Bremen erlaubt, wenn die Schulkonferenz zustimmt und „die Werbungsziele mit den gesetzlichen [...] Zielen der Schulen übereinstimmen" (Senatsbehörde 1999).

(d)   Initiativen im Betreuungsbereich

Auch im Betreuungsbereich wird mit Vereinen und freien Trägern zusammengearbeitet. Bremen hat im Rahmen eines dreijährigen Modellversuchs zum Schuljahr 2000/2001 die verlässliche Grundschule von 8-13 Uhr flächendeckend eingeführt. Es gibt somit ein Betreuungsangebot für alle Schüler/innen, dessen Nutzung jedoch nicht verpflichtend ist. Dementsprechend müssen zwar nicht alle Kinder bereits um 8 Uhr in der Schule sein; diese Möglichkeit steht ihnen (bzw. ihren Eltern) jedoch prinzipiell offen – auch dann, wenn sie noch keinen Unterricht haben. Die Horte öffnen in Bremen nun erst um 12:30 Uhr. 500 Personen – 200 davon wurden neu eingestellt – werden nunmehr in Bremen für die Betreuung außerhalb des Unterrichts bezahlt. Das Land stellt dafür insgesamt 3 Millionen DM zur Verfügung. Dieser Betrag kam weitgehend durch Umschichtungen im Schuletat zu Stande. Es gibt Honorarkräfte und geringfügig Beschäftigte, aber auch nach BAT bezahlte Erzieher/innen. Zum Schuljahresbeginn 2000 waren etwa 65% der Grundschüler/innen für die Betreuungsangebote angemeldet.

Bremen strebt für die Zukunft statt dieses additiven Modells der Kinderbetreuung ein integratives Angebot an, bei dem sich Unterricht und Betreuung abwechseln. Das würde allerdings mehr kosten, insofern der komplette Tagesablauf durch Fachkräfte oder sogar allein durch Lehrer/innen gestaltet werden würde. Zum anderen müssen integrative Angebote verpflichtend sein.

Für Betreuungsleistungen am Nachmittag ist auch weiterhin das bestehende Angebot an Kinderhorten zuständig. In der Sekundarstufe I gibt es in ganz Bremen acht Projekte zur Betreuung am Nachmittag bis 16 Uhr (bei insgesamt 32 Schulen der Sekundarstufe I mit 28.900 Schülern/Schülerinnen), diese werden durch freie Träger oder mit deren Unterstützung durchgeführt.

(f) Konflikte und Umsetzungsprobleme

Seitens der Senatsbehörde wird anerkannt, dass die Schulen infolge der mit der größeren Autonomie verbundenen Rechenschaftspflicht eine erhebliche Mehrarbeit durch das zu diesem Zweck eingeführte Berichtswesen haben. Es zeigt sich hier der in allen untersuchten Bundesländern beobachtete neuralgische Punkt: Die Änderungen sind mit unbezahlter Mehrarbeit für die Lehrer/innen verbunden. Auch in Bremen ist bei geringen Neuzugängen das Durchschnittsalter der Lehrer/innen mit 53 Jahren sehr hoch.

Konflikte ergaben sich auch bei der Einführung der verlässlichen Grundschule durch die Senatsverwaltung. Zu Gunsten des neuen allgemein garantierten Standards wurde das Leistungsniveau an etwa 25% der Grundschulen, die eine qualitativ hohe Ausstattung mit pädagogischen Angeboten hatten, durch die nun geringere Finanzzuweisung gekürzt.

Bereits anderthalb Jahre nach Inkrafttreten des Gesetzes wurde von der damaligen Bildungssenatorin Bringfriede Kahrs eine Studie zu seiner Evaluation in Auftrag gegeben, bei der Vertreter/innen aller an den Schulen vertretenen Gruppen befragt wurden.[2] Das Gesetz wird in dieser Evaluation überwiegend positiv beurteilt: So nannten es in allen befragten Gruppen mehr als 70% der Antwortenden positiv, dass die Anforderungen an Gesprächs- und Konfliktbereitschaft der Lehrenden gewachsen sind (IPS 1999: 8). Ebenso beurteilten in allen Gruppen mehr als 60% der Antwortenden den gewachsenen Verantwortungsbereich von Schülern/Schülerinnen positiv (IPS 1999: 11). Die Mehrheit der Antwortenden kritisierte jedoch auch, dass die Schüler/innen ihre Rechte ungenügend wahrnähmen (IPS 1999: 12). Das gestiegene Elternengagement bewerteten die Antwortenden aller Gruppen zu mindestens 70% als positiv (IPS 1999: 17). Die Rolle der Schulleiter/in als „Unternehmer/in einer Wirtschaftseinheit Schule" wurde von über 55% der Schulleiter/innen, Lehrer/innen und Elternvertreter/innen, aber nur von 21,5% der Schüler/innen und von 46,4% des nicht unterrichtenden Personals als positiv beurteilt (IPS 1999: 21). Was Schulsponsoring angeht, sind die Ergebnisse der Evaluation eher kritisch: Über 90% der antwortenden Schulleiter/innen, Eltern und Lehrerinnen stimmten der Aussage ganz oder teilweise zu, dass Sponsoring ein starkes Ungleichgewicht in der Ausstattung von Schulen schaffe (IPS 1999: 43).

---

2 Befragt wurden jeweils 201 Vertreter/innen der Eltern, der Schüler/innen, des nichtunterrichtenden Personals sowie der Schulleitungen, außerdem 402 Vertreter/innen der Lehrer/innen und zehn Vertretungen des Ausbildungsbeirats (IPS 1999: 6).

2.2 Fallbeispiele im Bereich Schule

2.2.1 Die Georg-August-Zinn-Schule (GAZ) Kassel

Genese

Die Schüler/innen der GAZ kommen aus sozial heterogenen Einzugsbereichen: Ein Drittel der Jugendlichen stammt aus relativ wohl situierten Elternhäusern, ein weiteres Drittel umfasst Deutschstämmige aus Osteuropa und Asien, in der Regel russischer Abstammung, mit den entsprechenden Sprach- und Integrationsproblemen; etwa ein Fünftel der Schüler/innen sind Kinder ausländischer Eltern aus 22 verschiedenen Nationen.

1992 ist die GAZ als eine von fünf (später acht) Schulen für das hessische Landesprogramm der „Europaschulen" ausgewählt worden. Ziel dieses Landesprogramms war es, die Schulen anzuregen, einen Prozess der Schulentwicklung und der Öffnung zur Umwelt in Gang zu bringen. Seitdem wurde der Schulalltag auf folgende Schwerpunkte konzentriert:

– Europäisches und interkulturelles Lernen,
– Öffnung zum Stadtteil,
– Ausweitung der freiwilligen Nachmittagsangebote,
– ökologische Erziehung und Gesundheitsförderung und
– reformpädagogisches Arbeiten.

Mittlerweile wird die Bearbeitung der ersten vier Punkte im Prinzip von jeder Schule erwartet. Deshalb will die GAZ zum einen verstärkt die europäische Dimension des Schulprofils stärken und ein bilinguales Angebot deutsch/englisch einführen. Zum anderen hat man den Antrag gestellt, als Ganztagsschule anerkannt zu werden. Unter diesem Label könnten dann – bei einer eventuellen Streichung des Europaschulprogramms durch die neue Landesregierung von CDU und FDP – die vorhandenen Angebote weitergeführt werden.

Organisationsstruktur

Die GAZ mit ihren ca. 900 Schülern/Schülerinnen ist eine kooperative Gesamtschule. Das bedeutet, dass die Klassen fünf und sechs gemeinsam unterrichtet werden und sich nach der fünften Klasse entscheidet, welchen Bildungsgang (Hauptschul-, Realschul- oder Gymnasialzweig) die Jugendlichen einschlagen. Unterrichtet wird bis zur Klasse zehn.

Angebote

Die Schule öffnet 20 Minuten vor Unterrichtsbeginn die Klassen und ist abends bis 17 Uhr geöffnet. Es gibt ein Essensangebot für den Mittag, das täglich zwischen 5 und 20 Kinder nutzen. Das Mittagessen wird von einer Großküche geliefert und von einer Angestellten der Stadt Kassel ausgegeben. Hier handelt es sich um eine Dienstleistung des Schulträgers, der Stadt. Es gibt außerdem eine Cafeteria, die von den Schülern/Schülerinnen selbst gemeinsam mit verantwortlichen Lehrkräften im Rahmen von Wahlpflichtkursen der Jahrgänge neun und zehn organisiert wird. Zusätzlich sind zwei Honorarkräfte für den Cafeteriabetrieb, der bis 14 Uhr läuft, eingestellt. Die Nachmittagsangebote sind äußerst vielfältig: Für die Jahrgänge fünf bis sieben gibt es allein 18 verschiedene Angebote, z.B. Computerkurse, Sportangebote, Hausaufgabenbetreuung etc. Viele dieser Kooperationen kommen durch die Zusammenarbeit mit Vereinen des Stadtteils bzw. der Stadt Kassel zu Stande. Die Fahrrad-AG ist ein offenes Angebot und sowohl für Schüler/innen der GAZ als auch für den gesamten Stadtteil geöffnet. Die Computerkurse werden auch für Lehrer/innen und Eltern angeboten. Kinder und Jugendliche ohne bzw. mit geringen Deutschkenntnisse/n bekommen jahrgangsübergreifend in so genannten Integrations- oder Vorbereitungsklassen vermehrt/intensiveren Deutschunterricht, bevor sie dann in die Regelklassen wechseln. Die europäische Dimension des Unterrichts wird zum einen über Austausch- und Studienfahrten und zum anderen in den Fachunterrichten selbst vermittelt. Mit Partnerschulen in Finnland, Schottland, Israel, Frankreich und Russland wird per Internet kommuniziert und zusammengearbeitet. Auch an EU-Programmen (COMENIUS) ist die GAZ beteiligt.

Zum Mix verschiedener Elemente

(a) Staat

Im Rahmen des Europaschulprogramms haben die teilnehmenden Schulen zusätzliche Mittel für Honorarkräfte, Sachkosten und die Förderung von Begegnungsfahrten mit europäischen Partnern sowie zusätzliche Lehrerstunden zur Verfügung gestellt bekommen. Mit der Einsetzung dieses Projekts wollte man ausprobieren, ob Schulen in der Lage sind, Schulentwicklungsprozesse in Gang zu bringen, Budgets eigenverantwortlich zu verwalten, pädagogische Innovationen hervorzubringen und – quasi als gewollter Nebeneffekt – Ganztagsbetreuung durch den Einsatz von Honorarkräften billiger zu machen als an Ganztagsschulen. Die Zukunft dieses Programm ist seit dem Regierungswechsel 1999 unsicher: „Alle Projekte stehen auf dem Prüfstand." Bislang werden die Mittel um 50% von 200.000 auf 100.000 Mark und von einer auf eine halbe zusätzliche Lehrerstelle gekürzt.

(b)   Markt

Für die Aufnahme in das Projekt „Europaschulen" gab es ein Auswahlverfahren, welches die GAZ bestanden hat. Die Schule musste sich mit einem Konzept und genauen Planungsvorstellungen in den fünf Schulentwicklungsbereichen bewerben, um Europaschule werden zu können.

Im Nachmittagsbereich werden von einer externen Computerschule, die in den Schulräumlichkeiten die Kurse abhält, PC-Kurse angeboten. Die Schüler/innen bezahlen 100 Mark pro Kurshalbjahr, der Rest der Honorarmittel wird aus Europaschulmitteln bezahlt. Die GAZ hat dazu mit der Computerschule Sonderkonditionen ausgehandelt. In der Fahrradwerkstatt werden die Schüler/innen der GAZ von einer Honorarkraft nicht nur bei der Fahrradreparatur angeleitet, sondern es werden auch alte Fahrräder wieder hergerichtet und entweder von der GAZ an andere Schulen verschenkt oder gegen Spenden für den Förderverein verkauft.

Um ein möglichst motiviertes Lehrerteam zu haben, macht die Schule von den schulbezogenen Ausschreibungen Gebrauch, und so kann sie bei Neueinstellungen die Lehrkräfte selbst aussuchen. Über die 200.000 Mark, die der Schule als Europaschulmittel zusätzlich zur Verfügung stehen, hat die GAZ Budgethoheit. Seit 1999 wird dieses Geld nicht mehr vom Schulträger verwaltet, sondern vom Geschäftsführer des Schulfördervereins, dem Schulleiter. Das ist für die GAZ einerseits mit Vorteilen verbunden: Man muss sich zwar nach wie vor an die Ausschreibungsrichtlinien des Landes Hessen halten, hat aber insgesamt größere Entscheidungsfreiräume, z.B. wenn es um Anschaffungen geht. Dann können bereits bekannte Anbieter, mit denen man gute Erfahrungen gemacht hat, oder Anbieter aus dem Stadtteil favorisiert werden. Je nach Anschaffung kann es weiterhin von Vorteil sein, einen Kauf über die Stadt abzuwickeln. Problematisch ist jedoch, dass diese eigenen Abrechnungstätigkeiten mit einem enormen Verwaltungsaufwand verbunden sind: Die Klassenfahrten werden von Lehrern/Lehrerinnen abgerechnet, die Anschaffung von Sachmitteln vom Schulleitungsteam und vom Sekretariat. Zwischenzeitlich wurde aus den Honorarmitteln der Europaschule eine Kraft bezahlt, die bei der Abrechnung half; inzwischen hat der Schulträger – nach Verhandlungsprozessen – die Bezahlung dieser Kraft übernommen.

(c) Soziales Kapital

Die Öffnung zum Stadtteil wird offensiv betrieben und geht mit vielfältigen Nachmittagsangeboten für die Schüler/innen der GAZ einher: Aus Spenden und Mitteln des Fördervereins konnte die erwähnte Fahrradwerkstatt gebaut werden. Die Planungs- und Bauzeit umfasste drei Jahre. Die Stadt Kassel übernahm die Planung, die GAZ sorgte über den Förderverein für die Finanzierung, Schüler/innen der Berufsschule realisierten das Projekt. In Zusammenarbeit mit der Stadtteilbibliothek, die räumlich in die Schule integriert ist, und unterstützt durch Spenden des Fördervereins konnte eine Multimediastation eingerichtet werden, in der den Jugendlichen Arbeitsplätze mit CD-ROM-Servern zur Verfügung stehen.

Der Förderverein umfasst gut 100 Mitglieder, u.a. auch Betriebe aus dem Stadtteil. Er wurde 1994 gegründet. Die Anschaffung der Computer wurde mischfinanziert: Der Förderverein warb Spenden ein (VW-Sozialstiftung und Stadtsparkasse), außerdem wurden Europaschulmittel und städtische Mittel eingesetzt.

Auch mit Vereinen und freien Trägern wird kooperiert: Der Internationale Bund für Sozialarbeit entsendet Kräfte an die GAZ, die dort Hausaufgabenbetreuung anbieten. Für die Schüler/innen ist die Betreuung kostenfrei, die GAZ bezahlt den freien Träger aus Europaschulmitteln. In Einzelfällen bieten auch Eltern Arbeitsgemeinschaften an; sie werden dann als Honorarkräfte entlohnt. Auf die Nachfrage, ob es denn auch Nachmittagsangebote durch Ehrenamtliche gebe, antwortete ein Mitglied der Schulleitung etwas erstaunt:

> „Wir sind nicht auf die Idee gekommen, dass es Leute gäbe, die uns zwei, drei Stunden in der Woche etwas anbieten, ohne dafür Geld haben zu wollen."

Die Honorarkräfte werden mit 28 Mark in der Stunde alle gleich entlohnt.

Beschäftigung und Mitarbeit

Für das Mittagessen an der GAZ hat der Schulträger eine Kraft eingestellt, die stundenweise (drei Stunden am Tag) entlohnt wird. Die GAZ selbst hat über den Förderverein eine 630-Mark-Kraft für die Cafeteria eingestellt. Sie kann aus Mitteln des Europaschulprogramms finanziert werden. Über die Kooperation mit einem Verein zur Integration langzeitarbeitsloser Frauen konnte eine weitere Kraft in die Cafeteria geholt werden: Diese Frau bekommt vom Verein Fortbildung und Schulungen und arbeitet stundenweise in der Cafeteria mit. Dafür bezahlt die Schule über den Förderverein 400 Mark monatlich an den Ausbildungsträger. Bereits seit mehreren Jahrzehnten sind Schulsozialarbeiter an der GAZ tätig; derzeit gibt es anderthalb Stellen. Die Personalkosten trägt das Land, die Sachkosten der Schulträger.

Entscheidungsstrukturen

Die Entscheidungsstrukturen sind von kollegialer Gremienarbeit geprägt. Die neu entstandenen Verantwortungsbereiche werden an dafür zuständige Gremien delegiert. Management, Organisation und Konkretisierungen des Schulentwicklungsprozesses unterliegen einer ständigen Kontrolle, einer Selbst- und Fremdevaluation.

Chancen, Risiken, Konflikte

Seit die GAZ Europaschule ist, ist der Arbeitsaufwand von Schulleitung und Kollegium in die Höhe geschnellt. Der Prozess des Motivierens und Sich-Engagierens hat einen Teil des Kollegiums erfasst, andere verweigern die damit verbundenen Mehrbelastungen. Von den staatlichen Schulämtern würde sich die Schulleitung kompetente Beratung wünschen, von den Eltern mehr ehrenamtliches Engagement. Das Elternengagement ist aber auch immer abhängig vom sozialen Umfeld. Ähnliches gilt für die Wahrnehmung der Angebote durch die Schüler/innen: So stammen die ca. 20% der Schüler/innen, die die vielfältigen Nachmittagsangebote in Anspruch nehmen, in der Mehrheit aus relativ gut situierten Familien. Auch türkische Mädchen nutzen die Möglichkeit, länger an der Schule zu bleiben, während gerade Jugendliche aus den sozialen Brennpunkten nur schwer zu erreichen sind. Sie ziehen es vor, sich in der Stadt, in Kaufhäusern oder auf öffentlichen Plätzen zu treffen. Dem versucht die Schulleitung in Zusammenarbeit mit anderen Institutionen des Stadtteils entgegenzuwirken. Ideen wie die längere Öffnung von Sporthallen scheitern bisher am Schulträger. An der GAZ sind, wie an den meisten anderen Schulen, offene Angebote am höchsten frequentiert.

Auch in Bezug auf Studienfahrten sind Kinder und Jugendliche aus besser gestellten Familien interessierter und häufiger beteiligt. Da die Austauschfahrten immer mit Eigenbeiträgen in Höhe von 400-500 Mark verbunden sind, dürfte dies auch verständliche finanzielle Ursachen haben. Andererseits könnten Jugendliche aus sozial schwachen Familien mit Elternspenden des Fördervereins unterstützt werden, wenn Interesse vorläge. Zudem werden die Eltern über die Möglichkeit solcher Austauschfahrten unterrichtet, wenn die Kinder an die Schule kommen, und sie könnten folglich dafür Geld ansparen – aber, so die Schulleitung, „für bestimmte Dinge wird kein Geld ausgegeben."

Das soziale Umfeld hat also bestimmenden Einfluss auf das Handeln der Jugendlichen, aber auch auf die sozialpädagogischen und erzieherischen Aufgaben der Schule sowie die finanziellen Möglichkeiten, die sie hat (Spenden, Sponsoring). In diesem Zusammenhang fordert die Schulleitung vom Schulträger mehr Mut zu einer politischen Schwerpunktsetzung und zur gezielten Steuerung. Konkret könnte das etwa bedeuten, gerade in sozial schwachen Gebieten die Schulen mit Computern auszustatten, da davon auszugehen ist, dass die Kinder zu Hause keine Geräte zur Verfügung haben. Gefordert sei ein sozialräumliches Denken und eine verstärkte Zusammenarbeit zwischen verschiedenen Ressorts, z.B. zwischen Kultusministerium und Schulträger, die Schulen finanzieren, und dem Sozialressort, welches ein Interesse an Nachmittags- oder Ganztagsbetreuung haben sollte.

2.2.2 Die Helene-Lange-Schule (HLS), Wiesbaden (Hessen)

Genese

Die Schüler/innen der HLS kommen überwiegend aus Mittelstandsfamilien. Der Anteil der Kinder und Jugendlichen nicht deutscher Herkunft liegt bei 10 bis 12 Prozent. Die HLS war bis 1986 ein Gymnasium für die Jahrgänge fünf bis zehn. 1985 sahen so genannte Förderstufen-Pläne der hessischen Landesregierung die Umwandlung aller fünften und sechsten Klassen in Förderstufen vor. Hätte die HLS diese beiden Klassen abgegeben, wäre sie ein Gymnasium geworden, das nur die Stufen sieben bis zehn umfasst hätte. Diese äußeren Rahmenbedingungen waren der Anlass für Umstrukturierungspläne, und unter der Führung der neuen Schulleiterin, seit 1984 im Amt, entschloss man sich, einen Antrag auf Umwandlung in eine Integrierte Gesamtschule zu stellen. Diesem Antrag stimmten 95% des Schulelternbeirats und zwei Drittel des Kollegiums zu. Die Schülerzahlen wurden von 900 auf 600 reduziert, d.h. pro Jahrgang werden nur noch 100 Kinder in vier Klassen aufgenommen.

Die HLS ist bekannt für die Verbindung von theoretischem und praktischem Lernen. Projektbezogenes Arbeiten, sozialer Schwerpunkt, kreativer/künstlerischer Schwerpunkt und die Stärkung des einzelnen Menschen bilden die vier Grundpfeiler des Schulprofils.

Organisationsstruktur

Die HLS ist seit 1986 auf eigenen Antrag integrierte Gesamtschule und seit 1995 eine von vier Versuchsschulen im Bereich der Sekundarstufe I des Landes Hessen sowie UNESCO-Schule. Nach §14 des Hessischen

Schulgesetzes hat eine Versuchsschule den Auftrag, „wesentliche Einsichten" für die Weiterentwicklung des Schulwesens zu erbringen. Die HLS hat kein festes Einzugsgebiet. Als Versuchsschule ist sie eine Angebotsschule, die von Familien der Stadt und der Region angewählt werden kann. Für 100 Plätze pro Jahrgang gibt es im Schuljahr 2000/2001 320 Anmeldungen.

Angebote

Durch die Reduktion der Schülerzahlen sind räumliche Voraussetzungen geschaffen worden, die es ermöglichen, dass jeder Schülerjahrgang ein „Revier" hat. Ein Revier ist ein räumlicher Bereich, der nur für einen Jahrgang da ist. Er beinhaltet vier Klassenräume, ein kleines Lehrerzimmer und einen großen Raum, den Schülertreff. Für diesen Schülertreff wurden die Wände eines Klassenraumes herausgerissen, um einen offenen Raum zu schaffen, in dem nun regelmäßig Ausstellungen und Theateraufführungen stattfinden und der als Aufenthaltsraum gilt. Neben den Räumlichkeiten wurden auch die Unterrichtsmethoden und der Lehrereinsatz verändert: Die Lehrer/innen unterrichten im Team und begleiten kontinuierlich einen Jahrgang von Klasse fünf bis zehn. Es gibt fächerübergreifenden Unterricht und ausgedehnten Projektunterricht. Die Lehrer/innen sollen neben einem guten Fachunterricht auch Erziehungsarbeit leisten und den Kindern und Jugendlichen Erfahrungen von Kontinuität und Verlässlichkeit vermitteln. Praxisbezug, Projektarbeit und die Einbeziehung von „schulfremden" Dritten (Künstler/innen, Regisseure) im Rahmen von Arbeitsgemeinschaften und Projekten, basierend auf dem pädagogischen Prinzip einer Verzahnung von theoretischem und praktischem Lernen, führen zu einer Öffnung der Schule nach außen. Arbeitsgemeinschaften werden von Lehrern/Lehrerinnen, seltener von Eltern sowie auch von Schülern/Schülerinnen selbst angeboten.

Die Erziehung zur Selbstständigkeit wird ebenso praktiziert wie die Sensibilisierung für die Hilfsbedürftigkeit Dritter: In Klasse acht kümmern sich die Schüler/innen ein halbes Jahr lang einmal wöchentlich um eine hilfsbedürftige Person ihrer Wahl, führen darüber Tagebuch und tauschen sich aus. Die zehnten Klassen absolvieren ein dreiwöchiges Sozialpraktikum. Die HLS ist überdies an einem Entwicklungshilfeprojekt in Nepal beteiligt, hat dort eine Schule und ein Krankenhaus gebaut und schafft Arbeitsplätze für Frauen. Hierfür wird Geld gesammelt und es werden Ausstellungen und Basare veranstaltet.

Viele besondere Angebote für die Jugendlichen bieten sich im Rahmen intensiver Theaterarbeit. Die neunten Klassen können sich für ein Theaterprojekt bewerben und spielen dann vier Wochen am Stück nur Theater. Weiter gibt es mehrere Theaterarbeitsgemeinschaften und für die Jahrgänge acht bis zehn eine Theaterwerkstatt, in der regelmäßig große Produktionen auf die Beine gestellt werden. Hierfür sind intensive Probenphasen vorgesehen, auch während der Ferien und während der Unterrichtszeit – an Stelle des Fachunterrichts. Wer bei diesen Projekten mitmachen will, muss eine Art Vertrag unterschreiben, in welchem er/sie sich verpflichtet, seine Freizeit und Teile der Schulferien zur Verfügung zu stellen. (Bei der Stadt musste übrigens durchgesetzt werden, dass der Theaterraum in der Ferienzeit geheizt wird.) Nach den Projektphasen müssen die Schüler/innen eigenverantwortlich und unterstützt von Mitschülern/Mitschülerinnen und Lehrkräften den Unterrichtsstoff nachholen. Zu ernsthaften Verschlechterungen der schulischen Leistungen kam es durch die Theaterarbeit noch nicht, im Gegenteil.

Zum Mix verschiedener Elemente

(a)   Staat

Die HLS bekommt jährlich 150.000 Mark vom Schulträger, weil die Schüler/innen das Putzen der Klassenräume (nicht der Treppenhäuser, Fachräume oder Toiletten) selbst übernehmen. Die Geldsumme entspricht den dadurch eingesparten Kosten für eine Reinigungsfirma. Bevor es zu dieser Entscheidung kam, gab es heftige Kontroversen: Die Reinigungsfirma beklagte die Vernichtung von Arbeitsplätzen, der Schulträger war gegen diese Lösung. Fünf Jahre lang putzten die Jugendlichen „heimlich", bevor die Schulleitung sich erneut an die Stadt wandte und auf das gute Gelingen dieses Selbstputzens verweisen konnte. Die positiven Effekte für die HLS bestehen nicht nur im zusätzlich verdienten Geld. Die Kinder lernen Verantwortung zu übernehmen und achtsam mit Dingen umzugehen. Es gibt keine Zerstörungen, keine Verschmierungen und keinen Vandalismus an der Schule.

(b)   Markt

Wenn an der HLS eine Stelle frei wird, darf die Schulleitung die Ausschreibung formulieren und ist an der Auswahl beteiligt: „Hier ist keiner hergekommen, den wir nicht wollten."

Die Theaterproduktionen sind nicht nur zeitaufwändig, sondern auch teuer. Das Geld, das hierfür investiert wird, muss wieder eingespielt werden. Dafür werden oft über zehn Vorstellungen angesetzt. Privatpersonen können ganze Aufführungen kaufen. Der Theaterraum wird auch für schulfremde Produktionen geöffnet. Die Künstler/innen bekommen dann zwar von der HLS kein Honorar, dafür aber die eingespielten Einnahmen, die sie aber u.U. (teilweise) wieder an die HLS spenden. Die Schulleiterin bezeichnet die Tätigkeiten im Kultur- und Theaterbereich als „eine Art von Subunternehmen".

Da die HLS inzwischen für ihre inhaltliche Arbeit bekannt geworden ist, kommen wöchentlich verschiedene Besuchergruppen, die die Veränderungen an der HLS studieren wollen. Sofern diese Gruppen nicht aus Hessen stammen, müssen sie einen Unkostenbeitrag entrichten. Ansonsten bewirbt sich die Schule bei verschiedenen Ausschreibungen und Wettbewerben von Stiftungen, wo teilweise Beträge in Höhe von über 200.000 Mark eingeworben werden konnten. Auf Grund ihres guten Rufes und der bisherigen guten Resultate, die die entsprechende Außenwirkung hatten (z.B. die Veröffentlichung eines Buches oder die Durchführung einer große Veranstaltung), hat die Schule bei neuen Ausschreibungen immer wieder gute Chancen.

(c)   Soziales Kapital

Im Rahmen der Entwicklungshilfeprojekte arbeitet die HLS mit einer Reihe von Institutionen zusammen, deren Spektrum von Kirchen bis hin zum Entwicklungshilfeministerium und der Gesellschaft für Technische Zusammenarbeit reicht. Zudem ist die HLS oft Anlaufstelle für Schulbesichtigungen mit Staatsgästen.

Die Schulleiterin hat schon öfter Anschaffungen vorfinanziert, welche die künstlerische Ausstattung der Schule betrafen, indem sie z.B. das Geld für einen Flügel im Wert von 25.000 Mark vorstreckte. Dieses Geld muss dann wieder eingespielt werden in Form von Eintrittskarten bei schulischen Veranstaltungen oder in Form von Spenden. Auch Eltern haben sich gemeinsam mit der Schulleiterin zu solchen finanziellen Vorlagen bereit erklärt. In der Zwischenzeit können solche Vorleistungen vom Förderverein der Schule übernommen werden.

> „Die ganze Theaterarbeit ist zunächst sozusagen vorfinanziert worden von mir. Also da muss man genügend Zutrauen haben, dass das Geld schon wieder reinkommen wird. Das ist auch wieder sozusagen zurückgezahlt worden, ja. Wenn man immer nur wartet, dass der Staat irgendwann das Geld gibt, wenn man einen Antrag stellt, dann ist das ja absolut lähmend. Also man muss das entweder selbst machen oder man muss Leute finden, die sagen, ich traue denen das zu und ich gehe mal in Vorlage."

Den Förderverein der Schule gibt es seit 1993. Seine Nützlichkeit beruht vor allem darauf, dass man über ihn Verträge abschließen und Spendenbescheinigungen ausstellen kann. Alle Eltern sind Mitglied. Das liegt zum einen daran, dass die Eltern die HLS bewusst für ihre Kinder auswählen und wissen, dass an dieser Schule auch Engagement von den Eltern erwartet wird. Zum anderen wird mit sanftem Druck von Seiten der Schulleitung auf eine solche Mitgliedschaft gedrängt. Die einzigen Einnahmequellen des Fördervereins sind die Mitgliedsbeiträge der Eltern (mindestens 40 Mark jährlich) sowie Spenden.

Die Schule kooperiert mit den verschiedensten Institutionen, u.a. auch mit einer Jugendstrafanstalt. Die HLS schenkte dieser ihre Druckerei und führte dann Schulungen zur Bedienung durch. Im Gegenzug bekommt man Hilfe bei handwerklichen Dingen. Außerdem werden verschiedene kulturelle Aktivitäten und Produktionen der HLS in der Jugendstrafanstalt zur Aufführung gebracht. Eine Arbeitsgemeinschaft „Schule der Gastlichkeit" ist in der Zwischenzeit quasi professionell auf dem Gebiet des Caterings aktiv. Sie bewirtet zum Beispiel Besuchergruppen der Schule. Angedacht ist, jugendliche Strafgefangene im Service zu schulen. Eventuell soll sogar ein kleines Catering-Unternehmen aufgebaut werden.

Beschäftigung und Mitarbeit

An der HLS wird einerseits versucht, kompetente Personen über Honorarverträge oder ABM-Verträge an die Schule zu holen, andererseits arbeitet man auch mit dem Sozialamt zusammen („Arbeit statt Sozialhilfe"). Ein Regisseur blieb mit einem BAT-Vertrag drei Jahre an der HLS. In der Regel bleiben derartige Mitarbeiter/innen aber nur zeitlich begrenzt an der Schule. Die Verträge werden mit dem Förderverein abgeschlossen. Eine Schwierigkeit kann darin bestehen, dass die Schaffung solcher Formen der Beschäftigung immer auch mit Engagement seitens der Schulleitung und des Schulsekretariats verbunden ist, da die Betroffenen auch sozial betreut und eingebunden werden müssen. Im Schuljahr 1999/2000 sind, finanziert über das Arbeits- oder das Sozialamt, eine Köchin, eine Schneiderin, eine Malerin und eine Regisseurin an der HLS beschäftigt. Bislang konnte man beinahe allen Arbeitskräften, die über das Sozialamt oder das Arbeitsamt an die HLS gekommen sind, nach ihrem Ausscheiden zu einem ordentlichen Arbeitsverhältnis verhelfen.

Chancen, Risiken, Konflikte

Für die Lehrkräfte bedeuten die Arbeitsweisen und die besonderen Formen des Lernens an der HLS vor allem Mehrarbeit, da sie eine intensivere Planung erfordern als der normale Unterricht. Die Kinder und Jugendlichen bekommen an der HLS nicht nur mehr Freiräume und Entfaltungsmöglichkeiten, es wird auch viel von ihnen verlangt:

> „[...] die werden hier nicht in Watte gepackt werden, sondern im Gegenteil, die müssen mit Ernstsituationen fertig werden. Und eine Ernstsituation ist in meinen Augen nicht nur eine Klassenarbeit. [...] Wir tun viel, dass die Kinder hier gestärkt werden. Also das ist kein Schonraum. Wir verlangen mehr und sind anspruchsvoller."

Treibende Kraft der (Um-) Gestaltungsprozesse war die neue Schulleiterin, die bereits mit erfolgreichen und gescheiterten Schulreformen an anderen Schulen vertraut war. Sie „wollte gerne als Schulleiterin einen solchen Prozess [...] an entscheidender Stelle mitgestalten." Der Schwerpunkt ihrer Tätigkeit als Schulleiterin liege bei Managementtätigkeiten und Personalführung und der „Suche nach Geld". Es sei eine Überforderung, so sagt sie, zu erwarten, dass Schulleiter/innen zwei Berufe gleichzeitig ausüben: Unterrichten und Managen. Eine dieser beiden Tätigkeiten müsse automatisch zurückstehen.

Eine Langzeitabsolventenbefragung ehemaliger HLS-Schüler/innen, durchgeführt von der Universität Jena, zeigt u.a., dass sich die Schüler/innen subjektiv gut vorbereitet fühlen auf jede Art des weiteren Lernens und Arbeitens. Beim Wechsel in die gymnasiale Oberstufe gab es auch in den Kernfächern keine Leistungseinbrüche, im Gegenteil. Die Vermittlung von sozialen Kompetenzen, wie Kooperationsbereitschaft, Teamfähigkeit, Kreativität und Hilfsbereitschaft, kommt vor allem Jugendlichen zu Gute, die nach der zehnten Klasse eine Berufsausbildung beginnen. Insbesondere auch die Mädchen werden stark gefördert – mehr als an Vergleichsschulen.

■ 2.2.3 Die Grund- und Hauptschule Stuttgart-Degerloch (Filderschule)

Genese

Die Filderschule begann vor etwa sechs Jahren, ihr derzeitiges Schulprofil auszubilden. Dieser Prozess setzte zeitgleich mit dem Amtsantritt einer neuen Schulleiterin an der Schule ein. Auf Grund des Engagements dieser Schulleiterin im Stadtbezirk und ihrer Vernetzung mit örtlichen politischen Gremien gelang es, enge Kooperationen zum schulischen Umfeld aufzubauen. An der Filderschule wurde das Modell der so genannten „berufsfeldoffenen Hauptschule" entwickelt. Das bedeutet, dass Jugendliche der Hauptschule im Laufe des achten Schuljahres verschiedene Betriebspraktika absolvieren, was ihnen später dabei hilft, einen Ausbildungsplatz zu finden. Im Grundschulbereich liegen im Rahmen der Profilbildung die Schwerpunkte auf der Kernzeitenbetreuung und auf dem teilweise nach der Montessori-Pädagogik praktizierten Unterricht.

Organisationsstruktur

Die Filderschule ist eine Grund- und Hauptschule mit etwa 380 Kindern im Grundschulbereich und etwa 130 Jugendlichen im Hauptschulbereich.

Angebote

Eine Kernzeitenbetreuung für Kinder der Klassen eins bis vier wird von 7.30 Uhr bis 13.15 Uhr angeboten. Die Betreuung kostet monatlich 120 Mark. Mittagessen ist nicht inbegriffen. Für Schüler/innen der fünften Klasse gibt es jeden Nachmittag eine besondere Förderung, die aus Hausaufgabenbetreuung und Projektarbeiten besteht. Dieses Angebot wurde im Schuljahr 1999/2000 neu eingerichtet: Man bezweckt damit einerseits, die Leistungen der Schüler/innen zu verbessern. Andererseits will man erreichen, dass sie sich an der Hauptschule wohl fühlen und dass ihr „zerstörtes Selbstwertgefühl" wieder aufgebaut wird, denn wenn – nach der in Baden-Württemberg geltenden Regelung – die Kinder nach der vierten Klasse mit Empfehlungen an die drei weiterführenden Schularten verwiesen werden, verbleibt im städtischen Umfeld von Stuttgart nur ein Viertel aller Schüler/innen im Hauptschulbereich. Dieses Viertel befindet sich also im untersten Bereich des Leistungsniveaus, und es gibt Eltern, die sich gegen Hauptschulempfehlungen wehren. Für alle Kinder wird klassenübergreifender offener Förderunterricht (Förderhausaufgaben) angeboten. Das pädagogische Prinzip ist hier, Kinder verschiedener Altersstufen zu mischen, sodass sie sich auch gegenseitig Hilfe leisten können.

Für die Schüler/innen der Klasse acht hat die Filderschule ein neues Unterrichtsmodell entwickelt: Sie haben nur vier Tage in der Woche Unterricht, am fünften Tag arbeiten sie in einem Betrieb. Im Verlauf des Schuljahrs werden drei solcher Tagespraktika, die jeweils ein Vierteljahr dauern, absolviert; hinzu kommt noch ein zweiwöchiges Betriebspraktikum, sodass die Jugendlichen mindestens vier verschiedene Berufe kennen lernen. Ausschlaggebend für die Entscheidung der Schulleitung, solche Praktika einzuführen, war die Tatsache, dass sich die Hauptschüler/innen auf die falschen Berufe bewarben und Schwierigkeiten hatten, Lehrstellen zu bekommen:

„[...] und da haben wir gesagt, wir müssen realistisch sein und müssen unsere Schüler in diese Berufe bringen, in denen sie was werden können, wo sie auch eine Lehrstelle durchhalten können. [...] die Schüler haben auch eine andere Motivation gekriegt. Sie haben gemerkt, ich muss mehr lernen, sonst kann ich den Beruf nicht ausüben, die nehmen mich ja gar nicht mit dem schlechten Abschluss."

Die Lehrstellenzusagen für die Schüler/innen sind seit Bestehen dieses Modells von 30 auf 50% gestiegen. Das Modell nennt sich „berufsfeldoffene Hauptschule" und soll aufgrund seines großen Erfolges bald in ganz Baden-Württemberg flächendeckend eingeführt werden. Auf Betreiben einer Stadtteilrunde, an der die Schulleiterin der Filderschule beteiligt ist, wurde ein Sozialarbeiter eingestellt, der an der Filderschule viele außerschulische Angebote (von Hilfestellung beim Bewerbungsschreiben über Kletterangebote und Streetballaktionen) mit betreut. Des Weiteren gibt es an der Schule für die Jugendlichen eine Computer-AG, eine Fußball-AG und eine offene Werk-AG. Im Grundschulbereich werden auch von Eltern Arbeitsgemeinschaften angeboten: Sport, Töpfern und Deutsch für ausländische Kinder (Kosten bei 10 Mark pro Monat). Verschiedene Vereine (Sportvereine, Rotes Kreuz) bieten an der Schule Schnupperangebote oder Kurse an.

Zum Mix verschiedener Elemente

(a)   Staat

Die Betreuung der Förderhausaufgaben wird von einer Krankheitsstellvertreterin an der Schule übernommen. (Eine Krankheitsstellvertreterin ist eine Lehrkraft, die zwar an einer Schule angesiedelt ist, aber jederzeit bereit sein muss, im Falle eines längeren krankheitsbedingten Ausfalls eines dortigen Kollegen, an eine andere Schule zu wechseln). Die Ansiedlung einer Krankheitsstellvertreterin an der Filderschule war eine Art Bonus der Schulbehörde als Anerkennung für den Einsatz der Schule im Berufsfeldbereich. Für das Modell der Nachmittagsförderbetreuung hat die Schule zusätzlich drei Lehrerstunden vom Schulamt bewilligt bekommen. Das Jugendamt übernahm die Kosten für zwei Sozialarbeiter.

(b)   Markt

Stuttgarter Schulen haben Budgethoheit für Lehr- und Lernmittel und Ausstattung, nicht jedoch für bauliche Maßnahmen und Reinigungsangelegenheiten. Die Mittel sind sowohl intern als auch von einem Haushaltsjahr zum nächsten übertragbar. Für Anschaffungen, deren Wert über 800 Mark liegt, müssen aber Anträge beim Schulverwaltungsamt gestellt werden. Um gute pädagogische Arbeit zu ermöglichen, beteiligt sich die Schulleitung an verschiedenen Ausschreibungen und Wettbewerben.

(c)   Soziales Kapital

Die Infrastruktur in Degerloch ist, was soziale Einrichtungen für Jugendliche anbetrifft, sehr schlecht: Es gibt kein Jugendhaus und es gab ursprünglich auch keine Sozialarbeiter. Erst als ein paar Jugendcliquen vor einigen Jahren auffällig wurden, hat die Stadtteilrunde die Beschäftigung eines Sozialarbeiters initiiert. Die Schulleiterin der Filderschule war wesentlich an diesem Prozess beteiligt, weil bei auftretenden Problemen oder Straftaten stets automatisch die Jugendlichen der Hauptschule verdächtigt werden. Dem wollte sie entgegenwirken. Aus Spendensammlungen des Frauenkreises, Weihnachtsaktionen und Spenden vom Handels- und Gewerbeverein wurde so viel Geld gesammelt, dass man die Sozialarbeiterstelle anderthalb Jahre lang bezahlen konnte, bevor sie vom Jugendamt übernommen wurde.

An der Schule wird von einem gemeinnützigen Verein Nachhilfeunterricht für Kinder angeboten, die nicht deutscher Herkunft sind. 1995/96 wurde, von der Schulleiterin initiiert, ein gemeinnütziger Förderverein gegründet. Man wollte versuchen, auf diese Weise der schlechten finanziellen Situation zu begegnen, denn ein gemeinnütziger Förderverein kann zum einen Spendenbescheinigungen ausstellen, und er kann zum anderen auch in Vorleistung treten, wenn man zum Beispiel Theateraufführungen oder Dichterlesungen veranstaltet, die erst im Nachhinein über Eintrittsgelder finanziert werden. Der Verein hat allerdings nur 40 Mitglieder: Eltern und Lehrkräfte. Die Eltern setzen sich projektbezogen und punktuell, aber nicht dauerhaft ein: „Dieses Sich-Binden, das will niemand." Ans örtliche Gewerbe wollte man sich bisher mit Spendenwünschen nicht wenden, da mit diesem bereits im Rahmen der Betriebspraktika für die Schüler/innen der achten Klasse eng kooperiert wird.

Die Kooperationen zwischen Schule und Umfeld, vom Handels- und Gewerbeverein bis hin zur Polizei, sind vielseitig. Die Schulleiterin bemerkt:

„Als ich herkam, war mir klar, ich kann nicht in meinem Saft kochen. Wenn ich was von anderen will, muss ich mich auch selbst einbringen."

Beschäftigung und Mitarbeit

Die Stadtteilrunde hat die Einstellung eines Sozialarbeiters auf eine Dreiviertelstelle initiiert und ist anderthalb Jahre für die Bezahlung der Stelle aufgekommen, bevor diese vom Jugendamt der Kommune übernommen wurde. Allerdings kann man nicht direkt von einer Stellenschaffung sprechen, da das Jugendamt die Stelle durch eine Umschichtung finanziert hat. In der Zwischenzeit gibt es in Degerloch auch noch eine halbe Stelle für

Mädchenarbeit. Für Erzieherstellen im Rahmen der Kernzeitenbetreuung ist die Stadt als Schulträger zuständig. Für die Kernzeitenbetreuung an der Filderschule hat die Stadt auch Hausfrauen im Rahmen geringfügiger Beschäftigungsverhältnisse eingestellt.

Chancen, Risiken, Konflikte

Problematisch bei der Geldereinwerbung über Modellprojekte und Ausschreibungsverfahren sind der hohe zeitliche Aufwand und die zusätzliche Arbeit. Zudem muss die Schulleitung das Lehrerkollegium motivieren und immer dafür sorgen, dass es hinter dieser zusätzlichen Arbeit steht. Positiv wird diese Mehrarbeit (acht bis neun Stunden tagsüber plus die Gremienarbeit an den Abenden) von den Lehrern/Lehrerinnen nur dann bewertet, wenn die so erwirtschafteten Mittel der eigenen Schule zur Verfügung stehen, der Schulprofilierung dienen und wenn damit bessere pädagogische Arbeit finanziert werden kann. Auf die Frage, wie das Land im Hinblick auf die Schüler/innen an weniger aktiven Schulen für einen sozialen Ausgleich sorgen könnte, meint die Schulleiterin, dass ein solcher Ausgleich kaum möglich sei. Die Möglichkeiten einer Schule seien gebunden an das Engagement der Schulleitung und des Kollegiums, und dieses Engagement könne nicht verordnet werden.

Die Schulleitung ist mit dem Kultusministerium und der Kultusministerin hoch zufrieden, da den einzelnen Schulen viel Freiheit und viele Gestaltungsmöglichkeiten gegeben werden, auch bezüglich pädagogischer Konzepte.

Was die veränderten gesellschaftlichen Rahmenbedingungen betrifft, lässt sich für das Umfeld in Degerloch Folgendes festhalten: Der Bedarf an Kernzeitenbetreuung ist groß, und derzeit sind 70 von 360 Kindern angemeldet. Im örtlichen Hort stehen 42 Kinder auf der Warteliste. Oft werden die Kinder ab der dritten oder vierten Klasse aus der Betreuung wieder herausgenommen, weil Eltern das nötige Geld nicht aufbringen können. Viele Mütter aus dem Einzugsgebiet wollen bzw. müssen arbeiten („Die Not ist einfach da."). Im Jugendbereich werden Nachmittagsangebote nur bedingt angenommen. Peer-Groups und Fernsehen sind wichtiger. Am besten werden offene Arbeitsgemeinschaften angenommen, in denen die Teilnahme unverbindlich ist. Sobald Angebote verbindlich sind, bleiben die Jugendlichen in der Tendenz fern. Von den Eltern würde sich die Schulleiterin wünschen, „dass Erziehung wieder im Elternhaus stattfindet und nicht an die Schule delegiert wird." Die elterliche Erziehung ziele heute zu sehr auf den sozialen Aufstieg des Kindes („Mein Kind soll's besser haben. Du musst gut sein!"), ohne gemeinschaftliche Werte zu vermitteln.

2.2.4 Die Pestalozzischule Durlach: Grund- und Hauptschule mit Werkrealschule

Genese

Die Pestalozzischule, eine „Schule im Brennpunkt", hat vor etwa zehn Jahren begonnen, ihr Profil als Schule mit besonderen pädagogischen und sozialintegrativen Angeboten auszubilden. Der Ausländeranteil in der Grundschule beträgt 25 bis 30%, in der Hauptschule über 50%. Ein großer Teil der (Haupt-)Schüler/innen kommt aus sozial schwachen, oft unvollständigen Familien: ehemalige Obdachlose, Sozialhilfeempfänger, Erwerbslose, Aussiedlerfamilien oder Kinder aus Sinti- und Roma-Familien. In die Schule werden durch familiäre Situation und soziale Herkunft bedingte Schwierigkeiten hineingetragen: gewalttätige Streitigkeiten auch unter Grundschulkindern, verwahrloste, sich selbst überlassene Kinder ohne erwachsene Ansprechpartner, hilflose und erziehungsunfähige Eltern, die – bewusst oder unbewusst – die Erziehungsfunktion der Schule überlassen, ein Anstieg der Kriminalitätsrate und mangelnde Sprachkompetenz von Ausländer- und Aussiedlerkindern, die in ihren Familien und Gruppen in einem nicht deutsch sprechenden Umfeld isoliert bleiben. Die Verhältnisse an der Schule waren so, dass eigentlich zum Einzugsgebiet der Schule gehörende Akademikerfamilien für ihre Kinder einen Schulbezirkswechsel in andere Grundschulen mit Einzugsgebieten aus bevorzugteren Wohnvierteln beantragten. Dieser Trend konnte durch die besonderen Angebote und vielfältigen Kooperationen mit Einrichtungen aus dem Stadtviertel in der Zwischenzeit gestoppt werden.

Organisationsstruktur

Die Pestalozzischule ist eine Grund-, Haupt- und Werkrealschule. Es gibt eine Grundschulförderklasse, Vorbereitungsklassen für die Grundschule und die Hauptschule sowie Vorbereitungskurse für Kinder mit ungenügenden Deutschkenntnissen. Im Schuljahr 1999/2000 bestand erstmals das Angebot einer Ganztagsklasse in der Grundschule. In der Werkrealschule können Jugendliche nach der zehnten Klasse die Mittlere Reife ablegen.

Angebote

Die Angebote an der Schule sind allesamt darauf ausgerichtet, die sozialen Kompetenzen der Kinder und Jugendlichen zu stärken. Man geht davon aus, dass die Schularbeit nicht die zerbrochenen Elternhäuser reparieren kann, will jedoch die Kinder so weit stärken, dass sie mit den familiären Schwierigkeiten besser zurechtkommen und sich in sozialen Gemeinschaften kompetent verhalten können – eine Voraussetzung, um Lerninhalte vermitteln zu können:

> „Nur – bevor halt Deutsch, Mathe, Englisch gemacht wird, muss zunächst mal der Boden bereitet werden. Und wenn ich in eine Klasse reingehe und sehe da haben sich gerade zwei gestritten und da weiß ich genau, da war wieder der Vater betrunken und hat die Mutter verschlagen heute Nacht und so, dann kann ich halt nicht mit Deutsch, Mathe, Englisch arbeiten, sondern muss erst mal klären, muss erst mal gucken, muss erst mal die Kinder so weit bringen, dass sie mir überhaupt zuhören."

Lehrkräfte werden für Schulsozialarbeit eingesetzt, aber auch „schulfremde" Fachkräfte oder private Personen arbeiten an der Schule mit den Kindern und Jugendlichen. Es gibt:

- Kernzeitenbetreuung vom 7.45 bis 13 Uhr,
- eine Ganztagsklasse im Grundschulbereich von 7.45 bis 16 Uhr, inklusive Mittagessen,
- Mädchengruppe (einmal pro Woche),
- Präventivgruppe (gemeinsames Angebot von einer Lehrkraft und dem Sozialen Dienst),
- Freizeitnachmittag in Kooperation mit dem Kinder- und Jugendhaus Durlach,
- verschiedene Arbeitsgemeinschaften durch Kooperationen mit Vereinen (Volleyball etc.),
- Lesenachmittage in Zusammenarbeit mit der Stadtbibliothek Durlach,
- finanzielle Hilfen und zusätzlichen Unterricht für die Schüler/innen,
- Sprechstunden und Beratungen für Eltern, Schüler/innen und Lehrkräfte an der Schule, angeboten von der Psychologischen Beratungsstelle, dem Psychologischen Dienst und dem Sozialen Dienst,
- Aktionstage (Spiele, Praktikasuche, Lehrstellensuche) in Zusammenarbeit mit dem Kinder- und Jugendhaus.

Zum Mix verschiedener Elemente

(a)   Staat

Bereits 1993 hat sich die Schule an das staatliche Schulamt gewandt mit der Bitte, Lehrerstunden für Schulsozialarbeit zur Verfügung zu stellen. Diese Forderung war damals eine Neuerung und „unter dem Siegel der Verschwiegenheit" wurden der Schule sieben zusätzliche Lehrerstunden zur Verfügung gestellt, damit sie sich um soziale Probleme an der Schule kümmern und Kontakte zu Sozialen Diensten und zum Kinder- und Jugendhaus aufbauen konnte. In der Zwischenzeit fungiert die Lehrerin, die sich anfänglich um diese Aufgaben gekümmert hat, als Lehrbeauftragte im Auftrag des Schulamtes, um anderen Schulen die Erfolgsmöglichkeiten einer solchen Arbeit nahe zu bringen. Das Engagement der Pestalozzischule hat also Modellcharakter für andere Schulen in sozialen Brennpunkten bekommen.

Ein Schülercafé konnte mit Hilfe von Landesmitteln eines Programms für Lehrbeauftragte eingerichtet werden. Mit Beendigung dieses Programms musste auch das Café wieder aufgelöst werden, obwohl der Bedarf an einer solchen Einrichtung weiterhin besteht. Die Kosten für die Ganztagsklasse müssen teilweise vom Land (zusätzliche Lehrerstunden) und teilweise vom Schulträger, der Stadt (räumliche Ausstattung, Erzieherinnen) getragen werden.

(b)   Markt

Das Verhältnis zu den Schulen in der Nachbarschaft ist durchaus von Konkurrenz bestimmt, denn es wird – teilweise mit Neid – registriert, was man an der Pestalozzischule auf die Beine stellt. Andererseits sind auch nicht alle Schulleitungen und Lehrerkollegien zu dem enormen Arbeitsaufwand bereit, wie er an der Pestalozzischule geleistet wird.

Schulleitungen in Baden-Württemberg dürfen bei Einstellungen von Lehrern/Lehrerinnen aus einer Liste von fünf Bewerbungen, die das Schulamt ihnen vorlegt, die geeignetesten Personen auswählen. Bei der Auswahl der Erzieherinnen, die für die Betreuung der Ganztagsklasse zuständig sind und die vom Schulträger finanziert werden, waren Schulleitung und betroffene Lehrerkollegen/Lehrerkolleginnen für die Auswahl maßgeblich verantwortlich.

Die Schule verfügt über ein Schulbudget, dessen Etatposten übertragbar sind. Übertragungen von einem Kalenderjahr ins nächste sind problematisch und müssen gut begründet werden. Bei größeren Anschaffungen müssen verschiedene Angebote eingeholt und mit dem Schulverwaltungsamt abgestimmt werden. Diese Kontrolle empfindet man an der Schule aber als positiv und unterstützend.

Die häufige Teilnahme der Schule an verschiedenen Wettbewerben von Stiftungen oder politischen Institutionen brachte ihr eine Vielzahl von Preisen und Preisgeldern ein. Zum einen kann damit Geld erwirtschaftet werden, zum anderen können auf diese Weise (pädagogische) Erfolge der Pestalozzischule dokumentiert werden.

(c) Soziales Kapital

Um das Ansehen seiner Schule in der Gemeinde zu verbessern, hält der Schulleiter die verschiedensten Kontakte, beispielsweise zum Ortsvorsteher, zu Parteivorsitzenden, zu Ortschafts- und Stadträten und Landtagsabgeordneten. Auf diese Weise gibt es inzwischen in der Kommunalpolitik keine Widerstände mehr gegen seine Pläne. So haben ihn zum Beispiel der Ortschaftsrat und das Schulverwaltungsamt gegen das staatliche Schulamt unterstützt, damit die Werkrealschule und die Ganztagsklasse an der Pestalozzischule und nicht an Schulen mit bevorzugteren Einzugsgebieten angesiedelt werden konnten. Mit einer derartigen Arbeit verändert sich aber das Leistungsprofil eines Schulleiters:

> „Ich habe lernen müssen, dass meine Arbeit nicht mehr Unterrichten ist, sondern dafür zu sorgen, dass wir möglichst viele unterstützende Institutionen, möglichst viele Lehrerstunden, möglichst viele Erzieherstunden haben müssen. Und deswegen besteht ein großer Teil meiner Arbeit im Briefeschreiben, in Telefonaten, in Besuchen von Gremien, im Konferieren, im Immer-wieder-Nachhaken, Nachfragen, im Ausdauerhaben [...]"

Vor acht Jahren wurde auf Initiative des Schulleiters ein Förderverein gegründet. Dieser Förderverein unterstützt sozial und finanziell schlecht gestellte Kinder bei Ausflügen und Theaterbesuchen oder finanziert Jugendlichen Nachhilfeunterricht, damit sie einen Hauptschulabschluss schaffen. Spenden der Elternschaft für den Verein sind gering, da die Mehrheit der Eltern sozial schwachen Gruppen angehört. Ein Radiosender hat jedoch der Schule Geld gestiftet. Sponsoring vom örtlichen Gewerbe kommt wenig, denn das industrielle Umfeld von Durlach ist selbst schlecht gestellt. Geld kann am ehesten durch das Engagement des Lehrkörpers über die Beteiligung bei verschiedenen Wettbewerben eingeworben werden. Preisgelder kommen damit z. B. von der Hertie- oder der Bosch-Stiftung.

Gerade angesichts der beträchtlichen Zahl erwerbloser Eltern gibt es kaum ehrenamtliches Engagement. Das Engagement von Eltern in sozialen Brennpunkten ist generell minimal. Der Schulleiter hat folgende Erklärungen dafür: Entweder sind die Eltern erwerbstätig und haben auf Grund ihrer Arbeitsbelastung wenig Zeit. Oder sie sind nicht erwerbstätig, haben dann aber Probleme mit sich selbst und selbst bei gutem Willen in der Regel nicht das Durchhaltevermögen für eine kontinuierliche Tätigkeit. Trotz Nachfragen und Aufforderungen gibt es nur wenig Elternmitarbeit, u.U. in Form einmaliger Aktionen vor Weihnachten oder Ostern. Eine türkische Mutter hat sich bereit erklärt, Kinder zu betreuen, die nicht in den Religionsunterricht gehen. Sie bekommt dafür aus Mitteln des Lehrbeauftragtenprogramms des Landes Baden-Württemberg 13,60 Mark pro Stunde als Anerkennung für diese Arbeit. Ein persönlicher Freund des Schulleiters gibt ehrenamtlich und unentgeltlich Computerkurse.

Beschäftigung und Mitarbeit

Für die Kernzeitenbetreuung hat die Stadt drei nach BAT VI entlohnte Erzieherinnen eingestellt, die vier Stunden täglich, d.h. insgesamt zwanzig Stunden in der Woche arbeiten, allerdings nicht in den Ferien. Die Betreuungszeiten sind von 7.45 bis 9.20 Uhr und von 11.20 bis 13 Uhr. Es handelt sich hier also um Arbeitszeiten, die bei einem geringen Verdienst eine sehr große Flexibilität erfordern. Unter den drei Erzieherinnen befand sich eine Junglehrerin, die keine Stelle bekommen hatte und sich über diese Tätigkeit qualifizierte, bis sie eine feste Stelle als Lehrerin bekam, und eine Mutter, die nach dem Erziehungsurlaub wieder in den Beruf einsteigen wollte. Für die Kinder der Ganztagsklasse wurden zwei Erzieherinnen eingestellt.

Chancen, Risiken, Konflikte

Durch die vielfältigen Betreuungsangebote und Möglichkeiten an der Schule gelang es, Kinder von engagierten und kritischen Eltern wieder zurück an die Schule zu holen. Der Schlüsselfaktor zum Erfolg der Schule sind das Engagement des Schulleiters in örtlichen Gremien, vielfältige Kooperationen mit anderen Institutionen vor Ort und „ein langer Atem".

> „[...] Ich kam hierher, dachte, bin mit allen Wassern gewaschen und war dann nach einem Vierteljahr so fertig, dass ich gedacht hab, also entweder ich muss flüchten oder ich muss mir etwas ausdenken, denn so halte ich es nicht aus."

Selbst nach den inzwischen erreichten Erfolgen hat der Schulleiter Verständnis für Lehrkräfte, die nur für eine beschränkte zeitliche Dauer das für diese Arbeit notwendige Maß an Elan und Enthusiasmus aufbringen. Fünf bis sechs Kolleginnen haben in den letzten Jahren deshalb die Schule verlassen, in der Regel in gegenseitigem Einverständnis und mit Unterstützung des staatlichen Schulamtes.

Die Erfolge der Schule bei verschiedenen Ausschreibungen, Modellprojekten und Wettbewerben legitimieren die unternommenen Anstrengungen und die immer wieder neuen Forderungen der Schule. Mit diesen Wettbewerben ist auch die Ausarbeitung von pädagogischen Konzepten verbunden, die einen sinnvollen Unterricht in diesem sozialen Brennpunkt erst ermöglichen können. Die bisherigen Errungenschaften sind auf Dauer aber nicht aufrecht zu erhalten, da der mit ihnen verbundene Arbeitsaufwand enorm ist. Der Schulleiter selbst arbeitet zehn bis elf Stunden an fünf Tagen in der Woche.

Gemäß den gesellschaftliche Erwartungen und den Ansprüchen der Eltern soll Schule heute auch soziale Fähigkeiten vermitteln. Die Schulleitung der Pestalozzischule akzeptiert das, verlangt aber entsprechende Mittel, um diese zusätzlichen Aufgaben auch erfüllen zu können. Von den Eltern würde sich die Schule mehr Interesse und aktives Engagement wünschen, ob im Bereich der Arbeitsgemeinschaften oder beim Förderverein.

Vom Kultusministerium würde sich die Schulleitung wünschen, dass die Schulen individuell entsprechend ihrer jeweiligen maßgeblich durch Umfeld und Situation von Schülern und Eltern bestimmten Aufgaben ausgestattet würden. Das könnte z.B. bei insgesamt gleichen Landesmitteln und steigender Bedeutung von Schulautonomie mehr Chancengleichheit für Schulen in sozialen Brennpunkten ergeben.

■ 2.2.5 Die 9. Grundschule (9. GS) Prenzlauer Berg, Berlin

Genese

Die 9. GS ist eine normale Grundschule von Klasse eins bis sechs, ohne Vor- oder Integrationsklassen, aber mit „teilweisem Ganztagscharakter". Das bedeutet, dass es an der Schule sowohl einen Hort gibt, als auch offene Betreuungsangebote, die in Zusammenarbeit mit Vereinen, mit gemeinnützigen Trägern oder als Arbeitsgemeinschaften organisiert sind. Das Schulprofil ist an den außerunterrichtlichen (Betreuungs-)Angeboten im Nachmittagsbereich orientiert, die an der Schule angeboten werden. Der Schulleiter hat Vereine und freie Träger aus dem Kiez an die Schule geholt, die in den Schulörtlichkeiten verschiedenste Angebote für die Kinder bereitstellen.

Seit den Veränderungen im Bezirk Prenzlauer Berg in Folge der Wiedervereinigung ist das ehemals einheitliche Klientel der Schule breit gefächert. Es reicht von arbeitslosen allein erziehenden Frauen mit drei Kindern bis zum Ärzteehepaar mit einem Kind. Der Stadtteil ist ein Mischbezirk, kein reiner Arbeiter/innen-, ‚Intelligenz'-, ‚Yuppie'- oder Studierendenbezirk. Der Schulleiter sieht hierin einen Vorteil im Sinne einer besonderen Offenheit für die Schule:

> „Die müssen ja auch untereinander in ihren Häusern und auf der Straße miteinander kommunizieren und das trägt sich in die Schule rein."

Ein Drittel der Eltern sind Alleinerziehende, die Tendenz ist steigend. Der Ausländeranteil an der Schule ist mit unter 5 Prozent sehr klein. Der Arbeitslosenanteil der Eltern liegt bei etwa 10 Prozent. Rechnet man die ABM-Kräfte hinzu, sind insgesamt ein Drittel der Eltern betroffen.

Organisationsstruktur

Der Schulleiter hat die Verantwortung für die Schule und den Schulhort. Der Schulträger ist der Bezirk.

Angebote

Die Betreuungs- und Freizeitangebote an den Nachmittagen sind äußerst vielfältig und gehen weit über normale Schulangebote hinaus. Diese Angebote orientieren sich an den Bedürfnissen von Kindern und Eltern und sind unter Einbeziehung des lokalen Umfelds der Schule zu Stande gekommen. Die Angebote sind für alle offen. Es werden sogar Kinder des Umfelds einbezogen, die auf dem Schulgelände spielen können und pädagogisch betreut werden, obwohl sie nicht zum Einzugsgebiet der Schule gehören oder bereits eine weiterführende Schule besuchen. Von der Möglichkeit, an der Schule Mittag zu essen, machen 70 Prozent der Schüler/innen Gebrauch. Etwa ein Drittel der Kinder nimmt das Angebot wahr, über die Schule frische Milch zu beziehen.

Konkret gibt es folgende Angebote für die Kinder: Vereine aus dem Kiez bieten an der Schule Handball, Boxen, Turnen und Gymnastik an, außerdem auch Eiskunstlaufen. Von der Schule unabhängige Arbeitsgemeinschaften betreffen den Kunst- und Musikbereich (z.B. Keramik). Des Weiteren gibt es eine Hortsport AG, einen Fußball- und einen Schachzirkel sowie drei Fremdsprachenzirkel: Englisch, Französisch und Russisch. Eine kommerzielle Musikschule veranstaltet im Schulgebäude musikalische Früherziehung. Weitere Beschäftigungsangebote werden von den Lehrerinnen und Lehrern der Schule angeboten. Die Angebote sind also teilweise kostenfrei, teilweise kostenpflichtig. Es gibt einen Schülerklub an der Schule, der täglich von 8 bis 18 Uhr geöffnet ist. Dieser Schülerklub ist aus der Zusammenarbeit mit zwei gemeinnützigen Trägern entstanden, die im Bereich der Schulhofbetreuung und Gewaltprävention ABM-Kräfte an Schulen vermitteln. Während der Schulferien sind Hort und Schülerklub geöffnet.

In den Räumen der Schule trainiert außerdem ein Schachverein, und die Volkssolidarität organisiert einmal wöchentlich einen Treffpunkt für Rentner/innen und Pensionäre. Diese beiden Vereine arbeiten mit dem Hortbereich zusammen; es werden auch gemeinsam Frühlings- und Weihnachtsfeiern gestaltet.

Zum Mix verschiedener Elemente

(a) Staat

Die Zuwendungen für die Schule wurden in den letzten Jahren kontinuierlich gekürzt. Dies gilt auch für den Hortbereich, der von 131 Hortplätzen auf gegenwärtig 81 gekürzt wurde, obwohl die Nachfrage höher ist und es eine Warteliste gibt. Auch die Mittel des Bezirksamtes für Arbeitskräfte, die Arbeitsgemeinschaften (AG) an den Schulen anbieten, sinken. Diese Mittel sind aber jeweils auf ein Schuljahr befristet, und über die Fortsetzung wird oft sehr spät entschieden, sodass zum Ende des Schuljahres nicht klar ist, welche Angebote es im nächsten Schuljahr geben wird. Die 9. GS arbeitet mit zwei freien, gemeinnützigen Trägern zusammen, die beide beim Arbeitsamt Arbeitsbeschaffungsmaßnahmen angemeldet und bewilligt bekommen haben und nun ABM-Kräfte an die 9. GS schicken.

(b) Markt

Über die Gelder, die ihr vom Bezirksamt zur Verfügung gestellt werden, hat die Schule Budgethoheit. Allerdings können die Mittel nicht von einem Jahr ins nächste übertragen werden. Die Schulen werden vom Bezirk angehalten, alle Gelder auszugeben, was von der Schulleitung bedauert wird. Allerdings muss auch der Bezirk die Gelder an den Berliner Senat zurückgeben, wenn sie nicht ausgegeben werden. Vereine und die Musikschule, welche die Räume der Schule nutzen, müssen Nutzungsverträge mit dem Bezirksamt abschließen und zahlen auch Miete. Obwohl der Schulleiter die Kontakte herstellt und die Nutzungen initiiert, bekommt nicht die Schule, sondern das Bezirksamt den Erlös dieser Mieten, über welchen es frei verfügt und den es nicht etwa wieder der Schule zur Verfügung stellt. Der Schulleiter wäre dazu bereit, Werbung an die Schule zu holen, Lehrer/innen und Eltern sind aber dagegen.

Die Schüler/Schülerinnenzahlen in Berlin sind auf Grund von Stadtflucht und sinkenden Geburtenzahlen rückläufig. Da es einen Schulentwicklungsplan gibt, in welchem Schließungen von Grundschulen vorgesehen sind, kommen die Berliner Schulen in eine Art Konkurrenzsituation zueinander. Jede Schule versucht ihre Attraktivität durch die Erarbeitung eines spezifischen Schulprofils zu steigern. Auf Grund der Ausweitung der Angebote im Nachmittagsbereich hat die 9. GS einen sehr guten Ruf und erhält auch Anfragen von Eltern, die ihre Kinder an der Schule unterbringen wollen, obwohl sie nicht in deren Einzugsbereich leben.

(c)   Soziales Kapital

Die Aktivitäten an der Schule gehen hauptsächlich auf das Engagement des Schulleiters zurück, der versucht hat, mit Vereinen des Kiez' ins Gespräch zu kommen und diese an die Schule zu holen. Nach seiner Ansicht ist eine Schule ein „Gebäude, das ja auch eine öffentliche Einrichtung ist und das auch ein Kommunikationszentrum im Bezirk sein soll". Diese Arbeit hat sich in den ersten zwei bis drei Jahren schwierig gestaltet, trägt aber langsam Früchte. Inzwischen kommen Vereine mit ihren Anfragen auf die Schule zu.

> „Ich wäge dann ab, inwieweit helfe ich diesem Verein, für sich die Möglichkeit zu finden unterzukommen, und wie helfe ich dieser Schule oder den Kindern dieser Schule, die Möglichkeiten dieses Vereins auch zu nutzen. [...] Viel ist über Mundpropaganda passiert und viel ist, sage ich mal, auf dieser Beziehungsschiene gelaufen. Muss ich mal wirklich so sagen. Also jemand kennt jemand und hat eine Adresse vermittelt oder Eltern haben gesagt, ich habe gerade eine ABM-Maßnahme in diesem Verein, die haben diese und diese Angebote, vielleicht lässt sich da was entwickeln."

Lehrer/innen bieten ehrenamtlich Arbeitsgemeinschaften und Betätigungsmöglichkeiten für die Kinder an. Die Eltern machen keine Arbeitsgemeinschaften, sind aber für kurzfristigere Projekte wie z.B. Schulfeste zu gewinnen. Der Wille zur Mitarbeit ist stark ausgeprägt und nur durch berufliche Verpflichtungen eingeschränkt. An der 9. GS haben Eltern bereits 13 Klassenräume der Kinder selbst renoviert. Es gab einen Elternförderverein, der aber wieder eingeschlafen ist. Jetzt gibt es einen losen Zusammenschluss von „Freunden der Schule", dem auch die Essensfirma, die Reinigungsfirma und Angestellte der Schule angehören. Kürzlich wurde das Schulhaus neu gestrichen, was eigentlich in der Verantwortung des Schulträgers liegt, aber

> „wenn man sich auf diesen Schulträger verlassen würde, dann würden wahrscheinlich in zehn Jahren noch keine Malerarbeiten durchgeführt werden."

So hat der Schulleiter ein ABM-Projekt ausfindig gemacht, das zum Ziel hat, Jugendliche wieder in den Berufsprozess einzugliedern. Die Jugendlichen streichen die Schule kostenlos, wenn diese Farben und Malermaterialien zur Verfügung stellt. Über das Hochbauamt des Stadtbezirkes hat der Schulleiter Geld für das Material organisiert bzw. zur Verfügung gestellt bekommen. Die Firmen und Vereine, die an der Schule eingebunden sind, lassen sich durch gezielte Anfragen zu Sponsoring in Form von Geld- und Sachspenden oder tatkräftiger Hilfe bewegen. Das örtliche Gewerbe im Kiez „hält sich bedeckt" und kämpft in der Regel selbst ums Überleben. Große Supermarktketten wollen nicht sponsern. Würden sie einer Schule etwas geben, müssten sie auch allen anderen etwas zukommen lassen.

Beschäftigung und Mitarbeit

Im Schuljahr 1999/2000 waren im Schülerklub fünf ABM-Kräfte tätig. Elf Personen boten Arbeitsgemeinschaften an und hatten AG-Verträge des Bezirksamtes. Die Kräfte für die Arbeitsgemeinschaften verfügen über fundierte Qualifikationen in ihren jeweiligen Gebieten. Im Sportbereich sind z.B. ehemalige Sportlehrer tätig. Die für die Arbeitsgemeinschaften Beschäftigten werden mit 35 Mark pro 90 Minuten Arbeit entlohnt. Bei einer AG-Sitzung pro Woche verdienen sie also im Monat ca. 140 Mark. Während der Schulferien fallen diese Angebote weg. Der Schulleiter bezeichnet diesen Verdienst als „emotionalen Obolus für den Einsatz, der geleistet wird."

Entscheidungsstrukturen

Die Schule ist von der obersten Schulbehörde und vom Bezirk abhängig. Im Verhältnis zur obersten Schulbehörde würde sich der Schulleiter kürzere Kommunikationswege sowie weniger Verwaltungsaufwand wünschen. Die Kontakte zu Behörden und anderen Schulen des Bezirks sind gut. Die Schulleiter/innen helfen sich gegenseitig weiter. Kontakte zu Kindergärten und weiterführenden Schulen sollen den Kindern den Übergang vom Kindergarten in die Schule oder von der Grundschule in eine weiterführende Schule erleichtern und sie darauf vorbereiten. Innerhalb der Schule ist der Schulleiter in seiner Arbeit von der Zustimmung der Schulgremien abhängig.

Chancen, Risiken, Konflikte

Von Schulen wird zunehmend verlangt, erzieherischen Einfluss auf Kinder zu nehmen. Zusätzlich wachsen die sozialen Probleme in Berlin ständig. An der 9. GS stellt man sich diesen immer umfangreicher werdenden Aufgaben und versucht, die Kinder pädagogisch sinnvoll zu betreuen und zu erziehen. Dies verlangt personelle Kontinuität, damit zwischen Kindern und Betreuern ein Vertrauensverhältnis entstehen kann. Da aber viele der zusätzlichen Betreuungsangebote, die der Schulleiter an die Schule geholt hat, aus staatlichen Mitteln (ABM oder Mittel des Bezirkes für Arbeitsgemeinschaften) finanziert sind, ist die Befristung der Programme und die Bewilligung von Geldern für jeweils nur ein Kalenderjahr äußerst problematisch, denn bei der Streichung der Betreuungsangebote fallen zugleich auch die Bezugspersonen der Kinder weg.

Die Elternmitarbeit an der Schule ist sehr gut. Der Schulleiter würde sich wünschen, dass sich Eltern mehr in die Schule einmischen, und zwar nicht nur dann, wenn sie Forderungen an die Schule haben:

> „Hat Schule Forderungen an Eltern, kommt es häufig zu Konflikten. Und diese Konflikte haben in letzter Zeit zugenommen."

Der Schlüsselfaktor zum Erfolg der 9. GS war sicherlich das Engagement des Schulleiters, der in persönlichem Einsatz und unter großem Zeitaufwand die nötigen Kontakte geknüpft und die organisatorischen Arbeiten geleistet hat. Dazu gehört auch Gremienarbeit und politische Arbeit, wenn konkrete Outputs für die Schule erreicht werden können. Die Aufgaben des Schulleiters enthalten somit neben der pädagogischen Arbeit immer mehr manageriale Elemente.

2.2.6 Die Integrierte Stadtteilschule Hermannsburg, Bremen

Genese

> „Die Integrierte Stadtteilschule ist eine Gesamtschule mit besonderem pädagogischen Profil, indem sie die Integration durch überwiegend gemeinsame Unterrichtung aller Schülerinnen und Schüler [...] mit der Öffnung der Schule zum Stadtteil verbindet." (§20 Abs. 4 des Bremischen Schulgesetzes).

Im Dezember 1993 ist diese Schulform ins bremische Schulgesetz aufgenommen worden. Die Integrierte Stadtteilschule Hermannsburg (IS-HE) hat jedoch bereits 1989 begonnen, ihr Schulprofil zu ändern, als sie Pilotschule dieser neuen Schulform wurde. „Stadtteilschule" meint allerdings nicht, dass sich die Außenkontakte der Schule auf den Stadtteil beschränken, sondern dieses Konzept zielt generell auf verstärkte Außenkontakte – diese können auf Grund moderner Kommunikationsmedien weltweit gestreut sein. Das Schulprofil der IS-HE beinhaltet neben dem Integrations- und dem Schulöffnungskonzept die Schwerpunkte: Zusatzbetreuungen am

Nachmittag, informationstechnische Bildung, naturwissenschaftliches Profil, sportlicher Schwerpunkt und offene Lernwerkstatt Arbeitslehre. In allen diesen verschiedenen Bereichen ist die Schule bzw. sind Schüler/innen für hervorragende Leistungen ausgezeichnet worden (z.B. bei Jugend forscht). Die Schule liegt in einem sozialen Brennpunkt. Der Ausländer- und Spätaussiedleranteil liegt bei etwa 33%. Es möchten mehr Kinder die Schule besuchen, als aufgenommen werden können.

Organisationsstruktur

Es handelt sich um eine Gesamtschule, an der ca. 470 Schüler/innen in 28 Klassen unterrichtet werden. Es gibt 24 Kleinklassen (20 Schüler/innen) und vier Kooperationsklassen mit geistig behinderten Kindern. Das Kleinklassenmodell ist die Lehrerstundenzahl betreffend kostenneutral, denn es gibt an der IS-HE keine Teilungsstunden. Man braucht allerdings bei kleineren Klassen mehr Räume.

Angebote

Alle Jahrgänge bestehen aus durchmischten Kleinklassen. Das bedeutet, dass Kinder aller Leistungsniveaus gemeinsam unterrichtet werden. Es wird möglichst viel projektbezogen und in Kleingruppen gearbeitet. Dennoch oder gerade deshalb ist die Quote von Schulabgängern/Schulabgängerinnen in die gymnasiale Oberstufe überdurchschnittlich hoch. Fast alle anderen Schüler/innen schaffen einen Schulabschluss. Der sehr aktive Schulförderverein steht auch hinter dem an der IS-HE praktizierten pädagogischen Konzept, das auf dem Kleinklassenprinzip und der Öffnung der Schule gegenüber dem Stadtteil und der Außenwelt beruht.

Die IS-HE ist eine Schule mit „erweitertem Halbtagsbetrieb". Nachmittags findet möglichst viel Unterricht statt oder es gibt andere Betreuungsangebote. Die Sportangebote der Schule sind vielfältig. Im künstlerischen Bereich wird z.B. ein Projekt Bildhauerei angeboten. Die Kinder betreuen zusammen mit dem Hausmeister ein Aquarium mit lebenden Reptilien. In einer Greifvogel-Volière können kranke Greifvögel gesund gepflegt werden. Zurzeit gibt es einen offenen Schulanfang ab 7.30 Uhr am Morgen und Pausenbetreuung, wo gesundes Frühstück und gesunde Getränke angeboten werden. Für dieses Angebot werden zehn Lehrerstunden zur Verfügung gestellt. Außerdem helfen täglich zwei bis drei freiwillige Mitglieder des Schulvereins mit, in der Regel Mütter. Ein Mittagstisch mit 30 bis 50 Essen pro Tag ist in Planung. Dieser soll unter Kooperation mit anderen staatlichen und freien Trägern realisiert werden. Es gibt spezielle Angebote für Kinder nicht deutscher Herkunft und Kinder von Spätaussiedlern wie Sprachunterricht, Hilfen bei Behördengängen und Integrationsfeste. Ehemalige türkische Schüler/innen der IS-HE, die jetzt Studenten/Studentinnen und etwa 25, 26 Jahre alt sind, machen Nachmittagsangebote für türkische Mädchen. Durch die Zusammenarbeit mit dem Amt für soziale Dienste konnte zwei Jahre lang eine Honorarkraft an der Schule Anti-Gewalt-Kurse abhalten.

Zum Mix verschiedener Elemente

(a)   Staat

In den letzten 15 Jahren sind die öffentlichen Zuwendungen für die Schule gekürzt worden – im Lernmittelbereich, bei der räumlichen Ausstattung und in der Lehrerstundenzuweisung. Beim Bundesministerium für Bildung und Forschung hat sich die Schule erfolgreich für eine dreijährige Unterstützung in Höhe von 5000 Mark beworben, um einen Erfinderklub mit dem Schwerpunkt auf naturwissenschaftlich-technischen Projekten zu fördern.

(b)   Markt

Die Schule ist seit drei Jahren an einem Programm der Bremer Schulbehörde beteiligt, in dessen Rahmen den Schulen Teilautonomie über ihr Haushaltsbudget gegeben wird. Die Schulen erhalten ein Jahresbudget, welches sie eigenverantwortlich verwalten. Problematisch an dieser Aufgabenübertragung war, dass Teile des Schulpersonals (Stellvertreter des Schulleiters und die Schulsekretärinnen) sich ohne Hilfestellung in die neuen Verwaltungsaufgaben (Haushaltsabwicklung, neue Computerprogramme) einarbeiten mussten. Da aber die dadurch erreichten Einsparungen (Erwerb von Sonderangeboten, Energiesparen oder Eigenreparaturen) der Schule selbst zugute kommen, ist die Bilanz der Schulleitung bezüglich dieses Prozesses positiv.

Die IS-HE beteiligt sich häufig an Ausschreibungen und Modellwettbewerben (z.B. für „Jugend forscht", s.u.). Als eine von fünf deutschen Schulen wurde sie 1998 ausgewählt, Deutschland in Helsinki bei einem GLOBE-Treffen (Global Learning und Obeservation to Benefit the Environment) zu vertreten.

Im Herbst 1999 hat die Schule erstmalig ihre Mehrzweckhalle an eine Aussiedlerfamilie aus Kasachstan vermietet, die dort eine Hochzeitsfeier abhielt. Begründet wurde das mit dem Argument, dass es schade sei, ein staatlich subventioniertes Gebäude am Wochenende ungenutzt zu lassen, wo man sich doch über die Vermietung Einnahmen in Höhe von 1.500

Mark verschaffen und andererseits damit auch die Öffnung der Schule für den Stadtteil weitertreiben könne:

„Wir wollen mit den Menschen dieses Stadtteils, der Umgebung Kontakt haben und dies hier als Zentrum für Begegnung, für kulturellen Austausch haben."

(c) Soziales Kapital

Die Schule unterhält Partnerschaften mit Einrichtungen des lokalen Umfelds: In einem angrenzenden Landschaftspark werden im Rahmen des Biologieunterrichts praktische Projekte mit dem Trägerverein des Parks durchgeführt. Die örtliche Stadtteilbibliothek veranstaltet gemeinsam mit der Schule Autoren/Autorinnenlesungen (Giordano, Wallraff) oder Lesenächte, in denen die Kinder dann in der Bibliothek übernachten. In einem Erfinderklub arbeiten Kinder, Lehrer und andere interessierte Erwachsene, z.b. ein pensionierter Metallbauingenieur, zusammen. Auch Mitarbeiter von Firmen wie der DASA kommen zur IS-HE, um im Erfinderklub zu referieren. Aus dem Erfinderklub entstehen oft Gruppen von Kindern und Jugendlichen, die bei „Jugend forscht" teilnehmen. Dann werden diese Zehn- und Elfjährigen vor Ort von DASA-Mitarbeitern beraten. Auf Grund dieser Kontakte betätigen sich dann auch DASA und andere Firmen als Sponsoren für die Schule. Die Schule beteiligt sich häufig an öffentlichkeitswirksamen Wettbewerben und Projekten. So entstehen weitere Kontakte und Unterstützungsmöglichkeiten, z.B. über Stiftungen, die Landeszentrale für Politische Bildung, die Universität Bremen oder den Verein Deutscher Ingenieure. Der Rotary-Klub wurde auf die IS-HE auf Grund von deren großen Erfolgen (13 Prozent der Schüler/innen beteiligen sich am Wettbewerb „Jugend Forscht"; die Schule ist in der Spitzengruppe der besten zehn Schulen in Deutschland) aufmerksam, unterstützt seither die Schule und hat ihr Geld und ein Solargewächshaus gespendet. Er spendet außerdem für die von der Schule initiierte Aktion „Hilfe für Tschernobyl-geschädigte Kinder aus Minsk".

Ein 1984 gegründeter Schulverein, der 130 Mitglieder umfasst, unterstützt und fördert die Belange der Schule. Die Einnahmen bestehen aus Mitgliedsbeiträgen, Erlösen von Flohmärkten, Basaren, Schulfesten, Spenden oder Preisgeldern, welche die Schule bei verschiedenen Wettbewerben gewinnt. Im Schuljahr 1998/99 konnte der Verein 21.000 DM für schulische gemeinnützige Zwecke zur Verfügung stellen. Etwa zwei Fünftel der Mitglieder sind Lehrkräfte, ein kleiner Teil der Eltern ist sehr aktiv.

Beschäftigung und Mitarbeit

Die Schulleitung der IS-HE plant, mit den Honorarmitteln der Senatsbehörde ehrenamtliche Kräfte an der Schule zu entlohnen oder auch neue Honorarkräfte einzustellen. Die Ideen sind noch vage und reichen von der Entlohnung von Müttern, die bereits in der Frühstücksbetreuung tätig sind, bis zur Einstellung von Fachkräften, wie Sozialarbeitern, oder auch von 630 Mark-Kräften. Problemtisch dürfte die Vorgabe des Senats sein, dass der Stundenlohnhöchstsatz 25 Mark nicht überschreiten darf.

Entscheidungsstrukturen

An der Schule herrscht das Prinzip der kollegialen Schulleitung, die aus vier Personen besteht und als Team zusammenarbeitet. Außerdem werden auch möglichst viele Lehrerkollegen/Lehrerkolleginnen in die laufende Arbeit einbezogen. Die Zusammenarbeit mit dem Schulverein bei pädagogischen Vorhaben und sozialen Belangen der Schule ist vertauensvoll und eng. Da über das Schulvereinskonto die verschiedensten Aktionen (mit-) finanziert werden, funktioniert der Schulvereinsvorstand als offizielles Kontrollorgan für die schulischen Aktivitäten.

Chancen, Risiken, Konflikte

Mit zunehmenden Erfolgen und wachsendem Bekanntheitsgrad der Schule verbesserten sich auch die Zugangsmöglichkeiten zu Hilfsangeboten und es erhöhte sich die Zahl der Förderer. Das verweist aber auch auf den negativen Nebeneffekt für Schulen, die sich nicht oder erst sehr viel später auf diesen Weg machen. Die Schulleitung begrüßt die Auswirkungen der größeren Finanzautonomie der Schule, würde sich aber wünschen, dass die durch die Verlagerung von Verantwortung von den Behörden an die Schulen eingesparten Personalressourcen für Fachkräfte zur Unterstützung der Verwaltungsarbeit an den Schulen eingesetzt würden. Fortbildungsveranstaltungen in diesen neu entstandenen Bereichen werden teilweise von der Senatsbehörde bereits angeboten.

2.3 Diskussion und Auswertung der Fallbeispiele ■

Im Folgenden sollen die zuvor dargestellten Fallbeispiele in Hinblick auf leitende Fragen unserer Untersuchung zusammenfassend diskutiert werden. Die Abbildung 6 veranschaulicht dabei die wichtigsten in dieser

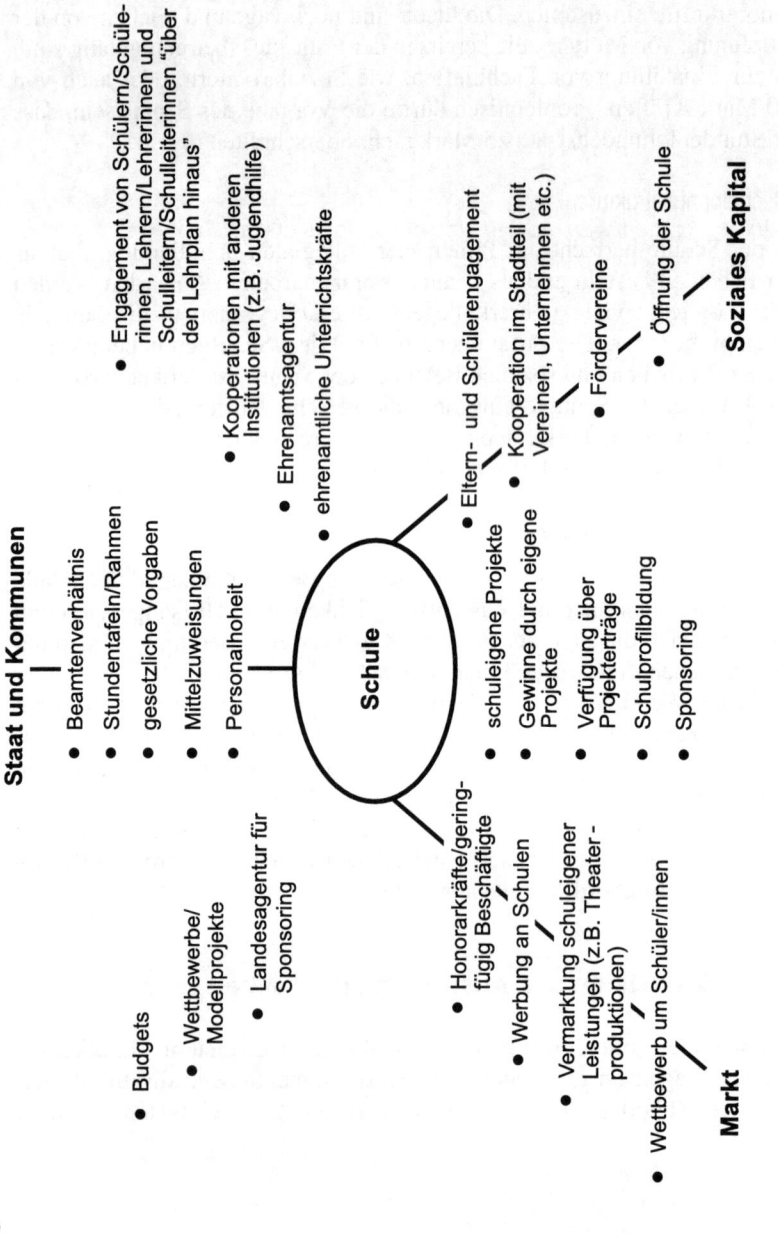

Abb. 6: Schule – Ressourcen, Organisationsstrukturen, Einflussgrößen

Staat und Kommunen

- Beamtenverhältnis
- Stundentafeln/Rahmen
- gesetzliche Vorgaben
- Mittelzuweisungen
- Personalhoheit

Schule

- schuleigene Projekte
- Gewinne durch eigene Projekte
- Verfügung über Projekterträge
- Schulprofilbildung
- Sponsoring

Markt

- Budgets
- Wettbewerbe/Modellprojekte
- Landesagentur für Sponsoring
- Honorarkräfte/geringfügig Beschäftigte
- Werbung an Schulen
- Vermarktung schuleigener Leistungen (z.B. Theaterproduktionen)
- Wettbewerb um Schüler/innen

Soziales Kapital

- Engagement von Schülern/Schülerinnen, Lehrern/Lehrerinnen und Schulleitern/Schulleiterinnen "über den Lehrplan hinaus"
- Kooperationen mit anderen Institutionen (z.B. Jugendhilfe)
- Ehrenamtsagentur
- ehrenamtliche Unterrichtskräfte
- Eltern- und Schülerengagement
- Kooperation im Stadtteil (mit Vereinen, Unternehmen etc.)
- Fördervereine
- Öffnung der Schule

Auswertung zur Sprache kommenden Aspekte. Sie werden jeweils einem der drei strukturierenden Bezugsfelder – „Staat und Kommunen", „Markt" oder „Soziales Kapital" – zugeordnet. Jene Einflussfaktoren, die sich nicht eindeutig einem der Bereiche zuordnen lassen, sind in den Räumen zwischen den jeweils maßgeblichen Einflussachsen verortet worden. Der Begriff des „Sozialen Kapitals" steht dabei einmal mehr als Metapher für die möglichen Beiträge der Bürgergesellschaft.

Genese

Auch wenn Elterninitiativen, Fördervereine und das gesellschaftliche Umfeld für Schulentwicklungsprozesse sehr bedeutsam sind, kommen dennoch die grundlegenden Anstöße zur Entwicklung in den meisten Fällen aus den Schulen selbst. Insbesondere die folgenden zwei Faktoren sind wichtig für institutionell nachhaltige Entwicklungsprozesse:

(a)   das Engagement von Schulleitern/Schulleiterinnen (diese gaben in den meisten Beispielen die Anstöße zu Veränderungen);
(b)   Reformanstöße aus der Ministerialverwaltung.

Organisationsstruktur

Alle untersuchten Schulen befinden sich in staatlicher Trägerschaft. Dennoch sind sie durch eine Organisation gekennzeichnet, an die sich bürgerschaftliche Strukturen und Verfahren aus dem Bereich der Marktwirtschaft ankristallisiert haben. Fast alle Schulen werden von gemeinnützigen Fördervereinen unterstützt. Hinzu kommen verschiedenste Formen des Elternengagements. Die Schulen kooperieren mit freien Trägern, Vereinen, Institutionen und Organisationen sowie der Wirtschaft. Prägend ist in vielen Fällen ein „unternehmerisches" Element in der Schulleitung – beim Wettbewerb mit anderen Schulen um Ressourcen, beim Anstoß von Innovationen u.a.m. Innerschulisch hat die Erweiterung der Personalpalette durch BAT- und Honorarkräfte, geringfügig Beschäftigte oder ehrenamtlich Tätige oft auch eine Veränderung der Organisationsformen zur Folge gehabt. Schließlich weist auch die pädagogische Arbeit der Schulen die unterschiedlichsten Strukturen und Rhythmen auf.

Angebote

An allen untersuchten Schulen lassen sich Substitutionseffekte – im Sinne der Ersetzung von staatlichen durch bürgerschaftlich oder marktlich organisierte Leistungen – und eine Erweiterung der Angebote über die vorgeschriebenen Lehrveranstaltungen hinaus nur schlecht auseinander halten. Beides ist vorhanden:

- Während die weiterführenden Schulen ihre Profile breiter ausdifferenzieren können – beispielsweise nach künstlerisch-musischen, sportlichen oder naturwissenschaftlichen Schwerpunkten –, bieten Grundschulen vor allem verlängerte Betreuungszeiten an.
- In allen Bundesländern lassen sich Schulen mit Angeboten sozialintegrativer Natur finden, insbesondere in sozialen Brennpunkten. Dort gibt es sogar an Eltern gerichtete Angebote wie Sprachunterricht oder Scheidungsberatung.
- Die meisten Schulen haben einen besonderen pädagogischen Schwerpunkt ausgebildet und weisen entsprechende Angebote auf, sei es musisch-künstlerisch oder reformpädagogisch.
- In allen Bundesländern werden Kurse von „schulfremden" Dritten eingekauft; als Lehrkräfte fungieren außerdem Honorarkräfte, Ehrenamtliche, manchmal Eltern.
- Fast alle Schulen versuchten, gute Verbindungen zu Akteuren der (lokalen) Wirtschaft auf- und auszubauen, im Rahmen der Vermittlung von Ausbildungsplätzen und/oder für Sponsoring .
- Fast alle Schulen hatten Kooperationen mit lokalen Vereinen und Institutionen. Aus dieser Zusammenarbeit entstanden die verschiedensten Angebote.
- Durch Kooperationen mit Akteuren außerhalb der Schulen ist praxisnahes, projektbezogenes Lernen und Arbeiten leichter zu verwirklichen.
- An einigen der Schulen wird Wert darauf gelegt, nicht nur an Ressourcen des Umfelds zu partizipieren, sondern auch selbst Angebote, die allein vom Engagement der Schülerinnen getragen werden und bisweilen auch kommerziellen Nutzen haben, zu organisieren.

Die Nutzung der neuen Angebote gestaltet sich unterschiedlich: Während Betreuungsangebote insgesamt stark nachgefragt werden, werden nicht alle Zusatzangebote von den Jugendlichen akzeptiert; problematisch ist es vor allem dann, wenn von den Jugendlichen regelmäßiges Erscheinen verlangt wird. In Hinblick auf Qualität ist insbesondere bei Betreuungsangeboten das Improvisieren mit Kursen und verschiedenen Fach- und Aushilfskräften zwiespältig zu beurteilen: Von ihrem Fachwissen können die Kinder profitieren, sie haben nicht nur mit Lehrern zu tun; aber pädagogische Eignung kann auch bei der Betreuung eine wichtige Rolle spielen, und wenn Kräfte häufig wechseln, fehlen feste Ansprechpartner.

Zum Mix verschiedener Elemente

(a)   Staat

Alle Schulen, vor allem jene in Berlin und Bremen, berichteten von knappen Geldzuweisungen und/oder Zuwendungskürzungen durch Schulträger und Land (Senat). Dabei muss nach den unterschiedlichen Zuständigkeiten differenziert werden: Für ausfallende Schulstunden ist das Land, für schlecht ausgestattete Schulen der Schulträger verantwortlich. Verlängerte Betreuungszeiten an Grundschulen belasten folglich die (lokalen) Schulträger mehr als die Länder, wenn die Betreuung nicht vom Lehrpersonal, sondern von (durch Stadt, Kreis, Gemeinde oder Bezirk finanzierten) Erziehern/Erzieherinnen geleistet wird.

In allen Bundesländern wurde berichtet, dass die Länderministerien immer öfter zeitlich befristete Sonderprojekte finanzieren, die meist über Ausschreibungen und nach bestimmten Leistungskriterien vergeben werden. Damit verhält sich die staatliche Seite an dieser Stelle mehr „aktivierend" als garantierend: Es werden Eigenleistungen und Vorarbeiten der Schulen erwartet, um (Sonder-)Mittel gewährt zu bekommen. Für die Schulen stellt das nicht nur eine Chance, sondern auch eine Erschwernis dar, unter anderem durch die beständige Unklarheit darüber, ob und wann in Modellprojekten umgesetzte Innovationen zu Regelleistungen werden.

Es lässt sich ein Einstellungswandel der öffentlichen Hand gegenüber Sponsoring und Elternengagement feststellen. Alle Bundesländer unterstützen entsprechende Bemühungen von Schulen. In Berlin und Bremen ist sogar Werbung an Schulen erlaubt.

(b)   Markt

Insgesamt lässt sich ein Autonomiezuwachs der Schulen (Schulleitungen) feststellen, sowohl bei den zur Verfügung stehenden Haushaltsmitteln als auch bei der Personalpolitik. Es handelt sich aber in allen Fällen um kleine Schritte zu mehr Autonomie in Teilbereichen.

– Fast alle untersuchten Schulen haben ein Budget zur Verfügung. Zumeist kommt es dadurch zu Stande, dass die Schulträger in ihrer Zuständigkeit liegende Mittel in die Verwaltung der Schulen übertragen. Die Größenordnung liegt in der Regel zwischen 10.000 und 150.000 DM; dies sind, gemessen an den Gesamtausgaben, die für eine Schule anfallen, geringe Beträge. Die Budgets beziehen sich vorwiegend auf den Bereich der Erhaltung und Reinigung der Gebäude. Von dem Geld können die Schulen anfallende Kosten selbstständig decken und verwalten. Teilweise sind die Schulbudgets von

- einem Kalenderjahr auf das andere übertragbar, auch um Geld für größere Anschaffungen ansparen zu können.
- Im Personalbereich sind die Mitentscheidungsrechte der Schulen geringer. Mitspracherechte der Schulleitungen bei Neueinstellungen unterscheiden sich von Bundesland zu Bundesland, gehen jedoch nie über schulspezifische Stellenausschreibungen beim Lehrpersonal hinaus. In den Bereichen, in denen Honorarkräfte eingesetzt werden, haben die Schulen (bzw. ihre Leitungen, ihre Fördervereine oder die zuständige gGmbH) allein die Personalauswahl.
- In Berlin und Bremen ist Werbung an Schulen erlaubt. In Bremen fanden wir eine Schule, die erstmals Schulräume für private Feste vermietet hat. Inwieweit sich solche Praktiken durchsetzen, ist noch nicht abzusehen.
- Die Beteiligung an Ausschreibungen und Wettbewerben der jeweiligen Länder oder von verschiedenen Stiftungen ist eine Möglichkeit für die Schulen, sich zu profilieren sowie zusätzliche Mittel einzuwerben. Dieses Engagement ist aber mit einem hohen – in der Regel nicht entlohnten – Arbeits- und Zeitaufwand des Lehrkörpers verbunden.
- Sponsoring an Schulen gewinnt insgesamt an Bedeutung (einen Überblick gibt: Böttcher 1999). Es stellt im Schulbetrieb sowohl ein Marktelement als auch soziales Kapital dar. Das Marktelement ist das „Geschäft" zwischen Sponsor und Schule, bei dem beide etwas gewinnen. Von Nutzen kann für die Unternehmen wie auch für Schüler/innen der frühzeitige Kontakt miteinander, z.B. bei Betriebspraktika, sein; Unternehmen erkennen, wer für eine Ausbildung in Frage kommt, und Schüler/innen erhalten Erfahrung im Arbeitsleben. Vorbehalte gegenüber Sponsoring lassen sich wahrscheinlich kaum mit den nur relativ geringfügigen finanziellen Summen, die die Schulen dadurch einnehmen, begründen Hier entsteht weder Einflussnahme noch Abhängigkeit. Aber Vorbehalte sind dort berechtigt, wo Sponsorship mit Produktwerbung verbunden wird – wie etwa bei der Forderung einer Bank, die ihr Förderangebot daran knüpfte, dass ein entsprechender Hinweis auf den Zeugnisformularen angebracht würde (Holzapfel 2001: 19); last not least: Sponsoring im örtlichen Rahmen zeugt zumeist auch von einer gewissen Lokalverbundenheit beider Seiten – Thema unter dem Stichwort „soziales Kapital".

(c) Soziales Kapital

Ein zentrales Element bei der Ausbildung von sozialem Kapital sind Fördervereine, wie sie fast alle untersuchten Schulen aufwiesen. Die Bandbreite der Mitglieder reicht von Eltern, Lehrern/Lehrerinnen, Beschäftigten und Nachbarn über kooperierende Vereine, Verbände und Institutionen bis zu Unternehmen. Entsprechend weisen die verschiedenen Förder- oder Unterstützungsvereine auch unterschiedliche Aktivitäten auf. Allen gemeinsam ist jedoch, dass sie eine Anlauf- und Koordinationsstelle für das Engagement an und in Schulen sind.

Eltern beteiligen sich an der Gestaltung der Schulen und des Schullebens über Investitionen in Form von Zeit und/oder Geld. Der Grad des Elternengagements unterscheidet sich allerdings je nach Umfeld und Klientel der Schulen: In sozialen Brennpunkten ist das Engagement der Eltern in allen Fallbeispielen geringer, sowohl was Zeit- als auch Geldspenden angeht.

Ein wichtiger Teil des sozialen Kapitals von aktiven Schulen besteht zweifellos im Engagement der Schulleiter/innen und der Lehrer/innen, aber auch der Schüler/innen selbst. Vor allem diejenigen, die schon junge Erwachsene sind, können in AGs, „Juniorfirmen", aber auch im Rahmen von Schülermentorensystemen mehr Verantwortung übernehmen.

Eine weitere Form, in der soziales Kapital im Schulumfeld mobilisiert werden kann, ist die Kooperation mit Vereinen und Institutionen. Hier stehen die Stadtstaaten Berlin und Bremen mit ihrer „Engagementkultur" beispielhaft für die sich daraus ergebenden Vorteile. Mitarbeit von „Ehrenamtlichen" an den Schulen steht meist im Zusammenhang mit dieser Kooperation. Schulen in sozialen Brennpunkten bzw. mit sozial schwacher Klientel bauen vor allem Kontakt mit anderen Ämtern und Diensten (Sozialamt, Jugendhilfe, Caritas) auf.

Es lässt sich also je nach Schultyp und -umfeld eine unterschiedliche Verortung von, Ausstattung mit und Zusammensetzung des sozialen Kapitals feststellen. Diese Unterschiede können bestehende Ungleichheiten verstärken. Sie können aber auch Ausgangspunkt von kompensatorisch wirkenden Konzepten sein – etwa indem man, wie beim Bremer Beispiel, Partner fernab und nicht vorrangig im Nachbarschaftsbereich zu gewinnen versucht.

Die Zusammenarbeit mit Betrieben (vgl. dazu auch am Beispiel Berlin: Volkholz 2001) war in unseren Beispielen dann besonders erfolgreich, wenn es um Kooperationen ging, im Rahmen derer Jugendliche „Schnupperpraktika" machen und sich auf eine zukünftige Berufsausbildung vorbereiten konnten.

Der materielle Wert sozialen Kapitals ist nicht genau zu beziffern und in den meisten Fällen vermutlich gering. Oft geht es eher um die symbolische Dimension, die Identifikation der Interessierten mit „ihrer Schule" und entsprechende Demonstrationseffekte.

Die Beispiele zeigen, wie die Außenbezüge von Schule vielfältiger werden und welchen Nutzen das stiftet. Sie zeigen aber auch, dass es bislang keine Formen gibt mittels derer – z.b. in einer Art erweiterter Schulkonferenz – die vielfältigen Mitglieder dieser „Schulgemeinde" (Holzapfel 2001: 5) auch tatsächlich zusammengeführt werden.

Beschäftigung und Mitarbeit

Bei Fragen von Beschäftigung und Mitarbeit muss zwischen den verschiedenen Schultypen differenziert werden.

An weiterführenden Schulen werden zusätzlich zu den Lehrkräften Beschäftigte entweder zur Ergänzung der Angebote der bestehenden Stundentafeln eingesetzt, wie beispielsweise an der Helene-Lange-Schule, oder aber zur Bewirtung und/oder Betreuung der Schüler/innen, wie etwa im Beispiel aus Kassel. Zumeist handelt es sich um Teilzeit- oder geringfügig Beschäftigte beziehungsweise Honorarkräfte. Die genannten Kräfte ergänzen die Stundentafeln zumeist im sportlichen, künstlerischen, musischen oder informationstechnischen Bereich. Mit Ausnahme des Landes Baden-Württemberg werden diese Kurse nur selten von Ehrenamtlichen abgehalten. Die Mitarbeit erfolgt eher in Form geringfügiger Beschäftigungsverhältnisse. Vielfach nutzen Schulen auch Angebote anderer Träger zur arbeitsmarktpolitischen Integration, wie zum Beispiel ABM.

An Grundschulen werden Honorarkräfte und geringfügig Beschäftigte zur Betreuung eingesetzt – häufig werden hierfür Mütter eingestellt. Es werden auch in gewissem Umfang neue Regelarbeitsplätze geschaffen, wenn die Betreuung von Erzieherinnen übernommen wird. So wird an den Grundschulen Hessens mit 630-Mark-Jobs gearbeitet, in Bremen und Baden-Württemberg mit einem Konglomerat aus Erziehern/Erzieherinnen, Honorarkräften und geringfügig Beschäftigten, und in Berlin wird die Betreuung im Grundschulbereich von bereits eingestellten Lehrern/Lehrerinnen und Erziehern/Erzieherinnen übernommen.

Über gemeinnützige Träger oder Schulfördervereine werden auch ABM-Kräfte an den Schulen beschäftigt. Teilweise arbeiten auch Sozialhilfeempfänger/innen gemäß §§18, 19 BSHG in den Schulen mit. Die Betreuung dieser Kräfte ist oft nicht einfach. Manche Schulleitungen haben regelrechte informelle Netzwerke zu bestimmten ABM-Trägern, Arbeits- oder Sozialämtern aufgebaut, in deren Rahmen ihnen Personen vermittelt werden, die über Fähigkeiten verfügen, welche die Schulen konkret nachgefragt haben.

Insgesamt gilt, dass die von uns untersuchten Schulentwicklungen in den meisten Fällen keine bestehenden Arbeitsplätze gefährden. Meistens entstanden mit den vorherrschenden additiven Reformmodellen eher zusätzliche Beschäftigungsverhältnisse anderen Typs. Diese sind jedoch in fast allen Fällen geringfügig, prekär und oft nicht existenzsichernd.

An allen Schulen, die über das gesetzlich vorgeschriebene Maß hinausgehende pädagogische Arbeit und Betreuung anbieten, ist die Arbeitsbelastung für Schulleitung und engagierte Lehrer/innen deutlich gestiegen. Diese Mehrarbeit wird weder entlohnt noch in der Berechnung der Arbeitszeit berücksichtigt – mit Ausnahme von Stundenermäßigungen, die Lehrer/innen für Angebote von Arbeitsgemeinschaften erhalten können.

Chancen und Risiken

Die geschilderten Beispiele zeigen, welches Potenzial mehr Wettbewerb, Autonomie und Engagement für Schulen bieten. Im Verlauf der Untersuchung haben sich aber auch mehrere neuralgische Punkte gezeigt:

- Die gesellschaftlichen Erwartungen an Schule steigen beständig; die materiellen und personellen Ressourcen hingegen wachsen nicht proportional zu diesen Anforderungen.
- Arbeitsbedingungen werden den steigenden und/oder veränderten Anforderungen nicht oder nur in sehr geringem Ausmaß angepasst. Arbeitszeit und Arbeitsinhalt von erfolgreichen Schulleitern/Schulleiterinnen sind mit Führungskräften in der Wirtschaft vergleichbar; auch zusätzliche Leistungen engagierter Lehrer/innen werden kaum anerkannt.
- Nicht entlohntes Engagement von Schulleitung und Lehrkörper kann die mangelnden Ressourcen von staatlicher Seite nicht völlig kompensieren, sondern nur in bestimmten – und begrenzten – Bereichen neue Ressourcen erschließen, wie etwa durch die Beteiligung an Modellprojekten oder an von Stiftungen ausgeschriebenen Wettbewerben.
- Die unklare Zukunft zeitlich – oft jährlich – befristeter Modellprojekte und Geldzuweisungen erschwert die mittelfristigen Planungen der Schulen.
- Bei mehr Differenzierung der Schulangebote entlang der örtlichen Verhältnisse müssen neue Formen gefunden werden, um das Ziel sozialen Ausgleichs zu erreichen.

Aus der Diskussion der Fallbeispiele ergibt sich so etwas wie ein implizites Programm zur Schulentwicklung. Im Hinblick auf die Fragestellung des Forschungsprojekts lassen sich die Reformprozesse in dem Schlagwort zusammenfassen: „Schule wird mehrdimensional". Diese Mehrdimensionalität resultiert daraus, dass jenseits einer neuen Balance von staatlichen Ressourcen und Steuerungsformen auf der einen und mit Markt verknüpften Elementen auf der anderen Seite Komponenten einer „bürgerschaftlich getragenen Schule" (Hurrelmann 2001: 46) ins Spiel kommen.

Mehr Autonomie der Schulen und mehr Transparenz:

– Schulen brauchen mehr Autonomie im wirtschaftlichen und pädagogischen Bereich.
– Dies beinhaltet aber auch eine erweiterte Rechenschaftspflicht für die ihnen zur Verfügung gestellten Ressourcen und die damit erzielten Ergebnisse; mehr Qualitätskontrolle und Evaluation meint allerdings nicht „Schul-Rankings" im Sinne vollständiger Vergleichbarkeit und Standardisierbarkeit von Schulen und ihren Angeboten.

Dezentralisierung und lokal angepasste Entwicklung:

– Jede Schule sollte gemäß örtlicher Anforderungen ihre eigene Strategie entwickeln und die jeweils notwendigen Prioritäten setzen können.
– Um diese Ziele zu erreichen, braucht es eine Dezentralisierungsstrategie, die einerseits der Schule vor Ort mehr „unternehmerische" Freiheit gibt und es andererseits erlaubt, auf dieser Ebene Kompetenzen und Verantwortung auf alle Beteiligten zu verteilen.
– Dies stellt nicht nur die jeweilige Landespolitik vor entsprechende Aufgaben; es betrifft auch die Träger und Konzepte regionaler Schulentwicklung.
– Dabei muss eine neue Balance zwischen universellen Standards und Vielfalt gefunden werden, zwischen Inhalten und Resultaten, die auf weiter Ebene supralokal geprüft, dargestellt und verglichen werden können und solchen, die orts- und schulspezifisch sind.
– Dies erfordert Planungsverfahren, die dialogisch angelegt und nicht hierarchisch organisiert sind, sodass sich Top-down-Konzepte und Bottom-up-Trends vermitteln lassen.

Innere und äußere Öffnung der Schulen:
- Wenn Schulen Lernzielen wie etwa dem Umgang mit und der Übernahme von Verantwortung gerecht werden wollen, müssen sie sich intern weiter demokratisieren.
- Wenn die Schule erweiterten Lernzielen gerecht werden soll, muss sie auch ihre Lehr- und Lernweise erneuern beziehungsweise um neue Elemente ergänzen. Dafür ist auch die Öffnung zum sozialen Kapital des Umfelds und die Kooperation mit Partnern notwendig.
- Als Partner kommen in Frage: Eltern, Lehrer/innen, Schulleitung, Schüler/innen; Vereine, staatliche und kommunale Stellen und die Wirtschaft – lokal und anderenorts.
- Daraus ergibt sich ein Konzept der inneren und der äußeren Öffnung: interne Demokratisierung und Einbeziehen des Umfeldes, auch im Sinne von transparenten Möglichkeiten der Einflussnahme „vor Ort".
- Die Schule sollte auf diesem Weg zunehmend eine „Sache der an ihr Beteiligten" werden – es gilt, eine Kultur geteilter Verantwortung zu entwickeln, in der ein Konsens über Rechte und Pflichten heranreifen kann.

Neue Zugangswege zu Chancengleichheit und Angebotssicherheit:
- Klassische Ziele von Schule, wie größere Chancengleichheit, sollen dabei nicht zurückgestellt, sondern in neuen Zusammenhängen wirksamer gemacht werden – womöglich ist z.B. die Schaffung von schulischen Nachhilfeangeboten jenseits des schnell wachsenden privaten Nachhilfegewerbes, durch Kooperation und Selbstorganisation, dafür entscheidender als der Laptop an jedem Schularbeitsplatz.
- Schulen brauchen auch weiterhin verlässliche Ressourcen; Engagement und Sponsoring können sie nicht ersetzen; sie sollten nicht „Lückenbüßer" sein für das, was die öffentliche Hand im Kern zu garantieren hat, sondern ein Mittel der Variation und Bereicherung.
- Vielfalt und Standards schließen einander nicht aus; eine größere Variation der Angebote sollte einhergehen mit der Entwicklung einheitlicher Kriterien für Evaluation und Leistungsvergleiche.

3. Der Bereich Kultur und Sport

Uta Stitz

3.1 Zum Hintergrund der Fallbeispiele

Der Bereich Kultur (hier erweitert um ein Beispiele aus dem Sport/Freizeitbereich) ist sehr heterogen (eine Übersicht über die differenzierte lokale Kulturlandschaft bieten: Deutscher Kulturrat e.V. 1996; Institut für Kulturpolitik der Kulturpolitischen Gesellschaft 1998; Wagner 2000b; unter dem Gesichtspunkt der Einbeziehung von Bürgerengagement vgl. Röbke/ Wagner 2001). Deshalb ist es sinnvoll, zuerst einen historischen Überblick zu geben, um dann in Stichworten Trends in den einzelnen Teilbereichen nachzuzeichnen.

Kulturpolitik als öffentliche Aufgabe

Der Reichtum und das hohe Maß an räumlicher Streuung kultureller Angebote in Deutschland geht auf die historische Zersplitterung Deutschlands in viele Kleinstaaten zurück. Dabei ordnen die meisten Länderverfassungen den Auftrag zur Kulturpflege den beiden Staatsebenen „Land" und „Kommune" zu. Fast zwei Drittel aller öffentlichen Kulturausgaben entfallen auf die kommunale Ebene, bezieht man hier einmal die Stadtstaaten mit ein (Benkert 1994; Heinrichs 1994: 343). Allerdings findet sich den entsprechenden Passagen der Landes- und Kommunalverfassungen die Gewährleistungsverantwortung der Kommunen, der Modus ihrer Wahrnehmung ist dabei jedoch nicht festgelegt (vgl. Glaser 1999: 678). Das verweist darauf, dass bei den öffentlichen Aufgaben zwischen der Finanzierung eigener Angebote, der Projekte freier Träger und einem „Kulturmanagement" (Rauhe/Demmer 1994; Heinze 1994) zu unterscheiden ist, bei dem es darum geht, die Beiträge verschiedener Gruppen, Sektoren und Initiativen zu fördern, zu vernetzen und zu moderieren.

Im Kultursektor gibt es eine der längsten Traditionen von bürgerschaftlichem Engagement. Hermsen verweist in seinem Band über Sammler- und Mäzenatentum auf die Bedeutung des aufstrebenden Bürgertums in dieser Domäne (1997: 44). Im Industriezeitalter gewannen dann die bürgerlichen Kunstvereine an Bedeutung, auch wenn Imagepflege und die

Exklusivität der Mitgliedschaft mindestens genauso im Mittelpunkt standen wie die Förderung der Kunst (vgl. Zimmer 1996: 48).

Allerdings sollte bürgerschaftliches Engagement nicht mit bürgerlichem Engagement gleichgesetzt werden. Mit der Entwicklung der Arbeiterbewegung, ihrer Organisationen und Öffentlichkeiten entstanden eigene Formen kulturellen Lebens, wie etwa Arbeiterbildungsvereine, Volksbühnenbewegung, proletarische Gesangsvereine, eigene Sport- und Freizeitorganisationen.

In Ostdeutschland wurde nach dem zweiten Weltkrieg dieser zweite, mit der Geschichte der Arbeiterbewegung verbundene Traditionsansatz in spezifischer Weise aufgegriffen. Bildungseinrichtungen, Betriebsbibliotheken und Volksbühnen wurden in eine staatliche und betrieblich gefasste Kulturpolitik integriert. Die autoritative Dimension dieser Kulturpolitik zeigte sich nicht nur im ideologischen Bereich, sondern manifestierte sich auch darin, dass die Möglichkeit der freien Vereinsbildung und freigenossenschaftlichen Organisation praktisch abgeschafft war.

In den 60er und 70er Jahren bemühte man sich um eine Erweiterung des Kulturbegriffs angesichts der Tatsache, dass die soziokulturellen Aufbrüche dieser Zeit zum Teil eng mit kulturschaffenden Aktivitäten verbunden waren – mit Stadtteilkulturaktivitäten, soziokulturellen Zentren, freien Theatergruppen und kulturpädagogischen Projekten. In den 70er Jahren entstand die so genannte „Neue Kulturpolitik", die auch Projekte der Alternativ- beziehungsweise Soziokultur förderte (vgl. Hermsen 1994; Glaser 1994: 25, 1999: 681). Die Gründung von Kommunikationszentren und freien Theatern, von vielen Stadtteilbibliotheken und städtischen Musikschulen geht auf diese Zeit zurück.

Resultat der oben beschriebenen Entwicklungen ist heute ein Angebot, bei dem es viele verschiedene Balancen zwischen öffentlich-staatlicher und kommunaler Einflussnahme, (Mit-)Trägerschaft der Bürger und Interessenten sowie privatwirtschaftlichen Elementen gibt (vgl. die Klassifikation von Wagner 2000a: 8f.).

Finanzkrise und die Suche nach neuen Lösungswegen

Wagner und Zimmer (1997) haben darauf hingewiesen, dass Kultur als Gegenstand wohlfahrtsstaatlicher Politik in dem Ausmaß in Frage gestellt wird, wie auch der Wohlfahrtsstaat als zu teuer und bürokratisch kritisiert wird. Den Sparzwängen der öffentlichen Hand versucht man nun auf unterschiedlichen Wegen zu begegnen. Zunächst einmal sollen Verwaltungs- und Politikreformen, Effektivitätssteigerungen der inneren Strukturen von Kultureinrichtungen sowie die Verbesserung der Einnahmenseite der Kultureinrichtungen den bisherigen öffentlichen Förderungen zu höherer Effektivität verhelfen. Rechtsumwandlungen von öffentlichen Institutionen mit dem Ziel einer Effizienzsteigerung bei Sicherung der derzeitigen Qualitätsstandards werden diskutiert und praktiziert (Sievers, 1997). Nach wie vor gibt es jedoch eine starke Abhängigkeit der Kultureinrichtungen von öffentlicher, insbesondere kommunaler Unterstützung. In einer Untersuchung von Dritte Sektor Organisationen kamen Zimmer et al. für den Kulturbereich zu dem Befund, dass mehr als 50% der Einnahmen der von ihnen befragten Organisationen von der öffentlichen Hand kamen; lediglich ein Fünftel der Mittel stammte aus Leistungsentgelten, während Mitgliedsbeiträge, Spenden und Sponsoringgelder im Durchschnitt nicht einmal 15% der gesamten Einnahmen ausmachten (Zimmer 2001: 91)

Aufwertung marktbezogener Aspekte

Wirtschaftliche Fragen drängen sich im Kulturbereich aber nicht nur als Frage der Effizienzsteigerung des öffentlichen Kulturmanagements in den Vordergrund. Die Kommunen begreifen zunehmend Kultur als Standortfaktor und sehen damit Kulturförderung auch unter dem Gesichtspunkt ihrer Umwegrentabilität für die wirtschaftliche und soziale Stadtentwicklung (Willnauer 1994). Und schließlich geht es ihnen verstärkt darum, den Bereich der privaten Kulturförderung, der derzeit nur etwa 8 bis 10% der Kulturfinanzierung in der Bundesrepublik ausmacht (vgl. Aktionskreis Kultur 1997: 6), stärker zu mobilisieren. Zu einem vorrangigen Ziel wird es, Anreize für privates Mäzenatentum, für Sponsoring und die Einrichtung von privaten Stiftungen zu schaffen. Die aktuellen Debatten anlässlich der Reform des Stiftungsrechts zeugen hiervon (siehe u.a. Frankfurter Allgemeine Zeitung vom 30.11.1999 oder Deutscher Kulturrat e.V. 2000). Kultursponsoring gewinnt zunehmend an Bedeutung. In public-private-partnerships sollen die Interessen von verschiedenen beteiligten Akteuren zusammengeführt werden. Kröger/Kolfhaus (1998) weisen darauf hin, dass viele dieser Kooperationen auf mündlichen Absprachen und persönlichen Beziehungen beruhen und dass oft gar keine verbindlichen Verträge als Rechtsgrundlage bestehen. Diese seien

> „häufig auch gar nicht erwünscht, lassen sich so doch Kulturprojekte realisieren oder am Leben halten, die 'normal etatisiert' vielleicht schon längst die Begehrlichkeiten des Kämmerers erweckt hätten" (Kröger/Kolfhaus 1998: 23).

Sie schätzen den materiellen Wert diese informellen Formen des public-private-partnerships auf etwa 10 bis 15% der kommunalen Kulturhaushalte.

Der Blick der Kommunen richtet sich aber auch auf die Kultur*konsumenten*/Kultur*konsumentinnen*, die sich als Kultur*förderer*/Kultur*förderinnen* erkennen und betätigen sollen.[1] Man verweist an dieser Stelle auf die historische Rolle des Bürgertums und auf die Errungenschaften der in der Regel von Bürgerinnen und Bürgern getragenen ‚Neuen Kulturpolitik' (vgl. Meyer 1998: 12). Bereits 1997 hat der Kulturausschuss des Deutschen Städtetages (Deutscher Städtetag 1998) die folgenden weit reichenden Empfehlungen an die Kommunen ausgesprochen:

> „Kultureinrichtungen werden darauf angewiesen sein, sich durch eine bürgerorientierte Unternehmensphilosophie Freunde in der Bevölkerung zu schaffen, die nicht nur als Besucher zur Nutzung, sondern als Förderer zu privatem Engagement bereit sind. Dieser private Einsatz der Bürgerinnen und Bürger für ihre Kultureinrichtungen und lokalen kulturellen Aktivitäten kann sich in materiellen Hilfen manifestieren (Mäzene, Sponsoren, Stifter). Vor allem aber sollten Beteiligungs- und Kooperationsformen gesucht werden, aus denen nicht nur neue finanzielle Unterstützung aus der Bevölkerung gewonnen und für Kultureinrichtungen eingesetzt werden kann. Konzepte bürgerschaftlicher Beteiligung werden neben den materiellen vor allem die intellektuellen und sozialen Kompetenzen der Bevölkerung als Ressourcen von Kulturpolitik erschließen, fördern und sich zu Nutze machen müssen." (Kulturausschuss des Deutschen Städtetages 1997: 61).

Folgende Schlüsselwörter sind in der Empfehlung enthalten: Nutzung der kulturellen, künstlerischen und sozialen Kompetenzen der Bürgerschaft, Eingliederung ihrer freiwilligen Arbeit in die öffentlichen Kultureinrichtungen, gestaltende Mitwirkung von Engagierten in Kultureinrichtungen sowie fund- und friend-raising. Sievers (2001a) spricht in diesem Zusammenhang unter Verweis auf die allgemeine Debatte um eine Neubestimmung staatlicher und kommunaler Tätigkeiten vom Übergang von Konzepten einer „aktiven" zu Konzepten einer „aktivierenden" Kulturpolitik. Allerdings: Noch zum Zeitpunkt dieser Stellungnahme des Städtetages wurden, wie Zimmermann (2001) betont, die darin enthaltenen Forderungen oft zurückgewiesen, und es hat lange gedauert, bis Engagement und sponsorship nicht mehr per se als Infragestellung der öffentlichen Kulturfinanzierung und als „Einmischung von Dilettanten in die Autonomie der Kultureinrichtungen" (Zimmermann 2001) gesehen wurden.

---

1 Die folgenden Abschnitte sind an einen Artikel von Stitz (2000) angelehnt: Strategien der Partnerschaft. Öffentliche Nonprofit-Organisationen und bürgerschaftliches Engagement im Bereich der Hochkultur. In: Arbeitskreis Nonprofit-Organisationen (Hg.): Mission impossible? Strategien im Dritten Sektor (im Erscheinen).

Soziales Kapital im Kulturbereich

Grundsätzlich gibt es bisher keine umfassende Diskussion darüber, welche Rolle die Mobilisierung von Sozialkapital für den (lokalen) Kulturbereich spielen könnte. Es werden jedoch einzelne Aspekte dessen, was wir unter dem Stichwort Sozialkapital zusammengefasst haben, diskutiert.

Einen zentralen Punkt bildet hier auf lokaler Ebene die zunehmende Diskussion über Kulturmanagement als „Netzwerkmanagement" (Kordfelder 2001). Allerdings richtet sich die Aufmerksamkeit hier in der Regel bislang noch stärker auf die interne Koordination als auf die außenbezogene Arbeit.

Ins Zentrum der Aufmerksamkeit ist überdies die Mobilisierung zweier Elemente gesellschaftlicher Unterstützung gerückt: Sponsoring und ehrenamtliche Mitarbeit.

Mit Blick auf eigene Untersuchungen hat Wagner (2000a: 2f.) unterstrichen, dass Engagement und ehrenamtliche Mitarbeit sich nicht nur bei Vereinen und Initiativen, sondern auch als ein Element bei kommunal und staatlich getragenen Angeboten finden. Auch in den neuen Bundesländern, in denen die Traditionen freiwilligen Engagements für Jahrzehnte unterbrochen wurden, ist mittlerweile ehrenamtliche Mitarbeit wieder ein Strukturelement des gesamten lokalen Kulturbereichs. Eine Untersuchung in der Stadt Halle ergab z.B., dass rund 50% aller Einrichtungen ausschließlich durch freiwilliges Engagement abgesichert werden, wobei fast alle freigemeinnützigen Träger und etwa zwei Drittel der kommunalen und staatlichen Träger mit Freiwilligen arbeiten (Freiwilligenagentur Halle Saalkreis e.V. 1999).

Zu fragen ist dabei, inwieweit der Kulturbereich vom allgemein gestiegenen Stellenwert bürgerschaftlichen Engagements und entsprechender Infrastrukturangebote wie Freiwilligen-Agenturen profitieren kann (vgl. dazu Luthe/Strünck 1998: 166ff. sowie Klie/Roß 2000). „Eine Analyse des Angebots der Vermittlungs- oder Freiwilligenzentralen im Hinblick auf den Kultursektor ergibt, dass nur etwa 10% aller Angebote an die Freiwilligen aus dem Kulturbereich sind. Gleichzeitig geben die untersuchten Freiwilligenagenturen an, dass die Nachfrage nach kulturellen Betätigungsmöglichkeiten im Vergleich zur Nachfrage nach sozialen Betätigungsmöglichkeiten relativ gering ist.[2] Die meisten Freiwilligen-Agenturen vermitteln gar nicht oder nur selten in den Kulturbereich. Einige weni-

---

[2] Das ist ein Ergebnis eigener Recherchen. Eine für das Institut für Kulturpolitik der Kulturpolitischen Gesellschaft angefertigte Studie von Ulrike Gropp (1998) kommt zu einem ähnlichen Ergebnis, wobei sie den Anteil der kulturellen Angebote bei 10-20% verortet.

ge jedoch haben sich völlig auf den Kultursektor spezialisiert und bedienen ausschließlich diesen Sektor. Der Schwerpunkt der Vermittlungen liegt aber bei den sozialen Tätigkeiten (vgl. Jakob/Janning 2000).

Zwar haben im Bereich der Künste immer auch Prestigedenken sowie machtpolitische und statusorientierte Motivlagen eine Rolle gespielt (vgl. Zimmer 1996: 48). Ganz überwiegend ist das Engagement im Kulturbereich jedoch gekoppelt mit einem „Motiv persönlicher Verantwortung gegenüber Kunstpflege und Kunstbewahrung" (Hermsen 1997: 47) und dem Bewusstsein um die Relevanz dieses Engagements für das Allgemeinwohl. Letzteres gilt insbesondere für die in den 70er Jahren gewachsene alternative Kunst- und Kulturszene sowie die Soziokultur (Sievers/Wagner 1992), insoweit man hier für eine Demokratisierung von Kultur angetreten ist und Kunst „von allen für alle" zu produzieren suchte (vgl. Röbke 1993).

Insgesamt gehen die Wandlungen im Kulturbereich in Richtung auf ein neues, stärker partnerschaftliches Verständnis (Uhlendorff/Zimmer 1997) der Gestaltung der Entscheidungs- und Kooperationsprozesse, bei gleichzeitiger Aufwertung wirtschaftlicher Aspekte. Sievers (2001) spricht von der Suche nach einer neuen „Verantwortungsteilung in der Kulturpolitik" und einer Veränderung der traditionellen „Ein-Sektor-Perspektive". Einerseits gilt es, Markt und die freigemeinnützige Kulturszene stärker einzubeziehen. Andererseits muss sich bei einer solchen Orientierung auch die Aufgabe der politischen Verwaltung ändern. Sievers spricht in diesem Zusammenhang davon, dass der Staat „tendenziell zu einer die Gesellschaft aktivierenden Entwicklungsagentur" wird. In diesem Zusammenhang hebt er die Schlüsselrolle von Kommunikation, kooperativen Strukturen, Koordination und Konsensfindung hervor (ebd.). Allerdings, zwischen derartigen Leitbildern und den Traditionen öffentlicher Aufgabenwahrnehmung durch Kommunen und Länder klafft eine erhebliche Lücke. Konflikte entstehen insbesondere zwischen zuwendungsrechtlichen Bestimmungen und vereinsrechtlichen Autonomieansprüchen, zwischen einer kameralistischen, an der Fehlbedarfsdeckung orientierten öffentlichen Förderungstradition und den Erfordernissen von unternehmerischer Orientierung und Planungssicherheit bei den Kulturorganisationen und schließlich aus der Übertragung der Beschäftigungslogik des öffentlichen Dienstes auf geförderte freie Träger im Kulturbereich, die auch in ihrer Personalplanung besondere Flexibilität zeigen müssen (ausführlicher dazu: Zimmermann 2001: 167f.)

In der hier kurz resümierten Diskussion im Kulturbereich finden sich also Tendenzen, die eindeutig in Richtung einer stärkeren Sensibilisierung für Konzepte eines Ressourcenmix weisen und Möglichkeiten der Vermittlung staatlicher Verantwortlichkeit mit lokaler bürgerschaftlicher

Orientierung unter Berücksichtigung wirtschaftlicher Herausforderungen und Ressourcen aufzeigen. Während sich Staat und Kommunen von einer über Jahrzehnte hinweg expansiven Förderungspolitik verabschieden, suchen sie doch gleichzeitig nach Wegen, als Impulsgeber, Koordinatoren und Moderatoren politische Verantwortung aufrechtzuerhalten und ihre Organisations- und Umsetzungsformen neu zu formulieren. Allerdings unterscheidet sich diese Diskussion in dreierlei Hinsicht von dem in dieser explorativen Studie vorgeschlagenen Zugang:

– Die mögliche Rolle sozialen Kapitals wird entweder auf Fragen des Sponsoring und der ehrenamtlichen Beteiligung oder auf Fragen der Netzwerkpflege eingegrenzt.
– Die Thematisierung von Marktmechanismen wird sehr oft auf Fragen nach Möglichkeiten und Grenzen von sponsorship beschränkt und von anderen Aspekten des Vordringens marktwirtschaftlicher Dimensionen, wie z.B. eines an privatwirtschaftlichen Vorbildern orientierten Managements in kommunalen und freien Kultureinrichtungen, getrennt.
– Fragen der „Mischung" werden in der Regel als Fragen nach dem Gewicht und der Vernetzung von Beiträgen aus unterschiedlichen Sektoren gefasst (Vernetzung kommerzieller, durch freie Träger vermittelter und staatlich-kommunaler Beiträge zu einem pluralen Kulturangebot), aber sie werden jenseits der Erörterung gemischter Finanzierungsformen kaum je als Frage organisationsinterner Verschränkungen diskutiert.

Soziokulturelle Einrichtungen und Zentren

„Soziokultur will [...] die Wege zur Kultur jedem erschließen, eben das Bürgerrecht auf Kultur verwirklichen" (Glaser 1994: 19).

„Soziokulturelle Einrichtungen scheinen – anders als Theater, Museen, Bibliotheken oder Konzertsäle – nie eindeutig und endgültig in ihrem Erscheinungsbild festgelegt zu sein. Ihr Profil wandelt sich im zeitlichen Verlauf, abhängig von den Bedürfnissen, den Wünschen ihrer NutzerInnen" (Rengshausen/Stüdemann 1994: 12).

In Westdeutschland gibt es soziokulturelle Einrichtungen seit den 70er Jahren. Sie stellen quasi Idealtypen des im Forschungsprojekt verwendeten Ansatzes des „Ressourcenmix" dar, denn neben öffentlichen Zuschüssen werden sie fast durchgängig durch selbst erwirtschaftete Eigenmittel sowie über freiwilliges Engagement, ehrenamtliche Arbeit, Spenden etc. finanziert (zum Ressourcenmix in diesem Bereich vgl. Benkert 1994; Bomheuer 1998) Neueste Erkenntnisse aus der Forschung über den Dritten Sektor (zum Beispiel Bode 1999, 2000) verdeutlichen zudem einen derzeit zu beobachtenden Shift dieser Einrichtungen, da ihnen die ursprünglich überwiegend öffentlichen Finanzierungen immer weiter gekürzt werden. Deshalb mutieren viele dieser Einrichtungen zu Dienstleistungsanbietern und geraten unter zunehmenden Kommerzialisierungsdruck.

Im Osten Deutschlands hat die Soziokultur eine kürzere Geschichte. Möglich wurde sie erst nach dem Fall der Mauer.

„Sie resultiert aus neuen Freiheiten, [...] andererseits demonstriert ihr Entstehen das Bemühen, die überkommene Kulturlandschaft umzubauen" (Rengshausen/Stüdemann 1994: 14).

In den neuen Bundesländern werden von soziokulturellen Einrichtungen häufig jugendpflegerische und soziale Aufgaben übernommen. Neue Ansätze müssen sich einerseits im Kontrast zu einer Kulturpolitik der ideologischen Herrschaftsansprüche und der Kontrolle des Lebensalltags in der früheren DDR bewähren; andererseits gibt es Anknüpfungspunkte, insoweit Kultur in der DDR auch Ausdrucksmittel oppositioneller Einstellungen und Lebensentwürfe war. Wie in diesem Spannungsfeld mit der Infrastruktur der Kulturhäuser und Jugendclubs umzugehen ist, muss erst noch genauer bestimmt werden.

Museen

Einerseits sind die Museen – wie andere Kultureinrichtungen auch – von den knapper werdenden finanziellen und personellen Ressourcen der Kommunen betroffen, die zunehmend Sparmaßnahmen erforderlich machen; andererseits lässt sich in den letzten Jahren ein verstärktes Interesse der Bevölkerung an Museums- und Ausstellungsbesuchen verzeichnen. Die Diskussionen der 90er-Jahre waren auf zwei zentrale Themen konzentriert: eine Verbesserung der Leistungsprozesse mit daraus resultierenden Diskussionen über veränderte Marketingstrategien, Finanzierungs- und Trägerschaftsmodelle (vgl. dazu. Wiese/Wiese 1996) und Veränderungen in der Museumskonzeption und -präsentation.

Die Mehrheit der deutschen Museen befindet sich entweder unmittelbar im Eigentum von Gemeinden, Ländern oder dem Bund oder gehört als öffentlich-rechtliche Anstalt oder Stiftung zum Staatsbereich (vgl. Strachwitz 1996: 101). Die Rechtsform von Museen ist in den letzten Jahren aber in den Mittelpunkt der Debatten gerückt, teils wegen der veränderten und erweiterten betriebswirtschaftlichen Gestaltungsmöglichkeiten, teils wegen der Möglichkeit, mehrere Träger in ein Boot zu holen und public-private-partnerships auszubauen. So wurden beispielsweise 1998 in Hamburg die staatlichen Museen in privatrechtliche Stiftungen umgewandelt. Im Rahmen dieser Veränderung erhielten die Häuser Personalhoheit, die Möglichkeit, ihre Budgets selbst zu bewirtschaften, Verträge abzuschließen und neue Finanzierungsmöglichkeiten zu erschließen. Das inflexible System der Kameralistik wurde abgeschafft, die kaufmännische Buchführung eingeführt und dem Einwerben von Sponsoren/Sponsorinnenmitteln Priorität eingeräumt (vgl. Frankfurter Rundschau vom 10.12.1998).

Fördervereinen und Mäzenaten kommt nicht nur finanzielle Bedeutung zu. Sie können weiterhin die Lobby- und Öffentlichkeitsarbeit eines Museums unterstützen und ihr ehrenamtliches Engagement für Zusatzangebote des Museums zur Verfügung stellen. Zu berücksichtigen ist in diesem Zusammenhang der Unterschied zwischen (groß-) städtischem und ländlichem Bereich. Für die Mehrzahl der vielen kleinen Museen in Kleinstädten oder auf dem Land gilt, dass sie ehrenamtlich geführt und betreut werden.

Die Museen in Ostdeutschland müssen sich seit der Wende „in ihrer Arbeit auf Verhältnisse einstellen, die gerade den kleineren Museen in den alten Bundesländern seit Jahren schmerzlich vertraut sind" (Deutscher Städtetag 1994: 11). Die Leiterin der Städtischen Kunstsammlungen von Chemnitz berichtete im Sommer 1999 auf einem Kolloquium in Leipzig, dass sie achtzig Prozent ihrer Zeit mit der Suche nach Geldquellen verbringe (vgl. Frankfurter Allgemeine Zeitung vom 25.8.1999). Die meisten Museen Ostdeutschlands müssen ohne Ankaufsetat auskommen und stehen vor dem Problem, dass im Osten der Republik potente Finanziers und Sponsoren kaum vorhanden sind. Positiv hingegen ist die Entwicklung, dass viele Heimatmuseen wiedererrichtet beziehungsweise wieder eröffnet werden.

Theater

Was für den Museumsbereich gilt, trifft auch für den Opern- und Theaterbereich zu: Die Bedeutung wirtschaftlicher Überlegungen ist gestiegen – sowohl in Hinsicht auf den Markt potenzieller Interessenten als auch in Hinblick auf ein professionelles Theatermanagement (Beutling 1994). Als Lösungsansätze werden immer wieder Zusammenlegungen, die Schaffung von Theaterverbünden, Rechtsformänderungen und die Änderung (Aushebelung) tarifrechtlicher Regelungen vorgeschlagen. So soll in Brandenburg ein Theater- und Orchesterverbund zwischen Potsdam, Brandenburg an der Havel und Frankfurt an der Oder gebildet werden. Das Deutsche Theater in Berlin will eine Aktiengesellschaft werden. In Berlin ist seit Jahren der Plan in der Diskussion, die drei Musiktheater (Deutsche Oper,

Komische Oper und Staatsoper) organisatorisch und programmatisch miteinander zu verweben. Gut 90% der Theater in öffentlicher Trägerschaft haben einen Freundeskreis oder Förderverein, und auch die freien Theater bemühen sich um solche Förderkreise. In der Regel sind die Freundeskreise eingetragene, gemeinnützige Vereine, die in ihrer Satzung eine Förderfunktion für die öffentliche Einrichtung festhalten. Finanzielle Unterstützung und politisches Lobbying sind ihre zwei Hauptaufgabengebiete.

Bibliotheken

Gut zwanzig Jahre lang wurden die bundesdeutschen öffentlichen Bibliotheken kontinuierlich ausgebaut und professionalisiert. Trotzdem werden auch heute noch etwa 60% der öffentlichen Bibliotheken von den Kirchen getragen und dabei ganz überwiegend ehrenamtlich geführt und betreut. In den neuen Bundesländern spielt diese Komponente kaum eine Rolle. Die radikalen Haushaltskürzungen der letzten Jahre führten meist zu Personalabbau und/oder zu Schließungen von (Stadt-)Teilbibliotheken und Zweigstellen.

Im Zuge dieser Entwicklungen wird immer wieder vorgeschlagen, entsprechend dem Beispiel der evangelischen und katholischen Bibliotheken angelernte ehrenamtliche Kräfte an Stelle der professionellen Kräfte einzusetzen. Tatsächlich arbeiten in der kirchlichen Bücherarbeit hauptamtliche Kräfte nur in den Dachverbänden. Sie stellen den ehrenamtlichen Mitarbeiterinnen (in der Regel nur Frauen) in den kleinen dezentralen Zweigstellen zentrale Dienstleistungen wie Rezensionsschriften etc. zur Verfügung (zu Veränderungen in diesem Bereich vgl. Kassenbrock 1996).

Bisweilen können Bibliotheksschließungen durch das Engagement von interessierten Bürgern/Bürgerinnen verhindert werden. Solche Entwicklungen werden aber von den hauptamtlichen Mitarbeitern/Mitarbeiterinnen in der Regel skeptisch beobachtet. Dementsprechend wird vom Deutschen Bibliotheksverband die Auffassung vertreten, dass ehrenamtliche Arbeit in Bibliotheken die ohnehin wenigen Arbeitsplätze aufs Spiel setze, die über lange Zeit entwickelte Professionalität konterkariere sowie die Qualität der Bibliotheksarbeit gefährde (vgl. Dankert 1996). In einer Stellungnahme zum Einsatz von Freiwilligen in Bibliotheken wird genau definiert, welche Aufgaben von ausgebildetem Personal zu übernehmen sind und wo Freiwillige eingesetzt werden können. Dort heißt es:

> „Daher können sie [die Freiwilligen, Anm. d. Verfasserin] in erster Linie nur dort eingesetzt werden, wo vor allem allgemeine kommunikative oder soziale Kompetenzen gefragt sind bzw. eine besondere, aber nicht direkt bibliotheksspezifische Qualifikation benötigt wird. Gleichzeitig kann es

sich für die Bibliothek positiv auswirken, gesellschaftliche und berufliche Kontakte der Freiwilligen zu nutzen und auf diese Art neue Vernetzungen aufzubauen" (Deutscher Bibliotheksverband e.V. 1998).

Zu den anschließend beispielhaft aufgeführten Aufgabenbereichen von Freiwilligen wird neben aufsuchender Bibliotheksarbeit und Hausaufgabenbetreuung als Angebot in den Räumen der Bibliothek auch das fund- und friend-raising gezählt. Speziell mit Letzterem greift der Bibliotheksverband eine Notwendigkeit auf, die anscheinend über lange Zeit von den Bibliotheken vernachlässigt wurde. So kritisierte Bernd Meyer (Deutscher Städtetag) jüngst, dass es die öffentlichen Bibliotheken versäumt hätten, sich eine Lobby im jeweiligen lokalen Umfeld zu verschaffen (Meyer 1999: 53).

Sporteinrichtungen

Auch der Erhalt von Sporteinrichtungen ist von der finanziellen Lage der Kommunen abhängig. Laut einer Umfrage des Deutschen Städtetages aus den Jahren 1995/96 ist die Übertragung der Schlüsselgewalt über Sportstätten an Sportvereine die am häufigsten ergriffene Sparmaßnahme, vor dem Abbau von Zuschüssen, der zeitweisen Schließung von Badeanstalten, der Erhöhung der Benutzungsgebühren oder Mieten, Einsparungen bei der Ausstattung mit Sportgeräten und der Übertragung von Sportanlagen an freie Träger. Die Zunahme der kommerziellen Sport- und Freizeitangebote des nicht vereinsgebundenen Sports stellt den öffentlichen Bereich vor zusätzliche Probleme.

Auf der anderen Seite ist der Sport für Mitgliedschaft und aktives Engagement der größte und wichtigste Bereich (Rosenbladt/Blanke 2000). Allerdings klagen Vereine zunehmend darüber, dass zwar trotz kommerzieller Konkurrenz viele Menschen die Angebote der Vereine für ihre Freizeitgestaltung nutzen wollen, dass es aber immer schwieriger wird, aus diesem Kreis der Nutzer auch die notwendige Zahl an Mitarbeitern/ Mitarbeiterinnen für die kontinuierliche ehrenamtliche Mitarbeit zu gewinnen (zu diesem Problembereich: Jütting/Jochinke 1996; Rosenbladt/ Blanke 2000).

Aber auch ein so traditioneller Bereich wie der Vereinssport, gekennzeichnet durch seine oft verkrusteten Führungsstrukturen und einen starken Rückgang des ehrenamtlichen Engagements, kann durch innovative Entwicklungen und Angebote wieder attraktiv gemacht werden (vgl. entsprechende positive Befunde in: ILS 1994; Evers/Wohlfahrt/Riedel 2000: 27f.).

■ **3.2 Fallbeispiele im Bereich Kultur und Sport**

■ *3.2.1 Das Bürgerzentrum Alte Feuerwache, Köln*

Genese und Organisationsstruktur

1974 beschloss der Rat der Stadt Köln den Abriss aller Gebäude der ehemaligen Hauptfeuerwache der Stadt, da das Gelände für die Feuerwehr zu klein geworden war und diese dementsprechend umzog. Stattdessen sollte auf dem Gelände ein Wettkampf-Schwimmbad errichtet werden. Damals gründete sich im Stadtteil eine Bürgerinitiative, die sich für den Erhalt der Gebäude und ihre Nutzung als Stadtteil- und Kommunikationszentrum einsetzte. 1977 wurde der gemeinnützige Verein „Bürgerzentrum Alte Feuerwache e.V." (BAF) gegründet mit dem Ziel, die Gebäude zu erhalten und dort ein Kultur- und Kommunikationszentrum einzurichten. Die nächsten zehn Jahre waren von Auseinandersetzungen mit der Stadt bestimmt, weil diese auf einem Zentrum in städtischer Trägerschaft sowie auf einer kommunal-bürgerschaftlichen Verwaltung bestand, während der Verein das BAF in freier Trägerschaft eigenverantwortlich verwalten wollte. Erst Ende 1985 einigte man sich auf die jetzige Trägerform und seit dem 1.1.1986 wird das BAF vom Verein in freier Trägerschaft betrieben. Die Stadt hingegen bezuschusste fortan das Bürgerzentrum. Die Höhe der Bezuschussung orientierte sich an vergleichbaren Bürgerzentren in Köln. Obwohl sich die Stadt 1990 dazu verpflichtete, 90% der Betriebskosten zu tragen, hat sie ihre Zuschüsse seit 1993 kontinuierlich reduziert. Seither ist das Bürgerzentrum von Stellenabbau und Schließung bedroht, auch wenn man bislang immer wieder die Eigeneinnahmen erhöhen und das BAF erhalten konnte.

Angebote

Die Alte Feuerwache wird täglich von etwa 1.000 Menschen genutzt. Der Schwerpunkt der Arbeit liegt in der Schaffung von räumlichen Möglichkeiten für Projekte und Initiativen: Das Bürgerzentrum verfügt über viele Räume, die den Stadtteilbewohnern/Stadtteilbewohnerinnen zur Verfügung gestellt werden. Nutzer sind z.B. Selbsthilfegruppen aus dem Gesundheitsbereich oder Künstlerinitiativen, die nach Proberäumen suchen. Gebrauch machen von den Angeboten aber auch viele politische Gruppierungen, z.B. Menschenrechtsgruppen.

Arbeitsschwerpunkt des Bürgerzentrums ist die Arbeit mit Kindern. Deshalb ist das BAF auch Träger der Jugendhilfe. Das Kernstück der Arbeit liegt im Bereich offener Angebote für Kinder. An zwei Nachmittagen in der Woche gibt es einen Kindertreff, wo zwischen 30 und 50 Kinder themenorientiert arbeiten können. Außerdem gibt es einen eigenen Kinderbereich und viele (Ferien-) Projektveranstaltungen für Kinder sowie regelmäßig Kindertheaterveranstaltungen. Viele Initiativen, beispielsweise Krabbelgruppen, Eltern-Kind-Treffs, griechische Elterninitiativen, brasilianische Krabbelgruppen, eine englischsprachige Krabbelgruppe etc. finden ihren Platz im BAF in diesem thematischen Zusammenhang. Ein Teil dieser Gruppen wird von einer Sozialpädagogin betreut, andere arbeiten völlig auf sich gestellt. Prinzipiell sind die Gruppen offen für alle Interessenten/Interessentinnen, häufig gibt es jedoch Wartelisten.

Zum Mix verschiedener Elemente

(a)   Staat

Obwohl laut einem Trägerschaftsvertrag von 1990 zwischen dem BAF und der Stadt das städtische Sozialdezernat die Alte Feuerwache mit 90% der Betriebskosten bezuschussen sollte, wird diese vertragliche Zusage seit 1993 von der Stadt nicht mehr eingehalten. Bei steigenden Festkosten (Energie, Personal etc.) werden die Zuschüsse jährlich gekürzt und betrugen 1999 nur noch 52 statt 90%. Zu Beginn des Jahres 2000 haben sich weitere Zuschusskürzungen durch die Stadt abgezeichnet. Einklagbar sind höhere Zuschüsse jedoch nicht, da sie unter einem Finanzierungsvorbehalt stehen.

Zu den öffentlichen Förderern gehören das Sozialdezernat der Stadt, das Jugendamt (mit unbedeutenden Beiträgen von etwa 4.000 bis 5.000 Mark im Jahr für Hausaufgabenhilfe) und das Arbeitsamt, welches Arbeitsbeschaffungsmaßnahmen (s.u.) finanziert.

(b)   Markt

Gemäß dem Trägerschaftsvertrag mit der Stadt von 1990 lautet die Auflage, dass das Bürgerzentrum wenigstens 10% der Betriebskosten selbst erwirtschaften soll. Da die Stadt aber die Vereinbarung in Hinblick auf den anteiligen Umfang ihres Beitrags nicht einhielt, war man gezwungen die Eigeneinnahmen kontinuierlich zu steigern, um die Ausfälle seitens der Stadt auszugleichen. So betrug 1999 schließlich der durch eigene „unternehmerische" Tätigkeit erwirtschaftete Anteil 48%.

Der Großteil der Eigeneinnahmen resultiert dabei aus der Verpachtung eines Lokals in den Räumlichkeiten der Alten Feuerwache und der Vermietung der verschiedenen Räume. Projektmittel werden bei der Landesarbeitsgemeinschaft soziokultureller Zentren oder beim Deutschen Paritätischen Wohlfahrtsverband sowie bei verschiedenen Stiftungen beantragt und zu einem erheblichen Teil auch genehmigt. Derzeit werden über Stiftungsgelder zwei Stellen im Jugendbereich finanziert. Einnahmen aus Eintrittsgebühren sind minimal. Zur Alten Feuerwache gehören auch verschiedene Werkstätten, aber Kurse für Kinder in der Bildhauerwerkstatt kosten beispielsweise nur eine Mark pro Nachmittag. Deutlich wird hier, dass man sich bei der Preisgestaltung immer wieder um einen Kompromiss zwischen sozialen Zielsetzungen und der Notwendigkeit der wirtschaftlichen Sicherung der eigenen Initiative bemüht.

Der vorsichtige und kritische Umgang mit marktwirtschaftlichen Komponenten zeigt sich auch daran, dass es bisher zur Politik des Bürgerzentrums gehört, werbefrei zu arbeiten. Hinsichtlich des Sponsoring wurden Leitlinien aufgestellt. Einige kleinere Firmen aus dem lokalen Umfeld fungieren als Sponsoren, Großunternehmen jedoch nicht.

(c) Soziales Kapital

Der Verein hat derzeit etwa 100 Mitglieder, wobei auch Gruppenmitgliedschaften möglich sind. Die Mitgliedsbeiträge liegen bei monatlich drei Mark für Nichtverdiener/innen, sieben Mark für Personen, die bis 2.500 Mark Nettoverdienst haben, und zehn Mark für alle, die mehr verdienen. Gruppen bezahlen sieben Mark im Monat. Allerdings sind die Mitgliedschaften in den letzten zehn Jahren von etwa 150 auf 100 zurück gegangen, wobei vor allem Einzelmitglieder ausgetreten sind. Einige der Mitglieder spenden. Ansonsten werden Spenden für bestimmte Projekte eingeworben. Im Umfeld der BAF kursiert auch die Idee, einen Förderverein zu gründen.

Die aktiven Mitglieder sind auf längere Zeit in bestimmten Projekten tätig, zum Beispiel im Veranstaltungsbereich bei der Organisation von Konzerten. Auch der Vorstand arbeitet ehrenamtlich und längerfristig. Der Arbeitsaufwand für den Vorstand beträgt um die zwei bis vier Stunden pro Woche.

Als das Bürgerzentrum aufgebaut wurde, haben Mitarbeiter/innen der Alten Feuerwache eine Stadtteilkonferenz initiiert, die es bis heute gibt und an der man sich immer noch beteiligt, allerdings nicht mehr in leitender Funktion. Die Stadtteilkonferenz ist ein Zusammenschluss von ökologischen, sozialen und kulturellen Gruppen, an der auch die Drogenhilfe und einige Schulen beteiligt sind. Sie bildet so etwas wie eine Brücke zum Umfeld der Partnerorganisationen, auf das man sich bezieht.

Beschäftigung und Mitarbeit

Derzeit gibt es zwölf Stellen im BAF, davon sind jedoch nur drei Vollzeitstellen, der Rest Teilzeitstellen mit 20 bis 35 Stunden Wochenarbeitszeit. In den letzten Jahren mussten wegen der städtischen Zuschusskürzungen zwei Stellen abgebaut werden.

Zudem wurden in den letzten Jahren fünf bis sieben Stellen aus ABM-Mitteln finanziert. Da das Arbeitsamt im Sommer 1999 aber einen radikalen Stop dieser Mittel verhängt hat, gibt es momentan nur noch eine ABM-Kraft im BAF. Manche der ABM-Kräfte arbeiten auch nach Beendigung der Maßnahme noch im Verein mit. Insgesamt werden die ABM aber als Belastung empfunden, da man auf diese Weise Beschäftigte immer wieder neu einarbeiten muss und keine Kontinuität gewährleistet ist. Zusammen mit den ohnehin häufig wechselnden Zivildienstleistenden und Praktikanten/Praktikantinnen ergeben die ABM-Stellen eine hohe Fluktuation unter den Mitarbeitern/Mitarbeiterinnen. Eine hauptamtliche Mitarbeiterin des BAF formuliert es so:

> „ABM ist für uns eine Kompensation unserer finanziellen Zuschussreduzierung. Wir hätten lieber fest bezuschusste Stellen."

Die Arbeit ist so organisiert, dass möglichst in allen Arbeitsgruppen eine hauptamtliche Mitarbeiter/ein hauptamtlicher Mitarbeiter und ein Vorstandsmitglied des Vereins mit anderen Interessierten zusammenarbeiten. Die Zusammenarbeit zwischen Haupt- und Ehrenamtlichen wird als nicht immer spannungsfrei, aber fruchtbar beschrieben.

Entscheidungsstrukturen

Über die wichtigen Entscheidungen (zum Beispiel Satzungsangelegenheiten) befindet die Mitgliederversammlung des Vereins. Alle Mitglieder sind stimmberechtigt. Bei Angelegenheiten, die die Benutzung der Gebäude betreffen, sind auch Benutzer/innen stimmberechtigt, die nicht Vereinsmitglieder sind. Problematisch wurde diese Organisationsstruktur, als eine Gruppe, die das BAF 'übernehmen' wollte, versuchte, eine große Zahl von Personen, die zu ihrem Klientel zählten, als stimmberechtigte Mitglieder in den Verein zu bringen. Dies konnte verhindert werden, aber seither werden sämtliche Neuanträge auf Mitgliedschaft vom Vereinsvorstand geprüft.

Chancen, Risiken, Konflikte

Die politische Ausrichtung einer ganzen Reihe von Gruppen, die im Bürgerzentrum arbeiten, hat in der Vergangenheit immer wieder zu Auseinandersetzungen mit den politischen Entscheidungsträgern, wenn auch (noch) nicht direkt zu Zuschusskürzungen geführt. Man befürchtet hier, mit den eigenen Geldern nicht so sehr eine breit orientierte stadtteilorientierte Kulturarbeit als vielmehr eng gefasste politisierte Initiativen zu unterstützen. Da seit der letzten Kommunalwahl CDU und FDP eine Mehrheit in der Stadt haben, werden sich Konflikte um die Frage, welche Bedingungen an die öffentlichen Subventionen zu koppeln sind, wahrscheinlich eher noch verstärken. Politische Initiativen – wie beispielsweise vor einigen Jahren eine Initiative gegen die Volkszählung – die in direkter Opposition zur Stadtpolitik arbeiten, sind den politischen Entscheidungsträgern als Subventionsgebern natürlich ein Dorn im Auge; diese sehen es prinzipiell als problematisch an, wenn die Möglichkeiten eines von der Stadt finanziell unterstützten Vereins vor allem von solchen Gruppen genutzt werden.

3.2.2 Der Kulturverein riesa efau, Dresden

Genese

Die Gründungsmitglieder des Kulturvereins riesa efau trafen sich bereits im Herbst 1989 regelmäßig und betrachteten sich damals als eine Gruppe des „Neuen Forum". Ein Teil dieser Gruppe gründete den Kulturverein. Zu den Räumlichkeiten, in denen Galerie, Werkstätten, Kino, Kneipe und Verwaltung untergebracht sind, kam die Gruppe durch die sukzessive Besetzung zweier z.T. baufälliger Häuser aus dem 17./18. Jahrhundert, deren Abriss auf diese Weise verhindert wurde. Die Vereinsmitglieder mussten deshalb einerseits die Häuser in Eigenarbeit sichern, ausbauen und renovieren, andererseits mit der inhaltlichen soziokulturellen Arbeit beginnen. Diese Tätigkeiten liefen anfangs alle auf ehrenamtlicher Basis. Erst ab 1991 gab es erste ABM-Stellen. Im Rahmen des Vereins sind inzwischen neun feste Stellen entstanden. Auch wurde zwischen der Stadt Dresden und dem Verein für die Dauer von 25 Jahren ein Pachtvertrag mit der Auflage einer kulturellen Nutzung der Gebäude geschlossen. Die Arbeit des riesa efau hat ihn über Sachsen hinaus bekannt gemacht.

Organisationsstruktur

Der Kulturverein ist ein eingetragener, gemeinnütziger Verein, der sich in seiner Satzung auf die Förderung von Kunst und Kultur, des Städtebaus, der Gleichstellung von Mann und Frau und der Gleichstellung in- und ausländischer Mitbürger/innen verpflichtet. In der Zwischenzeit ist der riesa efau anerkannter Träger der freien Jugendhilfe und Mitglied der Landesarbeitsgemeinschaft soziokultureller Zentren e.V., der Bundesvereinigung soziokultureller Zentren e.V. und der Arbeitsgemeinschaft Jugendfreizeitstätten Sachsen e.V. sowie des Büros für freie Kulturarbeit e.v. Unter den Vereinsmitgliedern sind Arbeitslose, Sozialhilfeempfänger/innen und Alleinerziehende überrepräsentiert.

Angebote

Die Angebotspalette des riesa efau umfasst unter anderem Ausstellungen, Programmkino, Kurse und Workshops. Den Benutzern/Benutzerinnen werden außerdem künstlerisches Abendstudium, berufliche Weiterbildung sowie – speziell für Kinder – Ferien- und Schulprojekte ermöglicht. Im Einzelnen gibt es neben einer Lithografiewerkstatt auch eine Tiefdruck-, Siebdruck-, Medien-, Foto-, Keramik- und Textilwerkstatt, eine Malschule sowie Kurse in Musik, in darstellendem Spiel und Bewegung und in kreativem Gestalten.

Ziel ist es, dass Personen, die die Angebote nutzen, lernen können, ihre Kreativität zu entwickeln und sie auch mit Blick auf das Erwerbsleben nutzbar zu machen. Die ideellen Ansprüche prägen das gesamte Konzept des Kulturvereins. Das Prinzip Gemeinnützigkeit bedeutet z.B. bezogen auf das Kneipenkonzept, dass „kein permanenter Konsumzwang" herrschen soll. Entsprechend bunt gemischt ist das Kneipenpublikum.

Die Gebäude des riesa efau befinden sich in einem traditionellen Arbeiter- bzw. Arme-Leute-Bezirk mit hoher Arbeitslosigkeit. Die Kursangebote richten sich jedoch ausdrücklich an verschiedene Zielgruppen in ganz Dresden; sie sollen nicht auf eine soziale oder kulturelle Schicht und Szene beschränkt sein. Während aus dem mittelständischen Milieu interessierte Eltern ihre Kinder in Kurse für musikalische Früherziehung oder Kindermalkurse schicken, ist es schwieriger, Problemfamilien aus dem Stadtteil anzusprechen, obwohl es bei geringen Einkommen Gebührenermäßigungen oder kostenfreie Kurse gibt.

Zum Mix verschiedener Elemente

(a)   Staat

1997 hat der Kulturverein eine leistungsbezogene Fördervereinbarung mit der Kommune abgeschlossen. Es handelt sich um eine Mehrjahresförderung über drei Jahre. Das bedeutet, dass das Kultur- und Jugendamt der Stadt Dresden dem Verein ein bestimmtes Budget zur Verfügung stellt, das in den Grundhaushalt des riesa efau eingeht. Dabei handelt es sich um eine so genannte institutionelle Förderung, da die Gelder vom Verein frei (z.B. für Personal- oder Sachmittel) ausgegeben werden können. Die städtischen Mittel machen etwa 45% des Budgets des riesa efau aus. Vom Land erhält man stellenbezogene Zuwendungen (etwa 10-15% des Budgets), manchmal Projektförderungen; das Bundesamt für Zivildienst finanziert drei Zivildienstleistende (5%) und von der Europäischen Union erhält man Fördermittel im Rahmen des europäischen Jugendaustausches.

(b)   Markt

Der Verein hat lernen müssen, wie eine Art von Unternehmen zu wirtschaften; das betrifft sowohl die Suche nach Ressourcen als auch die Entwicklung von Techniken für einen wirtschaftlichen Umgang mit den verfügbaren Mitteln. Etwa 10% des Haushalts des Kulturvereins sind – meist von Stiftungen – für Projekte eingeworbene Drittmittel. Sponsoren können kaum gefunden werden. Das liegt daran, dass die Arbeit des Kulturvereins in der Regel wenig öffentlichkeitswirksam ist. Stellt der riesa efau jedoch größere künstlerische Projekte auf die Beine, die auch noch öffentlichkeitswirksam zentral in Dresden platziert werden (wie z.B. das Projekt „Spuren. Ein Jahrbuch"), dann lassen sich Sponsoren finden.

Die Organisationsentwicklung des Vereins wird auch an wirtschaftlichen Effizienzkriterien ausgerichtet. Es wurde ein Controllingsystem eingerichtet, und an die Stadt muss halbjährlich ein Controllingbericht geschickt werden. Kurse und Projekte werden mit Hilfe von an die Teilnehmer/innen ausgeteilten Fragebögen evaluiert. Bis zum Jahr 1995 führte der Verein in Eigenregie eine Gaststätte, seit 1996 wird diese (an dieselbe Betreibergruppe) verpachtet. Ein gemeinnütziger Verein darf nur bis zu einer bestimmten Freigrenze steuerfreien Gewinn bzw. Umsatz machen. Die Pachtsumme der Kneipenbetreibergruppe an den Verein kann jedoch unter dem Titel „Vermögensverwaltung" geführt werden.

Der Verein muss 25% seines Budgets durch Eigeneinnahmen finanzieren. Deshalb sind die meisten Kursangebote gebührenpflichtig; viele der – in der Regel offenen – Jugendangebote sind jedoch gebührenfrei. Die Preise für offene Werkstattabende variieren zwischen zwei, drei, fünf oder zehn Mark pro Abend, und mehrstündige Kurse über einen Zeitraum von sechs bis zehn Wochen kosten zwischen 80 und 180 Mark; Ermäßigungen für Arbeitslose, Sozialhilfeempfänger/innen, Studenten/Studentinnen etc. sind dabei grundsätzlich möglich. Zusätzlich gibt es Vergünstigungen für Fördermitglieder des Vereins, die für einen Jahresbeitrag von mindestens 60 Mark mit der „riesaKarte" entweder Veranstaltungen mit 50% Ermäßigung oder Kurse und Workshops mit 25% Nachlass besuchen können. Einzelpersonen, Familien oder Firmen können für 365 Mark im Jahr eine übertragbare „riesaFörderKarte" erstehen. Dann sind Veranstaltungen frei, und Kurse sowie Workshops können für die halbe Gebühr besucht werden.

Gelingt es nicht, die Vorgabe, 25% des Budgets mit Eigeneinnahmen zu erwirtschaften, einzuhalten, dann muss der Verein für die „Verluste" einstehen. Im Jahr 1999 bedeutete das konkret, dass man kollektiv die Entscheidung traf, auf das Weihnachtsgeld zu verzichten.

(c)   Soziales Kapital

Die Geschäftsführung des Vereins ist um Vernetzung sowohl im lokalen Umfeld als auch auf regionaler Ebene bemüht – z.B. durch die Zusammenarbeit mit anderen öffentlichen und freien Trägern auf dem Gebiet der Jugendarbeit in der so genannten Stadtteilrunde. Auch im Kulturbeirat der Stadt sowie in der Landesarbeitsgemeinschaft Soziokultur ist man vertreten.

Der Verein selbst hat nur ca. 40 Mitglieder, aber im Umfeld des Kulturvereins arbeiten viele Personen ehrenamtlich mit. Die ehrenamtlichen Gruppen betreiben beispielsweise die Galerie und das Kino oder veranstalten Konzerte. Einige von ihnen engagieren sich für bestimmte Projekte wie zum Beispiel für die Organisation eines Stadtteilfestes. Ehrenamtliche Unterstützung kann z.B. auch bedeuten, dass Personen ihr fachliches Know-how zur Verfügung stellen, etwa indem Computerfachleute der riesa efau helfen. Motive für das Engagement sind u.a. die Suche nach Anerkennung, Spaß, u.U. aber auch nach beruflicher Weiterqualifikation. Die Suche nach Vergütung im Sinne eines Gehalts spielt kaum eine Rolle. Der Geschäftsführer veranschaulicht auch hier Übergangsbereiche:

„Also was soll man von jemandem halten, der in der Werkstatt ab und zu ein, zwei Stunden bezahlt bekommt, aber eigentlich die Werkstatt den ganzen Tag offen hält? Ist das nun jemand, der über Honorar angestellt, also vertraglich gebunden ist für die zwei Stunden, oder jemand, der ehrenamtlich arbeitet?"

Noch gibt es keinen Förderverein; ein solcher wurde aber bereits angedacht.

Beschäftigung und Mitarbeit

Die Gruppe nahm ihre Arbeit ehrenamtlich auf. Erst seit 1991 flossen ABM-Gelder; bis 1995 gab es hauptsächlich Stellen, die über das Arbeitsamt gefördert wurden. Auf Dauer wurde jedoch – schon aus Motivationsgründen für die Mitarbeiter/innen – die Schaffung fester Stellen unumgänglich. Außerdem arbeiten nach wie vor ABM-Kräfte im Umfeld des riesa efau mit. Die (einzuarbeitenden und nicht immer hoch motivierten) ABM-Kräfte werden mitunter auch als Belastung für den Verein empfunden. Die Werkstattleiter/innen und im Rahmen von Projekten angestellte Künstler/innen werden als Honorarkräfte entlohnt. Das sind im Jahr etwa 50-60 Personen. Bezieht man das Umfeld des riesa efau mit ein, also auch Praktikanten/Praktikantinnen und ehrenamtlich Engagierte, dann arbeiten zusammen mit den Angestellten, Honorarkräften und ABM-Kräften jährlich etwa 100-150 Personen kontinuierlich mit.

Entscheidungsstrukturen

„Entscheidungen werden auf der Ebene gefällt, wo sie angemessen sind." Die Ehrenamtlichen beispielsweise, welche die Kinogruppe bilden, bestimmen selbst über das Filmprogramm. Entscheidungen, die für alle wichtig sind, werden in der so genannten Hausversammlung besprochen. Strategische Entscheidungen werden ebenfalls in dieser Runde vorbereitet und mit der Mitgliederversammlung und dem Vereinsvorstand abgestimmt. Die zuletzt genannten Gremien haben jedoch nicht das Recht, sich in die laufende Geschäftsführung einzumischen.

Chancen, Risiken, Konflikte

Durch die Vereinbarung mit der Kommune über eine Dreijahresförderung konnte sich der Kulturverein eine relative finanzielle Planungssicherheit (für jeweils die Dauer von drei Jahren) verschaffen. Die Kulturausgaben in Dresden betragen etwa 5 bis 6% des städtischen Haushalts. Davon gehen wiederum etwa 10 bis 15% in die Förderung der freien Kultur. Dennoch wird in der öffentlichen Diskussion Sachsens und Dresdens der Ruf nach Kürzungen der kulturpolitischen Ausgaben, insbesondere für die freie Kultur, immer lauter. Von den Behörden und von Seiten der Politiker/innen wünscht sich der riesa efau mehr partnerschaftliche Zusammenarbeit und damit ein Abrücken vom traditionellen hoheitlichen Denken und Verwaltungshandeln.

■ *3.2.3 Das Reiss-Museum Mannheim*

Genese und Organisationsstruktur

Das Reiss-Museum ist nach Carl und Anna Reiss, einem jüdischen Geschwisterpaar, benannt. Nach dem zweiten Weltkrieg wurde das Mannheimer Zeughaus mit Mitteln der Reiss-Stiftung soweit restauriert, dass dort am 24. Januar 1957 ein neues kulturhistorisches Museum eröffnet werden konnte, welches zum Andenken und Dank an die Geschwister Reiss fortan deren Namen trug. Heute umfasst das Reiss-Museum verschiedene Abteilungen: das Museum für Archäologie, Völkerkunde und Naturkunde und das Museum für Kunst-, Stadt- und Theatergeschichte.

Unterstützung erfährt das Reiss-Museum u.a. vom „Förderkreis für das Reiss-Museum" und von der „Gesellschaft der Freunde Mannheims". Seit etwa zehn Jahren arbeiten auch viele Ehrenamtliche im Museum mit. Ausschlaggebend für diese Entwicklung war das Engagement der ehemaligen Direktorin des Reiss-Museums. Heute gibt es ca. 200 freiwillige Helfer/innen im Museum. Etwa 50 davon arbeiten in einem rein von Ehrenamtlichen betriebenen Museums-Shop, dessen Überschüsse der Museumsarbeit zu Gute kommen. Diesen Museums-Shop gibt es seit 1997.

Im öffentlichen, städtischen Museum arbeiten also sowohl städtische Angestellte als auch Ehrenamtliche. Außerdem gibt es einen eingetragenen gemeinnützigen Förderverein für das Reiss-Museum sowie eine „Reiss-Museum Service Gesellschaft", die als eingetragene GmbH für den Museums-Shop verantwortlich ist.

Angebote

Neben den ständigen Schausammlungen und anderen Sonderausstellungen finden im Museum Vorträge, Kolloquien sowie musikalische Veranstaltungen statt. Besonders das museumspädagogische Angebot wurde im letzten Jahrzehnt erweitert, und nun können Erwachsene und Kinder an Workshops, Kursen, Exkursionen und Museumsfesten teilnehmen. Für Kinder gibt es zusätzlich Ferienprojekte. Auch Kindergeburtstage können im Museum gefeiert werden.

Die Ehrenamtlichen arbeiten zum Teil in der hauseigenen Bibliothek und im Magazin des Museums mit. Auch das Ausstellungsbüro der Theatersammlung ist die ganze Woche über mit Ehrenamtlichen besetzt. Einige der ehrenamtlich mitarbeitenden Frauen kennen die Sammlungen oder Sonderausstellungen so gut, dass sie Führungen für Besuchergruppen anbieten können. Der größte Teil der Ehrenamtlichen teilt sich allerdings auf zwei Bereiche auf: die archäologische Denkmalpflege und den Museums-Shop. Die erste Gruppe umfasst 50 bis 60 Ehrenamtliche, die mit dem Grabungsleiter des Reiss-Museums vor Ort gehen, um für das Museum interessante Gegenstände zu bergen. Die zweite Gruppe umfasst etwa 50 Freiwillige, die im Museums-Shop tätig sind. Dessen Angebot ist an den Dauer- und den aktuellen Sonderausstellungen ausgerichtet; die Besucher des Museums können hier Erinnerungsgegenstände, Bücher oder Geschenke erstehen.

Zusammen mit den Entwicklungen im Feld der Museumspädagogik in den letzten zehn Jahren und den daraus resultierenden attraktiven Angeboten hat das Engagement der Ehrenamtlichen mit großer Wahrscheinlichkeit einen Anteil daran gehabt, dass in der Bevölkerung bestehende Hemmschwellen, das Reiss-Museum zu besuchen, abgebaut werden konnten.

Ein „Museumspunkt", d.h. ein Büro mitten in der Mannheimer Fußgängerzone, in dem von Ehrenamtlichen Auskünfte über die Angebote des Reiss-Museums sowie andere allgemeine Auskünfte erteilt wurden, musste wieder geschlossen werden, obwohl er auf große Resonanz gestoßen war. Das Büro war von einem Mannheimer Kaufmann mietfrei zur Verfügung gestellt werden. Da dort mehrmals eingebrochen wurde und der Förderkreis des Museums nicht die nötigen Mittel hatte, Sicherungen anzubringen bzw. für die entstandenen Schäden aufzukommen, musste das Projekt aufgegeben werden.

Zum Mix verschiedener Elemente

(a)   Staat

Die Stadt Mannheim ist Trägerin des Reiss-Museums. Obwohl das Interesse am Museum groß ist, mussten die kommunalen Zuweisungen in den letzten Jahren kontinuierlich verringert werden.

(b)   Markt

Das Reiss-Museum liegt geographisch nicht so zentral wie etwa die örtliche Kunsthalle; deshalb war der Museumspunkt eine gute Möglichkeit, Mannheimer/innen und Touristen/Touristinnen auf das Museum aufmerksam zu machen. Auch wenn es diese Anlaufstelle inzwischen nicht mehr gibt, bemüht man sich, insgesamt die Öffentlichkeitsarbeit zu verstärken und die Angebote des Museums bekannt zu machen.

Bereits 1990 gab es den Vorschlag, einen Museums-Shop einzurichten. Bis dahin hatte es über lange Zeit hinweg nur eine Art fliegenden Händler gegeben, der sein Angebot jedoch auf große Ausstellungen und Sonderausstellungen spezialisiert hatte und dementsprechend seine Waren nur für die Dauer von solchen Sonderausstellungen feilbot. In Zeiten ohne Sonderausstellungen gab es überhaupt kein Kaufangebot. Einige Jahre später wurde die Idee eines permanenten Museums-Shops aufgegriffen. Wohlsituierte Bürger/innen stellten einer GmbH das Stammkapital zur Verfügung. Die „Reiss-Museum Service Gesellschaft" ist also eine GmbH, welche ihre erzielten Überschüsse dem Museum zur Verfügung stellt, den

Museumsetat entsprechend erhöht und auf diese Weise zum Beispiel den Ankauf neuer Kunstobjekte ermöglicht.

(c)   Soziales Kapital

Unterstützt wird das Museum vom „Förderkreis für das Reiss-Museum" und von der „Gesellschaft der Freunde Mannheims". Besonders im Rahmen des Förderkreises finden sich immer wieder Spender/innen und Stifter/innen, die die Bemühungen des Kreises begleiten und unterstützen. So kam das Stammkapital für den Museums-Shop ebenfalls aus dem Kreis der Förderkreismitglieder. Die Geschäftsführung und Organisation dieser Gesellschaft liegt ebenfalls in den Händen dieser Förderkreismitglieder, die in der Regel aus der gesellschaftlichen Oberschicht kommen.

Die im Museum und im Museums-Shop tätigen Ehrenamtlichen stellen wiederum einen Teil ihrer Freizeit kostenlos zur Verfügung, wobei aber nicht alle Ehrenamtlichen auch zwangsläufig Förderkreismitglieder sind. Die Freiwilligen sind zum größten Teil älter als 45 Jahre und überwiegend weiblich. Aufgaben mit Außenwirkung (Pressearbeit oder Repräsentationsaufgaben) werden jedoch in der Regel von Männern übernommen. Die Motivation für das Engagement ergibt sich aus Freude an der Tätigkeit, dem Verfolgen von Spezialinteressen und der Bestätigung, die man zum Beispiel bekommt, wenn sich ein selbst ausgegrabenes und restauriertes Werk in einer Museumsvitrine wiederfindet. Eine der Ehrenamtlichen berichtet:

> „Also wenn ich aus dem Reiss-Museum herausgehe und da wirklich herumgerast bin den ganzen Sonntagnachmittag, oder in der Abteilung gearbeitet habe, wo Termine koordiniert werden, und da hat das Telefon geklingelt, und es war Action, und es war unglaublich, dann gehe ich nach Beendigung meiner Schicht nach Hause und denke, mein Gott, heute wäre das Reiss-Museum den Bach runtergegangen, wenn ich nicht da gewesen wäre. Und dann ist das ein tolles Gefühl. Das ist ein ganz tolles Gefühl."

In der Entstehungsphase des Museums-Shops wurden zum einen die Vereinsmitglieder angeschrieben und um ihre Mitarbeit (beispielsweise als ehrenamtliche Verkäufer/innen) gebeten, gleichzeitig wurde aber auch in den regionalen Zeitungen ein Aufruf inseriert, auf den sich viele Personen meldeten. Die Hälfte von ihnen sprang jedoch wieder ab, als sie bemerkten, dass es sich um regelmäßiges Arbeiten handelte. In der Zwischenzeit wirken sich die positiven Erfahrungen der Ehrenamtlichen aus, die über Mund-zu-Mund-Propaganda selbst immer wieder neue Freiwillige mobilisieren.

Beschäftigung und Mitarbeit

Im Reiss-Museum kam es in den letzten Jahren nicht zu einem Stellenabbau; allerdings wurden die Rechtsformen der Arbeitsverträge kontinuierlich verändert, so dass zum Beispiel die Zeitverträge an Bedeutung zugenommen haben.

Ein Mannheimer Buchhändler liefert dem Museums-Shop Bücher zum Verkauf, wenn es im Museum Sonderausstellungen gibt. Dadurch, dass die Arbeit des Museums-Shops so erfolgreich und der Absatz der Bücher so hoch ist, konnte die kleine Buchhandlung eine Arbeitskraft einstellen, die sich einzig diesem Museumsbereich widmet.

Der Betrieb im Reiss-Museum ist so organisiert, dass die Ehrenamtlichen für Zusatzangebote und besondere Serviceleistungen zuständig sind oder dann einspringen, wenn es personelle Engpässe gibt. Berichtet wurde aber auch, dass die Freiwilligen mitunter zu Aufgaben herangezogen werden, für die sie nicht zuständig sind. Hier ist dann das Augenmerk der Ehrenamtlichen gefragt. Eine Ehrenamtliche :

> „[...] deswegen denke ich, muss sich eine bürgerschaftlich engagierte Person so verhalten, dass sie sagt, Moment, dafür bin ich nicht zu haben. Dann müsst ihr Leute nehmen, die dafür bezahlt werden und dann müsst ihr denen halt eine Sonderschicht aufbrummen und Sonderzahlungen leisten. Ich mache das nicht."

Entscheidungsstrukturen

Zwischen Museumsdirektion, Service-Gesellschaft und Förderkreis gibt es Absprachen und eine gute und enge Zusammenarbeit. Dies ist zum einen im Sinne der Museumsdirektion, da sie auf diese Weise Wünsche und Nöte an den Förderkreis herantragen kann. Zum anderen sind verlässliche Absprachen schon deshalb unabdingbar, weil die Service Gesellschaft den Ankauf ihrer zum Verkauf angebotenen Artikel an aktuellen Sonderausstellungen ausrichtet, was eine fixe Planung im Voraus erfordert.

Chancen, Risiken, Konflikte

Engagement im Reiss-Museum bedeutet in der Regel, dass die Grundleistungen von der Kommune oder der Verwaltung und hauptamtlich Arbeitenden erbracht werden, während Zuarbeiten oder Ergänzungsleistungen von Ehrenamtlichen übernommen werden.

Wenn die Freiwilligen Wünsche vortragen könnten, dann, so wurde berichtet, stehe an erster Stelle ein verbessertes Angebot von Fortbildungsmaßnahmen. Auch würden bislang vereinzelte, immer wieder geäußerte

Vorschläge der Engagierten zu Aufgaben und Zusammenarbeit nicht zusammengeführt und systematisiert.

3.2.4 Das Stadttheater Fürth ■

Genese

Das Fürther Stadttheater wurde 1902 eröffnet. Es war von Anfang an ein Bürgertheater, da es auf Initiative der Bevölkerung und mit ihrer finanziellen Unterstützung gegründet wurde. Von 1952 bis 1970 bestand ein Theatervertrag zwischen Nürnberg und Fürth: Das Fürther Stadttheater hatte kein eigenes Ensemble und wurde von Nürnberg aus bespielt. 1969 stand der Stadtrat vor dem Entschluss, das Stadttheater Fürth entweder grundlegend zu renovieren oder es ganz zu schließen. Es bildete sich eine Bürgerinitiative, die sich mit Veranstaltungen und Geldsammlungen für den Erhalt des Theaters einsetzte. Auch wollte man die „Theaterehe" mit Nürnberg lösen und setzte sich für ein selbstständiges Stadttheater mit Gastspielbetrieb ein. Aus dieser Bürgerinitiative ging der Theaterverein hervor, damals unter dem Namen „Freunde des Fürther Theaters". Die zentralen Akteure, welche diese Initiative ins Leben riefen, waren Frau Annelie Grundig und Herr Fiedler, ein ortsansässiger Modehausbesitzer. Die Geschäftsführung des Vereins hat seit der Gründung des Vereins Herr Kleinert, jetzt Studiendirektor i.R., inne. Seit 1990 heißt der Förderverein „Theaterverein Fürth". Das Theater wurde renoviert und der Theatervertrag mit Nürnberg gekündigt. Seither wird das Stadttheater als eigenständiges Theater ohne stehendes Ensemble geführt.

Organisationsstruktur

Das Stadttheater ist eine Anstalt des öffentlichen Rechts. Rechtsträger ist die Stadt Fürth. Der Theaterverein Fürth ist ein gemeinnütziger Verein, der sich die „ideelle und materielle Förderung des Kulturlebens in Fürth, insbesondere des Theaters" und die funktionelle Unterstützung des Stadttheaters zum Ziel gemacht hat.

Angebote

Durch die Initiative der Freundinnen und Freunde des Fürther Theaters Ende der 60er Jahre konnte das Stadttheater erhalten und renoviert werden. Seither haben die Tätigkeiten des Fördervereins die Angebotsvielfalt erhöht und den Service des Theaters verbessert, wobei das Engagement des Theatervereins in drei unterschiedlichen Bereichen Wirkung zeigt:

Erstens unterstützt man generell das Kulturleben von Stadt und Region, zweitens wird konkret das Theater unterstützt und drittens gibt es besondere Serviceleistungen für die Mitglieder des Theatervereins.

Seit 1982 werden jährlich Talentpreise an junge Künstlerinnen und Künstler vergeben, die im Fürther Stadt- und Landkreis wohnen und ausgebildet werden. Ein Einzelpreisträger bekommt 2.000 DM, Gruppen 3.000 DM. Bis 1999 wurden 55 dieser Talentpreise verliehen. Kulturgruppen und Künstlerinnen und Künstlern ermöglicht der Theaterverein durch seine finanzielle Unterstützung öffentliche Auftritte im Stadttheater oder in der Stadthalle. Von 1974 bis 1982 war der Verein Mitherausgeber einer Theaterzeitung namens „Bretterbericht". Seit 1993 ist das Stadttheater alleiniger Herausgeber.

Die Unterstützung für das Stadttheater selbst ist sowohl ideeller als auch materieller Natur. Zum einen wirkt der Verein in der Öffentlichkeit und gegenüber der Politik als Lobby für das Theater, zum anderen unterstützt er es auch direkt finanziell in Form von Investitions- oder Produktionszuschüssen: Diese Zuschüsse reichen von ein paar hundert Mark für Nachschlagewerke bis zu 250.000 DM für einen Bühnenaufbau, um im Stadttheater auch Konzerte veranstalten zu können. In den Bereich „Theaterinvestitionen" fallen ebenfalls Anschaffungen für Pulte, Bestuhlung oder Schaukästen. Auch einzelne Theaterproduktionen oder Auftritte von großen Künstlern in Fürth werden vom Verein mit Beträgen zwischen 10.000 und 40.000 DM unterstützt.

Die Angebotspalette für die Fördervereinsmitglieder wurde seit Gründung des Vereins ständig erweitert. Seit 1974 wurden fast 200 Museums-, Theater- oder Studienreisen in vier verschiedene Erdteile organisiert. Ferner können die Vereinsmitglieder für fast alle Aufführungen 20% Ermäßigung auf die Eintrittskarten erhalten. Eine Person, die ein Theaterabonnement beim Stadttheater hat, kann mit etwa 25-27% Ermäßigung rechnen, ist aber auf eine Abo-Reihe festgelegt. Als Fördervereinsmitglied kann man sich individuell einzelne Vorstellungen zusammenstellen, ohne auf eine Mindestanzahl von Vorstellungen festgelegt zu werden. Die administrative Abwicklung dieser Bestellungen übernimmt der Förderverein. Der Intendant des Theaters bezeichnet diese Tätigkeit des Vereins als ein „missing link" zwischen der festen Abo-Reihe und dem Freiverkauf, die dem Theater die Einrichtung eines Wahlabonnements erspart. Gleichzeitig werde die Theaterkasse als Dienstleistungsbereich durch die Arbeit des Theatervereins entlastet. Die Kartenbestellungen über den Förderverein sind für die Theaterleitung erste Indikatoren dafür, auf welche Resonanz die Vorstellungen beim Publikum stoßen.

Zum Mix verschiedener Elemente

(a)   Staat

Im Haushaltsjahr 1999 hat das Theater einen Gesamtetat von etwa sieben Millionen Mark, wovon knapp drei Millionen Mark wieder eingespielt werden. Die Stadt bezuschusst also das Theater mit vier Millionen Mark. Die Höhe dieses Zuschusses ist seit 1994 in etwa konstant geblieben. Seit 1999 erhält das Theater erstmals auch vom Land Zuschüsse. Dies ist ungewöhnlich, da das Fürther Stadttheater kein Landestheater ist. Mit dieser Förderung wird die qualitative Arbeit des Theaters gewürdigt, die darin besteht, sowohl Gastspiele ins Haus zu holen, als auch Ko- und Eigenproduktionen auf die Beine zu stellen („Fürther Modell"). 1997 gewann das Stadttheater Fürth den Bayrischen Theaterpreis.

(b)   Markt

Seit 1994 ist das Theater in einen Budgetbetrieb übergeführt worden. Die Theaterleitung kann frei mit dem Budget von 7 Millionen Mark wirtschaften. Bislang sind der Bauunterhalt und das Personalwesen nicht in diesem Budget enthalten. Seit 1994 wurde die Auslastung des Theaters erhöht. Auf Grund des Budgetbetriebs konnten die Mehreinnahmen im Theateretat bleiben und mussten nicht dem allgemeinen Stadthaushalt zur Verfügung gestellt werden. Dazu der Intendant:

> „Das ist der wesentliche Spielraum, der es uns in den letzten vier, fünf Jahren ermöglicht hat, den Theaterbetrieb in diesem, noch steigenden Umfang (was die Aufführungszahlen betrifft) weiterzuführen".

(c)   Soziales Kapital

Allerdings gibt es seit vier oder fünf Jahren von der Stadt keine Mittel mehr für den investiven Bereich.

> „Was Anschaffungen betrifft, was die Investitionen betrifft, ist der Theaterverein ein wesentlicher Motor in den letzten vier, fünf Jahren geworden."

Auch im Dienstleistungsbereich (Kartenverkauf) wird das Theater durch den Verein entlastet. Zugleich wird vom Verein der so genannte Empfangsdienst des Theaters (Logendienst, Getränkeverkauf) organisiert: Dieser Dienst wird von Schülerinnen und Schülern eines benachbarten Gymnasiums übernommen, an dem der Geschäftsführer des Fördervereins als Lehrer tätig war (s.u.). Die Hauptleistung des Fördervereins besteht in der ideellen und materiellen Lobbyarbeit: Kontakte bestehen zu örtlichen Industriellen, zu Stiftungen, zum Bürgermeister, der die Talentpreise übergibt, zum Kulturreferenten, zum Presseamt etc. Auf diese Weise können zum einen Spenden und Sponsorengelder eingeworben werden, andererseits wird so auch der Kontakt zu den politischen Entscheidungsträgern sichergestellt.

Der Förderverein selbst ist inzwischen zu einer Besucherorganisation angewachsen und hat 2.100 Mitglieder. Diese sind in der Mehrzahl zwischen 40 und 60 Jahre alt und kommen aus der gehobenen bürgerlichen Gesellschaftsschicht. Die Mitglieder sind in der Regel passiv, teilweise ist der Grund für die Mitgliedschaft die Möglichkeit, verbilligte Theaterkarten zu bekommen. Das schließt aber nicht aus, dass sich Mitglieder projektgebunden auch zur Mitarbeit motivieren lassen – zum Beispiel wenn zur Organisation einer Tombola freiwillige Helferinnen und Helfer gebraucht werden. Im Vorstand des Fördervereins sind Persönlichkeiten des städtischen Lebens vertreten, die die Interessen des Vereins auch mit Gewicht in der Stadt vertreten können, z.B. der Chef der Stadtsparkasse etc.

Beschäftigung und Mitarbeit

Der Stamm des Theaters ist mit circa 25 festangestellten Mitarbeiterinnen und Mitarbeitern relativ klein. Arbeitgeber ist die Stadt. Aus Mitteln des Budgetplafonds wurden zusätzlich Stellen geschaffen – eine Beleuchterstelle und zwei Kassenstellen. Bei den Anstellungsverträgen der Beschäftigten gibt es dementsprechend Unterschiede. Während der überwiegende Teil des Personals bei der Stadt angestellt ist, gibt es zusätzlich das eigenverwaltete Personal, das aus Mitteln des Theaterbudgets finanziert wird. Für Eigen- oder Koproduktionen werden Zeitverträge an Künstlerinnen und Künstler vergeben.

Die Arbeit des Vereinsvorstandes erfolgt ehrenamtlich und wird nicht entlohnt; es gibt Aufwandsentschädigungen. Das ehrenamtliche Engagement der Vereinsmitglieder wird ebenfalls nicht vergütet. Anders verhält es sich mit dem Engagement und der Mitarbeit der Schülerinnen und Schüler beim Empfangsdienst. Sie bekommen pro Vorstellung 30 DM, bzw. 45 DM, wenn die Vorstellung länger als dreieinhalb Stunden dauert.

Entscheidungsstrukturen

Der Intendant trägt die Verantwortung für die künstlerische und wirtschaftliche Führung des Stadttheaters. Über die Höhe des dem Theater zur Verfügung stehenden Budgets entscheidet die Stadt. Der Theaterverein versteht sich als Unterstützungsgremium des Theaters und seines Intendanten. Dieser nimmt an den Sitzungen des Vereins teil und wird in die

Entscheidungen eingebunden. Das bedeutet in der Praxis, dass der Verein seine Unterstützungsarbeit an den Vorstellungen und Wünschen des Theaterchefs und den Erfordernissen des Theaterbetriebs ausrichtet.

Perspektiven

Das Stadttheater wurde im Rahmen der Verwaltungsreform öffentlicher Betriebe in einen Budgetbetrieb umgewandelt. Die Theaterleitung geht davon aus, dass das Theater in den nächsten Jahren in einen Eigenbetrieb überführt werden wird. Aufgrund der effizienten Verwaltungsarbeit und der künstlerischen Erfolge ist es dem Intendanten gelungen, eine gute Auslastung des Theaters zu erreichen und das „Fürther Modell" bekannt zu machen. Der Förderverein, durch den das Theater materielle und ideelle Unterstützung erfährt, stellt vor allem im investiven Bereich finanzielle Mittel zur Verfügung, die etwas von dem ausgleichen, was aufgrund der Kürzungen in den öffentlichen Haushalten wegfiel.

3.2.5 Die Öffentliche Bibliothek Braunschweig

Genese und Organisationsstruktur

Die Öffentliche Bibliothek der Stadt Braunschweig (ÖB) verfügte bis Mitte der 90er Jahre über eine Hauptbibliothek, sieben Zweigstellen, eine Musikbibliothek, eine Kinder- und Jugendbücherei, eine Fremdsprachenbibliothek und eine Fahrbibliothek mit 17 Haltepunkten. Betreut von der ÖB wurden sogenannte Ortsbüchereien. Diese Büchereien befinden sich in ehemals selbständigen Orten des ehemaligen Landkreises Braunschweig, die 1974 eingemeindet wurden. Damals wurden diese Bibliotheken der städtischen ÖB zugeordnet und von Anfang an von Ehrenamtlichen betrieben. Diese Ehrenamtlichen bekommen für ihre Arbeit eine Aufwandsentschädigung. Ihre Aufgabe ist die Aufrechterhaltung der Öffnungszeiten und des Benutzungsbetriebs der Büchereien. Die fachliche Arbeit aber – von Buchvorschlägen für den Kauf über den Einkauf bis hin zur Bearbeitung der Bücher – wurde vom Personal der ÖB geleistet. Anders als die Ortsbüchereien wurden die Zweigstellen immer von hauptamtlichem Personal geleitet. Dort arbeiteten eine Diplombibliothekarin, zuständig für Erwerb, Einarbeitung etc., und eine gelernte Kraft, die die Ausleihe betreute und zur Aufrechterhaltung der Ausleih- und Öffnungszeiten notwendig war. Im Unterschied zu den Ortsbüchereien sind die Zweigstellen, was Jahres- oder Mahngebühren betrifft, der Benutzungssatzung der ÖB unterworfen. In den Ortsbüchereien gibt es dahingegen keine Geldgeschäfte.

Mitte der 90er Jahre wurde vor dem Hintergrund der Finanzmisere der öffentlichen Hand von Vertretern des Rates der Stadt Braunschweig gefordert, vorhandenes Potenzial von Bürgerengagement zu nutzen und in die kommunalen Einrichtungen „hineinzutragen". Allerdings wurden diese Forderungen und Konzepte nicht mit den betroffenen Bibliotheks- Einrichtungen abgestimmt. Der Bibliotheksdirektor erfuhr davon bei der Lektüre der örtlichen Zeitung, in der ein Aufruf zu lesen war, dass Ehrenamtliche für die Büchereien gesucht würden. Im Kulturausschuss des Rates hatte er dann die Möglichkeit, Stellung zu diesen Vorschlägen zu nehmen. Die ÖB ist Mitglied des Deutschen Bibliotheksverbandes e.V. und war von diesem über negative Erfahrungen beim Einsatz von Freiwilligen in Bibliotheken unterrichtet worden. Deshalb war die erste Reaktion des Bibliotheksdirektors auf die Vorschläge des Rates ablehnend. Dies schätzt er heute als „taktischen Fehler" ein. Denn nach den Erfahrungen in der Zwischenzeit sei seine Position zur Frage des Einsatzes von Freiwilligen in Büchereien heute: „Ja, aber richtig."

Die Aufforderung der Stadtversammlung im Frühjahr 1996 an die ÖB lautete, Freiwillige einzusetzen, um Personal einzusparen, und das bei voller Aufrechterhaltung des Bibliothekssystems, der Öffnungszeiten etc. Tatsächlich meldete sich eine Anzahl von Freiwilligen, die in zwei der Zweigstellen so eingesetzt wurden, dass man dadurch die Stellen von zwei Diplombibliothekarinnen streichen konnte. Im Jahre 1997/98 kam es zu einer weiteren Einsparungswelle in Braunschweig. Die Vorgabe an die Bibliothek war dieses Mal, 700.000 DM einzusparen. Nach einem langen Aushandlungsprozess zwischen der ÖB und der Stadt wurde beschlossen, drei Zweigstellen in Ortsbüchereien umzuwandeln. Dadurch wurde das in diesen Zweigstellen beschäftigte Personal nicht mehr benötigt und die Anzahl der Zweigstellen von sieben auf vier reduziert.

Angebote

Die Umwandlung von Zweigstellen in Ortsbüchereien ist mit einem Qualitätsverlust verbunden: Geplante Computerkäufe und Internetvernetzung werden nicht mehr durchgeführt, die Ortsbüchereien müssen künftig auf fachliche Beratung beim Kauf von Büchern verzichten und für die Kunden gibt es vor Ort keine Fachberatung mehr. Eine Hauptamtliche schätzt die neue Situation wie folgt ein:

> „Das ist keine Bücherei. Das ist keine Bibliothek. Das ist eine Sammlung von Büchern in einem Raum, wo jemand sitzt, der die verwaltet."

Allerdings können die Freiwilligen dort, wo sie nicht lediglich als Ersatz für fachliche Mitarbeit eingesetzt werden, auch das Angebot bereichern.

Zum Beispiel werden regelmäßig Vorlesestunden von Freiwilligen durchgeführt. Sie können ältere Personen, die in Altenheimen wohnen, regelmäßig besuchen und ihnen Bücher ausleihen. Betreut werden diese Freiwilligen vom Personal der Fahrbücherei. Mitte der 80er Jahre konnten ABM-Kräfte für diese Tätigkeit eingesetzt werden Die Erfolge waren beeindruckend. Die Bücherausleihen stiegen in diesem Bereich um etwa 400% an, auch wenn – oder gerade weil – viel Zeit für soziale Kontakte mit den alten Leuten investiert wurde. Die damals eingesetzten ABM-Mittel fielen aber ebenfalls Sparzwängen zum Opfer. Man versucht jetzt, diesen innovativen Arbeitsansatz, der zusätzliche Leistungskapazitäten nutzt, um Absatzmöglichkeiten zu realisieren, die bei der Beschäftigung bezahlter Kräfte nicht hätten erschlossen werden können, in der Arbeit mit Ehrenamtlichen fortzusetzen.

Zum Mix verschiedener Elemente

(a) Staat

Die Vorgaben von kommunalpolitischer Seite an die ÖB waren insgesamt davon bestimmt, Stellen zu kürzen oder präzise vorgegebene Summen einzusparen. Dementsprechend begrenzt waren die Handlungsspielräume der Bibliotheksleitung.

(b) Markt

Anfang der 90er Jahre wurden Ausleihgebühren eingeführt, was zu einem Einbruch der Benutzer-/Benutzerinnenzahlen führte, der aber auf längere Sicht wieder ausgeglichen werden konnte. Dennoch, Gebühren einer öffentlichen Bücherei können nicht beliebig erhöht werden. Eine zeitlang lang gab es ein Lesecafé in der Bücherei. Dieses musste allerdings aufgegeben werden, weil Mittel für anfallende Reparaturmaßnahmen fehlten. Vorstellungen, in der Bibliothek ein Internetcafé anzusiedeln oder selbst Veröffentlichungen herauszugeben, um damit Einnahmen zu erwirtschaften, wurden bislang nicht umgesetzt.

(c) Soziales Kapital

Über Zeitungsannoncen wurden Freiwillige gesucht, die in der Bibliothek mithelfen sollten. Überwiegend meldeten sich Frauen in der Altersgruppen zwischen 30 und 70 Jahren. Sie waren in der Regel nicht berufstätig, durch den Partner finanziell abgesichert, hatten Zeit und suchten nach einer sinnvollen Betätigung. Diese Personen wurden für Arbeiten in den Ortsbüchereien und Zweigstellen eingesetzt, für Vorlesestunden und

Ausleihdienste in Altenheimen. Auf die Zeitungsaufrufe meldeten sich spontan 47 Personen, von denen letztlich aber nur 29 zu einem gemeinsamen Treffen erschienen und deren Anzahl und Mitarbeit sich im Folgenden kontinuierlich reduzierte. Viele der Freiwilligen schreckten vor zu großer Verantwortungsübernahme (Geldgeschäfte) zurück und waren eher dankbar über die Vorgabe von Verhaltens- und Arbeitsregeln.

Seit gut 15 Jahren gibt es auch einen Förderverein, die Bibliotheksgesellschaft. Hauptanliegen ist die Unterstützung der Bibliothek; dabei geht es vor allem um die Anschaffung bestimmter Literatur oder anderer Medien. Die Bibliotheksgesellschaft ebenso wie deren Sponsoren/Sponsorinnen werden gezielt bei konkreten, außerordentlichen Problemen oder Wünschen eingeschaltet. Es gibt außerdem noch einen literarischen Stammtisch.

Beschäftigung und Mitarbeit

Besonders problematisch an der Mitarbeit der Ehrenamtlichen ist, dass diese der ÖB von städtischer Seite „verordnet" wurde, um Stellen oder Mittel einzusparen. Deshalb werden die Ehrenamtlichen von den Hauptamtlichen als Personen wahrgenommen, die durch ihre Bereitschaft zur Mitarbeit in der ÖB qualifizierte Arbeitsplätze gefährden. Konflikte zwischen Haupt- und Ehrenamtlichen sind damit gewissermaßen vorprogrammiert.

Diese Konflikte entstehen aber auch dadurch, dass die Freiwilligen nicht wissen oder verstehen, unter welchem finanziellen Druck und unter welchen Sparzwängen die ÖB arbeiten muss, und Serviceleistungen von der ÖB erwarten, welche diese nicht liefern kann:

> „[...] die rufen an und sagen, wir brauchen ein Regal. Ja woher sollen wir das nehmen? Wir haben auch nicht das Geld dafür. Aber das sehen die natürlich gar nicht mehr. Dass wir noch nicht mal Geld haben, um hier für uns Regale zu kaufen, geschweige denn für die Ortsbüchereien. Also da ist eine Riesenkluft. Die haben überhaupt keine Vorstellung davon, unter welchen Zwängen wir hier arbeiten."

Hinzu kommt, dass in den Zweigstellen oft an Lebensjahren junge, aber gelernte Bibliotheksassistentinnen mit älteren lebenserfahrenen Personen zusammenarbeiten, so dass auf diesem Niveau öfter die „Rangordnung" zwischen den verschiedenen Gruppen zu klären war. Einige Personen, die sich zur Mitarbeit bereit erklärten, erhofften überdies eher eine Betreuung ihrer eigenen Person.

Entscheidungsstrukturen

Die ÖB hat den Umgang mit den Ehrenamtlichen entsprechend der politischen Vorgabe organisiert. Eine Hauptamtliche ist für Koordination und Einsatzorganisation der Ehren-amtlichen zuständig. Die Freiwilligen sind für die von der ÖB aufgestellten Regeln dankbar, es gibt jedoch keine Eigenorganisation und entsprechende Verantwortungsübernahme.

Perspektiven

In den letzten vier Jahren wurden in der Braunschweiger Bibliothek sieben Stellen eingespart. Von den Leistungen der Ehrenamtlichen konnte aber nur ein Teil für deren Substitution genutzt werden, so dass die Tätigkeit von ca. fünf qualifizierten Personen ersatzlos wegfiel. In der ÖB hat man ausgerechnet, dass insgesamt 17 Freiwillige eine hauptamtliche Kraft ersetzen könnten. Der Einsatz von Freiwilligen setzt jedoch Betreuungsleistungen voraus – etwa eine halbe Stelle für eine Gruppe. Ca. 25-30 Freiwillige wären also nötig, um eine hauptamtliche Kraft zu ersetzen.

Im Gegensatz zu den Problemen im Rahmen des städtisch verordneten Freiwilligeneinsatzes hat sich eine Zusammenarbeit mit einer Braunschweiger Freiwilligenzentrale gut entwickelt. Für bestimmte Anlässe (zum Beispiel Aktionstage) werden der Bibliothek Ehrenamtliche vermittelt. Die Freiwilligenzentrale besteht jedoch – ganz im Sinne der Bibliotheksführung – auf einer Erklärung der jeweiligen Institution, an die sie die Ehrenamtlichen vermittelt, dass diese im Rahmen ihrer Tätigkeiten keine Arbeitsplätze ersetzen.

3.2.6 Die Kinder- und Jugendbücherei Kolibri, Hamburg

Genese

Im Januar 1996 wurde bekannt, dass der Hamburger Senat beabsichtigte, acht öffentliche Bücherhallen zu schließen. Bedroht war von dieser Entscheidung auch die einzige Kinder- und Jugendbücherei am Mittelweg, eine Bibliothek in einem der vergleichsweise gut situierten Stadtteile Hamburgs. Öffentliche Proteste und Aktionen von Lesern/Leserinnen, Pädagogen/Pädagoginnen, Künstlern/Künstlerinnen, Schriftstellern/Schriftstellerinnen, Bezirkspolitikern/Bezirkspolitikerinnen, Angestellten der Hamburger Öffentlichen Bücherhallen (HÖB) und einer – von Müttern ins Leben gerufenen – Bürgerinitiative bewirkten, dass der Verwaltungsrat den Vollzug der Schließung aussetzte. Trotzdem wurde im Herbst 1996 die Schließung beziehungsweise Zusammenlegung von zwölf Bücherhallen beschlossen.

Der ebenfalls im Herbst gegründete Förderverein der Bücherhalle Mittelweg (heute Förderverein der Kinder- und Jugendbücherei Kolibri e.V.) kämpft um den Erhalt prinzipiell aller Bücherhallen, setzt sich aber insbesondere für die Bücherhalle am Mittelweg ein. Zentrale Akteure waren Eltern, hauptsächlich Mütter, deren Kinder zu den regelmäßigen Besuchern/Besucherinnen der Bibliothek gehörten. Im Laufe der Verhandlungen mit der HÖB zeichnete sich schnell ab, dass nicht viele der Bücherhallen zu retten waren. Deshalb wollte man die für die Bücherhalle Mittelweg angestrebte Lösung als Pilotprojekt verstanden wissen, welches bei Gelingen auf andere Bibliotheken übertragen werden sollte. Verhandlungen mit der Kultursenatorin und der HÖB-Leitung führten im Frühjahr 1997 zur Ausarbeitung eines neuartigen Kooperationskonzepts: Für den Unterhalt der Bibliothek wurde eine Mischfinanzierung ausgehandelt. Die Bücherei bleibt im System der HÖB integriert und die HÖB trägt circa 20% der Kosten. Den überwiegenden Teil von 80% der Finanzierung, eine jährliche Summe von 100.000 Mark, muss jedoch der Förderverein tragen.

Organisationsstruktur

Träger der kleinen öffentlichen Kinder- und Jugendbücherei Kolibri bleibt die Stiftung der HÖB. Der private Förderverein ist als gemeinnütziger Verein anerkannt und unterstützt die Bücherei finanziell und durch den Einsatz von ehrenamtlichen Mitarbeitern/Mitarbeiterinnen (s.u.).

Angebote

In der kleinen Bücherei gibt es circa 15.000 Medien. Bücher, Kassetten, CDs und Videos für Kinder und Jugendliche gehören zum Bestand der Bibliothek, die im Gebäude einer Fremdsprachenschule untergebracht ist und an drei Tagen in der Woche jeweils sechs bis sieben Stunden geöffnet hat. Unter anderem kommen auch Lehrer/innen umliegender Stadtteile mit Schulklassen oder Kindergartengruppen in die Bibliothek. Außerdem gibt es Klassenführungen und themenbezogene Büchergruppen oder Bücherkisten. Der Förderverein betreibt Öffentlichkeitsarbeit für die Kinder- und Jugendbücherei und unterstützt die Bibliotheksarbeit auch bei zusätzlichen Veranstaltungen wie Lesewettbewerben, Lesungen, Ausstellungen oder Kindertheateraufführungen. Im Jahr 1998 organisierte der Verein zum Beispiel zusammen mit dem Schwedischen Club anlässlich des Mittsommers eine einwöchige schwedische Woche, in deren Rahmen es Lesungen aus schwedischen Kinderbüchern sowie ein großes Kinderfest gab. Zum

Jahrestag der Neueröffnung der Bibliothek organisiert man jeweils Feiern, zusätzlich zu Malwettbewerben, Bücherquiz etc.

Insgesamt kam es zu einer Erweiterung des Angebots der Bücherei, seit der private Förderverein existiert. Das liegt hauptsächlich daran, dass der Förderverein der kleinen Bibliothek für zusätzliche Aktivitäten einen Veranstaltungsraum „schenkte" (s.u.).

Zum Mix verschiedener Elemente

(a)   Staat

Zwar wurde de Schließung der Bücherhalle Mittelweg verhindert, nicht jedoch eine weitgehende Mittelkürzung, hauptsächlich im Personalbereich. Dort wurden eine ganze Bibliothekarinnenstelle auf eine halbe Stelle sowie anderthalb Assistentinnenstellen auf zwei halbe Stellen reduziert. Allerdings verbleibt die Kinder- und Jugendbücherei im System der HÖB. Sie bleibt damit auch über EDV mit den anderen Bücherhallen vernetzt. Außerdem hat das Bezirksamt in Abstimmung mit der Schulbehörde darauf verzichtet, Miete für die Räumlichkeiten zu verlangen.

(b)   Markt

Die zwischen HÖB und Förderverein ausgehandelte Form der Mischfinanzierung sieht vor, dass der Förderverein Jahr für Jahr 80% des gesamten Bibliotheksetats (von den Personalkosten über die Medien bis hin zur Reinigung) einbringen muss. Hierfür wirbt der Förderverein um Spenden und Sponsoren, zu denen vor allem Verlage und Buchhandlungen zählen. Als Gegenleistung kann der Verein ein in der Öffentlichkeit wirksames Forum bieten – einerseits durch regelmäßige Berichterstattung, andererseits durch namentliche Erwähnung der einzelnen Spender auf Tafeln, Büchertaschen oder Lesezeichen. Auch potenzielle ehrenamtliche Mitarbeiter/innen werden durch bestimmte Werbeaktionen auf die Tätigkeiten in der Bücherei aufmerksam gemacht (Verteilung von Infomaterial in der Bibliothek und an Grundschulen im lokalen Umfeld).

(c)   Soziales Kapital

Im Mai 1997 wurde die Bibliothek vom Förderverein auf eigene Kosten renoviert und durch Umgestaltungen um einen Veranstaltungsraum erweitert. Dadurch konnte eine freundliche, kindgerechte und zum Lesen anregende Atmosphäre geschaffen werden.

Die Reduktion des Bibliothekspersonals wird durch den Einsatz ehrenamtlicher Helfer/innen aufgefangen. Sie verrichten allerdings nur so genannte bibliotheksferne Arbeiten und versuchen dem Fachpersonal dadurch „den Rücken frei zu halten", damit dieses sich auf die Beratung der jungen Benutzer/innen konzentrieren kann. Unter bibliotheksfernen Tätigkeiten wird z.B. das Einstellen (Sortieren) von Büchern oder das Nachsortieren von Spielen verstanden. Derzeit sind etwa 15-20 Personen ehrenamtlich tätig. Es handelt sich hierbei hauptsächlich um Mütter von Kindern im Grundschulalter sowie einige engagierte Seniorinnen, z.B. eine ehemalige Grundschullehrerin. Unter den ehrenamtlich tätigen Müttern befinden sich sowohl Hausfrauen als auch erwerbstätige Frauen. Väter arbeiten nicht aktiv mit, gehören aber zu den Geldgebern und „Spendern". Der Vorstand des Fördervereins (vier Personen) ist für Organisation, Umgang mit Behörden, die Einteilung der Ehrenamtlichen etc. zuständig.

Mit umliegenden Schulen, sozialen Einrichtungen und auch verschiedenen Firmen bestehen enge und regelmäßige Kontakte, die dazu dienen, die Kinder- und Jugendbücherei fest in das lokale Netz einzubinden. Je nach Möglichkeiten und Bereitschaften der Partner und Adressaten erfährt der Förderverein ideelle und/oder finanzielle Unterstützung.

Beschäftigung und Mitarbeit

Wie bereits vermerkt, wurden Stellen reduziert. Kolibri e.V. kann allerdings geltend machen, dass mit der Schließung der Bücherhalle weit mehr Stellen gekürzt worden wären, wenn sich der Verein nicht für die neue Kooperationsform stark gemacht hätte.

Im Rahmen der organisatorischen Umstellung der Bibliothek auf ehrenamtliche Mitarbeit musste vom Förderverein zunächst einmal eine Bibliothekarin gesucht werden, die bereit war „sich auf dieses Experiment einzulassen" (Zitat der Vorstandsvorsitzenden des Fördervereins), d.h. mit den Ehrenamtlichen zusammenzuarbeiten. Entsprechend gut gestaltet sich jetzt, nachdem eine solche Bibliothekarin gefunden wurde, die Kooperation zwischen Haupt- und Ehrenamtlichen.

Entscheidungsstrukturen

Einmal im Monat gibt es eine Dienstbesprechung zwischen dem Vorstand des Fördervereins und den hauptamtlich Beschäftigten. Auf dieser Ebene gelingt die Kooperation gut. Schwieriger sind die Kontakte mit der HÖB. Diese votierte anfangs prinzipiell gegen jede Form der Einbeziehung bürgerschaftlichen Engagements in Trägerschaft und Finanzierung öffentlicher Einrichtungen wie der Bibliotheken. Befürchtet wurde wohl der Signaleffekt einer derartigen Lösung für zukünftige Sparpolitiken der öffentlichen Hand. Von Seiten des Betriebsrats und des Fachpersonals der HÖB wurde die Initiative des Fördervereins ebenfalls abgelehnt: Man sah im Einsatz von Ehrenamtlichen in Büchereien vor allem die Nichtanerkennung der beruflichen Qualifikation der Bibliothekare/Bibliothekarinnen und das, obwohl im Konzept des Fördervereins ausdrücklich festgehalten ist, dass die ehrenamtlichen Helfer/innen nur als Hilfskräfte eingesetzt werden und die fachliche Arbeit weiterhin den Bibliothekarinnen obliegt.

Chancen, Risiken, Konflikte

Durch das Engagement des Fördervereins (speziell: der Mütter) konnte eine Zweigbibliothek erhalten werden – auch wenn nach Ausfall der bisherigen öffentlichen Gelder die Stellen um die Hälfte reduziert werden mussten. Der große finanzielle Einsatz, den der Verein leisten muss, lässt es aber fraglich erscheinen, ob das Modellprojekt auf andere Stadtteile übertragen werden kann. Das Projekt gelang in einem der wohlhabendsten Stadtteile von Hamburg; das hier mobilisierte Potenzial an Engagement und Know-how wäre nicht überall anzutreffen.

Trotzdem, auch hier ist es für den Förderverein ein erhebliches Problem, 80% des gesamten Bibliotheksetats (rund 100.000 DM im Jahr) aufzubringen. Es ist schwer, Sponsoren/Sponsorinnen und Spender/innen auf Dauer zu motivieren. Die Kinder- und Jugendbücherei hatte vor allem am Anfang eine große Publicity. In dieser Zeit war es für Sponsoren/Sponsorinnen attraktiv, die Bücherei zu unterstützen, da man dadurch auch Medienaufmerksamkeit genoss. Das gilt aber mittlerweile so nicht mehr. Dementsprechend hat der Förderkreis nur in den ersten beiden Jahren nach der Vereinbarung mit der HÖB und der Kultursenatorin die Vorgabe von 100.000 Mark plus zusätzlicher Sachleistungen erbracht. Im dritten Jahr schaffte man es jedoch nicht, die 100.000-Mark-Grenze zu erreichen. Dennoch ist die Vorsitzende des Vorstands optimistisch, dass die Kinder- und Jugendbücherei nicht so schnell „weggekürzt" werden kann.

3.2.7 Das Hellweg-Bad, Unna-Lünern

Genese

1996 beschloss der Rat der Stadt Unna, insgesamt vier Lehrschwimmbecken zu schließen, darunter auch das Bad in Unna-Lünern. Dies wurde damit begründet, dass das Bad jährlich einen Verlust in Höhe von etwa 90.000 DM machte und ein Investitionsstau von ca. 600.000 DM bestand. Massive Proteste in der Bevölkerung erreichten, dass zwei der vier Becken in Unna erhalten werden konnten – allerdings unter der von der Kommune gestellten Bedingung, dass die Bäder in private Trägerschaften übergehen und die zukünftigen Träger überzeugende Konzepte zur Bewirtschaftung vorlegen.

Im Mai 1996 gründete sich in Unna-Lünern eine Interessengemeinschaft, die zum Ziel hatte, ein solches tragfähiges Konzept auszuarbeiten. Die Übernahme des Bades durch den mittlerweile gegründeten gemeinnützigen Hellweg-Bad-Verein konnte am 16.12.1996 vertraglich beschlossen werden. Vorbilder – auch aus anderen Regionen Deutschlands – hatten die damaligen Hauptbeteiligten nicht; in der Zwischenzeit ist das Hellweg-Bad Unna-Lünern aber zu einem vielbeachteten Modellprojekt in Nordrhein-Westfalen avanciert.

Organisationsstruktur

Seit Januar 1997 befindet sich das Hellweg-Bad Unna-Lünern in der privaten Trägerschaft des gemeinnützigen Fördervereins Hellweg-Bad e.V. Die Eigentümerin des Bades ist aber nach wie vor die Stadt Unna, die dem Verein das Bad kostenlos zur Benutzung überlässt. Die Stadt ist für den Unterhalt des Baukörpers zuständig (z.B. Reparatur des Daches), der Verein für das Innenleben des Bads samt technischer Anlagen.

Angebote

Vor seiner Übernahme durch den Verein wurde das Bad nur 25 Stunden pro Woche genutzt. Derzeit liegt die Nutzung bei 70 Wochenstunden. 1999 hatte das Bad rund 25.000 Badegäste, denen ein breites Kursangebot zur Verfügung stand. Da das Hellweg-Bad relativ klein ist, aber mit hohen Wassertemperaturen betrieben wird, kann man Kurse wie Babyschwimmen oder Wassergymnastik für Senioren anbieten. Dieses Angebot wird auch von Vereinen aus anderen Stadtteilen genutzt, die Busse mieten und die Kursteilnehmer/innen zum Hellweg-Bad bringen. Man kann im Bad auch Kindergeburtstage feiern.

Außerdem wurde das Bad, seit es in Vereinsträgerschaft ist, modernisiert: Die gesamten Fliesen wurden erneuert, die Duschkabinen und Umkleideräume modernisiert. Es wurden „Besucher-Ecken" eingerichtet. So ist das Bad zu einem kleinen Kommunikationszentrum im Ort geworden, wo sich die Bürger/innen Sonntag vormittags zum kostenlosen Kaffee treffen. Die Kursgebühren sind sozial gestaffelt. Es ist geplant, Kellerräume auszubauen und als Sauna oder Fitnessräume umzugestalten. Es wir auch erwogen, im Haus einen Kiosk einzurichten.

Zum Mix verschiedener Elemente

(a)   Staat

Insgesamt 25 Stunden pro Woche vermietet der Verein das Hellweg-Bad – gegen ein Entgelt – an die Stadt (für Schulunterricht etc.).

In der Zwischenzeit hat der Verein Investitionen im Wert von mehr als 500.000 Mark für die Innenausstattung und die technische Ausstattung des Hellweg-Bads getätigt. Das Geld stammt zum Teil aus Eigenleistungen, zum Teil aus Überschüssen und aus Förderprojekten durch die Bezirksregierung Arnsberg. Problematisch waren hier die Förderkriterien des Bezirks, die einem Bad in der Größe des Hellwegs-Bades ein Mindestinvestitionsvolumen von 400.000 Mark sowie eine bestimmte, damals noch nicht erreichte Anzahl von Öffnungsstunden vorschrieben. Der Verein schaffte es aber, diese Kriterien zu erfüllen. Auch nahm der Verein für seine Investitionen einen Kredit auf. Die Bürgschaft für den Kredit übernahm wiederum die Stadt.

(b)   Markt

Das Hellweg-Bad wird gegen Entgelt an Kindergärten und Sportvereine vermietet. Der Verein veranstaltet selbst kostenpflichtige Schwimm- und Gymnastikkurse und nimmt die Gebühren ein. Um die Vereinsmitgliedschaft attraktiv zu machen, haben die Vereinsmitglieder 25% Rabatt auf die Kursgebühren. Dadurch erhöhte sich die Zahl der Mitglieder relativ schnell auf 300. Zwar hat der Verein dadurch weniger Einnahmen bei den Kursgebühren, andererseits verlagern sich jedoch die Einnahmen von den steuerpflichtigen Kursgebühren auf steuerfreie Einnahmen durch Mitgliedsbeiträge. Außerdem handelt es sich bei Mitgliedschaften um relativ stabile, fest kalkulierbare Größen. Eine Einzelmitgliedschaft kostet fünf Mark pro Monat, eine Familienmitgliedschaft zehn Mark. Seit jedes Vereinsmitglied jeden Sonntag von 9-13 Uhr kostenlos Eintritt ins Bad hat, ist die Zahl der Mitglieder auf knapp 600 gestiegen.

(c)   Soziales Kapital

Vor der Vereinsgründung veranstaltete man in Unna-Lünern, einem Ort mit 2.300 Einwohnern/Einwohnerinnen, eine Umfrage, um zu ermitteln, wer bei einer Monatsgebühr von fünf Mark im Monat Interesse an einer Vereinsmitgliedschaft hätte, und man erhielt 150 Zusagen. Tatsächlich traten dann aber nur 40 Personen in den Verein ein. Durch die unter dem Punkt „Markt" beschriebenen Maßnahmen konnte die Zahl der Mitglieder in der Zwischenzeit auf knapp 600 erhöht werden.

Viele der Vereinsmitglieder engagieren sich ehrenamtlich; insgesamt sind etwa 30 Personen aktiv. Die Aufgaben der Ehrenamtlichen reichen von der arbeitsintensiven Vorstandsarbeit bis zur Schwimmaufsicht und dem Sonntagsdienst inklusive Kaffeekochen für die Besucher/innen. Unter den Aktiven sind auch viele Eltern, die ihren Kindern das Bad erhalten wollen. Eine jährliche „Helferparty" intensiviert den Zusammenhalt in dieser Gruppe. Das Engagement Einzelner reicht dabei weit über den Durchschnitt hinaus; vor allem ein pensionierter Bergmann und ein pensionierter Chemiker kümmern sich um technische Belange sowie die Überprüfung der Wasserqualität.

Der Verein hat keine Sponsoren. Die Spendensummen sind in der Regel gering.

Beschäftigung und Mitarbeit

Vor der Übernahme des Bads in die Vereinsträgerschaft gab es keine fest angestellten Mitarbeiter für das Bad. Jetzt werden vom Verein eine sozialversicherungspflichtig angestellte Reinigungskraft sowie die Übungsleiter/innen entlohnt, und ein über BSHG 19 bezahlter Mitarbeiter ist halbtags beschäftigt. Alle anderen Aufgaben werden ehrenamtlich geleistet.

Entscheidungsstrukturen

Die Verhandlungen mit der Stadt führte der Vorsitzende des Vereins, ein ausgebildeter Bankkaufmann und Betriebswirt und selbständiger Unternehmensberater, der über entsprechendes Managementwissen verfügt. Erleichtert wurden die Verhandlungsprozesse dadurch, dass der Vereinsvorsitzende die politischen Entscheidungsträger kannte, da er selbst in der Stadt Unna im Ausschuss für Stadtentwicklung als sogenannter sachkundiger Bürger tätig ist.

Der unbefristete Vertrag zwischen der Stadt und dem Verein ist vorteilhaft für den Verein, da er festlegt, dass alle anfallenden Kosten durch die Nutzungsstunden zu teilen und anschließend auf die Kostenträger zu verteilen sind. Entsprechend zahlt die Stadt ihren Anteil an 25 Wochennutzungsstunden. Nicht berücksichtigt werden jedoch die Einnahmen des Vereins, die dieser vor allem durch die hohe Auslastung des Bads erreicht hat. Allerdings konnte der Verein die beschriebenen Investitionen nur durch das Ansparen dieser Gewinne tätigen. In der Zwischenzeit ist die Arbeit des Hellweg-Bad-Vereins so erfolgreich, dass es sich die Stadt politisch nicht erlauben könnte, den Vertrag mit dem Verein zu lösen. Auf der Grundlage dieses Vertrages gestaltet sich die Zusammenarbeit zwischen Stadt und Verein relativ vertrauensvoll.

Was die vereinsinternen Entscheidungen betrifft, kann der Vereinsvorstand grundsätzlich alle Entscheidungen allein treffen. Elementare Entscheidungen (beispielsweise Investitionsentscheidungen) werden dagegen in der Jahreshauptversammlung beschlossen.

Chancen, Risiken, Konflikte

Das Bad war in städtischer Trägerschaft nicht auf rentable Weise zu führen, da die damalige Auslastung von 25 Wochenstunden keine Kostendeckung ermöglichte. Die Stadt hätte die große Fülle der Maßnahmen, die jetzt ehrenamtlich über den Verein laufen, selbst nicht kostendeckend tätigen können, da sie hierfür hauptamtliche Mitarbeiter/innen entlohnen müssen hätte.

Der Übergang des Hellweg-Bads Unna-Lünern in private Trägerschaft ist so erfolgreich verlaufen, dass es zu einem kleinen Modellprojekt avancierte. Immer wieder melden sich Besuchergruppen beim Vereinsvorstand an, die das Bad besichtigen wollen und sich konkrete Hilfe und Tipps für ähnliche Fälle erhoffen.

Der Vereinsvorsitzende kritisiert die mangelnde Bereitschaft der Kommune, ein so erfolgreiches Modell wie das des Hellweg-Bades zu vermarkten beziehungsweise bekannt zu machen. Die Stadt Unna lehnt diesen Vorschlag ab, obwohl sich die Unnaer Verwaltung als durchaus kooperativ gegenüber dem Verein erwiesen hat. Dem Vereinsvorstand aber ist es wichtig zu demonstrieren, dass solche Entwicklungen durchaus positiv verlaufen können, und man möchte diese positiven Entwicklungen als ermutigendes Beispiel für andere Bürger/innen verstanden und dokumentiert wissen.

3.3 Diskussion und Auswertung der Fallbeispiele

Im Folgenden sollen die zuvor dargestellten Fallbeispiele in Hinblick auf die leitenden Fragen unserer Untersuchung zusammenfassend diskutiert werden. Die Abbildung 7 veranschaulicht dabei in einer Art Übersicht die wichtigsten in der Auswertung zur Sprache kommenden Aspekte. So wie in den Beispielsbereichen Schule und Altenpflege/Altenhilfe sind auch hier in der zusammenfassenden Abbildung jene Elemente, die sich nicht eindeutig den Bereichen „Markt", „Staat und Kommune" und „Soziales Kapital" zuordnen lassen in den Räumen zwischen den jeweils maßgeblichen Einflussachsen verortet worden. Der Begriff des „Sozialen Kapitals" steht dabei einmal mehr als Metapher für die möglichen Beiträge der Bürgergesellschaft.

Abb. 7: Kultur und Sport – Ressourcen, Organisationsstrukturen, Einflussgrößen

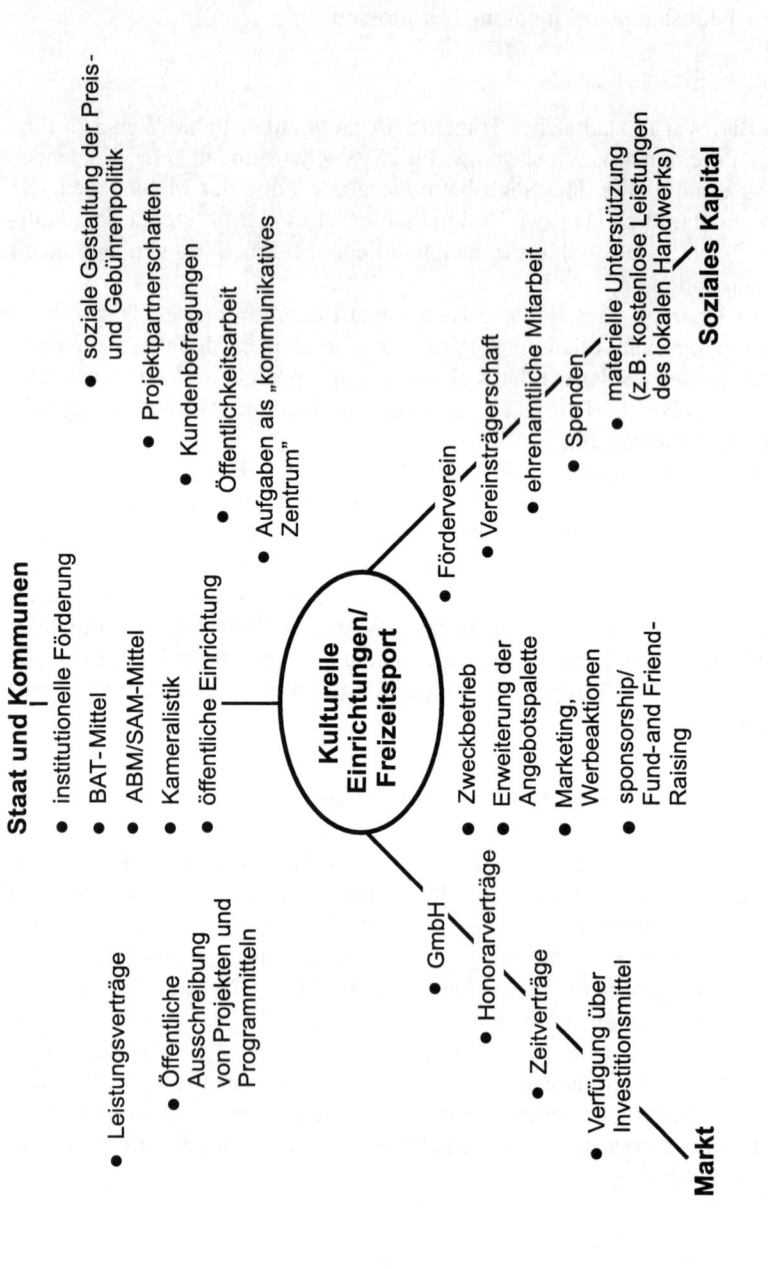

Staat und Kommunen

- institutionelle Förderung
- BAT-Mittel
- ABM/SAM-Mittel
- Kameralistik
- öffentliche Einrichtung

- Leistungsverträge
- Öffentliche Ausschreibung von Projekten und Programmitteln

Kulturelle Einrichtungen/ Freizeitsport

- soziale Gestaltung der Preis- und Gebührenpolitik
- Projektpartnerschaften
- Kundenbefragungen
- Öffentlichkeitsarbeit
- Aufgaben als „kommunikatives Zentrum"

- Förderverein
- Vereinsträgerschaft
- ehrenamtliche Mitarbeit
- Spenden
- materielle Unterstützung (z.B. kostenlose Leistungen des lokalen Handwerks)

Soziales Kapital

- GmbH
- Honorarverträge
- Zeitverträge
- Verfügung über Investitionsmittel

- Zweckbetrieb
- Erweiterung der Angebotspalette
- Marketing, Werbeaktionen
- sponsorship/ Fund-and Friend-Raising

Markt

154

Genese

Hier lassen sich drei verschiedene Fallkonstellationen identifizieren:
- In bestimmten Fällen, wie bei soziokulturellen Einrichtungen oder Kommunikationszentren, überwiegt die Eigeninitiative und die Gründung eines eigenständigen Vereins (siehe z.B. Dresden und Köln).
- Die (drohende) Schließung einer öffentlichen Einrichtung löst Protest aus. Es finden sich engagierte Personen, die sich für ihren Erhalt einsetzen (vgl. die Fallbeispiele des Bades Unna-Lünern, der Stadtteilbibliothek in Hamburg oder des Theaters in Fürth).
- Die Mitarbeit von Förderkreisen und Ehrenamtlichen wird von politischen Entscheidungsträgern/Entscheidungsträgerinnen und/oder von Leitern/Leiterinnen der betroffenen öffentlichen Einrichtungen betrieben (vgl. die Beispiele aus Mannheim und Braunschweig).

Organisationsstruktur

Im Bereich der Hochkultur, genauer: bei Museen, Theatern und Bibliotheken, verbleibt die Trägerschaft der Einrichtungen in der Regel bei Stadt und Land. Das mobilisierte soziale Kapital an direkter Unterstützungsbereitschaft kristallisiert sich – etwa in Form von Fördervereinen – an der vorhandenen Organisationsstruktur aus (Mannheim, Fürth, Hamburg, Braunschweig). Im Bereich der Soziokultur und der Freizeiteinrichtungen (Dresden, Neukirchen, Köln, Unna-Lünern) ist das Engagement der gesellschaftlichen Akteure hingegen auch organisatorisch strukturbildend – gemeinnützige Vereine herrschen vor (ähnliche Beobachtungen im Kultur- und Sportbereich: Wagner 2000a; Rosenbladt/Blanke 2000).

Auch wenn rein juristisch verschiedene Trägerschaften klar zu unterscheiden sind, so ergibt das komplexe organisatorische Zusammenspiel zwischen staatlich-kommunalen Stellen und Formen der gesellschaftlichen Initiative und Vereinsbildung dennoch eine Vielfalt von Variationsmöglichkeiten im Organisations- und Trägermix. In einzelnen Fällen wird durch (markt-)wirtschaftliche Komponenten das Puzzle noch komplizierter. Im Reiss-Museum Mannheim gibt es beispielsweise neben dem kommunalen Träger einen gemeinnützigen Förderkreis und eine Service GmbH, die den Museums-Shop betreibt.

Angebote

Das Engagement der Bürger/innen hilft ganz überwiegend, die Angebote zu erhalten, wenn möglich zu erweitern oder den kulturellen Einrichtungen zusätzliche finanzielle Einnahmequellen zu verschaffen. Im Theaterbereich sorgen die Fördervereine zum Beispiel für die Nachwuchsförderung. Ihre materielle Unterstützung gilt insbesondere dem investiven Bereich, in dem die öffentlichen Mittel ansonsten nicht ausreichend sind. Im Museumsbereich werden einerseits die Dokumentationsarbeiten weitergeführt, die ansonsten unter den Tisch fielen, andererseits können durch die Freiwilligen erweiterte Angebote für das Publikum, wie z.B. zusätzliche Führungen für Kinder, Märchenstunden etc., gemacht werden. Engagement ist nicht nur „Ausfallbürge", sondern zumeist auch Antrieb für Qualitätsverbesserungen. Das zeigen nicht nur die verlängerten Öffnungszeiten und das erweiterte Angebot in den Bädern oder die Veranstaltungen in der Bibliothek. Zusätzlich ist in diesen Einrichtungen festzustellen, dass sie sich in den jeweiligen Gemeinden oder Stadtteilen stärker als eine Art von Kommunikationszentren etablieren.

Das Angebot wird dort reduziert und qualitativ schlechter, wo die Freiwilligen allein zu dem Zweck eingesetzt werden, die Tätigkeit abzubauender Arbeitsplätze bis zu einem gewissen Grad zu substituieren. In dieser Perspektive wird Engagement lediglich als eine grundsätzlich zweitklassige, dafür aber kostengünstigere Möglichkeit der Erledigung derselben Tätigkeiten angesehen. Trägt man jedoch der Tatsache Rechnung, dass ehrenamtlich Engagierte ein anderes Qualifikationsprofil und Tätigkeitspotenzial haben, dann kann ihr Einsatz mit einer qualitativen Reform der Einrichtung verbunden sein und damit zu einer höheren Attraktivität der Angebote führen (vgl. die Bibliotheksbeispiele aus Hamburg und Braunschweig).

Zum Mix verschiedener Elemente

(a)   Staat

Insgesamt sind die staatlichen finanziellen Beiträge in allen empirisch untersuchten Beispielen zurückgegangen. Und überall ist es ein Zuwachs im Engagement der professionellen Mitarbeiter/innen (Dresden, Köln) oder der engagierten (oft ebenfalls professionell agierenden) Bürger/innen und gesellschaftlichen Institutionen (als Ehrenamtliche, Partner, Sponsoren) gewesen, der den Einrichtungen half. Dass die Zuwendungen vom Sozial- oder Kulturdezernat, von der Stadt, dem Bezirk oder dem Land, vom Bundesamt für Zivildienstleistende oder vom Arbeitsamt oder gar von der Europäischen Union oder öffentlichen Stiftungen kommen, erschwert die Aufgaben- und Ressourcenplanung. Die Einrichtungen wären einfacher zu führen, wenn von städtischer Seite aus eine gewisse Planungssicherheit gewährleistet wäre. Die Kulturfabrik in Dresden beispielsweise hat gute

Erfahrungen mit einem mit der Stadt ausgehandelten Budget über drei Jahre gemacht. Das Bad in Unna-Lünern konnte nur deshalb renoviert werden, weil die Stadt Unna bereit war, eine Kreditbürgschaft für den Hellweg-Bad e.V. zu übernehmen.

(b)　　Markt

Die Eigeneinnahmen resultieren in der Regel aus Mitgliedsbeiträgen, aus Eintritts- oder Kursgebühren, aus Einnahmen durch Vermietung oder Verpachtung oder durch eingeworbene (Projekt-)Drittmittel. Es liegt an den Anbietern/Anbieterinnen, die Angebote so attraktiv zu gestalten, dass sie eine hohe Auslastung erreichen. Der riesa efau in Dresden lässt regelmäßig das Kursangebot durch Befragung der Benutzer/innen evaluieren, um die Angebote verbessern zu können. In den Fallbeispielen, die über eine Zuweisung von der Kommune frei verfügen durften (Fürth und Dresden), ergab sich mehr Handlungsfreiheit für das interne Management, und dadurch konnten Effizienz und Auslastung gesteigert werden. Alle Einrichtungen bemühen sich, Sponsoren zu finden. Hierbei müssen jedoch die regionalen Besonderheiten berücksichtigt werden: Insbesondere im Osten der Republik und in sozialen Brennpunkten im Westen sind die Einrichtungen für potenzielle Sponsoren uninteressant, weil sie ein bestimmtes Zielpublikum nicht erreichen können und/oder die lokal ansässigen Firmen und Betriebe selbst auf eine derartige Form der Eigenwerbung noch nicht eingestellt sind.

Am Beispiel der Bäder und der Theater, die den Mitgliedern ihrer Fördervereine besondere Konditionen im Abonnement bieten, wird aber auch deutlich, dass der Ressourcenmix nicht immer trennscharf in die drei Teile Staat, Markt und soziales Kapital aufzugliedern ist. Mitgliedsgebühren, ein wichtiges Element des sozialen Kapitals, sind zugleich eine Form der Einnahmequelle, die Nutzungsentgelte stabilisieren kann.

(c)　　Soziales Kapital

Den meisten der untersuchten Einrichtungen ist eine enge Vernetzung zum lokalen Umfeld und zu anderen Institutionen des Stadtteils gut gelungen. Vom Bürgerzentrum in Köln ging während der ersten Jahre des Bestehens sogar die Gründung einer Stadtteilrunde aus. Manche der Einrichtungen, wie zum Beispiel das Bad in Unna-Lünern, sind auf dem Weg, zugleich so etwas wie (Stadtteil-)Kommunikationszentren zu werden. Hier werden bewusst Aufgabenstellungen gepflegt, die jenseits des engen Kanons der unmittelbaren sachlichen Zwecke liegen; das Ziel- und Nutzenbündel der Einrichtungen vergrößert sich.

Insbesondere im Bereich der „Hochkultur" hat der Anteil von ehrenamtlich engagierten Frauen besonderes Gewicht, die, finanziell über den berufstätigen Ehemann abgesichert, eine sinnvolle Tätigkeit suchen. Ferner können in diesem Bereich, insbesondere bei Theatern und Museen, noch am ehesten finanzkräftige Spender/innen und Stifter/innen mobilisiert werden. Im Bereich Soziokultur ist Sponsoring hingegen nur in geringerem Maße mit Prestigegewinn verknüpfbar. Angesichts geringer staatlicher Förderung und vergleichsweise schmaler/begrenzter/wenigen Möglichkeiten der Mobilisierung sozialen Kapitals wird die Suche nach Marktressourcen gerade hier eine große Rolle spielen. Das kann z.B. zur Aufwertung der wirtschaftlich ergiebigeren Bestandteile des Angebots und zur schrittweisen Kommerzialisierung führen.

Beschäftigung und Mitarbeit

Ehrenamtliches Engagement kann Beschäftigung schaffen. In Dresden und Köln wurde die Arbeit auf ehrenamtlicher Basis begonnen, bevor ABM-Stellen und andere vom Arbeitsamt geförderte Stellen geschaffen wurden. In der Zwischenzeit gibt es in beiden soziokulturellen Zentren feste Stellen. In Braunschweig wurde hingegen der Einsatz von Ehrenamtlichen explizit dazu genutzt, um Personal abzubauen. Und überall dort, wo öffentliche Einrichtungen bereits geschlossen waren und erst in privater Trägerschaft wieder eröffnet werden konnten, waren die Entwicklungen mit Arbeitsplatzreduzierungen verbunden (Hamburg, Unna-Lünern). Im Theater- und Museumsbereich findet sich die Tendenz, mit der Einstellung neuer Kräfte ein Arbeitsmarktsegment zu vergrößern, das weder besondere Einkommens- und Karrieremöglichkeiten, noch soziale Sicherheit bietet.

Sehr oft greift man – in Ermangelung von Alternativen finanzieller Unterstützung – auf Programme des zweiten Arbeitsmarktes zurück (ABM und SAM). Mit solchen Maßnahmen gehen hohe Fluktuationen unter den Mitarbeitern/Mitarbeiterinnen einher, verbunden mit der Notwendigkeit, immer wieder neue Mitarbeiter/innen einarbeiten und motivieren zu müssen. In Dresden, Köln, und Unna-Lünern werden auch verstärkt Honorarkräfte herangezogen, sei es um Kurse anzubieten oder um bei anfallenden Verwaltungsarbeiten zu helfen. Immer wieder arbeiten auch Personen in den Institutionen mit, deren Tätigkeit im Rahmen von §19 BSGH gefördert wird. Für sie wie auch für ABM- und SAM-Kräfte gilt, dass eine solche Zusammenarbeit am ehesten funktioniert, wenn die in Frage kommenden Personen bereits die Einrichtung kennen oder explizit den Wunsch äußern, dort eingesetzt zu werden.

Verallgemeinernd kann man sagen, dass beides richtig ist: Durch die beschriebenen Entwicklungen im Bereich Kultur und Sport wurden Arbeitsplätze geschaffen und gestrichen. Das ist Kennzeichen eines jeden Strukturwandels in Branchen und Arbeitsbereichen; die Frage ist, inwieweit z.b. die Gewerkschaften über ein Konzept verfügen, das auch für neue Formen der Mitarbeit jenseits des traditionellen Normalarbeitsverhältnisses Platz bietet und darüber hinaus auch der Einbeziehung von Engagement Raum gibt.

Entscheidungsstrukturen

Dort, wo die Einrichtungen in öffentlicher Trägerschaft bleiben, wie im Museums-, Theater- und Bibliotheksbereich, ändert sich an Entscheidungsstrukturen kaum etwas. Die Fördervereine arbeiten den öffentlichen Institutionen zu: „Wir tun alles für die Oper in Absprache mit der Oper", so die Aussage eines Vorstandsmitglieds des Fördervereins der Komischen Oper in Berlin (ein hier nicht dokumentiertes Fallbeispiel). In freien Kultureinrichtungen hat man hingegen den Anspruch, alle Betroffenen in die Entscheidungen mit einzubeziehen. Allerdings, der Rahmen für diese Entscheidungen über das eigene Profil wird häufig durch die Dominanz und z.T. die schlechte Berechenbarkeit der öffentlichen Förderung gesetzt, und durch die Konditionen, die damit verbunden sind.

Risiken und Chancen

Anhand der Fälle aus dem Bereich Kultur und Sport lässt sich eine neue Entwicklung erkennen: Vor der Schließung stehende öffentliche Einrichtungen wurden hier durch das Engagement der Bürger/innen wieder geöffnet; neue Formen der Trägerschaft ermöglichen effizientere Bewirtschaftungsformen und eine unternehmerische Orientierung, die zuvor bei kommunaler Trägerschaft nicht anzutreffen waren. Öffentliche Einrichtungen können durch das Engagement und die Mitarbeit von Bürgern/Bürgerinnen attraktiver gemacht und Angebote erweitert werden, wenn die öffentlichen Träger weiterhin für die Grundausstattung der Einrichtungen sorgen und die Kürzungen ihrer Beiträge auf ein bestimmtes Maß beschränken. Diejenigen Institutionen, die sich ihrem lokalen Umfeld öffnen und ehrenamtlich Mitarbeitende aufnehmen, sind prinzipiell fester im lokalen öffentlichen Raum verankert.

Die beschriebenen positiven Beispiele sind jedoch sehr voraussetzungsvoll. Bürgerschaftliches Engagement und die Ressource Sozialkapital stellen keinen fest einplanbaren Etatposten dar. Schließlich kommt mit derartigen gesellschaftlichen Ressourcen auch soziale Ungleichheit stärker ins Spiel. Die Kinderbibliothek in Hamburg befindet sich in einem wohlhabenden Stadtteil, und die dortige Vorstandsvorsitzende sagte im Interview: „Das funktioniert natürlich nicht in jedem Hamburger Stadtteil." Gerade in sozialen Brennpunkten und im Osten der Republik sind engagierte Persönlichkeiten mit manageriellem Know-how, Sachverstand und guten Beziehungen sowie ein finanziell gesundes und potentes Umfeld nur schwer zu finden. Und schließlich gilt: Durch das Engagement der Bevölkerung werden öffentliche Einrichtungen und damit verbundene Erwerbsarbeitsmöglichkeiten erhalten, nicht jedoch bestimmte Beschäftigungsstrukturen konserviert.

Gibt es so etwas wie Umrisse einer impliziten reformpolitischen Programmatik, die sich aus der Zusammenfassung und Auswertung der Fallbeispiele herausschälen lassen? Neben vielem anderen liegt eine Schwierigkeit für so etwas in der Breite und Verschiedenheit eines Feldes, das von Einrichtungen der kulturellen Grundversorgung – wie etwa mit Bibliotheken – bis zu Einrichtungen reicht, von denen Spitzenleistungen erwartet werden, wie etwa Theater oder Museen. Angesichts dessen bleiben allgemeine Aussagen oft bloße Allgemeinplätze. Außerdem gibt es wahrscheinlich zu wenig Erfahrungen mit Konzepten jenseits von Kommerz- und Subventionskultur. Noch ist kaum ausgelotet, wie ein besseres Management und eine Kosten sparende Produktion im Kulturbereich aussehen könnten, die gleichwohl eigenständigen kulturellen und sozialen Zielen verpflichtet bleiben.

Außerdem kann das Votum für einen „Ressourcenmix" solange von allen unterschrieben werden, wie der vorstellbare Anteil jeder Seite – Staat, Wirtschaft, Bürgerschaft – von einer nur symbolischen bis zu einer alles andere marginalisierenden Größe variieren kann. Fördervereine und ehrenamtliches Engagement werden in der Regel zum Gesamtbudget einer Kultureinrichtung immer nur einen kleinen Teil beitragen können. Größere Schwankungen kann es schon im Bereich des Sponsoring geben. Allerdings, wenn man die Erzählungen vom Wunderland USA, wo große Kultureinrichtungen mit minimaler öffentlicher Förderung auskommen, überprüft, wird man vor allem zweierlei erfahren: Für viele Untenehmen und gut Verdienende rechnen sich ihre Spenden mehr als in Deutschland; was sie privat geben, geht zum allergrößten Teil dem Staat als Einkommenssteuer verloren. So finanziert der Staat kulturelle Aktivitäten, ohne aber auf die Platzierung der Ressourcen irgendeinen Einfluss zu haben. Außerdem rechnet sich in einer Mediengesellschaft publicityträchtiges Sponsorentum sehr viel besser als die Unterstützung vergleichsweise glanzloser Einrichtungen der kulturellen Grundversorgung vor Ort. Alles in allem: Verficht man ein ordnungspolitisches Leitbild, nach dem die

Verantwortung für öffentliche Einrichtungen grundsätzlich gesellschaftlich mitgetragen werden sollte, dann ist damit über das wünschenswerte relative Gewicht (außer-)staatlicher Beiträge in einem konkreten Teilbereich noch nichts ausgesagt.

Die Argumentation sollte deshalb grundsätzlicher geführt werden. Wäre es nicht vor allem eine Aufgabe der Politik, Prozesse einer gesellschaftspolitischen Neuverständigung darüber einzuleiten, welche Entwicklungen man auf keinen Fall möchte – z.B. eine weitgehende Kommerzialisierung eines Kulturbereichs oder seine weitere ausschließlich staatliche Alimentierung? Das mag banal klingen, aber tatsächlich ist die Auseinandersetzung mit beiden Positionen eine schwere Herausforderung. Denn die Idee, dass Kultur keinerlei „wirtschaftlichen Zwängen" und „Abhängigkeiten" ausgesetzt werden sollte, bildet noch immer so etwas wie eine Allianz zwischen traditionellen Sozialstaatsorientierungen und Konzepten einer „autonomen" Kunst. Der angesprochene Minimalkonsens über Wege, die man nicht (weiter) verfolgen will, ist aber Voraussetzung für die Einsicht in die Unvermeidbarkeit der Bildung eines positiven common sense darüber, wie sich in einem Teilbereich von Kultur zukünftig staatlich-kommunale Unterstützung, finanzielle Beiträge der Wirtschaft und Beiträge aus der Bürgerschaft balancieren und verschränken sollten.

4. Der Bereich Altenpflege und Altenhilfe

Ulrich Rauch

4.1 Zum Hintergrund der Fallbeispiele ■

Während noch bis zur Mitte des 20. Jahrhunderts Altenhilfe und -pflege im Rahmen der Armenfürsorge weitgehend kommunal, aber auch durch bürgerschaftliches/kirchliches Engagement getragen wurde, ist dieser Bereich seit den 70er Jahren zunehmend in den sozial-staatlichen Leistungsbereich integriert worden. Gleichzeitig wuchs der Bereich gewerblicher und kommerzieller Träger und Angebote. Seit der Einführung der Pflegeversicherung ist die in der Altenpflege traditionell hohe Bedeutung kommunaler und bürgerschaftlicher Elemente gegenüber einer sozialstaatlich regulierten Finanzierung durch die gesetzlichen Krankenkassen und einen Wettbewerb von Anbietern in freier oder kommerzieller Trägerschaft immer weiter zurückgegangen. Trotzdem, der heute dominierende Mix aus „Markt" und „Staat" wird hier und dort durch kommunale und lokale freie Träger und Initiativen, bei denen bürgerschaftliches Engagement eine Rolle spielt, erweitert oder durchquert. Wie die Beispiele zeigen, sind solche Erweiterungen bisweilen eher historische Restbestände und „Erinnerungsposten", bisweilen aber auch Versuche eines Neuanfangs, im Rahmen dessen man den möglichen Beitrag kommunaler und bürgerschaftlicher Elemente zu (re-)vitalisieren versucht. Damit verbundene aktuelle Probleme und Kontroversen werden im letzten Teil, insbesondere mit Blick auf die im Gesetzestext geforderte Entwicklung „einer „neuen Pflegekultur" beleuchtet.

Entwicklungslinien stationärer und ambulanter Altenhilfe und -pflege

Sowohl die ambulante als auch die stationäre Altenhilfe haben eine lange Tradition im Hinblick auf die Unterstützung und Förderung durch lokal verankertes Engagement bzw. Sozialkapital. So reichen die Anfänge der institutionellen, stationären Versorgung alter Menschen bis in die Hospize der Klöster, zu frommen Stiftungen und in die Spitäler der Gemeinden des frühen Mittelalters zurück (Conrad 1994; Irmak 1998). Eine institutionelle Trennung zwischen Armen- und Altenpflege vollzog sich erst langsam in der zweiten Hälfte des 19. Jahrhunderts. Wenig heilungsversprechende Fälle wie ältere chronisch Kranke, Behinderte und Pflegebedürftige wurden in so genannte „Siechenhäuser" ausgegliedert, mit einem wachsenden Anteil älterer Menschen unter den Betreuten; sukzessive entstand ein neuer Einrichtungstyp: Alten- und Pflegeheime. Einen großen Anteil an der Finanzierung der „Siechenhäuser" hatten bürgerlich-karitativ inspirierte Vereine und Stiftungen, Schenkungen und Spenden. Im Zuge der weiteren Entwicklung der stationären Altenhilfe und -pflege übernahmen die sich zu Spitzenverbänden zusammenschließenden freien Verbände und Vereinigungen zu einem großen Teil die Trägerschaft für stationäre Altenhilfeeinrichtungen. So wurden etwa in den 1920er Jahren, trotz eines gewachsenen Engagements kommunaler/staatlicher Instanzen, zwei Drittel aller Plätze in den so genannten „Siechenanstalten" von der Freien Wohlfahrtspflege getragen (von Ballusek 1980).

Eine deutliche Expansion der stationären Altenhilfe und -pflege setzte jedoch erst zu Beginn der 60er Jahre ein. Die dominierende Stellung der verbandlichen Wohlfahrtspflege als Träger von Einrichtungen ist dabei bis heute ungebrochen. So sind trotz der Einführung von Wettbewerbsprinzipien im Rahmen der Umsetzung des Pflegeversicherungsgesetzes und der damit einhergehenden Zunahme privat-gewerblicher Träger nach wie vor über die Hälfte aller stationären Altenhilfeeinrichtungen in wohlfahrtsverbandlicher Trägerschaft (Wissenschaftliches Institut der AOK 1998; Pabst 1998).

Auch die ambulante Alten- und Krankenpflege hat, wie die stationären Einrichtungen, ihre Ursprünge zum einen in den geistlichen und weltlichen (Pflege-)Orden und Genossenschaften des Mittelalters und zum anderen in der staatlichen/kommunalen „Hausarmenpflege" des frühen 19. Jahrhunderts. Parallel dazu nahmen sich auch private Wohltätigkeits- und Frauenvereine sowie kirchliche Neugründungen von Krankenpflegevereinigungen der häuslichen Kranken- und Altenpflege an. Im Laufe des 19. Jahrhunderts gab es einen ungeheuren Aufschwung der von evangelischen und katholischen Ordensschwestern geleisteten Gemeindekrankenpflege. Unterstützt wurde sie durch aktives ehrenamtliches Engagement der Gemeindemitglieder sowie von bürgerlich-karitativen Wohltätigkeits- und Frauenvereinen, die vielfach die Trägerschaft der Gemeindepflegestationen übernahmen und für einen Großteil der Finanzierung aufkamen (von Ballusek 1980; Bischoff 1994). In der Folge entstanden eine Reihe von (Wohltätigkeits-)Vereinen und Organisationen (Caritasvereine, Vereine der Inneren Mission u.a.) und, bedingt durch den offensichtlichen Mangel an qualifizierten Arbeitskräften in der Kranken- und Altenpflege, zahlreiche (Neu-)Gründungen von katholischen (Barmherzige Schwestern, Orden der Klementinerinnen, Kongregation der Armen Dienstmägde Christ u.a.) und evangelischen (Diakonissen) Pflegeorden, die sich vor allem an bürgerliche Frauen als potenzielle Mitglieder richteten.

Im evangelischen Bereich ist in diesem Zusammenhang die Gründung der Diakonissenausbildungsstätte in Kaiserswerth 1836 von Bedeutung, die als so genannte „Diakonissenmutterhaus" Initialwirkung hatte (Röper/ Jüllig 1998). In den sich rasch ausbreitenden „Mutterhäusern", erhielten die Schwestern eine theologische und pflegerische Ausbildung und wurden dann qua Gestellungsvertrag an Krankenhäuser und Gemeinden „ausgeliehen". Zur rechtlichen und finanziellen Absicherung der Arbeit der Diakonissen vor Ort wurden in der Regel spezielle Trägervereine gegründet, die mit den Mutterhäusern vertragliche Regelungen über Einsatz und Finanzierung der Schwestern abschlossen (Grothe 1995; Palm 1998; Diakonisches Werk der evangelischen Kirche in Württemberg e.V. 1996; Diakonisches Werk der evangelischen Landeskirche in Baden e.V. 1998).

Lokale (Träger-)Vereine hatten auch am Aufbau und Erhalt der Gemeindepflegestationen einen großen Anteil, wie etwa anhand einer Untersuchung von 1928 deutlich wird: Danach erfolgte die Finanzierung der damals über 10.000 Gemeindepflegestationen zu 40-60% aus Vereinsmitteln. Hinzu kamen Spenden von Bürgern/Bürgerinnen und Institutionen sowie Beiträge von Gemeinden, Kreisen und Versicherungsträgern (von Ballusek 1980). Insbesondere im ländlichen Raum sind viele dieser Vereine noch bis in die heutige Zeit aktiv (siehe Krankenpflegeverein Adelberg; Diakonisches Werk der evangelischen Kirche in Württemberg e.V. 1996; Diakonisches Werk der evangelischen Landeskirche in Baden e.V. 1998). Bis in die 1970er Jahre war dieses Modell gemeindenaher Pflegestationen, getragen und unterstützt von lokalem Engagement (ehrenamtliche Frauenarbeit und Trägervereine), für die ambulanten Hilfe- und Pflegestrukturen in Deutschland bestimmend (Röper/Jüllig 1998). Dem entsprach die mangelnde sozial-staatliche Absicherung des Pflegerisikos. Bis zur Pflegeversicherung waren für die Finanzierung von Hilfe- und Pflegeleistungen die Betroffenen und ihre Angehörigen bzw. die Sozialhilfeträger verantwortlich.

Pflege im Rahmen versorgungsstaatlich orientierter Konzeptionen

Aus dieser historisch gewachsenen Einbettung in das lokale Gemeinwesen wurde die häusliche Pflege erst mit der ab den 1970er Jahren einsetzenden Modernisierung der pflegerischen Versorgungsstruktur herausgelöst. Ein entscheidender Entwicklungsschub wurde mit der Einführung von Sozialstationen eingeleitet. Die staatlich geförderte Entwicklung der ambulanten

Versorgungsstruktur hatte zum Ziel, durch Landes- und kommunale Zuschüsse die Träger der Gemeindepflegestationen dazu zu veranlassen, ihre bisherigen Organisationsstrukturen zu modernisieren (z.B. auch durch Zusammenlegung mehrerer Gemeindepflegestationen zu einer Sozialstation) und ihre Leistungsangebote quantitativ und qualitativ weiterzuentwickeln. Mittels staatlicher Regelungen im Rahmen der Altenhilfepolitik von Ländern und Kommunen sollte eine flächendeckende Versorgungsstruktur erreicht werden, z.b. durch die Festlegung von Anzahl und Einzugsgebieten der Stationen durch Kommunen und Landkreise. Dabei bestand die kommunale Unterstützung in der Regel in der Übernahme eines Teils der entstandenen Defizite bei den laufenden Betriebskosten („Defizitfinanzierung"). Damit einher ging die Entwicklung von Altenhilfepolitik und -planung, z.B. durch die Einrichtung von Beratungs- und Koordinierungsstellen („Leitstelle älter werden" u.a.) bei Kommunen und Landkreisen, die zu einer besseren Kooperation und Vernetzung von Angeboten und Trägern führen sollte (Damkowski/Görres/Luckey 1988). Vor allem in ländlichen Regionen wurden vielerorts die Gemeindepflegestationen mehrerer Träger (Kommunen, Kirchengemeinden, Vereine) zu einer Sozialstation zusammengefasst. Die vormals bestehenden engen Bindungen der Gemeindemitglieder zu „ihrer Gemeindeschwester" gingen dadurch zu Gunsten überörtlich tätiger zentraler Pflegeeinrichtungen verloren. Gewissermaßen als Gegenreaktion versuchten deshalb engagierte Bürger/innen, Vertreter/innen von Kommunen und kleinen Trägern, mit einer (Neu-)Gründung von Fördervereinen (auch Förderkreisen) ihren Einfluss auf die Arbeit der Sozialstationen zu bewahren. Oft ging die Gründung von Fördervereinen aber auch deshalb auf die Initiative von Kommunen und Trägern zurück, weil diese daran interessiert waren, ihren Anteil an der Förderung der Sozialstationen und speziell den erheblichen Investitionen in den Anfangsjahren möglichst gering zu halten (Kunstmann 1998).

Pflege in den neuen Ländern

Wie in der BRD, so wurde auch in der DDR die Mehrzahl der hilfe- und pflegebedürftigen alten Menschen in der Familie durch Angehörige betreut und gepflegt. Dagegen wurden Pflegedienste und Einrichtungen überwiegend staatlich, von Kreisen, Städten und Gemeinden, organisiert und bereitgestellt (Alber/Schölkopf 1999; Schmidt 1991).

Die nicht-pflegerische Versorgung älterer Menschen fiel in das Aufgabengebiet der Volkssolidarität. Der Schwerpunkt der Aufgaben und Arbeitsfelder dieser 1945 gegründeten „Massenorganisation" lag auf der sozialen und kulturellen Betreuung alter Menschen: in Seniorenklubs (heute:

Begegnungsstätten), bei der Mahlzeitenversorgung (warme Mittagsmahlzeit in Seniorenklubs und Betriebskantinen, aber auch in Privatwohnungen) und bei hauswirtschaftlichen Diensten, im Rahmen der so genannten Hauswirtschaftspflege (Hauswirtschaft, Einkaufshilfen etc.) (Schmidt 1991; www.volkssolidaritaet.de 2000).

In der DDR wurden zwar seit Beginn der 70er Jahre die Versorgungsangebote massiv ausgebaut, gleichwohl konnte der vorhandene Bedarf weder qualitativ noch quantitativ gedeckt werden (Alber/Schölkopf 1999). Nach der Wiedervereinigung ergab sich im stationären und ambulanten Bereich ein erheblicher Investitionsbedarf, um die baulichen und die Ausstattungs-Standards in den alten Bundesländern zu erreichen (Kohnert 1992). Mit maßgeblicher Unterstützung durch Länder, Kommunen sowie anfangs auch durch Bundesmittel wurden zudem ambulante Pflegedienste nach dem Muster der Organisationsform „Sozialstation" flächendeckend aufgebaut. Der aus dem alten DDR-Hilfesystem übernommene große Bereich der Hauswirtschaftspflege konnte jedoch nur schwer in das sich neu entwickelnde Versorgungssystem integriert werden. Weder in der gesetzlichen Krankenversicherung noch in der Pflegeversicherung ist eine Finanzierung hauswirtschaftlicher Hilfen unabhängig vom Vorliegen von Pflegebedürftigkeit vorgesehen.

Schon früh gelang es bei den entsprechenden Investitionen in Umbau und Modernisierung auch privat-gewerblichen Anbietern, sich im ambulanten Pflegebereich zu etablieren (Kohnert 1992). Parallel dazu vollzog sich der Prozess der Übertragung des Systems der Wohlfahrtsverbände auf die neuen Bundesländer, die hier ihre verbandlichen Domänen und stabile finanziellen Ressourcensysteme aufbauen konnten (Angerhausen/Backhaus-Maul/Schiebel 1995). Mittlerweile hat sich das aus den alten Bundesländern bekannte Spektrum der Freien Träger in Ostdeutschland nahezu flächendeckend etabliert. So tragen die Verbände etwa im stationären Altenpflegebereich zwei Drittel aller Einrichtungen (Alber/Schölkopf 1999).

Eine besondere Rolle spielt jedoch bis heute die Tatsache, dass die große und gut etablierte Organisation der Volkssolidarität (VS) erhalten blieb. Sie wurde formal als Mitglied dem deutschen Paritätischen Wohlfahrtsverband angeschlossen. Wie die vielen kleinen Organisationen, die dort Mitglied sind, konnte sich aber nun auch diese Großorganisation unter dem Schirm des DPWV unter Berücksichtigung der eigenen DDR-geprägten Traditionen reorganisieren. Wie das Beispiel aus Altenburg zeigt, gelang es ihr, ihre Mitgliedschaftsstrukturen als „soziales Kapital" in einen Prozess einzubringen, bei dem ursprüngliche Tätigkeitsgebiete, wie z.B. über ABM finanzierte hauswirtschaftliche Dienste, an Bedeutung verloren haben, während der Aufbau neuer Investitions- und Angebotsbereiche, wie etwa des Seniorenwohnens, nach Maßgabe privater und öffentlicher Förderungsmodalitäten und nach den Regeln des Pflegeversicherungsgesetzes immer wichtiger wurde (Alber/Schölkopf 1999; Volkssolidarität Landesverband Thüringen e.V. 1996). Mittlerweile hat sich das Angebotsspektrum im Altenpflegebereich wie in den westlichen Bundesländern im Wesentlichen auf kassenfinanzierte Leistungen (bzw. Sozialhilfeleistungen) reduziert. Im Bereich der Altenhilfe hat dabei in den letzten Jahren vor allem das „Betreute Wohnen" stark an Bedeutung gewonnen, eine Entwicklung, die den nach wie vor schlechten Wohnbedingungen älterer Menschen in Ostdeutschland Rechnung trägt (vgl. dazu auch das Fallbeispiel des Seniorenvereins Halle). Im Zuge dieser Veränderungen und von internen Organisationsreformen ging zwar die Zahl der Mitglieder der VS von ca. 2 Millionen 1989 auf gegenwärtig 465.000 Mitglieder zurück. Trotz eines zu erwartenden altersbedingten weiteren Rückgangs der Mitgliederzahlen (70% der Mitglieder sind älter als 65 Jahre, vgl. CARE konkret 2000b) ist die VS jedoch nach wie vor der mitgliederstärkste freie Träger in Ostdeutschland. Formal lediglich eine Mitgliedsorganisation unter dem Dach des DPWV, verfügt sie doch über ein eigenständiges Potenzial, das in dieser Dimension keinem Wohlfahrtsverband in Westdeutschland zur Verfügung steht.

Das Pflegeversicherungsgesetz

Die Anerkennung des „Pflegerisikos" als gesetzlich definierter Leistungsanspruch stellt für den Altenpflegebereich einen gewaltigen Entwicklungsschritt dar. Das Pflegeversicherungsgesetz (SGB XI) etabliert einen neuen eigenständigen Zweig der Sozialversicherung. Leistungen bei häuslicher Pflege bekommen die Versicherten seit dem 1. April 1995, bei stationärer Pflege seit dem 1. Juli 1996. Insgesamt erhalten derzeit 1,86 Mio. Pflegebedürftige (ambulant rund 1,31 Mio. und stationär rund 0,55 Mio.) jeden Monat Geld- oder Sachleistungen aus der Pflegeversicherung (BMG-Pressemitteilungen 2000).

Im Hinblick auf ihre Konzeption setzt sich die Pflegeversicherung aus einer Mixtur („mixtum compositum", Evers 1995) verschiedener ordnungspolitischer Vorstellungen und Leitbilder zusammen. So wurde in Bezug auf die Entwicklung und Steuerung der pflegerischen Infrastruktur der bisherige Vorrang der Freien Wohlfahrtspflege zu Gunsten einer gesetzlich verankerten Gleichstellung von gemeinnützigen und privat-gewerblichen Trägern von Pflegediensten und Einrichtungen aufgegeben. Damit ist nach dem Willen des Gesetzgebers ein „Pflegemarkt" entstanden, der gleichwohl hoch reguliert ist. Die Preise für Hilfe- und Pflegeleistungen folgen nicht dem Mechanismus von Angebot und Nachfrage, sondern sie sind das Ergebnis von Verhandlungen zwischen Kranken-/Pflegekassen (und Sozialhilfeträgern) und den Pflegeanbietern. Im Gesetz sind aber auch an versorgungsstaatliche Traditionen anknüpfende Elemente wie die Förderung der Investitionskosten durch die Länder im Rahmen ihrer Infrastrukturverantwortung enthalten (§9 SGBXI).

Sowohl hinsichtlich der Hilfeerbringung als auch in der Finanzierung brechen die Regelungen der Pflegeversicherung mit den bisherigen an Bedarfsdeckung ausgerichteten Prinzipien des Sozialversicherungsrechts. So sollen die Leistungen die „familiäre, nachbarschaftliche oder sonstige ehrenamtliche Pflege und Betreuung" lediglich „ergänzen" (§4.2 SGBXI). Konzipiert als Teilversicherungsbeitrag erhebt das Gesetz folglich weder im häuslichen noch im stationären Bereich den Anspruch, den gesamten Bedarf bei Pflegebedürftigkeit über den neuen Sozialversicherungszweig abzudecken. Eine an individuellen Bedarfen orientierte humane und ganzheitliche Pflege bleibt damit weiterhin auf eigene Beiträge (und/oder Beiträge des Sozialhilfeträgers), auf Hilfen und Leistungen von Angehörigen und gemeinschaftsbezogene Aktivitäten und Unterstützung angewiesen. Dementsprechend zielt das Gesetz darauf ab, Pflegebedürftigkeit bzw. die „pflegerische Versorgung der Bevölkerung" als „gesamtgesellschaftliche Aufgabe" zu bestimmen (§8.1 SGBXI). Länder, Kommunen, Pflegeeinrichtungen und Kassen sollen dabei „die Bereitschaft zu einer humanen Pflege und Betreuung durch hauptberufliche und ehrenamtliche Pflegekräfte sowie durch Angehörige, Nachbarn und Selbsthilfegruppen" unterstützen und fördern. Sie „wirken so auf eine neue Kultur des Helfens und der mitmenschlichen Zuwendung hin" (§8.2 SGBXI).

Diese Gesetzespassagen sind vielfach negativ gedeutet worden. So sehen diejenigen Kritiker/innen, die das SGBXI vorwiegend unter traditionellen Sicherungs- und Versorgungsaspekten betrachten, hierin euphemistische Umschreibungen für wachsenden Kostendruck, unzureichende Absicherung, Deprofessionalisierung und Sozialabbau („Pflege im Minutentakt, satt, sauber, still – Pflege", Fuchs 1997; vgl. Klie 1998).

Der Gesetzestext kann aber auch als Ausgangspunkt für die Entwicklung einer neuen Balance von staatlichen, marktlichen, informellen und gemeinschaftsorientierten Beiträgen und Leistungen interpretiert werden. In dieser Perspektive könnte das SGBXI vielfältige Möglichkeiten zur Entwicklung von Enabling-Konzepten eröffnen, die darauf abzielen, professionelle Hilfen und Beiträge aus dem familialen Umfeld, aus Selbsthilfegruppen und Vereinen, produktiver miteinander zu verbinden und durch Aktivierung des lokalen Umfeldes solche und andere Sozialkapital-Ressourcen zu erschließen und zu aktivieren (Evers 1998).

In der Praxis sind diese im Gesetz thematisierten Möglichkeiten zur Entwicklung einer derartigen „neuen Kultur des Helfens" jedoch nicht zum Tragen gekommen. Mit der Verlagerung zentraler Verantwortungsbereiche des SGBXI (Pflegesatzverhandlungen, Einstufungen, Qualitäts- und Wirtschaftlichkeitsprüfungen u.a.) auf die Pflegekassen wurde auch die Logik des medizinischen Versorgungssystems mit seiner eingeschränkten Orientierung an somatischen Bedarfslagen und hiermit einhergehender Standardisierung und Medikalisierung von Angeboten und Leistungen auf den Pflegesektor übertragen. Der Pflegebereich hat sich zu einer Art Vorfeld des Bereichs der medizinischen Versorgung entwickelt. Finanziert werden fast ausschließlich quasi-medizinische Leistungen; zum einen erhalten administrative und bürokratische Anforderungen und Regelungen ein immer stärkeres Gewicht (Qualitätssicherungsmaßnahmen, Pflegebuchführungsverordnung, Pflegeplanung und -dokumentation u.a.). Zum anderen hat die Marktöffnung im Pflegebereich bislang vor allem zu einer an Marketingkonzepten, Kostenreduktion und Trägerfusionen ausgerichteten Ökonomisierungstendenz geführt. Auf Grund dieser problematischen Mixtur von betriebswirtschaftlichen Orientierungen und der Einführung von bürokratisch zentralistischen Leistungs- und Finanzierungsstrukturen besteht für die Herausbildung einer umfassenden und pluralen Pflegekultur, die auch wesentliche Elemente einer neuen „Kultur des Helfens", wie etwa die Aktivierung und Förderung von Sozialkapital-Ressourcen und lokalen Solidaritäten (Fördervereine u.Ä.) einschließt, nur wenig Entwicklungsraum. Die Vergütungsregelungen forcieren ein Leitbild professioneller Versorgung, in dem für jene Bereiche, die am ehesten mit dem Engagement und der Hilfsbereitschaft von Laien assoziiert werden könnten – Zeit, Zuspruch, Sorge und Hilfsbereitschaft –, kaum Platz zu sein scheint. Die jetzigen lokalen Anbieter arbeiten, insofern es sich nicht ohnehin um gewerbliche kommerzielle Träger handelt, kaum noch mit Ehrenamtlichen. Entsprechende Initiativen könnten zunächst auch kaum mit lokaler und kommunaler Unterstützung rechnen. Denn mit der Zentrierung der Verantwortung auf die Pflegekassen ging die Tendenz zum Rückzug der Kommunen aus dem Feld der Altenhilfe und -pflege einher (Evers/ Klie 1999).

Die gegenwärtige Form der Begrenzung des öffentlich finanzierten Leistungsangebotes – eine Blockade für die Entwicklung einer reicheren Angebotsvielfalt

Folgenreich ist die Art und Weise, wie – nicht im Gesetz, aber doch in der Praxis – der Kreis der Leistungen definiert ist, der als zentral und durch die Kassen refinanzierbar gilt. Zwar soll die Pflege „auch die Aktivierung des Pflegebedürftigen zum Ziel haben" und „auch die Bedürfnisse des Pflegebedürftigen nach Kommunikation berücksichtigen" (§28 Abs. 4 SGB XI). Die gewährten Leistungen (Verrichtungen) erfassen jedoch nur Hilfe und Pflegebedarf in den Bereichen Körperpflege, Ernährung, Mobilisierung und hauswirtschaftliche Versorgung (§14 SGB XI, zur Diskussion vgl.: CARE konkret 2000a; Fuchs 1997). Mittlerweile hat auch die Bundesregierung auf die damit z.b. einhergehende Diskriminierung demenzspezifischer Hilfebedarfe reagiert (Verbesserungen für Leistungen der Tagespflege, BMG-Pressemitteilungen 2000). Grundsätzlich steht jedoch eine Vergütungsordnung nicht zur Disposition, die fast ausschließlich „harte" medizinnahe Leistungen zum Gegenstand hat.

Eingeschränkt ist aber nicht nur das gesetzlich finanzierte Angebot, sondern auch die Nachfrage nach Pflegeleistungen – seien sie nun öffentlich oder privat finanziert. Der drastische Anstieg der Zahl ambulanter Pflegedienste seit Beginn der Neunzigerjahre verdeckt, dass auch heute nur ca. ein Drittel der zu Hause lebenden Pflegebedürftigen professionelle Dienste in Anspruch nehmen (Schneekloth et al. 1996; Runde 1996). 77% der zu Hause Gepflegten haben sich für die Geldleistungsalternative entschieden und verzichten damit weitgehend auf die Unterstützung und Pflege durch ambulante Dienste (BT-Drucksache 13/9528). Dies verweist auf eine immer noch weit verbreitete defensive Familienorientierung bei Entscheidungen über häusliche Pflegearrangements – bei den Betroffenen und ihren Angehörigen. Die meisten stehen „fremder" (professioneller) Hilfe eher skeptisch und reserviert gegenüber (Evers/Rauch 2000; Blinkert/Klie 2000). Das durch das Pflegeversicherungsgesetz intendierte Kundenverhalten von Pflegebedürftigen und ihren Angehörigen ist noch weit gehend ausgeblieben. Eine Versichertenbefragung der DAK, die 1999 ausschließlich bei Beziehern von Pflegedienstleistungen durchgeführt wurde, ergab, dass lediglich 29% der Befragten zusätzliche Pflegeleistungen gegen Entgelt in Anspruch nehmen. Sie sehen offensichtlich, so die Befunde der Studie,

> „bislang in pflegerischen Dienstleistungen keine normale marktfähige Dienstleistung [...], für die sie auch bereit wären, Geld in einem erheblichen Umfang einzusetzen" (DAK 1999).

Für mehr Bereitschaft, „fremde" Hilfe und Unterstützung anzunehmen und darüber hinaus dafür eventuell auch noch selbst zu bezahlen, müsste also ausdrücklich geworben werden. Die Pflegeanbieter selbst tun das jedoch nicht bzw. sie tun es ausschließlich für den Leistungsbereich, der von den Kassen vergütet wird. Damit bleiben aber insbesondere hauswirtschaftliche, pflegeflankierende und ergänzenden Hilfeleistungen im Abseits (Evers/Rauch 1999). Wenn sie überhaupt nachgefragt werden, dann weit gehend nur auf dem grauen und schwarzen Markt, wo weder Qualitäten noch Arbeitsbedingungen, freilich auch nicht die Preise einer Kontrolle unterliegen.

Ansätze zur Entwicklung einer umfassenderen und pluralen Pflegekultur

Gegenwärtig läuft der Pflegebereich mit seinen regulären Angeboten also Gefahr, auch zukünftig lediglich eine Monokultur von standardisierten und eng gefassten Leistungen vorzuhalten – ergänzt durch ein System informeller Selbsthilfe auf grauen und schwarzen Märkten. Grundsätzlich gäbe es aber zwei einander nicht ausschließende Wege, um ergänzende und „weiche" Angebote speziell der häuslichen und kommunikativen Hilfe zu einem Teil der regulären Angebote zu machen:

1. Möglich wäre zum einen die Finanzierung zusätzlicher Hilfen und Leistungen *durch kommerzielle Angebote* im Rahmen einer Angebotserweiterung von lokalen (Pflege-)Anbietern. Die Bereitstellung eines flexiblen, niedrigschwelligen Angebots, jenseits einer Refinanzierung durch die Kassen müsste für sie zu einer erwägenswerten Option werden („emphatische Kundenorientierung", Schmidt 2000). Auf Grund der gegenwärtigen Bedingungen im Pflegesektor (s.o.) ist die Aufwertung eines solchen lokal ausgerichteten unternehmerischen Engagements und entsprechender kleinteiliger Marktkomponenten jedoch eher unwahrscheinlich.
2. Zur Finanzierung und Entwicklung pflegeflankierender und „weicher" Leistungen könnte *durch die Aktivierung lokaler Solidaritäten und kommunaler Unterstützung* beigetragen werden. Möglich wäre das zum einen durch den Einbau ehrenamtlicher Angebote in das Angebotsspektrum der schon vorhandenen nicht-gewerblichen Pflegeanbieter, Fördervereine oder Kirchengemeinden; aber auch Kommunen können derartige Angebote gezielt fördern. Eine andere Möglichkeit zur Aufwertung häuslicher und kommunikativer Hilfen bilden sich darauf konzentrierende eigenständige Vereine und Träger; auch sie können mit entsprechenden Förderstrukturen gestützt werden.

Die meisten der nachfolgenden Beispiele illustrieren die zuletzt unter (2.) genannte Entwicklungsperspektive. In den bisherigen zweidimensionalen Mix aus staatlichen und kommerziellen Elementen wird Engagement und lokale Unterstützung, kurz, soziales Kapital als dritte Komponente eingebracht. Auf diesen kurzen Nenner könnte man die nachfolgenden sechs Beispiele bringen. Einige verweisen in erster Linie auf die Vergangenheit einer stärkeren lokalen Einbettung öffentlicher Dienste und Träger im Altenhilfebereich. Andere definieren die Aufgabe der Aktivierung und Nutzung sozialen Kapitals neu. Können sie als Vorzeichen einer Aufwertung sozialen Kapitals in diesem Bereich gelesen werden?

Fest steht zurzeit lediglich, dass bürgergesellschaftlichen Ressourcen und Potenzialen in Diskussionen und Stellungnahmen von Altenhilfeexperten/Altenhilfeexpertinnen wie auch in Konzeptionen und Strategien von einzelnen Trägern wachsende Aufmerksamkeit zuteil wird. Das alle Aspekte von Pflege tendenziell durchsetzende „Kundenparadigma" ignoriert, so der Tenor in der Fachpresse, die Wirklichkeit von Pflegeverhältnissen und die Mentalität Pflegebedürftiger (Tyll 1999; Kunz 2000). Vor dem Hintergrund wachsender ökonomischer Zwänge und einer mittlerweile öffentlich geführten Diskussion über Missstände und Gewalt in der Pflege verstärkt sich die Bedeutung gemeinwesenorientierter, bürgerschaftlicher Projekte (z.B.: die BETA-Projekte in Baden-Württemberg, ehrenamtliche Hospizhilfe, aktive Krankenpflegevereine u.a.). Einige gemeinnützige Träger und Verbände betrachten ihre im lokalen Umfeld gewachsenen Sozialkapital-Bestände, wie ehrenamtliche Mitarbeit und Fördervereine, nicht mehr länger, wie in „modernen" Pflegekonzeptionen üblich, als zu vernachlässigende Traditionsbestände, sondern sie versuchen, diese als Ressourcen, etwa bei der Entwicklung umfassenderer Angebote, gezielt zu nutzen. Auf einem Pflegemarkt könnte das für sie ein entscheidender Wettbewerbsvorteil sein.

4.2 Fallbeispiele im Bereich Altenpflege und Altenhilfe

4.2.1 Der Krankenpflegeverein (KPV) in Adelberg, Baden-Württemberg

Der Krankenpflegeverein (im Folgenden: KPV) bietet in der Gemeinde Adelberg (2000 Einwohner/innen) in Kooperation mit einer in der nahen Kreisstadt Göppingen ansässigen kirchlichen Sozialstation einen Nachbarschaftsdienst mit gegenwärtig 15 Mitarbeiterinnen an. Die Leistungen des Nachbarschaftsdienstes, vorwiegend Hauswirtschaft, pflegeflankierende Tätigkeiten und Alltagshilfen, ergänzen das medizinisch-pflegerische Angebot der Sozialstation in der Gemeinde. Darüber hinaus hat der KPV, als Anlauf- und Beratungsstelle für sozialrechtliche Fragen und Probleme im

Rahmen von Hilfe und Pflege, in der Gemeinde ein Bürgerbüro eingerichtet. Im Gegensatz zu vielen anderen traditionellen Krankenpflegevereinen, die ihre Eigenständigkeit als Träger der Gemeindepflegestationen spätestens mit der Einführung der Pflegeversicherung aufgeben mussten, konnte der KPV durch diese Entwicklung neuer Angebote im Rahmen einer „modernisierten" Konzeption seine auf solidarischer Unterstützung basierende lokale Identität unter neuen Rahmenbedingungen erhalten und weiterentwickeln. Unter den Vorzeichen einer lokal verankerten Hilfe auf Gegenseitigkeit (Motto: „Wir für uns") versteht sich der KPV als öffentliche Einrichtung, die einen wesentlichen Beitrag zur Entwicklung des Dorfes und damit zum Gemeinwohl leistet.

Genese

Ursprünglich lag den um die Jahrhundertwende in Baden-Württemberg gegründeten Krankenpflegevereinen eine genossenschaftliche Idee zu Grunde: Sie sahen ihre Aufgabe darin, mit ihren Mitgliedsbeiträgen die Arbeit der Ordensschwestern/Diakonissen zu ermöglichen, die von ihren Mutterhäusern für Hilfe- und Pflegedienste in die Gemeinden abgestellt wurden („Gestellungsvertrag"). In der Regel kamen die Krankenpflegevereine für die Unterkunft und die Bezahlung der Gemeindeschwestern auf, die Ordenshäuser kümmerten sich um die fachliche und religiöse Ausbildung, die Einsetzung und Abberufung (Diakonisches Werk der Evangelischen Kirche in Württemberg e.V. 1996).

Der KPV Adelberg wurde 1907 als eigenständiger Träger der Schwesternstation in der Gemeinde gegründet. Mit dem Aufbau von Sozialstationen in Baden-Württemberg in den 70er und 80er Jahren wurde zwar die formale Trägerschaft des KPV an die neu gegründete Sozialstation in Kreisstadt übertragen, für Organisation und Finanzierung hatte der KPV jedoch weiterhin die alleinige Verantwortung. Dies änderte sich erst mit der Einführung/Umsetzung der Pflegeversicherung 1996: Für eine Anerkennung als eigenständige „Pflegeeinrichtung" nach den Kriterien der Pflegeversicherung fehlten dem KPV die entsprechenden Vorraussetzungen (Größe, Ausstattung u.a.m.): Die Leitung für das Krankenpflegepersonal und die Abrechnung der Pflegeleistungen wurden deshalb an die Sozialstation übertragen. Auch die traditionelle Praxis der Krankenpflegevereine, ihren Mitgliedern nach eigener Gebührenordnung Nachlässe auf Hilfe- und Pflegeleistungen zu gewähren, konnte nun, zumindest im Rahmen der Leistungen der Pflegeversicherung, nicht mehr aufrechterhalten werden. Ohne eine Entwicklung neuer eigenständiger Angebote hätte der KPV damit seine auf solidarischer Unterstützung basierende lokale Identität verloren; er wäre zu einem „reinen Förderverein" der Sozialstation geworden.

In dieser Situation übernahm eine engagierte Frau, die ihr berufliches Know-how aus der Altenhilfearbeit mit einbrachte, den geschäftsführenden Vorsitz des KPV. Ihr Ziel war es, die traditionelle Konzeption einer lokalen gegenseitigen Hilfe und Unterstützung unter neuen Rahmenbedingungen weiterzuentwickeln. Durch den Aufbau eines an lokalen Bedarfen orientierten, eigenständigen Hilfe- und Beratungsangebots sollte der Verein auch für seine Mitglieder weiterhin attraktiv bleiben. Ausschlaggebend für den Aufbau des Nachbarschaftsdienstes war die mangelnde Bereitschaft der Sozialstation, ein entsprechendes Angebot an hauswirtschaftlichen und pflegeergänzenden Hilfen und Diensten in der Gemeinde zu entwickeln, da in diesem Bereich hierfür keine ausreichende Nachfrage vermutet wurde. Die gemeinwesenorientierte Ausrichtung der „modernisierten" Konzeption des KPV und die dabei vorgesehene gleichgewichtige Bedeutung von haupt- und ehrenamtlicher Mitarbeit führten zur Aufnahme in das vom Sozialministerium in Baden-Württemberg geförderte Programm „Landesnetzwerk Bürgerschaftliches Engagement" (BE-Programm) mit entsprechender finanzieller und fachlicher Unterstützung.

Organisationsstruktur

Der Träger der Sozialstation ist die katholische Gesamtkirchengemeinde. Mit ihr kooperieren insgesamt fünf verschiedene KPV in umliegenden Gemeinden. Mit Ausnahme des KPV in Adelberg und einem weiteren in einer Nachbargemeinde haben die KPV keine eigenständige Organisations- und Leitungsstruktur. Organisatorisch wird zwischen Innenpool (Sozialstation) und Außenpool (fünf KPV) unterschieden. Die Sozialstation hat die Fachaufsicht für alle Außenpools. Für die Gesamtsozialstation gibt es einen ehrenamtlichen Beirat. Die Mitglieder des Beirats setzen sich aus sämtlichen Vorständen der KPV sowie aus Vertretern der Kommunen, des Landkreises und der Stadt Göppingen zusammen. Im Vorstand des KPV Adelberg arbeiten Persönlichkeiten der Gemeinde (Pfarrer, Hausarzt, Bürgermeister u.a.) mit.

Angebote

Die Angebote des KPV umfassen ein breites Spektrum an pflegeergänzenden Hilfen und Diensten. Sie setzen sich im Einzelnen zusammen aus:

– Den Leistungen des Nachbarschaftsdienstes; diese beinhalten hauswirtschaftliche Hilfen (Hilfe bei der Nahrungsversorgung, Woh-

nungsreinigung, Wäschepflege u.a.m.), Alltagshilfen und Serviceleistungen (Einkaufshilfen, Begleit- und Fahrdienste, Betreuung zur zeitlichen Entlastung pflegender Angehöriger, Besuchsdienste), einfache Grundpflege und Sterbebegleitung. Von den Pflegekräften der Sozialstation, die die Räumlichkeiten und das Material des KPV mitbenutzen, werden Grund- und Behandlungspflege übernommen. Ca. 80% der Leistungen werden im Rahmen der Pflegeversicherung abgerechnet, der Rest wird Selbstzahlern in Rechnung gestellt;
– dem Bürgerbüro; es ist gewissermaßen eine Anlaufstelle für die sozialen Belange der Bürger/innen: Neben einer umfassenden Hilfe- und Pflegeberatung werden auch sozial- und jugendhilferechtliche Fragen geklärt, kurzfristige Betreuungen organisiert u.a.m.;
– Veranstaltungen und Vorträgen zu alters- und pflegebezogenen Themen, die in regelmäßigen Abständen in Zusammenarbeit mit der Volkshochschule angeboten werden.

Zum Mix verschiedener Elemente

(a)   Staat

Öffentliche (staatliche) Anerkennung und Förderung erfährt der KPV vor allem durch die Aufnahme in das Landesprogramm des Sozialministeriums (BE-Programm). Mit diesen Mitteln werden die Mitarbeiterin und die Ausstattung des Bürgerbüros sowie die fachliche Begleitung des Nachbarschaftsdienstes (Supervision) finanziert. Die Kommune ist nicht aus ihrer Verantwortung entlassen, sie ist für das BE-Programm der eigentliche Projektträger, d.h. etwaige Defizite müssen von der Kommune übernommen werden.

(b)   Markt

Die Erwirtschaftung von Eigenmitteln erzielt der KPV vor allem durch Leistungserstattungen im Rahmen der Pflegeversicherung. Im Durchschnitt können bei Leistungen des Nachbarschaftsdienstes mit den Pflegekassen 35 DM/h abgerechnet werden, die Mitarbeiterinnen erhalten 15 DM/h, sozial- und tarifrechtliche Leistungen werden nicht gewährt. In der Regel werden Leistungen im Selbst- und Zuzahlerbereich nur von Mitgliedern des KPV in Anspruch genommen; sie zahlen lediglich einen kostendeckenden Stundensatz (19 DM/h, bei Pflegeversicherungsleistungen: durchschnittlich 35 DM/h). Weitere Einnahmen erzielt der KPV auch durch Eintrittsgelder für Veranstaltungen und Vorträge. Die Zielsetzung des KPV, selbstständig an lokalen Bedarfen orientierte Angebote entwickeln und erzielte Gewinne eigenständig verwenden zu können, verweist ebenso auf die Einbeziehung unternehmerischer Elemente wie privatwirtschaftlich ausgerichtete Werbemaßnahmen (Magnetschilder an Dienstfahrzeugen u.a.m).

(c)   Soziales Kapital

Unter diesem Sammelbegriff können beim KPV verschiedene Elemente subsummiert werden. Es manifestiert sich:

- in den Mitgliedern des Vereins; ihre Zahl ist seit Beginn der Tätigkeit des Nachbarschaftsdienstes und des Bürgerbüros rapide auf gegenwärtig 300 Mitglieder (ca. 600 Personen, da eine Familienmitgliedschaft möglich ist) angestiegen. Der Mitgliedsbeitrag beträgt 30 DM jährlich. Vorteile durch eine Mitgliedschaft im KPV entstehen vor allem durch die Angebote des Nachbarschaftsdienstes. Darüber hinaus zahlen Mitglieder ermäßigte Preise für Veranstaltungen des KPV.
- im ehrenamtlichen Engagement der geschäftsführenden Vorsitzenden wie auch der Mitarbeiterinnen des Nachbarschaftsdienstes. Diese übernehmen regelmäßig Leistungen, die nicht mit den Pflegekassen abgerechnet werden können, wie etwa Begleit-, Fahr- und Besuchsdienste. Das Angebot der Sterbebegleitung wird von der hauptamtlich (teilzeit-)beschäftigten Einsatzleiterin des Nachbarschaftsdienstes ebenfalls ehrenamtlich wahrgenommen.
- in der Spendenbereitschaft von Bürgern/Bürgerinnen und ortsansässigen Firmen.
- in der Mitwirkung traditioneller Vertrauensinstanzen des Dorfes (Hausarzt, Gemeindepfarrer, Bürgermeister) im Vorstand des Vereins.

Mitarbeit und Beschäftigung

Hauptamtlich beschäftigt sind beim KPV lediglich die Einsatzleiterin des Nachbarschaftsdienstes und die Mitarbeiterin des Bürgerbüros (16 Stunden wöchentlich). Die Mitarbeiterinnen des Nachbarschaftsdienstes sind „geringfügig beschäftigt" (630 DM monatlich, 15 DM/h); zwischen ihnen und dem KPV wird kein Arbeitsvertrag geschlossen, sondern es wird nur der zeitliche Umfang und die Art der Tätigkeit im Rahmen einer schriftlichen Vereinbarung festgelegt. In der Regel arbeiten die Frauen zwei bis drei Stunden täglich, bis zu 42 Stunden im Monat. Die Frauen sind mehrheitlich „Familienfrauen", sie haben in der Regel keine weitere (hauptamtliche) Beschäftigung. Der für diese Form der Mitarbeit verwendete Begriff „bezahltes Ehrenamt" ist nicht unumstritten. Er bezieht sich auf Formen der Mitarbeit im Spannungsfeld von gering entlohnter und ungesicherter Arbeit, ehrenamtlicher Mitarbeit, Selbsthilfe und sonstigen eher informellen Tätigkeiten. Charakteristisch ist, wie an den Motiven der Nachbarschaftshelferinnen zur Mitarbeit erkennbar, die inhaltliche Motivation (Hilfsbereitschaft, Zuwendung u.a.) im Unterschied zu Formen des „Jobbens", aber auch die starke Berücksichtigung spezifischer Eigeninteressen der Mitarbeiterinnen (zeitliche Flexibilität, zusätzliche Qualifikationen für einen späteren Berufseinstieg). Auf Grund der Bezahlung ergeben sich Unterschiede zu traditionellen Formen des Ehrenamts (Hilfe für „Gotteslohn") und zu hauptamtlicher Arbeit.

Entscheidungsstrukturen

Die Zusammenarbeit zwischen der Leitung des KPV und dem Vorstand verläuft nicht ganz reibungslos. Häufig ist die Leitung des KPV gezwungen, rasche Entscheidungen zu treffen, eine Abstimmung mit dem Vorstand ist deshalb nicht immer möglich.

Chancen, Risiken, Konflikte

Durch die „niedrigschwelligen" Angebote des Nachbarschaftsdienstes leistet der KPV einen wesentlichen Beitrag zur Entwicklung und Förderung von Vertrauen und Akzeptanz bei den Nutzern für die Angebote der Dienste. Das an Selbsthilfe und der Aktivierung und Unterstützung von pflegenden Angehörigen orientierte Gesamtangebot trägt darüber hinaus zu der im Pflegeversicherungsgesetz geforderten Entwicklung einer „neuen Kultur des Helfens" bei. Gleichwohl sind Probleme vorhanden: Aufgrund von gegenseitiger Abschottung und Konkurrenzdenken kamen wünschenswerte Kooperationen zu anderen Krankenpflegevereinen in der Region bisher nicht zu Stande. Auch entwickelt sich zunehmend eine Konkurrenzsituation zur Sozialstation; denn während der KPV Gewinne erzielt, ist die Bilanz der Sozialstation tendenziell defizitär. Überlegungen der Leitungskräfte des KPV, deshalb mit den anderen KPV im „Außenpool" einen eigenen Pflegedienst zu gründen, wurde von diesen jedoch abgelehnt. Sie befürchteten eine zu große Dominanz des KPV Adelberg.

Darüber hinaus ist die Beschäftigung von „bezahlten Ehrenamtlichen" in arbeitsrechtlicher Hinsicht durchaus problematisch. Sie erhalten keinen Arbeitsvertrag (der auch bei geringfügiger Beschäftigung vorgeschrieben ist) und sie sind von gesetzlichen Leistungen (Lohnfortzahlung im Krankheitsfall u.a.) ausgeschlossen. Auch ist die zukünftige finanzielle Situation nach Ablauf des BE-Projektes des Landes noch unklar. Zum einen müsste die Kommune finanzielle Verantwortung übernehmen, zum anderen müssten zusätzliche Spenden und Sponsoren erschlossen werden. Auf Grund der guten Einbindung des KPV in sein lokales Umfeld ist die Leitung des KPV in dieser Hinsicht jedoch durchaus zuversichtlich.

4.2.2 Der Senioren-Kreativ-Verein Halle

Der Senioren-Kreativ-Verein Halle (im Folgenden: SKV) hat sich innerhalb von nur wenigen Jahren von einer Kulturinitiative zu einem „Sozialunternehmen" gewandelt. Mit 380 Mitgliedern, von denen ca. 60 ehrenamtlich aktiv sind, und 56 hauptamtlichen Mitarbeitern/Mitarbeiterinnen (zuzüglich ca. 120 Mitarbeiter/innen in ausgegliederten Bereichen) ist der SKV einer der größten und aktivsten Vereine in der Stadt Halle. Für seine Angebote und Aktivitäten wurde er schon mehrfach ausgezeichnet (vgl. Senioren-Kreativ-Verein e.V. 1998).

Genese

Der SKV ist 1993, ursprünglich als Kulturverein für die älteren Bürger/innen der Stadt Halle, gegründet worden. Ausgangspunkt seiner Entstehung war ein mit Landes- und AFG-Mitteln gefördertes Projekt, das zum Ziel hatte, für arbeitslose Künstler/innen neue Erwerbsmöglichkeiten zu erschließen. Die künstlerischen Projekte sollten dazu beitragen, in sozialen Arbeitsfeldern die soziale Handlungskompetenz der Beteiligten zu erweitern und Gestaltungs- und Beteiligungsmöglichkeiten bewusst zu machen.

Im Rahmen des Projektes initiierte der Schriftsteller Konrad Potthoff Gesprächskreise für Senioren und Vorruheständler. Sein Ziel war es, deren Biografien zu sammeln und zu dokumentieren. Über zusätzliche Kultur- und Kreativangebote (Schreib-, Geschichtswerkstatt, Gymnastik-, Malzirkel u.a.) sollten die Menschen besser miteinander ins Gespräch kommen. Um ihr Konzept besser umsetzen und weiterentwickeln zu können, gründeten Potthoff und einige Aktive 1993 den Senioren-Kreativ-Verein (SKV).

Das Ziel des SKV besteht darin, (sozio-)kulturelle und kreative Aktivitäten für ältere Bürger/innen der Stadt Halle sowie generationsüberschreitende Projekte zu fördern. Die meisten Veranstaltungen und Angebote des Vereins sind so konzipiert, dass die Senioren mitentscheiden und mitgestalten. Viele Interessengruppen werden ehrenamtlich geleitet. In rascher Folge entwickelten sich weitere Angebote und Aufgabenfelder. Da viele der überwiegend älteren Mitglieder zunehmend Bedarf an bezahlbaren, altersgerechten Wohnungen hatten, wurde 1996 in Kooperation mit der Halleschen Wohnungsgesellschaft mbH das Projekt „Betreutes-Service-Wohnen" begonnen. 1997 übernahm der SKV als weiteres Aufgabenfeld mehrere Kinder- und Jugendeinrichtungen in freier Trägerschaft.

Organisationsstruktur

Der SKV ist ein gemeinnütziger eingetragener Verein. Der Vorstand setzt sich zusammen aus vier ehrenamtlichen Vorstandsmitgliedern und dem Schriftsteller und Mitbegründer des Vereins, Konrad Potthoff, der als geschäftsführendes Vorstandsmitglied hauptamtlich beschäftigt ist. Der Beirat des SKV besteht aus aktiven Mitgliedern, die mit der Organisation und Leitung von Gruppen und Veranstaltungen betraut sind.

Der SKV ist, was der Name nicht vermuten lässt, anerkannter Träger der freien Jugendhilfe nach §75 KJHG. Als Träger von Kinder- und Jugendeinrichtungen können zum einen Synergieeffekte für generationsübergreifende Angebote genutzt werden (z.B.: ehrenamtliche „Kindergartengroßeltern"). Darüber hinaus besteht die Möglichkeit, mit der Übernahme von staatlichen Pflichtaufgaben sichere Arbeitsplätze schaffen zu können. Zur organisatorischen Verwaltung der Kinder- und Jugendeinrichtungen hat der SKV eine gGmbH als Tochterunternehmen ausgegliedert. In Zusammenarbeit mit der städtischen Wohnungsgesellschaft ist das Wohnprojekt für ältere Menschen seit Mai 1999 als GmbH ausgegliedert. Ausschlaggebend für die Gründung der GmbH war zum einen, dass die Bewilligung von ABM-/SAM-Kräften durch das Arbeitsamt zunehmend schwieriger wurde. Zum anderen verfolgt der SKV mit der Gründung der GmbH das Ziel, die wachsenden Marktchancen in diesem Bereich besser erschließen zu können. Die ideelle Arbeit des Vereins soll damit abgesichert und unterstützt werden.

Angebote

Im Vordergrund der Vereinstätigkeit stehen künstlerische und sozialkulturelle Aktivitäten und Projekte wie etwa Geschichtsstammtische, Gymnastikkurse, Sportkurse, Zeichenzirkel, Stadtgebietsfeste, Seniorenkabaretts u.a.m. Auch führt der SKV soziokulturelle Projekte durch, die landes- und bundesweit als Modellprojekte anerkannt und gefördert werden (z.B.: „Künstler im Seniorenheim", „Kreativ-Büro"). Insgesamt organisiert der SKV im Monat ca. 450 regelmäßige Veranstaltungen, die von ungefähr 5.500 Menschen besucht werden.

Im Rahmen einer gGmbH ist der SKV Träger von zehn Kindertagesstätten, zwei Hortgruppen, einem Kinderladen und einer Jugendeinrichtung mit offenen Angeboten. Darüber hinaus gehören zu den Angeboten des SKV eine Beratungsstelle für Wohnraumanpassung und ein Reiseprojekt mit einem regelmäßigen Angebot an Seniorenreisen. Viele der Angebote werden über die Arbeit in den Begegnungsstätten und den soziokulturellen Zentren realisiert. Neben festen kreativen und künstlerischen Kursangeboten für alle Generationen finden dort auch Ferien-, Theater- und Literaturveranstaltungen statt. Bildungsveranstaltungen, Vorträge, Beratungen (z.B.: Sozialberatung und Hilfe bei Behördengängen) und Diskussionen (Sprechstunden der Bürgerinitiative u.a.) komplettieren das umfangreiche Angebot. In jedem der drei zum Wohnprojekt gehörenden (Plattenbau-) Punkthochhäuser sind ebenfalls Begegnungsstätten eingerichtet worden. Dadurch kann die Vermittlung und Organisation alltagserleichternder Hilfen und Dienste durch vielfältige gesellige und kreative Angebote (Gedächtnistraining, Lesungen u.a.m.) ergänzt werden.

Die verschiedenen Aufgaben wurden zwischen dem SKV und der kommunalen Wohnungsgesellschaft wie folgt verteilt: Die Wohnungsgesellschaft ist, im Gegensatz zu herkömmlichen Projekten des Betreuten Wohnens, nach wie vor der Vermieter (zuständig für Bau, Renovierung, Vermietung, Mieterangelegenheiten). Der SKV übernimmt im Rahmen der GmbH „harte", über die Servicepauschale abrechenbare Dienstleistungen wie hauswirtschaftliche Hilfen, Hausmeisterleistung, Notruf, Waschsalon etc. Vom SKV werden diese Leistungen ergänzt durch kreative, kulturelle und gesellige Angebote im Rahmen der Begegnungsstättenarbeit. Zuständig sind hierfür ehrenamtliche Helfer/innen und die Leiter/innen der Begegnungsstätten, die aus AFG-Mitteln finanziert werden. Damit steht den Bewohnern/Bewohnerinnen in der Regel in jedem Wohnhaus eine Vollzeitkraft für die Organisation von Veranstaltungen und für „weiche" Leistungen wie soziale Betreuung, Beratung u.a. zur Verfügung. Darüber hinaus haben sie die Möglichkeit, die vielfältigen (Kurs-)Angebote und Veranstaltungen der jeweiligen Begegnungsstätte in ihrem unmittelbaren Wohnumfeld wahrzunehmen. Durch diese innovative Kooperation verschiedener Träger ist es gelungen, ein integriertes Angebot an soziokulturellen Hilfen und Diensten aufzubauen, das deutlich über die bloße Vermittlung und Bereitstellung von abrechenbaren Serviceleistungen hinausgeht.

Zum Mix verschiedener Elemente

(a) Staat

Die Leistungen und Angebote des SKV (ohne die beiden ausgegliederten Bereiche) sind in der Regel keine staatlichen Pflichtaufgaben, sondern zusätzliche „freiwillige" Leistungen. Der SKV hat für seine Angebote deshalb keine kontinuierliche Finanzierungsgrundlage, sondern das Gros der Einnahmen setzt sich, seit seiner Gründung, aus AFG-Mitteln (ABM, SAM) und Projektgeldern zusammen. Gegenwärtig werden ca. 80% der Mitarbeiter/innen über AFG-Mittel finanziert, der Rest über verschiedene Projektgelder. Dabei werden auf allen staatlichen Ebenen und von verschieden Institutionen (z.b.: Land Sachsen-Anhalt, Kommune, Kuratorium Deutsche Altershilfe) Fördermittel eingeworben.

(b) Markt

Der SKV steht zunehmend in der Konkurrenz zu anderen Vereinen, Wohlfahrtsverbänden, staatlichen Trägern und auch privaten Anbietern (z.b.: Volkshochschulen, private Reisebüros). Für den SKV ist es deshalb wichtig, immer wieder neue profilbildende Angebote zu entwickeln, um sich von anderen Anbietern abzuheben. In der Regel werden die Leistungen des SKV kostendeckend angeboten. Dementsprechend hängt die Preisgestaltung vor allem davon ab, ob bzw. inwieweit Fördermittel für die Angebote zur Verfügung stehen. Marktvermittelte Einnahmen erzielt der SKV darüber hinaus im Bereich der „Betreutes Service Wohnen GmbH" (Servicepauschale). Systematische Werbemaßnahmen spielten für den SKV bislang nur eine geringe Rolle. Angebote und Leistungen wurden in der Regel ausreichend über Projektgelder und vor allem über AFG-Mittel finanziert. Mit dem Aufbau der GmbH wächst jedoch auch das unternehmerische Risiko für den SKV. Infolgedessen soll zukünftig der Bereich Öffentlichkeitsarbeit und Werbung stärker ausgebaut werden.

(c) Soziales Kapital

Der SKV hat ca. 380 Mitglieder. In der Mehrzahl sind sie älter als sechzig Jahre und es handelt sich überwiegend um Frauen. In der Regel resultiert die Motivation zur Mitgliedschaft aus dem Wunsch nach geselliger und kultureller Betätigung und Kommunikation. Darüber hinaus wird Mitgliedern ein Preisnachlass für Veranstaltungen des SKV gewährt. Der Mitgliedsbeitrag beträgt 20 DM pro Jahr. Die ca. 60 aktiven Mitglieder engagieren sich überwiegend in der Leitung von Gruppen und Veranstaltungen. Für ihr Engagement erhalten sie eine Aufwandsentschädigung. Die Kontakte und Bekanntschaften in den Gruppen und Gesprächskreisen führten darüber hinaus zu informellen ehrenamtlichen Aktivitäten im Rahmen gegenseitiger Hilfe und gemeinsamer Unternehmungen.

Viele Veranstaltungen und Kurse konnten bislang auch mit ABM-/SAM-Kräften durchgeführt werden. Auf Grund der zunehmenden Restriktionen im AFG-Bereich will der SKV die Rekrutierung von Ehrenamtlichen zukünftig intensivieren, um seine Angebotsstruktur aufrechterhalten zu können. Zu aktivem ehrenamtlichem Engagement ist jedoch nur eine Minderheit der älteren Bürger/innen in den neuen Bundesländern bereit bzw. in der Lage. Dies sind vor allem diejenigen, die durch eine ausreichend hohe Rente bzw. Vorruhestandsgeld materiell abgesichert sind.

Beschäftigung und Mitarbeit

Seit seiner Gründung konnte der SKV im Laufe der Jahre für insgesamt ca. 300-400 Personen befristete Arbeitsplätze einrichten. Aus Vereinsmitteln wird lediglich die Stelle des geschäftsführenden Vorstands K. Potthoff bezahlt. Die Zahl der Mitarbeiter/innen des SKV hängt im Wesentlichen von bewilligten AFG-Mitteln und Projektgeldern ab, sie ist deshalb von Jahr zu Jahr unterschiedlich. Mit 111 Mitarbeitern/Mitarbeiterinnen war bislang der höchste Beschäftigungsstand erreicht, gegenwärtig werden 56 Mitarbeiter/innen beschäftigt (inklusive Praktikanten/Praktikantinnen und geringfügig Beschäftigten). Bei der „Betreutes Service Wohnen GmbH" gibt es 3,5 feste Stellen und ca. 120 Stellen im Bereich der Kinder- und Jugendeinrichtungen.

Die Schaffung von festen Arbeitsplätzen ist eine wesentliche Zielsetzung des SKV. So konnten aus den ABM-/SAM-Projekten insgesamt ca. 20 feste Stellen geschaffen werden. Die ABM-/SAM-Kräfte sind zumeist ältere Frauen aus den verschiedensten Berufszweigen. Auf Grund ihrer befristeten Arbeitsverhältnisse ist es für sie nur schwer möglich, zu den Mitgliedern des Vereins die für eine produktive Zusammenarbeit notwendigen Vertrauensbeziehungen aufzubauen. Auch kann ihnen deshalb kaum Eigenverantwortung für die Organisation von Projekten, für Finanzpläne/Abrechnungen etc. übertragen werden. Zudem ist es oft schwierig, das beschriebene Tätigkeitsprofil der AB-/SA-Maßnahmen mit den vorhandenen Kompetenzen der hierauf vermittelten Arbeitslosen in Einklang zu bringen.

Entscheidungsstrukturen

Die jährliche Mitgliederversammlung des SKV stößt bei den Mitgliedern auf reges Interesse. Im Durchschnitt nimmt etwa die Hälfte der Mitglieder daran teil. Die Mitglieder werden monatlich über Veranstaltungen und aktuelle Entwicklungen im SKV informiert (Info-, Veranstaltungsbroschüre). Wichtige Projekte und Entscheidungen werden in der Regel nur vom Leitungsteam erarbeitet und beschlossen. Insbesondere die, nach Meinung des Leitungsteams, für den Erhalt des SKV notwendigen Veränderungen (Ausgliederungen, Marktorientierung u.a.), werden nicht von allen Mitgliedern unterstützt. Immer wieder gibt es Forderungen, dass sich der SKV auf seine ursprünglichen Initiativen und Aktivitäten konzentrieren solle.

Chancen, Risiken, Konflikte

Trotz einer insgesamt positiven Entwicklung haben die rasanten Veränderungen des SKV auch zu Problemen zwischen Mitgliedern und Leitungsteam geführt. So wurde durch die ständig wachsenden Anforderungen und Aufgabenbereiche die ehrenamtliche Basis des Vereins vernachlässigt. Auch ist die überwiegende Beschäftigung von ABM/SAM-Kräften für den SKV nicht nur auf Grund des andauernden Wechsels dieser Mitarbeiter/innen inzwischen problematisch geworden. Ein Großteil der Angebote und Leistungen des SKV hängt davon ab, inwieweit der 2. Arbeitsmarkt in seiner bisherigen Form weiter gefördert und finanziert wird. Ob es dem SKV jedoch gelingt, wesentlich mehr reguläre Beschäftigungsverhältnisse als bisher zu schaffen ist, angesichts der nach wie vor äußerst schwierigen wirtschaftlichen Rahmenbedingungen in den neuen Ländern eine offene Frage.

■ ### 4.2.3 Die Diakoniestation Weil am Rhein – Vorderes Kandertal e.V.

Die Mobilisierung und Nutzung von lokalen Sozialkapital-Ressourcen bedeutet für die Diakoniestation Weil am Rhein zweierlei: Zum einen wurde ein enges Netzwerk von Kooperationsbeziehungen mit anderen Stationen und Trägern aufgebaut. Zum anderen kann sie auf die finanzielle Unterstützung mehrerer Krankenpflegevereine zurückgreifen. Diese haben mittlerweile, im Unterschied etwa zum Fallbeispiel des Krankenpflegevereins in Adelberg, ihre Eigenständigkeit aufgegeben und fungieren unter dem Dach ihrer jeweiligen Kirchengemeinde als Fördervereine für die Station. Dadurch verfügt sie in ihrem Einsatzgebiet über eine zentrale Stellung für die Belange von Hilfe und Pflege. Auch werden die zusätzlichen Ressourcen zum Aufbau einer vielfältigen Angebotspalette bzw. zusätzlicher Leistungen genutzt (vgl. Diakonisches Werk der evangelischen Landeskirche in Baden e.V. 1998; Wüstenrotstiftung Deutscher Eigenheimverein 1997 e.V.: 83).

Genese

Die Diakoniestation wurde 1978 im Rahmen der Gründung von Sozialstationen auf Initiative mehrerer Kirchengemeinden und eines selbstständigen Frauenvereins als eingetragener Verein gegründet. Auf Grund der steigenden Nachfrage war die Versorgung mit häuslicher Hilfe und Pflege durch die Gemeindeschwestern nicht mehr gesichert. Schon vor der Gründung der Diakoniestation waren in den Kirchengemeinden ehrenamtliche Besuchsdienste aktiv, die über die Krankenpflegevereine der Gemeinden und den Frauenverein organisiert wurden. Auch war in den einzelnen Gemeinden eine, als Verein organisierte und ehrenamtlich geleitete, bezahlte Nachbarschaftshilfe tätig. Während die ehrenamtlichen Besuchsdienste nach wie vor an die Kirchengemeinden organisatorisch angeschlossen sind, wurde die Leitung der Nachbarschaftshilfe der neu entstandenen Diakoniestation übertragen. Seit einigen Jahren beschränken sich die ehrenamtlichen Besuchsdienste, auf Grund einer abnehmenden Zahl an Helfern/Helferinnen, auf Geburtstagsbesuche und Krankenbesuche in den Krankenhäusern. Einsame Menschen zu Hause können von ihnen nicht mehr (regelmäßig) besucht werden. Aus diesem Grund wurde in der Diakoniestation 1996 ein eigener Besuchsdienst eingerichtet.

Organisationsstruktur

Das Einzugsgebiet der Diakoniestation umfasst eine kleinstädtisch und ländlich geprägte Region mit ca. 36.000 Einwohnern/Einwohnerinnen. Träger der Station ist ein Trägerverbund, bestehend aus sechs Kirchengemeinden und einem selbstständigen Frauenverein. Diese bestimmen jeweils einen Vertreter für ein jährliches Treffen mit dem Vorstand der Diakoniestation (sechs Mitglieder aus dem Trägerbereich, z.B. Gemeindepfarrer) und den leitenden Mitarbeitern/Mitarbeiterinnen der Station. Dort wird über alle wichtigen Belange der Station beraten und entschieden (Haushalts- und Stellenplan, Jahresabrechnung, Tätigkeitsbericht des Vorstandes etc.). Entscheidungsbefugnis haben dabei letztlich die Trägervertreter.

Zur Finanzierung der Trägermittel ist zwischen den Kirchengemeinden inklusive des Frauenvereins und der Diakoniestation vertraglich festgelegt, dass jede Gemeinde der Station eine Pro-Kopf-Umlage (pro Kirchengemeindemitglied) zur Verfügung stellt. In jeder Kirchengemeinde ist ein vormals als eigenständiger Träger der kirchlichen Gemeindepflege fungierender Krankenpflegeverein aktiv. Diese Vereine sind mittlerweile an die Kirchengemeinden angeschlossen und haben damit ihren rechtlichen Status als eingetragener Verein aufgegeben. In erster Linie sehen sie ihre

Aufgabe darin, durch Mitgliedsbeiträge und Spenden den jeweiligen Trägeranteil ihrer Kirchengemeinde zu finanzieren. Einige wenige haben darüber hinaus, auch auf Grund eines höheren Spendenaufkommens, noch zusätzliche Aktivitäten entwickelt (vgl. Punkt „Soziales Kapital").

Das Einzugsgebiet der Diakoniestation wurde, zum Zeitpunkt ihrer Gründung, vom Landratsamt festgelegt. Innerhalb dieser Grenzen, so sieht es eine zwischen Träger und Kommunen geschlossene Vereinbarung vor, ist die Station für die flächendeckende Versorgung zuständig. Dies bedeutet, dass die Station alle Patienten/Patientinnen aufnehmen muss, selbst wenn dies zu Überstunden führt. Obwohl sich die Kommunen inzwischen weit gehend aus der Finanzierung der Station zurückgezogen haben, fühlen sich die Leitungen der Station und die Vertreter der Träger nach wie vor an diese Verträge gebunden.

Angebote

Neben Grundpflege, Behandlungspflege, Hauswirtschaft, Beratung und Pflegekursen bietet die Station auch Haus- und Familienpflege sowie Dorfhilfe an. Darüber hinaus umfasst das sukzessiv ausgebaute Angebot eine räumlich ausgelagerte Tagespflegeeinrichtung (12 Plätze), ein Hausnotrufsystem und Betreutes Wohnen (60 Plätze). Wesentlicher Bestandteil der Öffentlichkeitsarbeit der Station sind regelmäßige Informations- und Bildungsveranstaltungen für ältere Menschen sowie gesellige Veranstaltungen und Feste.

Ein Schwerpunkt der Angebotsstruktur der Station liegt auf hauswirtschaftlichen und ergänzenden „weichen" und kommunikativen Pflegeleistungen, die im Rahmen des SGBXI nur bedingt abgerechnet werden können. Hierzu zählen die ehrenamtlichen Helfer/innen der Station (Besuchsdienst) sowie ein großer Kreis an Nachbarschaftshelferinnen, die Hauswirtschaft, ergänzende Leistungen (Fahr-/Begleitdienste) und betreuende Aufgaben übernehmen. Zurzeit versorgt die Diakoniestation ca. 250 Hilfe- und Pflegebedürftige, davon sind jedoch nur ca. 100 Betroffene als Leistungsberechtigte im Rahmen des SGBXI anerkannt. Dieser ungewöhnlich hohe Anteil an Selbst- und Zuzahlungen ist, so die Interviewpartner/innen, im Wesentlichen auf die Praxis der Fördervereine zurückzuführen, ihren Mitgliedern einen Teil der Kosten (hier variieren die Regelungen der einzelnen Vereine) der von ihnen selbstfinanzierten Leistungen zu erstatten (vgl. Punkt „Soziales Kapital").

Zum Mix verschiedener Elemente

(a) Staat

Die Kommunen haben sich aus der direkten finanziellen Förderung zurückgezogen, jedoch stellt die Stadt Weil der Station die Räumlichkeiten für die Tagespflegeeinrichtung kostenlos zur Verfügung. Darüber hinaus beteiligen sich die Kommunen finanziell an einer Beratungsstelle, die bei der katholischen Sozialstation angesiedelt wurde.

(b) Markt

Das Gros der Einnahmen erzielt die Diakoniestation durch Leistungsvergütungen der Kranken- und Pflegekassen und Sozialhilfeträger. Auf Grund der zunehmenden Einschränkungen bei der Bewilligung häuslicher Pflegeleistungen durch die Krankenkassen ist der Anteil der SGBV-Leistungen im Gesamthaushalt der Station in der letzten Zeit erheblich zurückgegangen. Die finanzielle Situation der Station ist deshalb schwieriger geworden. Auch ist der durch Selbst-/Zuzahlungen der Betroffenen finanzierte Bereich der Nachbarschaftshilfe, trotz des ausschließlichen Einsatzes von Helferinnen auf 630-DM-Basis, nicht kostendeckend. Neben Spenden (von Einzelpersonen sowie von örtlichen/regionalen Unternehmen) und der Unterstützung durch die Fördervereine erzielt die Station jedoch nur in geringem Umfang weitere zusätzliche Einnahmen, etwa durch den Verkauf von Pflegehilfsmitteln oder Kaffee und Kuchen u.a. im Rahmen der Veranstaltungen.

Seit der Einführung des SGBXI hat sich die Zahl der ambulanten Pflegeanbieter im Einzugsgebiet der Station deutlich vergrößert. Spürbarer Konkurrenzdruck ist deshalb jedoch (noch) nicht zu verzeichnen. Zur Vermeidung von Konkurrenz um die staatliche Unterstützung der Nachbarschaftshilfe hat die Station einen Kooperationsvertrag mit der benachbarten katholischen Sozialstation abgeschlossen. Eine Zusammenarbeit mit anderen Diensten und Anbietern in der Altenhilfe gibt es im Rahmen einer Arbeitsgemeinschaft auf Landkreisebene. Für den Bereich Öffentlichkeitsarbeit sowie zur Stärkung des „diakonischen Profils" der Station (Kontaktpflege zwischen Station und Kirchengemeinden, Seelsorge) ist im Rahmen eines Projekts ein Pfarrvikar beschäftigt, dessen Stelle, jeweils zur Hälfte, von der Diakoniestation und der Landeskirche finanziert wird.

(c) Soziales Kapital

Eine wichtige Ressource der Diakoniestation sind die Fördervereine der Kirchengemeinden, die den Trägeranteil der Kirchengemeinden im Rahmen einer Pro-Kopf-Umlage (pro Kirchengemeindemitglied) finanzieren. Die Mitgliederzahl der Vereine ist sehr unterschiedlich (zwischen 64 und 560 Mitgliedern, insgesamt ca. 1.800). Auch hat jeder Verein eine eigene Satzung und Fördermöglichkeiten für Mitglieder. Der Mitgliedsbeitrag beträgt je nach Verein zwischen 30 DM und 50 DM jährlich.

Für alle Vereine gilt, dass sie bis zu 50% ihrer Einnahmen für Leistungen an Mitglieder verwenden dürfen. Sie unterstützen deshalb im Prinzip alle von ihren Mitgliedern in Anspruch genommenen Leistungen der Diakoniestation, die nicht über die Kranken- und Pflegeversicherungen finanziert werden (Nachbarschaftshilfe, Pflegehilfsmittel, Hausnotruf u.a.). Die Anzahl der geförderten Leistungen, wie auch die Höhe der Unterstützung, ist jedoch abhängig von den jeweiligen Einnahmen der einzelnen Vereine. Bei manchen Vereinen ist die Kostenerstattung begrenzt (z.B.: bis zu 180 DM/monatlich), andere finanzieren anteilig alle anfallenden Kosten (in der Regel 25%). Seit einigen Jahren hat die Mehrzahl der Vereine auf Grund rückläufiger Mitgliederzahlen Probleme, der Diakoniestation die vereinbarte Umlage zur Verfügung zu stellen. Die Umlage wurde deshalb kürzlich von 7,50 DM pro Gemeindemitglied auf 6,50 DM gesenkt, eine weitere Absenkung ist in der Diskussion.

Viele Mitglieder der Vereine sind im fortgeschrittenen Alter. Die Motivation zur Mitgliedschaft resultiert zum einen aus der z.T. beachtlichen Kostenerstattung auf Leistungen der Diakoniestation, zum anderen aus der Anbindung an das kirchliche und soziale Gemeindeleben. Um auch jüngere Mitglieder zu gewinnen, hat der Frauenverein in den Räumen der Kirchengemeinde einen Kinderhort eingerichtet, dessen Mitarbeiter/innen aus Vereinsmitteln bezahlt werden. Die 21 Helfer/innen des Besuchsdienstes der Station sind in der überwiegenden Mehrzahl Frauen im Alter zwischen 40 und 65 Jahren. Die meisten sind Hausfrauen oder (Früh-)Rentner/innen. Sie treffen sich einmal monatlich, um gemeinsame Anliegen und Probleme zu besprechen. Darüber hinaus werden ihnen spezielle Fortbildungsmaßnahmen angeboten. Ihre Motivation zur Mitarbeit resultiert vor allem aus dem Wunsch nach einer sozialen, sinnvollen Tätigkeit.

Beschäftigung und Mitarbeit

Fest angestellt sind sechzehn Pflegekräfte, neun Nachbarschaftshelfer/innen sowie drei Haus-/Familienpflegerinnen und Dorfhelferinnen. Hinzu kommen 43 geringfügig beschäftigte Nachbarschaftshelferinnen. Generell ist die Rekrutierung von qualifiziertem Pflegepersonal auf Grund der Grenznähe zur Schweiz – dort werden höhere Gehälter im Pflegebereich bezahlt – nicht problemlos. Eine ausgeprägte Fluktuation des Pflegepersonals ist jedoch nicht vorhanden. Die geringfügig beschäftigten Nachbarschaftshelfer/innen werden in der Regel im Bereich Hauswirtschaft und einfacher Grundpflege eingesetzt. In der Mehrzahl verfügen sie über keine formale Ausbildung für diesen Bereich. Sie erhalten 13 DM/h sowie anteilig Weihnachtsgeld und Lohnfortzahlung im Krankheitsfall. Sie sind meist Familienfrauen, die eine sinnvolle Nebenbeschäftigung gesucht haben. Ihre Arbeitszeiten können sie individuell mit den Patienten/Patientinnen vereinbaren (durchschnittlich fünf bis zehn Stunden wöchentlich.). Einsätze können jederzeit abgesagt werden; bei einer Erkrankung ihrer Kinder stehen ihnen jährlich bis zu sieben Tage (für Alleinerziehende 14 Tage) bezahlter Urlaub zu.

Entscheidungsstrukturen

In der jährlich stattfindenden Vertreterversammlung wird über alle wichtigen die Station betreffenden Belange beraten und entschieden. Letztendliche Entscheidungsbefugnis haben dabei die Trägervertreter (vgl. Punkt „Organisationsstruktur"). Die Fördervereine sind hinsichtlich ihrer Satzung relativ unabhängig. Wichtige Entscheidungen werden vor allem in den Vereinsgremien bzw. auf den (Jahres-) Versammlungen getroffen. Auf Grund dieser Trägerstruktur verfügt die Diakoniestation über ein zwar durchaus heterogenes, aber auch reichhaltiges Netzwerk an Unterstützungspotenzial.

Chancen, Risiken, Konflikte

Auf Grund der schwieriger werdenden Finanzierungssituation im Bereich abrechenbarer Pflegeleistungen, aber auch bedingt durch rückläufige Mitgliederzahlen der Fördervereine ist es eine offene Frage, inwieweit die derzeitige umfangreiche Angebotspalette künftig noch aufrechterhalten werden kann. Nach Einschätzung der Stationsleitung sind ca. 10% der gesamten Einnahmen von den Fördervereinen bereitgestellte Trägermittel. Neben dem ehrenamtlichen Einsatz der Beschäftigten ist vor allem die große Anzahl an geringfügig beschäftigten Nachbarschaftshelfern/Nachbarschaftshelferinnen bemerkenswert. Obwohl diese Beschäftigungsform unter sozialpolitischen Aspekten nicht unproblematisch ist, scheint sie in diesem Fall für die Mitarbeiterinnen und für die Station von Vorteil zu sein. Von Bedeutung für die herausragende Stellung der Station in ihrem Einzugsgebiet ist darüber hinaus die Stelle des „Projektvikars": Neben der Durchführung von gemeinwesenorientierter Öffentlichkeitsarbeit versucht er, durch regelmäßige Kontaktpflege zu den Kirchengemeinden das „diakonische Profil" der Station aufrechtzuerhalten bzw. weiterzuentwickeln.

4.2.4 Der Kreisverband der Volkssolidarität Altenburg e.V.

Das Fallbeispiel des Kreisverbandes der Volkssolidarität Altenburg e.V. (im Folgenden: VS Altenburg) verweist vor allem auf die Bedeutung einer großen Mitgliedschaft im Rahmen einer lokalen „Unternehmensstrategie". Angesichts der überwiegend älteren Mitgliedschaft ist eine zukünftige erfolgreiche Fortsetzung dieses Konzepts jedoch fraglich. Besonders deutlich werden an diesem Fallbeispiel auch die speziellen Probleme und Herausforderungen von sozialen Diensten und Einrichtungen in den neuen Bundesländern. So befindet sich das zentrale Gebäude der VS Altenburg, in dem eine Sozialstation und eine Kindertagesstätte untergebracht sind, auf Grund fehlender staatlicher Unterstützung nach wie vor in einem sanierungsbedürftigen Zustand. Hier zeigt sich, dass eine große Mitgliedschaft noch keine ausreichende Garantie für eine erfolgreiche Entwicklung von Angeboten und Leistungen ist. Staatliche Hilfe und Unterstützung behält eine Schlüsselrolle (vgl. Volkssolidarität Landesverband Thüringen e.V. 1996).

Das Einzugsgebiet des Kreisverbandes der Volkssolidarität Altenburg e.V. ist der Landkreis Altenburg im östlichen Thüringen. Der Kreisverband hat 5.350 Mitglieder und zurzeit 415 Ehrenamtliche (Ehrenhelfer), organisiert in 54 Ortsgruppen. In der Stadt Altenburg leben 53.000 Einwohner/innen, die wirtschaftliche Situation ist nach wie vor problematisch, die Arbeitslosenrate liegt bei 25%.

Genese

Bis zur Wende 1989 lag der Schwerpunkt der Aufgaben der VS Altenburg in der Begegnungsstättenarbeit, in der Hauswirtschaftspflege und im ambulanten Mahlzeitendienst. In den beiden zuletzt genannten Bereichen arbeiteten 1990 noch 121 hauptamtlich Beschäftigte. Die genannten Leistungen konnten die Betroffenen zu DDR-Zeiten entweder kostenlos (Hauswirtschaftspflege auf ärztliche Verordnung) oder zu geringen Preisen in Anspruch nehmen. Mit der Wende wurde die staatliche Subventionierung dieser Bereiche eingestellt, die Mehrzahl der Beschäftigten wurde deshalb arbeitslos. Im Zuge der Einrichtung einer Sozialstation durch die VS Altenburg 1991 wurden die Bereiche Mahlzeitendienst und Hauswirtschaftspflege in die Angebotspalette der Station überführt.

Die Sozialstation wurde in den frei gewordenen Räumlichkeiten einer kommunalen Kindertagesstätte eingerichtet. Die Zahl der Kindergartenplätze war dort von 270 Plätzen (190 im Kindergarten, 80 Hortplätze) auf gegenwärtig 143 Plätze (davon 30 ganztägige Krippenplätze) reduziert worden. 1995 konnte die VS Altenburg auch die Trägerschaft der Kindertagesstätte von der Kommune übernehmen. Im Rahmen eines auf 99 Jahre veranschlagten Erbbaupachtvertrages mit der Kommune war die VS Altenburg nun im Besitz des Kindertagesstättengebäudes inklusive eines 10.000 qm großen Geländes. Das in Plattenbauweise errichtete Gebäude ist jedoch noch immer stark sanierungsbedürftig. Die Finanzierung von bau- und sicherheitsrelevanten Auflagen war nur durch die Aufnahme von Krediten möglich, da sich weder das Land Thüringen noch die Kommune Altenburg an den Investitionskosten beteiligte. Dennoch konnten weitere Dienstleistungsangebote (Begegnungsstätte, Reisebüro) sowie die Geschäftsstelle des Kreisverbandes im Gebäude untergebracht werden.

Organisationsstruktur

Der Kreisverband der VS Altenburg ist als Teil des VS Bundesverbandes Mitglied im Deutschen Paritätischen Wohlfahrtsverband (DPWV). Vorteile der Mitgliedschaft im DPWV ergeben sich, so die Interviewpartner/innen, vor allem aus der Organisation und Durchführung von Fortbildungsveranstaltungen für die Mitarbeiter/innen der VS durch den DPWV. Im Gegensatz zu DDR-Zeiten sind im Vorstand des VS-Kreisverbandes Altenburg nun auch Mitglieder vertreten, die die Arbeit des Verbandes auf Grund ihrer beruflichen Qualifikationen unterstützen können (Rechtsanwalt, Steuerberater), sowie Geschäftsleute, die für den Finanzbereich der VS von Nutzen sind (Kreditgewährung, Spendenakquirierung).

Angebote

Die Angebote der VS Altenburg umfassen eine integrierte Kindertagesstätte, vier Begegnungsstätten, eine Sozialstation, Sozialpädagogische Familienhilfe (Haus- und Familienpflege) und ein Reisebüro (als Mitgesellschafter des Landesverbandes). Für ihre Mitglieder bietet die VS Altenburg darüber hinaus einen kostengünstigen Versicherungsschutz an (Sterbegeld- und Unfall-Vorsorge, Rechtsschutz u.a.). In der Kindertagesstätte werden behinderte und nichtbehinderte Kinder im Rahmen eines integrativen Konzeptes betreut. In den vier Begegnungsstätten wird für die älteren Mitglieder der VS Mittagessen, Kaffee und Kuchen und Seniorensport angeboten; die Begegnungsstätten werden auch zur Durchführung von fachlichen und kulturellen Veranstaltungen (Tanzveranstaltungen u.a.) genutzt. Im Rahmen der Sanierung des von der Kommune gepachteten Gebäudekomplexes wurde auch dort eine Begegnungsstätte eingerichtet. Die Idee, damit „generationsübergreifende" Aktivitäten zwischen Kindern und Senioren initiieren zu können, ist in der Praxis schwer zu realisieren. Die

Senioren sind nur sehr bedingt für kontinuierliche Betreuungsaufgaben (Spiele, Vorlesen etc.) bei den Kindern zu gewinnen.

Zum Leistungsangebot der Sozialstation gehören Behandlungs-, Grund- und Hauswirtschaftspflegeleistungen, „Essen auf Rädern" und Fahrdienste für ältere, gehbehinderte Bürger/innen. Seit der Einführung der Pflegeversicherung sind die vormals von der Kommune festgelegten Einzugsgebiete obsolet geworden. Deshalb bietet die Sozialstation der VS Altenburg nun ihre Leistungen im gesamten Stadtgebiet an. Im Vergleich zu DDR-Zeiten ist die Nachfrage nach Hauswirtschaftspflege und Mahlzeitendienst erheblich zurückgegangen. Von den Interviewpartnern/Interviewpartnerinnen wird dies vor allem auf die notwendig gewordene Verpreisung bzw. die deutlichen Preissteigerungen bei diesen Leistungen zurückgeführt.

Zum Mix verschiedener Elemente

Für jeden Angebotsbereich der VS Altenburg (Sozialstation, Kindertagesstätte, Reisebüro etc.) gibt es einen eigenen Haushalt. Dies bedeutet, dass etwaige Defizite nur bereichsintern ausgeglichen werden können. So sind zwar die Leistungen der Hauswirtschaftspflege defizitär, können jedoch durch Überschüsse im grund- und behandlungspflegerischen Bereich kompensiert werden. Insgesamt sind die Leistungen der Sozialstation kostendeckend.

(a)   Staat

Während die Finanzierung der Kindertagesstätte im Rahmen der staatlichen (kommunalen) Pflichtleistungen erfolgt, müssen von der VS Altenburg die Bereiche Sozialstation, Haus- und Familienpflege und das Reisebüro ausschließlich über Leistungsentgelte bzw. den Verkauf von Leistungen finanziert werden. Von staatlicher Seite – Land, Bund, Kommunen – gibt es keinerlei finanzielle Unterstützung. Jedoch war die Stadt Altenburg bislang bereit, der VS Altenburg den jährlich anfallenden Pachtzins von 72.000 DM im Rahmen des Erbaupachtvertrages zu erlassen. Die aus den Mitgliedsbeiträgen resultierenden Trägermittel werden ausschließlich für die Verbandsarbeit (Personalkosten, Ortsgruppenarbeit) verwendet.

(b)   Markt

Im Einzugsgebiet der VS Altenburg sind noch weitere freie Träger und auch private Anbieter in der ambulanten Altenhilfe tätig. Der Konkurrenzdruck ist groß. Auf Grund der schwierigen finanziellen Situation vieler Haushalte sind die Preise für Pflegeleistungen für die Kunden ein wichtiges Kriterium zur Wahl eines Pflegedienstes. Vor diesem Hintergrund sind die Mitglieder der VS das entscheidende Reservoir zur Gewinnung von Kunden. Um sie noch enger an den Verband bzw. an seine Dienstleistungen zu binden, wurde vor kurzem an alle Mitglieder ein so genannter Betreuungspass verteilt, in dem alle Dienstleistungsangebote der VS Altenburg aufgelistet sind. Die Mitglieder, aber auch deren (Haus-) Ärzte, Krankenhäuser u.a. sollen damit über die Leistungen der VS Altenburg informiert werden. Darüber hinaus wirbt die VS Altenburg durch die Verteilung von Handzetteln und mit Anzeigen in regionalen Zeitungen. Auf Grund der Zusammenarbeit mit unseriösen Vertragspartnern scheiterten erste Versuche, aufwändigere Werbung oder social sponsoring zu entwickeln. Einnahmen durch den Verkauf von Leistungen erzielt die VS Altenburg vor allem über die Angebote des Reisebüros und den Verkauf von Mittagessen, Kaffee und Kuchen in den Begegnungsstätten.

(c)   Soziales Kapital

Die VS Altenburg hat insgesamt 5.350 Mitglieder, die in 54 Ortsgruppen (mit jeweils eigenem Vorstand) organisiert sind. Die Anzahl der Mitglieder in den Ortsgruppen ist unterschiedlich (zwischen 25 und 300 Mitgliedern). Die Ortsgruppen besitzen eine relative Unabhängigkeit gegenüber dem Kreisverband; sie planen und organisieren ihre Veranstaltungen und Aktivitäten eigenständig. Auf Grund der Vergangenheit der VS als Seniorenverband sind die meisten Mitglieder im fortgeschrittenen Alter; im Durchschnitt sind sie 70 Jahre alt. Ca. 50% der Mitglieder in jeder Ortsgruppe nehmen regelmäßig die jeweiligen Angebote in Anspruch (so genannte „aktive Mitglieder"). In der überwiegenden Mehrheit sind dies Frauen, darunter viele Alleinstehende, die Kontakte suchen. Die „Ehrenhelfer" der VS Altenburg rekrutieren sich aus dem Kreis der „aktiven" Mitglieder. Neben der Vorstandsarbeit in den Ortsgruppen sind sie als ehrenamtliche Reisebegleiter aktiv, sie tragen Geburtstagsgrüße und Einladungen aus und sammeln die Mitgliedsbeiträge ein. Zu DDR-Zeiten betrug der Mitgliedsbeitrag 0,30 bis 1 Mark monatlich. Die nach der Wende vom Bundesvorstand beschlossene Anhebung des Mitgliedsbeitrags auf 2 DM monatlich stieß jedoch bei den Mitgliedern überwiegend auf Ablehnung. In vielen Ortsgruppen liegt der durchschnittliche Monatsbeitrag deshalb nach wie vor unter 2 DM monatlich. Die Gesamtsumme der Mitgliedsbeiträge beträgt jährlich ca. 100.000 DM, davon verbleiben 50% in den Ortsgruppen, die dort für die Durchführung von Veranstaltungen und Feiern verwendet werden. Vorteile der Mitgliedschaft ergeben sich insbesondere im Rahmen der Teilnahme an Seniorenreisen des VS-Reisebüros (ermäßigte Preise). Auf Grund der zunehmenden Konkurrenz in dieser Branche ist geplant, diese Vergünstigung für Mitglieder demnächst aufzuheben.

Das Spendenaufkommen des Kreisverbandes der VS Altenburg betrug vergangenes Jahr insgesamt 146.000 DM; davon wurden allein durch Sammlungen der Ehrenhelfer 97.000 DM eingeworben. Neben größeren projektbezogenen Spenden (Sanierungsmaßnahmen u.a.) werden von Einzelpersonen und von ortsansässigen Betrieben auch Sachspenden (Einrichtungsgegenstände u.a.) eingeworben. Die einzelnen Ortsgruppen können darüber hinaus eigenständig Spendensammlungen durchführen, die nicht an den Kreisverband abgeführt werden müssen. So nahmen die 54 Ortsgruppen der VS Altenburg im vergangenen Jahr insgesamt 47.000 DM an Spenden ein.

Beschäftigung und Mitarbeit

Die VS Altenburg beschäftigt insgesamt 57 hauptamtliche Mitarbeiter/innen, ca. 90% davon in einem Vollzeitarbeitsverhältnis. In der Sozialstation sind 25 Mitarbeiter/innen (Kranken-/Altenpfleger/innen, Hauswirtschaftspfleger/innen) beschäftigt. Hinzu kommen 30 Beschäftigte im Rahmen der Arbeitsförderung (ABM/SAM). Diese werden im Rahmen der Begegnungsstättenarbeit (Organisation von Veranstaltungen, Ausflüge u.a.) aber auch für Tätigkeiten der Sozialstation eingesetzt. Probleme gibt es dabei vor allem auf Grund ihrer oft fehlenden bzw. fachfremden Ausbildung und der Befristung dieser Arbeitsverhältnisse. Eine Arbeit in verantwortungsvollen Aufgabenbereichen ist deshalb für ABM-Kräfte oft nicht möglich. Auch als Hauswirtschaftspfleger/innen können sie nur bedingt eingesetzt werden, da in diesem Aufgabenbereich auch Grundpflegearbeiten übernommen werden müssen, für deren Durchführung entsprechende Kenntnisse notwendig sind.

Entscheidungsstrukturen

Die VS Altenburg führt zweimal jährlich eine Mitgliederversammlung durch. Im Rahmen dieser Veranstaltungen werden die Mitglieder über die Aktivitäten des Kreisverbandes informiert. Das Interesse des Vorstandes und der Geschäftsführung besteht dabei u.a. darin, die Mitglieder über die Leistungsangebote der VS zu unterrichten (vgl. „Betreuungspass") und für die Zahlung des vereinbarten Mitgliedsbeitrags zu werben.

Chancen, Risiken, Konflikte

Entsprechend der Schwerpunktsetzung des VS Bundesverbandes plant auch die VS Altenburg eine Einrichtung des Betreuten Service-Wohnens. Für die Wohnungen sind mittlerweile schon über 100 Bewerbungen von Mitgliedern eingegangen. Um diesen „Wettbewerbsvorteil" einer großen Mitgliedschaft, der sich u.a. im Rahmen der Kreditgewährung bei Banken positiv auswirkt, auch zukünftig nutzen zu können, sehen die Verantwortlichen der VS Altenburg es mittlerweile als ihre vordringlichste Aufgabe an, mit neuen Angeboten auch jüngere Mitglieder zu gewinnen.

4.2.5 Der Nachbarschaftshilfeverein der Glückauf Wohnungsbaugesellschaft mbH in Lünen

Die Aktivitäten der Wohnungsbaugesellschaft Glückauf Lünen-Brambauer erstrecken sich nicht nur, wie bei anderen Wohnungsbaugesellschaften, auf den Verkauf und die Vermietung von Wohnraum, sondern auch auf die soziale Betreuung und Beratung der Mieter. Aus diesem Zusammenhang erklärt sich die Aktivierung und Nutzung von Sozialkapital-Ressourcen auf Initiative der Geschäftsleitung der Wohnungsbaugesellschaft. Es wird versucht, im Rahmen der Gründung eines Nachbarschaftshilfevereins und verschiedener sozialer Projekte Eigeninitiative und Beteiligung der Mieter an den sozialen Hilfen und Aktivitäten anzuregen und zu fördern. Die soziale Betreuung einzelner und die Wohnqualität für alle Mieter soll dadurch verbessert werden (vgl. Ministerium für Frauen, Jugend, Familie und Gesundheit des Landes Nordrhein-Westfalen 1999: 52-55).

Genese

Der heutige Wohnungsbestand der Wohnungsbaugesellschaft Glückauf Lünen-Brambauer wurde in den Jahren 1911 und 1912 in verschiedenen Koloniebereichen parallel zum Aufbau einer Schachtanlage errichtet, um den dort beschäftigten Bergleuten Wohnraum zu bieten. Im Jahr 1975 wurden die ursprünglich von der Stumm AG verwalteten Wohneinheiten dann von der 1951 gegründeten Glückauf GmbH Lünen-Brambauer, seit 1975 ein Tochterunternehmen der Treuhandstelle GmbH (THS) in Essen, übernommen. Hauptgesellschafter sind die Vermögens- und Treuhandgesellschaft der Gewerkschaft IGBCE (VTG) sowie der Verein für bergbauliche Interessen (VBI). Die Städte Selm und Lünen sind Mitgesellschafter. Der Wohnungsbestand der Unternehmensgruppe THS umfasst vom Niederrhein im Westen bis hin zu den neuen Bundesländern ca. 70.000 Wohneinheiten mit rund 200.000 Mietern. Die Tochtergesellschaft Glückauf bewirtschaftet und verwaltet hiervon rund 4.500 Vermietungseinheiten in Lünen und Selm.

Ausschlaggebend für die Idee, sich auch um die sozialen Belange der Mieter zu kümmern, war die Tatsache, dass die Mitarbeiter/innen der Glückauf GmbH (Kundenberater, Handwerker) einen guten Einblick in die Wohn- und Lebensverhältnisse der Mieter hatten. Dadurch wurden sie zunehmend auf soziale Probleme, insbesondere auf durch Alter und Krankheit bedingte Isolations- und Verwahrlosungstendenzen in einzelnen Haushalten aufmerksam. Im Rahmen einer Kooperation mit der Arbeiterwohlfahrt (AWO) wurde deshalb 1991 ein Konzept zur Betreuung vor allem älterer Mieter der Glückauf GmbH erarbeitet, das durch Mittel der Arbeitsförderung finanziert wurde. Im Zuge dieser Angebotserweiterung wurden altengerechte Wohnungen und Begegnungsstätten eingerichtet. Hierfür eingestellte Sozialpädagogen/Sozialpädagoginnen übernahmen die Beratung der Mieter und die Organisation der Hilfen; die Haushalts- und Betreuungsleistungen wurden von ABM-Kräften erbracht.

Auf Grund von Änderungen in den Förderrichtlinien der Arbeitsverwaltung musste sich die AWO aus der Kooperation mit der Glückauf GmbH weitgehend zurückziehen. Um jedoch weiterhin eine kostenlose soziale Betreuung der Mieter sicherstellen zu können, gründete die Glückauf GmbH 1994 einen gemeinnützigen Nachbarschaftshilfeverein (im Folgenden: NHV). Dahinter stand auch eine Umorientierung in den Aufgaben: die Angebote zielten nun auch auf Familien und jüngere Mieter. Die Übertragung der sozialen Betreuung auf einen gemeinnützigen NHV sollte es ermöglichen, dass sich die Mieter durch aktive Vereinsarbeit daran beteiligen. Die Ziele des NHVs sind die Beratung und Betreuung hilfe- und pflegebedürftiger Menschen sowie die Förderung von Nachbarschaftshilfe und generationsübergreifenden Projekten. Zu diesem Zweck leitet der Verein u.a. in jedem der sechs Stadtteile von Lünen eine Begegnungsstätte bzw. einen Treffpunkt.

1996 wurde darüber hinaus das Projekt „Vermittlungsstelle für organisierte Nachbarschaftshilfe" entwickelt, das vom Land NRW eine dreijährige Förderungszusage erhielt. Damit sollten tragfähige Nachbarschaftshilfestrukturen aufgebaut und die Abhängigkeit von der staatlichen ABM-Förderung im Bereich der sozialen Betreuung reduziert werden. Grundlage der „organisierten Nachbarschaftshilfe" ist, analog zum System von „Seniorengenossenschaften", ein Leistungskatalog, in dem die Hilfemaßnahmen mit Punkten bewertet sind. Mit dem Auslaufen der ABM-Förderung Anfang 2000 übernahm die organisierte Nachbarschaftshilfe die Aufgabenbereiche, für die bis dahin die ABM-Kräfte zuständig gewesen waren.

Organisationsstruktur

Die ursprünglich gemeinnützige Wohnbaugesellschaft ist heute eine GmbH; denn nach einer entsprechenden Gesetzesänderung können Wohnbaugesellschaften generell keine Gemeinnützigkeit mehr beanspruchen. Der NHV ist kooperatives Mitglied der AWO Bezirk Westliches Westfalen e.V. Im Verein sind sowohl haupt- als auch ehrenamtliche Mitarbeiter tätig. Im Vorstand arbeiten Mitarbeiter/innen der Glückauf GmbH und Vertreter/innen der IGBCE-Ortsgruppen mit. Zur besseren Koordination und Planung der sozialen Maßnahmen des Vereins wurde ein Kuratorium gegründet, in dem Unternehmer und andere in der Kommune bekannte Personen mit Prestige und Einfluss mitwirken.

Angebote

Die von der Glückauf GmbH verwalteten Wohnungen können prinzipiell von allen Interessierten gemietet werden; allerdings haben ehemalige Bergleute ein Vormietrecht. Das Serviceangebot für das „Betreute Wohnen" umfasst die Bereiche „Beratung", „Betrieb der Gemeinschaftsräume" und „Vermittlung zu Hilfsdiensten". In allen drei Altenwohnanlagen (insgesamt 150 altengerechte Wohnungen) wird dafür den Mietern/Mieterinnen eine relativ günstige Servicepauschale von 16,50 DM monatlich in Rechnung gestellt. Alle zusätzlichen von der Glückauf GmbH oder dem NHV organisierten oder vermittelten Angebote (Notruf, ambulante Pflege, Hauswirtschaft) müssen extra eingekauft werden. Neben der individuellen Mieterberatung bezieht sich das Beratungsangebot auch auf Maßnahmen der Wohnraumanpassung. In Zusammenarbeit mit der technischen Abteilung der Glückauf GmbH geht es dabei auch um die Vermittlung, Koordination und Überwachung von Baumaßnahmen.

Auf Grund des von der Glückauf GmbH formulierten Ziels „gelebte Nachbarschaft in den Siedlungsquartieren" zu initiieren und zu gestalten werden in den Gemeinschaftsräumen der Altenwohnanlagen und in den Begegnungsstätten eine Vielzahl von sozialkulturellen Aktivitäten durchgeführt (Informationsveranstaltungen, Bewegungsübungen für Senioren, Frühstückstreff, Spielenachmittage etc.). Über das Veranstaltungsprogramm wird in regelmäßig erscheinenden Veröffentlichungen informiert. Von der „Vermittlungsstelle für organisierte Nachbarschaftshilfe" des NHVs werden vor allem niedrigschwellige und ergänzende Leistungen organisiert und bereitgestellt (Besuchs-, Begleit-, und Fahrdienste, Haushalts-, Einkaufshilfen, Gartenarbeiten u.a.m.). Im Angebotsspektrum ambulanter Pflegedienste spielen sie, auf Grund der geringen Vergütung durch die Pflegeversicherung, nur eine marginale Rolle. Dennoch sind sie für eine tragfähige häusliche Pflege wichtig.

Seit Mai 2000 werden die ersten Projekte einer zentralen „Anlaufstelle für Kinder, Jugendliche und Senioren" entwickelt. Damit sollen vor allem Kinder und Jugendliche für Altenarbeit und ehrenamtliches Engagement sensibilisiert und Kontakte zwischen den Generationen gefördert werden (z.B.: Patenschaften für Spielplätze, gemeinsame Spielplatzaktionen von Kindern und Senioren u.a.m.). Für die Zukunft sind generationsübergreifende Angebote im Bereich EDV und Internet geplant.

Zum Mix verschiedener Elemente

Diejenigen sozialen Aktivitäten der Glückauf GmbH, die nicht durch staatliche Unterstützung im Rahmen von Projektförderung, Arbeitsbeschaffungsmaßnahmen und Sozialkapital- Ressourcen (Mitgliedsbeiträge, Spenden) finanziert werden können, werden durch die Glückauf GmbH und ihre Muttergesellschaft, die Treuhandstelle GmbH (THS), finanziert. Hierzu wird ein bestimmtes Budget zur Verfügung gestellt, das jährlich neu festgelegt und beantragt werden muss (ca. 380.000 DM jährlich).

(a)   Staat

Staatliche Unterstützung erhält die Glückauf GmbH überwiegend im Rahmen der finanziellen Förderung von Modellprojekten durch das Land NRW und die Kommunen.

(b)   Markt

Neben den Einnahmen aus dem Verkauf und der Vermietung von Wohnungen hat die Glückauf GmbH keine weiteren Markteinnahmen. Die Preise der Angebote werden in der Regel so festgelegt, dass lediglich die entstandenen Sachkosten gedeckt werden. Die vielfältigen sozialen und kulturellen Angebote führen jedoch dazu, dass die Attraktivität der von ihr verwalteten Wohnungen gesteigert wird. Hierdurch ergeben sich deutliche Wettbewerbsvorteile gegenüber anderen Wohnungsbaugesellschaften, die ihr Angebot auf die bloße Verwaltung der Wohnungen beschränken. Angesichts eines derzeit eher entspannten Wohnungsmarktes trägt dies dazu bei, dass das wirtschaftliche Ziel der Glückauf GmbH, die Wohnungen in vollem Umfang vermieten zu können, auch tatsächlich erreicht wird.

(c) Soziales Kapital

Der NHV hat etwa 900 Mitglieder (bei ca. 5.000 Mietern), die einen monatlichen Mitgliedsbeitrag von 3 DM zahlen. Die Vereinsmitglieder sind größtenteils älter als 65 Jahre und der Frauenanteil liegt deutlich über dem der Männer (ca. 70%). Nach einer kürzlich erfolgten Satzungsänderung ist nun auch die Mitgliedschaft von Kindern und Jugendlichen möglich, entsprechend dem Ziel der Glückauf GmbH, generationsübergreifende Angebote zu entwickeln. Die Vorstandsarbeit im NHV erfolgt rein ehrenamtlich. Generell werden die hauptamtlichen Mitarbeiter der Glückauf GmbH relativ stark in die ehrenamtliche Arbeit mit eingebunden. Insbesondere von den Hauptamtlichen im NHV wird ein gewisses Maß an ehrenamtlichem Engagement erwartet (z.B.: Organisation von Festen u.a.). Als Anreiz zur Mitgliedschaft im NHV werden den Mitgliedern gewisse Vergünstigungen und Vorteile gewährt (Tagesfahrten nur für Vereinsmitglieder, ermäßigte Preise für kulturelle Veranstaltungen u.a.). Das Projekt der Vermittlungsstelle für organisierte Nachbarschaftshilfe (Punktesystem) verläuft durchaus nicht ohne Probleme. So ist ein Teil der insgesamt ca. 400 Mitglieder auf Grund ihres fortgeschrittenen Alters nicht mehr in der Lage ein ausreichendes Punktekonto anzusammeln. Auch erklären sich nur wenige Mitglieder bereit, bestimmte regelmäßig zu erbringende Aufgaben (einfache Pflege, Putzdienste, Gartenarbeiten etc.) zu übernehmen. Neben einer bestimmten Anzahl von Punkten erhalten deshalb nun diejenigen, die solche Arbeiten übernehmen, von den Nutzern eine finanzielle Vergütung. Der NHV erhält von Privatpersonen und Unternehmen jährlich ca. 30.000 DM Spenden.

Beschäftigung und Mitarbeit

Die 26 hauptamtlichen Mitarbeiter/innen der Glückauf GmbH weisen ein breites Spektrum an Qualifikationen (Verwaltungsangestellte, Sozialpädagogen/Sozialpädagoginnen, Handwerker u.a.) auf. Im NHV arbeiten derzeit sieben Sozialpädagogen/Sozialpädagoginnen, die für die Planung und Organisation der sozialen Betreuungsdienste zuständig sind, sowie zehn geringfügig Beschäftigte. Die bis März 2000 beschäftigten ABM-Kräfte waren überwiegend Frauen ohne entsprechende fachliche Qualifikationen. Ihnen wurde deshalb eine entsprechende Grundausbildung ermöglicht. Problematisch war die Befristung dieser Arbeitsverhältnisse. Dadurch mussten sich die Betreuten immer wieder auf neues Personal einstellen. Auch war es schwierig, die Arbeitsbereiche der ABM-Kräfte von denen der Ehrenamtlichen abzugrenzen.

Entscheidungsstrukturen

Auf Grund der engen Kontakte zwischen der Wohnungsbaugesellschaft und den Mietern, etwa durch die Mitarbeit von hauptamtlich Beschäftigten der Glückauf GmbH im Vorstand des NHV, konnten „kurze Kommunikationswege" geschaffen und Vertrauen aufgebaut werden. Dies erleichtert die Lösung auftretender Konflikte und Probleme. So haben, neben der einmal jährlich stattfindenden Mitgliederversammlung, Vereinsmitglieder die Möglichkeit, den Hauptamtlichen Anregungen und Kritik direkt vor Ort zu übermitteln.

Chancen, Risiken, Konflikte

Der Versuch der Glückauf GmbH, in ihren Wohnanlagen „gelebte Nachbarschaft" zu initiieren und zu fördern, ist durchaus erfolgreich. Gleichwohl gibt es auch Probleme: So gelingt es nicht, dass Mieter und Interessierte „von außen" im Rahmen des NHVs auch eher „unattraktive" regelmäßige Aufgaben ehrenamtlich übernehmen. Diese Leistungen werden deshalb nun auch finanziell vergütet. Auf Grund der ursprünglich für die Mieter/innen kostenlosen Betreuung durch ABM-Kräfte war es darüber hinaus für die Leitung der Nachbarschaftshilfe schwierig, die Notwendigkeit ehrenamtlicher Mithilfe und die Regelungen zur finanziellen (Selbst-) Beteiligung bei der Inanspruchnahme von bestimmten Leistungen zu begründen. Viele Mieter/innen, so die Interviewpartnerin, betrachteten die Bereitstellung von kostenlosen sozialen Leistungen als „selbstverständlich". Um die Bewohner/innen zur Mitarbeit zu motivieren, mussten deshalb zunächst eine Reihe von Beratungs- und Informationsveranstaltungen durchgeführt werden.

■ *4.2.6 Das Modernisierungskonzept der evangelischen Kirche Hessen-Nassau (EKHN) – ein Beispiel aus der Praxis*

Während viele andere Verbände und Träger in der Altenhilfe lediglich in den Bereichen Steuerung, Betriebswirtschaft und Qualitätssicherung Modernisierungsmaßnahmen entwickeln, hat sich die Evangelische Kirche Hessen-Nassau (EKHN), eine von 24 Landeskirchen der Evangelischen Kirche in Deutschland (EKD), dazu entschlossen, ein wesentlich umfangreicheres und anspruchsvolleres Konzept zu erarbeiten und umzusetzen. Dabei geht es zwar auch um betriebswirtschaftliche Maßnahmen und Strategien; im Rahmen einer Stärkung des „diakonischen Profils" der Einrichtungen und Dienste der EKHN beinhaltet das Konzept aber darüber

hinaus auch die Revitalisierung lokaler Sozialkapital-Ressourcen (Evangelische Kirche Hessen und Nassau 1997).
Das Gebiet der EKHN umfasst Süd-, einige Regionen in Mittelhessen sowie Teile des Landes Rheinland-Pfalz. Zur EKHN gehören zurzeit 65 ambulante Pflegedienste (Diakoniestationen). Deren Träger sind evangelische Kirchengemeinden, Dekanate, Zweckverbände oder Kirchengemeindeverbände. Die Fachberatung für die Stationen übernimmt das Diakonische Werk, die Rechts- und Fachaufsicht, insbesondere die haftungsrechtliche Verantwortung, liegt in der Zuständigkeit der EKHN.

Das Modernisierungskonzept der EKHN

Die veränderten rechtlichen und finanziellen Rahmenbedingungen in der Altenpflege – die Einführung des SGBXI und die damit einhergehende Konstituierung eines Pflegemarktes sowie der Rückgang des Kirchensteueraufkommens und finanzieller staatlicher Unterstützung (Kommunen, Landkreise, Land) – waren Anlass für die EKHN und die Evangelische Kirche insgesamt, über Auftrag, Ziele und Arbeitsinhalte sozialer Einrichtungen in kirchlicher Trägerschaft neu nachzudenken. Ausgehend von der Gesamtkirche wurde deshalb in vielen Landeskirchen ein Leitbildentwicklungsprozess angestoßen, der zum Ziel hat, den „Diakonischen Auftrag" kirchlicher Einrichtungen neu zu definieren. In welchen Arbeitsfeldern dieser Prozess in Gang gesetzt werden soll, bleibt den einzelnen Landeskirchen überlassen und ist dementsprechend abhängig von deren Haushaltslage und der Prioritätensetzung der Verantwortlichen.

Im Modernisierungskonzept für Diakoniestationen der EKHN, das sich in Hinblick auf betriebswirtschaftliche Überlegungen am neuen Steuerungsmodell der KGSt orientiert, ist die Stärkung des diakonischen Auftrags/Profils der Stationen durch die Erarbeitung eines neuen Leitbildes ebenso ein Modernisierungsfeld, wie die Bereiche Finanzierung und Qualität. Christliches Leit- und Menschenbild, Wirtschaftlichkeit und Fachlichkeit sollen, so die Interviewpartner/innen, im Rahmen der Konzeption keine gegensätzlichen, sondern gleichwertige sich ergänzende Ziele sein.

Gegenwärtiger Stand der Modernisierungsmaßnahmen

Im Bereich Qualitätssicherung/Fachlichkeit geht es zurzeit, neben der Erarbeitung eines von der Bundesebene des Diakonischen Werkes initiierten Qualitätssiegels (Diakoniesiegel), vor allem um die Frage, inwieweit das bisherige Qualifikationsniveau des Pflegepersonals auf Grund des Kostendrucks aufrechterhalten werden kann und in welchem Umfang geringfügige Beschäftigungsverhältnisse vorgehalten werden sollen. Im Hinblick auf die Gewährung öffentlicher Zuschüsse ist es, bedingt durch die Einführung eines „Pflegemarktes", für die Diakoniestationen auch notwendig geworden, sich über die eigenen Leistungen und die dafür aufgewendeten Kosten Klarheit zu verschaffen. Eine hierzu vom Diakonischen Werk durchgeführte Umfrage bei allen Stationen zeigte, dass Leistungserfassungen und Arbeitszeitnachweise vielfach noch eingeführt bzw. verbessert werden müssen. Auch wurde deutlich, dass nur in wenigen Diakoniestationen zusätzliche, über die Kernleistungen hinausgehende Angebote, erbracht werden. In ihrer Außendarstellung unterscheiden sich die Stationen deshalb kaum noch von anderen (privat-gewerblichen) Pflegeanbietern.

Im Rahmen der Umsetzung des diakonischen Auftrages wird deshalb von der EKHN gegenwärtig versucht, mit den Stationen Verwaltungsvereinbarungen über die Verwendung kirchlicher Mittel abzuschließen. Diese sollen nicht mehr länger zur Finanzierung der Defizite verwendet werden, sondern für die Entwicklung und Installierung pflegeergänzender Dienste und Projekte. Damit wird die Förderung und Entwicklung des „diakonischen Auftrages" kirchlicher Einrichtungen und Dienste vertraglich festgelegt und mit der Forderung nach wirtschaftlicher Betriebsführung bzw. der Vermeidung von Defiziten verknüpft. Auch soll damit einem Pflegeverständnis Rechnung getragen werden, das Pflege in einem umfassenderen Sinn begreift. Andererseits kann damit das Profil der Stationen als auch „nach außen erkennbar" christlich-diakonische Einrichtungen geschärft werden. Die jeweiligen Maßnahmen und Schwerpunkte sollen, bezogen auf die spezifische Situation vor Ort, von den Trägern und Mitarbeitern/Mitarbeiterinnen der Stationen selbst erarbeitet werden. Mittlerweile haben zwei Drittel der Stationen diese Möglichkeit genutzt und mit der EKHN und dem Diakonischen Werk entsprechende Vereinbarungen abgeschlossen. Hierzu gehört auch die im Folgenden vorgestellte Diakoniestation Dietzhölztal. Im Rahmen der Verwaltungsvereinbarung erhielt sie von der EKHN im letzten Jahr 30.000 DM zur Entwicklung „diakonischer Projekte".

Diakoniestation Dietzhölztal-Eschenburg

Genese

Die Diakoniestation Dietzhölztal wurde im Zuge der Einführung der Pflegeversicherung 1995 als Zusammenschluss evangelischer Gemeindepflegestationen in sieben Kirchengemeinden der Kommunen Dietzhölztal und Eschenburg gegründet. Für eine Anerkennung als eigenständige Pflegeeinrichtung im Sinne des SGB XI waren die bis dato relativ unabhängig arbeitenden Gemeindepflegestationen zu klein. Das Einzugsgebiet der Station umfasst die Kommunen Dietzhölztal mit 6.000 und Eschenburg mit 11.000 Einwohnern/Einwohnerinnen.

Organisationsstruktur

Träger der Diakoniestation sind die erwähnten Kirchengemeinden innerhalb der beiden Kommunen im Rahmen des Zusammenschlusses zu einem Zweckverband. Die ehrenamtlichen Mitglieder des Vorstands werden von der Verbandsvertreterversammlung gewählt. Mit zwei freikirchlichen evangelischen Gemeinden besteht eine Kooperationsvereinbarung. Sie sind nicht an der Trägerschaft beteiligt, haben aber das Recht in alle Gremien Vertreter zu entsenden. Die Mitglieder des Kuratoriums (freikirchliche Vertreter, Bürgermeister, Vertreterin des Diakonischen Werkes u.a.) haben, neben ihrer Beratungsfunktion, auch ein Vetorecht in Fragen von Planung und Personal.

Angebote

Das Angebot der Station umfasst die Bereiche Grundpflege, Behandlungspflege und Hauswirtschaft sowie Pflegekurse für pflegende Angehörige (§45 SGBXI). Die von den Mitarbeitern/Mitarbeiterinnen erbrachten nicht abrechenbaren Leistungen werden genau aufgelistet und dokumentiert. Dabei wird zwischen der so genannten diakonischen Zeit (Gespräche, Vorlesen, Gebete) und sonstigen Leistungen (Serviceleistungen, Alltagshilfen, z.B. Einkaufshilfen u.a.) unterschieden. Im Haushaltsplan ist für diese Leistungen eine, ausschließlich durch Spenden finanzierte, halbe Stelle vorgesehen, die auf alle in der Pflege tätigen Mitarbeiter/innen umgelegt wird. Damit soll zum einen gewährleistet werden, dass die Mitarbeiter/innen auch tatsächlich Zeit für nicht abrechenbare Leistungen haben, zum anderen soll die Verwendung der Spenden transparent gemacht werden. Dadurch hat jeder/jede Pflegemitarbeiter/in etwa 20 Minuten täglich an „diakonischer Zeit" zur Verfügung. Bezogen auf alle fest angestellten Pflegemitarbeiter/innen sind dies insgesamt etwa 70 bis 80 Stunden im Monat.

Die Mittel der EKHN, die die Station im Rahmen der Verwaltungsvereinbarung bezieht, werden für verschiedene „diakonische Projekte" verwendet. Hierzu zählt eine monatliche externe Supervision für das Pflegeteam sowie ein Gesprächskreis für Krebskranke. Darüber hinaus wird gegenwärtig, mit finanzieller Unterstützung durch die Landeszentrale der evangelischen Frauenhilfe, ein ehrenamtlicher Besuchsdienst aufgebaut.

Zum Mix verschiedener Elemente

(a) Staat

Defizite der Station wurden auf Grund einer vertraglichen Vereinbarung von den beiden Kommunen des Einzugsgebiets und der Landeskirche im Verhältnis 60:40 übernommen. Die Station erzielte jedoch in den letzten Jahren immer positive Abschlüsse. Sie gehörte deshalb zu den ersten Pflegediensten der EKHN, die die obig genannte Verwaltungsvereinbarung abschlossen. Die prinzipiell jeweils nur für ein Jahr geltende Vereinbarung sieht vor, dass die Diakoniestation im Falle eines eintretenden Defizits unverzüglich Kontakt mit der Kirchenverwaltung und der Fachberatung des Diakonischen Werkes aufzunehmen hat.

(b) Markt

Etwa zwei Drittel der mit den Kranken- und Pflegekassen abgerechneten Leistungen der Station werden nach SGBXI abgerechnet, ca. ein Drittel nach SGBV. Auf Grund der Restriktionen der Krankenkassen wird sich dieses Verhältnis zukünftig, so die Einschätzung der Interviewpartner/innen, weiter zu Gunsten von SGBXI-Leistungen verschieben. Gegenwärtig werden keine Leistungen mit den Sozialhilfeträgern abgerechnet. Im Einzugsgebiet der Station sind auch privat-gewerbliche ambulante Pflegeanbieter aktiv. Von den Interviewpartnern/Interviewpartnerinnen werden diese jedoch nicht als Konkurrenz wahrgenommen, da die Station beim derzeitigen Personalstand gut ausgelastet ist. Der Bereich privater Zu- und Selbstzahlungen beträgt lediglich 1-2% des Gesamthaushalts der Station. Gezielte Werbemaßnahmen werden nicht durchgeführt, sondern die Station betreibt eine intensive Öffentlichkeitsarbeit im Rahmen regelmäßiger Kontakte mit den Kommunen (Politiker, Seniorenbeirat), lokalen Vereinen (Landfrauen, u.a.) und den Kirchengemeinden. Die Diakoniestation kooperiert mit einem Mobilen Sozialen Hilfsdienst in privater Trägerschaft („Essen auf Rädern", Fahrdienste) sowie mit einem Altenheim in der Trägerschaft einer freien evangelischen Gemeinde (gemeinsamer „Personalpool").

(c) Soziales Kapital

Im Besuchsdienst der Station sind gegenwärtig 13 ehrenamtliche Helfer/innen aktiv, die fachliche Begleitung und Supervision erhalten. Die Station bekommt Spenden von Privatpersonen und Firmen, des Öfteren die während der Gottesdienste eingesammelte Kollekte sowie durch regelmäßige Sammlungen in den Kirchengemeinden finanzielle Zuwendungen als „Diakonieförderbeitrag". Diese Gelder gehen auf das so genannte Schwesterngeld zurück, das die Kirchengemeinden zur Unterstützung der Arbeit der Diakonissen den ehemaligen Gemeindepflegestationen zahlten. Insgesamt erhält die Station ca. 30.000 bis 40.000 DM jährlich an Spenden und Zuwendungen, bei einem Gesamtetat von 1,4 Millionen DM. Der so genannte Diakonieförderbeitrag ist jedoch in den letzten Jahren, vor allem seit der Einführung des SGBXI, rückläufig. Die Interviewpartner/innen führen dies zum einen auf die nachlassende Bindung der Kirchengemeinden an „ihre Diakoniestation" zurück, zum anderen glaubten weite Teile der Bevölkerung, dass durch die Einführung der Pflegeversicherung alle Probleme von Hilfe und Pflege weitgehend geregelt seien.

Beschäftigung und Mitarbeit

Der Personalbereich der Station umfasst insgesamt 13,5 Vollzeitstellen. Hinzu kommen noch jeweils fünf geringfügig Beschäftigte im hauswirtschaftlichen und im pflegerischen Bereich. In der Pflege arbeiten ausschließlich examinierte Kranken- und Altenpflegekräfte, die hauswirtschaftlichen Arbeiten werden von angelernten Mitarbeiter/innen abgedeckt, die über keine entsprechende Ausbildung verfügen. Auf Grund der zunehmenden Restriktionen der Kassen befürchten die Interviewpartner/innen, dass zukünftig auch für einfache Grundpflege- arbeiten Helfer/innen ohne Ausbildung eingesetzt werden müssen.

Entscheidungsstrukturen

Zwischen den einzelnen Gremien der Station (Vorstand, Verbandsvertreterversammlung, Kuratorium) besteht nach den Angaben der Interviewpartner/innen eine gute Zusammenarbeit. Dies wird durch den Umstand begünstigt, dass der Sohn der Vorstandsvorsitzenden als Bürgermeister Vorsitzender des Kuratoriums ist. Darüber hinaus hat die Vorstandsvorsitzende auf Grund ihrer Tätigkeit als Prädikantin gute Verbindungen zu den Kirchengemeinden.

Chancen, Risiken, Konflikte

Gegenwärtig versucht die Diakoniestation durch den Aufbau „diakonischer Projekte" sowie durch die Dokumentation nicht abrechenbarer zusätzlicher Leistungen, ein eigenes Profil als „diakonische" Einrichtung auszubilden. Dadurch soll auch der Trend einer nachlassenden Spendenbereitschaft aufgehalten werden. Die Einführung einer neuen Arbeitszeitdokumentation, die auch nicht abrechenbare Leistungen einschließt, führt jedoch zu einem deutlich höheren Verwaltungsaufwand. Die neuen Regelungen stoßen deshalb bei einigen Mitarbeitern/Mitarbeiterinnen auf deutliche Skepsis. Auf Grund der guten Einbindung der Diakoniestation in ihr nach wie vor stark religiös geprägtes ländliches Umfeld sehen die Leitungskräfte der Station der zukünftigen Entwicklung gleichwohl zuversichtlich entgegen.

■ 4.3 Diskussion und Auswertung der Fallbeispiele

Im Folgenden sollen die Fallbeispiele in Hinblick auf die leitenden Fragen unserer Untersuchung zusammenfassend diskutiert werden. Die Abbildung 8 veranschaulicht dabei in einer Art Übersicht die wichtigsten in dieser Auswertung zur Sprache kommenden Aspekte. So wie in den Beispielsbereichen Schule und Kultur/Sport sind auch hier in der zusammenfassenden Abbildung 8 jene Elemente, die sich nicht eindeutig den Bereichen „Markt", „Staat und Kommune" und „Soziales Kapital" zuordnen lassen in den Räumen zwischen den jeweils maßgeblichen Einflussachsen verortet worden. Der Begriff des „Sozialen Kapitals" steht dabei einmal mehr als Metapher für die möglichen Beiträge der Bürgergesellschaft.

Die dokumentierten sechs Fallbeispiele umfassen ein breites Spektrum an Diensten und Einrichtungen. Darunter befinden sich zwei Beispiele ambulanter Pflegeeinrichtungen, bei denen lokales soziales Kapital in Form von Fördervereinen und Vernetzung vor Ort eine besondere Rolle spielt, ein „modernisierter" Krankenpflegeverein, ein Nachbarschaftshilfeverein im Rahmen Betreuten Wohnens unter dem Dach einer Wohnungsbaugesellschaft, ein aus einer ABM-Initiative hervorgegangener Seniorenverein aus den neuen Bundesländern, der neben einer Vielzahl soziokultureller Angebote für ältere Menschen mittlerweile auch Einrichtungen des Betreuten Wohnens betreibt, sowie ein Kreisverband der Volkssolidarität mit seinen alters- und pflegespezifischen Angeboten.

Das Auffinden bzw. die Auswahl geeigneter Fallbeispiele gestaltete sich wesentlich schwieriger, als zu Beginn der Untersuchung vermutet worden war. Beispiele aus dem stationären Bereich waren so selten und so wenig überzeugend, dass auf eine Aufnahme eines diesbezüglichen Beispiels in der Auswahl von nur sechs Beispielen verzichtet wurde. Wahrscheinlich ist dieser Mangel an geeigneten Fallbeispielen im stationären Bereich auch auf die einseitig manageriellen Modernisierungskonzepte zurückzuführen, die gegenwärtig vorherrschen. Elemente wie etwa Fördervereine und bürgerschaftliches Engagement geraten damit immer mehr

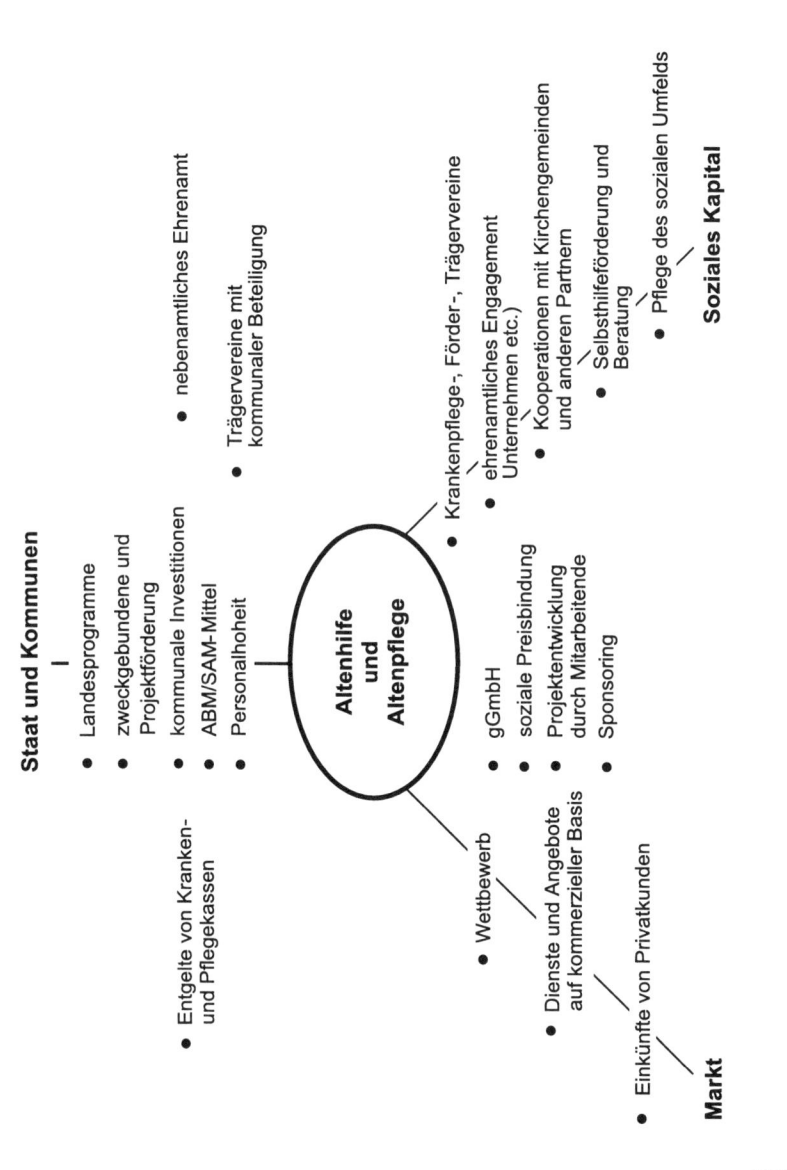

Abb. 8: Altenpflege und Altenhilfe – Ressourcen, Organisationsstrukturen, Einflussgrößen

Staat und Kommunen

- Landesprogramme
- zweckgebundene und Projektförderung
- kommunale Investitionen
- ABM/SAM-Mittel
- Personalhoheit
- nebenamtliches Ehrenamt
- Trägervereine mit kommunaler Beteiligung

Altenhilfe und Altenpflege

- Krankenpflege-, Förder-, Trägervereine
- ehrenamtliches Engagement (Unternehmen etc.)
- Kooperationen mit Kirchengemeinden und anderen Partnern
- Selbsthilfeförderung und Beratung
- Pflege des sozialen Umfelds

Soziales Kapital

- gGmbH
- soziale Preisbindung
- Projektentwicklung durch Mitarbeitende
- Sponsoring

- Entgelte von Kranken- und Pflegekassen
- Wettbewerb
- Dienste und Angebote auf kommerzieller Basis
- Einkünfte von Privatkunden

Markt

207

aus dem Blickfeld von Verbandsvertretern/Verbandsvertreterinnen und Pflegeexperten/Pflegeexpertinnen. Sie werden als zu vernachlässigende Traditionsbestände bzw. als „Auslaufmodelle" betrachtet. Das illustrierten Aussagen von Interviewpartnern/Interviewpartnerinnen (Leiter/innen von Einrichtungen und Diensten, Verbandsvertreter/innen wie etwa: „Wir haben im Moment Wichtigeres zu tun, als uns damit zu beschäftigen".

Genese

Die Mehrzahl der aufgeführten Beispiele operiert direkt im Rahmen, der sich aus der jeweiligen Implementierung des Pflegeversicherungsgesetzes ergeben hat. „Staat" und „Markt" sind damit einerseits durch die zentrale Rolle der Pflegekassen für Regulierung und Finanzierung, andererseits durch Wettbewerbsregeln oder die Übernahme betriebswirtschaftlicher Leitbilder präsent. Die sechs Beispiele wurden vor allem deshalb ausgewählt, weil hier angesichts der Omnipräsenz von Markt und Staat in verschiedener Weise versucht wird, Elemente sozialen Kapitals, die für die Einrichtung schon immer wichtig waren, zu erhalten oder neu zu aktivieren und einzubeziehen.

Bei vier Beispielen (Adelsberg, Weil am Rhein, Altenburg, Hessen Nassau) geht es vor allem um so etwas wie eine Traditionspflege im positiven Sinn: Man versucht Bestände wie Fördervereine, Mitgliedsstrukturen oder eine „diakonische Orientierung" und Kooperation mit Kirchengemeinden unter veränderten Bedingungen zu „kapitalisieren". Auch das Beispiel der Nachbarschaftshilfe, die im Rahmen der Wohnungsgesellschaft Lünen operiert, verweist auf Möglichkeiten, das Kapital von Gemeinnützigkeitstraditionen und sozialen Orientierungen im (bau-)wirtschaftlichen Bereich neu zu nutzen. Beim Seniorenkreativverein Halle handelt es sich schließlich um ein Beispiel, das zeigt, welche Formen so etwas wie ein „soziales Unternehmertum" im Bereich der oft pauschal negativ bewerteten Seniorenkultur in den neuen Bundesländern annehmen kann.

Zu vermerken ist schließlich noch, dass die unkonventionellen Entwicklungen, die hier dokumentiert worden sind, in fast allen Fällen ganz entscheidend von einzelnen Leitungs- bzw. Gründerpersönlichkeiten mitbestimmt worden sind.

Organisationsstrukturen

In Bezug auf Rechtsformen und Trägerschaften haben die meisten der dokumentierten Einrichtungen und Dienste in vielerlei Hinsicht Veränderungen durchlaufen. Sie spiegeln einerseits den Versuch, soziale und gemeinnützige Orientierungen auch unter Bedingungen eines verstärkten Drucks in Richtung auf betriebliche Eigenwirtschaftlichkeit aufrechtzuerhalten. Andererseits verkörpern sie auch eine gegensinnige Tendenz: unter Bedingungen von Gemeinnützigkeitsbestimmungen, die wirtschaftliches Handeln und erst recht die Erwirtschaftung von Gewinnen aus dem Bereich öffentlicher sozialer Angebote strikt heraushalten wollen, ein Stück soziale Ökonomie zu verwirklichen. Insbesondere bei den Trägern und Einrichtungen in Ostdeutschland ist immer wieder eine Vielzahl von Rechtsformen unter dem Dach der Gemeinnützigkeit festzustellen. So unterscheidet etwa die Volkssolidarität bei ihren Einrichtungen und Diensten zwischen Wirtschafts- und Zweckbetrieben. Der jeweilige Kreisverband hat dabei den Status der Gemeinnützigkeit mit einer großen Zahl von Mitgliedern und ehrenamtlich Aktiven. Gleichzeitig ist der Kreisverband aber auch Mitgesellschafter in einer GmbH (Reisebüro) und es werden Aufgaben der Regelversorgung für die Kommunen übernommen (Kindertagesstätten u.a.) (ähnlich: Senioren-Kreativverein Halle). Neu entstehende Mischformen zwischen Gemeinnützigkeitsrecht und den Rechtsformen des privat-gewerblichen Bereichs zeigen sich auch beim Fallbeispiel der Wohnungsbaugesellschaft Lünen-Brambauer, wo unter dem Dach einer GmbH zur sozialen Beratung und Betreuung der Mieter ein gemeinnütziger Nachbarschaftshilfeverein gegründet wurde.

Angebote

Gelder (Mitgliedsbeiträge, Spenden etc.) ermöglichen zusammen mit anderen Formen der Unterstützung ein vielfältigeres und breiteres Angebotsspektrum :

- Fahr-/Begleit-/Betreuungsdienste, hauswirtschaftliche Hilfen;
- ehrenamtliche Besuchsdienste, Gesprächskreise für pflegende Angehörige;
- ehrenamtliche Hospizhilfe/Sterbebegleitung;
- Veranstaltungen/Vorträge/Workshops zu alters- und pflegebezogenen Themen;
- künstlerische und sozialkulturelle Projekte in Begegnungsstätten und in Verbindung mit betreutem Wohnen;
- Beratungsangebote.

Einrichtungen versuchen immer wieder, die Verwendung von Spenden und Mitgliedsbeiträgen im engeren Bereich von Hilfe- und Pflegeleistungen genau zu dokumentieren. Über die Zahl zusätzlicher Hilfe- und Pflegestunden, die allein mit derartigen Zuwendungen finanziert werden konnten (so genannte diakonische oder karitative Leistungen) wird Buch geführt. Da mit der Pflegeversicherung einerseits neue Leistungsgarantien geschaffen, anderseits aber in bestimmten Bereichen eine Refinanzierung erschwert wurde, ist schwer zu bestimmen, inwieweit der Bezug neuer Unterstützungsformen substitutive oder ergänzende Effekte hat.

Mix verschiedener Elemente

(a)   Staat

Über Vergütungen seitens der Kranken- und Pflegekassen, die quasi-staatliche Beiträge darstellen, soll hier nicht weiter diskutiert werden. Daneben gibt es jedoch die verschiedensten Arten der Zuwendungen von Kommunen, Kreisen und Landesprogrammen. Insgesamt, so wird an der Mehrzahl der Fallbeispiele deutlich, ist im Altenhilfebereich ein sukzessiver Rückgang öffentlicher Finanzierung zu verzeichnen. Dabei haben sich Länder und Kommunen – zur Herstellung gleicher Wettbewerbsbedingungen – seit Einführung der Pflegeversicherung insbesondere aus der Finanzierung laufender Betriebskosten („Defizitfinanzierung") zurückgezogen. Dagegen erhalten einige der untersuchten Einrichtungen und Dienste finanzielle Unterstützung durch die jeweiligen Bundesländer im Rahmen einer Projektförderung (für Beratungs- und Koordinierungsstellen, Nachbarschaftsdienste, Projekt Landesnetzwerk Bürgerschaftliches Engagement in Baden-Württemberg u.a.).

(b)   Markt (unternehmerisches Handeln und Wettbewerb)

Grundsätzlich ist die Aufmerksamkeit für Markt- und Wettbewerbselemente bei den einzelnen Beispielen höchst unterschiedlich. Dies ist vermutlich auch auf den unterschiedlichen Konkurrenzdruck zurückzuführen, dem die einzelnen Einrichtungen und Dienste ausgesetzt sind. Bei Sozialstationen in ländlichen Regionen, die nach wie vor gut in lokale Strukturen eingebunden sind, ist im Gegensatz zu Einrichtungen im städtischen Umfeld Konkurrenzdruck kaum spürbar. Bei den untersuchten Einrichtungen und Diensten umfasst der Begriff Marktorientierung mehrere Dimensionen. Dabei geht es u.a. um:

– die Entwicklung von neuen Steuerungsinstrumenten, Management, Rechnungswesen, Leistungserfassung etc., etwa im Rahmen des Modernisierungskonzeptes der Evangelische Landeskirche Hessen-Nassau,
– die Vergabe von Dienstleistungen an Unternehmen „von außen", beispielsweise beim Kreisverband der Volkssolidarität Altenburg,

- den Verkauf von Hilfe- und Pflegeleistungen an Selbst-/Zuzahler: Hier muss zwischen „harten" Dienstleistungen und Angeboten wie stationärer Pflege (z.b. so genannte Hotelkosten), Tagespflege, Angeboten des betreuten Wohnens (Miete, Servicepauschale) und „weichen" pflegeflankierenden Leistungen unterschieden werden. Während der Bereich der „harten" Leistungen für einen Teil der Einrichtungen und Dienste eine wichtige Einnahmequelle darstellt, sind „weiche" ergänzende Leistungen, wie Begleit-/Fahrdienste, einfache Betreuungsleistungen u.a. für ihren Haushalt nur von untergeordneter Bedeutung. In der Regel können diese Angebote nicht kostendeckend finanziert werden, da die Kunden nicht bereit sind, dafür kostendeckende Stundensätze zu zahlen. In nennenswertem Umfang werden diese Angebote nur von Mitgliedern der jeweiligen Fördervereine in Anspruch genommen, da sie auf der Basis gewachsener Vertrauensbeziehungen für diese Leistungen nur ermäßigte Stundensätze zahlen (vgl. Krankenpflegeverein Adelberg, und: Sozialstation Weil am Rhein).
- Zusätzliche Einnahmen erzielen die Einrichtungen und Dienste durch die (anteilige) Verpreisung von soziokulturellen Angeboten (Veranstaltungen, Vorträge, aber auch Theateraufführungen, Verkauf von Kaffee und Kuchen in der hauseigenen Cafeteria oder bei Festen). Diese Einnahmen sind im Rahmen des Gesamthaushaltes der Einrichtungen jedoch von untergeordneter Bedeutung.
- Die Einführung bzw. der Ausbau von Öffentlichkeitsarbeit und Werbung. (z.B. Logos, Kundenbefragungen, Verteilung von Handzetteln und Pressearbeit).
- Die Entwicklung einer Identität der Einrichtungsleiter/innen als „Sozialmanager/in", wie bei den Geschäftsführern/Geschäftsführerinnen des Senioren-Kreativ-Vereins Halle und des Krankenpflegevereins Adelberg.
- Versuche, durch „Pflege der Mitglieder", etwa bei der Volkssolidarität oder – über die Gründung eines Nachbarschaftshilfevereins – bei der Wohnungsbaugesellschaft Lünen auch Vorteile für die eigenen Einrichtungen und Dienste zu gewinnen.

(c) Soziales Kapital

Auch der Begriff „soziales Kapital" umfasst bei den untersuchten Einrichtungen und Diensten mehrere Dimensionen:

Konzepte und Leitbilder auf der Ebene der Träger: Hierzu zählt das Modernisierungskonzept für Diakoniestationen der Evangelischen Kirche Hessen-Nassau: Dort soll durch eine verstärkte Rückbindung der Stationen an die jeweiligen Kirchengemeinden das „christliche" Profil der Dienste gestärkt sowie durch die Schaffung von Unterstützungsnetzwerken im Rahmen einer Zusammenarbeit mit der Politik/Kommune das lokale Profil erhalten und ausgebaut werden. Ähnliche Konzepte haben die evangelischen Landeskirchen in Württemberg und Baden für Krankenpflegevereine entwickelt. Angestrebt wird eine Entwicklung der Krankenpflegevereine als „Messstationen des Gemeinwesens" (vgl. Diakonisches Werk der evangelischen Kirche in Württemberg e.V. 1996; Diakonisches Werk der evangelischen Landeskirche in Baden e.V. 1998). Konzeptionen zur Pflege von Mitgliedschaften sind bei allen in die Untersuchung einbezogenen „Freien Trägern" vorhanden – auch bei der Volkssolidarität (Mitgliederarbeit in den Begegnungsstätten, politische Lobbyarbeit für Mitglieder u.a.).

Kontakte zu politischen/kommunalen Entscheidungsträgern: Meistens bestehen gute informelle Kontakte zwischen den Einrichtungsleitungen und Vorständen und den Kommunen.

Ehrenamtliches bzw. bürgerschaftliches *Engagement im engeren Bereich von Hilfe und Pflege:* Meistens wird ehrenamtliche Mitarbeit im Rahmen von Helferkreisen durch die Einrichtungsleitung organisiert oder über benachbarte Kirchengemeinden vermittelt. In der Regel übernehmen Ehrenamtliche Aufgaben im Bereich „weicher" und ergänzender Leistungen (Besuchs-/Begleit-/Betreuungsdienste u.a.). Sie erhalten dafür in einigen Fällen eine Aufwandsentschädigung (Sonderfall: der Nachbarschaftshilfeverein der Wohnungsbaugesellschaft in Lünen arbeitet nach dem Vorbild der Seniorengenossenschaften im Rahmen eines Punktesystems). Die Mehrzahl der Helfer/innen sind Frauen im mittleren und höheren Alter. Eine Unterscheidung nach „neuem" und „altem Ehrenamt" ist nur schwer möglich. So sind die Ehrenamtlichen zwar meist kirchlich gebunden, sie verfügen jedoch in der Regel über eine gewisse Autonomie bei der Ausgestaltung ihrer Arbeit, etwa im Hinblick auf Tätigkeitsfelder und Einsatzzeiten.

Ehrenamtliches Engagement außerhalb von Hilfe und Pflege: Dazu gehören meist Aktivitäten im soziokulturellen Bereich (Organisation von Reisen und Ausflügen, Vorträge u.a., z.B. Senioren-Kreativ-Verein Halle). Bei der Volkssolidarität sind Ehrenamtliche hauptsächlich im kulturellen Bereich aktiv (Organisation von Veranstaltungen und Festen, gesellige

Aktivitäten im Rahmen der Begegnungsstätten, ehrenamtliche Reisebegleiter u.a.). Die traditionell aktiven Mitglieder, die so genannten Ehrenhelfer, sind in der Verbandsarbeit tätig (Vorstandsarbeit, Einsammeln des Mitgliedsbeitrags, Austragen von Geburtstagsbriefen, Einladungen). Sozialpflegerisch tätige Ehrenamtliche konnte der Verband bislang nur sehr schwer gewinnen.

Ehrenamtliches als von hauptamtlichen Mitarbeitern/Mitarbeiterinnen und Leitungspersonen zusätzlich geleistetes Engagement: Bei einem Großteil der untersuchten Einrichtungen und Dienste wäre die Mobilisierung von sozialem Kapital, so ist zu vermuten, ohne die von hauptamtlichen Mitarbeitern/Mitarbeiterinnen zusätzlich geleistete ehrenamtliche Arbeit nicht in diesem Maße möglich gewesen.

Die Aktivitäten von *Krankenpflege-/Fördervereinen:* Hervorzuheben sind zunächst die zum Teil beeindruckenden Mitgliederzahlen der Vereine. So sind für die Sozialstation Weil am Rhein sieben Vereine mit insgesamt cirka 1.800 Mitgliedern aktiv. Es gibt Trägervereine (wie den KPV Adelberg und einen Frauenverein bei der Sozialstation in Weil am Rhein) und Fördervereine. Die meisten Vereine geben der jeweiligen Einrichtung direkt finanzielle Unterstützung aus ihren Mitgliedsbeiträgen. Ihre Mitglieder erhalten bisweilen auch Preisnachlässe bei der Inanspruchnahme von Leistungen der jeweiligen Einrichtung. Dies verweist noch einmal indirekt auf eine wichtige Bedeutung dieser lokalen Vereine für die „Einbürgerung" neuer, vormals privater Aufgaben als sozialer Leistungen: Durch die Gewährung von Preisnachlässen, aber auch durch die mit der Vereinsmitgliedschaft hergestellte Vertrauensbeziehung zu den jeweiligen Einrichtungen und Diensten wird die Bereitschaft zur Nachfrage nach Angeboten und Leistungen angeregt und gefördert; man vertraut sich „seinem Verein" und dessen Angeboten an. Wie in einigen der Interviews deutlich wurde, besteht im Rahmen einer solchen Entwicklung jedoch auch die latente Gefahr von Klientilismus und „Vetternwirtschaft", z.B. durch die Bevorzugung von Vereinsmitgliedern bei der Vergabe von Pflegeheimplätzen.

Einwerbung von Spenden: Die untersuchten Einrichtungen und Dienste erhalten Spenden von Einzelpersonen, aus der Industrie, von lokalen Handwerksbetrieben, im Rahmen von Veranstaltungen und Festen (Benefizkonzerte, Basare) etc. Regelmäßige Zuwendungen, etwa im Rahmen von Social Sponsoring, werden nicht gewährt. Sponsoring durch Handwerk oder Industrie wird bislang nur in wenigen Fällen für die Zukunft in Erwägung gezogen. Oft werden projektbezogene Spenden gewährt, etwa für den Aufbau neuer Angebote und Renovierungsarbeiten (z.B. Volkssolidarität Altenburg) oder für Sachmittel der Einrichtungen (z.B. PKW für ambulante Pflegedienste). Wie im Verlauf der vielen Interviews zu erfahren war, erhalten die Einrichtungen und zum Teil auch die Fördervereine darüber hinaus beachtliche Summen durch Nachlässe bzw. Erbschaften.

Beschäftigung und Mitarbeit

Insgesamt hat bei der Mehrzahl der untersuchten Einrichtungen und Dienste die Bedeutung von Teilzeitarbeitsplätzen, geringfügiger Beschäftigung und ehrenamtlicher Mitarbeit zugenommen. Direkte Beschäftigungseffekte auf Grund der Entwicklung und Förderung von Sozialkapital sind kaum zu verzeichnen. Gleichwohl wurde von den meisten Interviewpartnern/Interviewpartnerinnen die Bedeutung von sozialem Kapital – auf Grund der zusätzlichen finanziellen Ressourcen, des besseren Profils der Einrichtung etc. – für den Bestand der jeweiligen Angebote und Einrichtungen und damit auch den Schutz bestehender Arbeitsplätze hervorgehoben. Im Unterschied zu vielen „McJobs" lassen sich diese geringfügigen Beschäftigungsverhältnisse am ehesten als eine Art „bezahltes Ehrenamt" kennzeichnen. Eine geringe Vergütung geht hier nicht einher mit schlechten Arbeitsbedingungen. Im Gegenteil: Die Mitarbeiter/innen können über zeitliche und inhaltliche Belange ihrer Arbeit mitbestimmen und sind in der Regel hoch motiviert.

Bei den Einrichtungen in Ostdeutschland ergeben sich zusätzliche Arbeitsplätze in der Regel nur im Rahmen der Arbeitsförderung (ABM-/SAM-Kräfte). Für die Einrichtungen ist diese Beschäftigungsform in zweierlei Hinsicht problematisch: Zum einen ist gegenwärtig ein Rückgang der AFG-Finanzierung zu verzeichnen. Angebote und Tätigkeitsfelder können deshalb nicht langfristig geplant und entwickelt werden. Zum anderen ist eine längerfristige Einarbeitung und Ausbildung durch die Einrichtung auf Grund der zeitlichen Befristung kaum lohnend (z.B.: Senioren-Kreativ-Verein Halle, Kreisverband Altenburg der Volkssolidarität).

Die Zusammenarbeit von Ehren- und Hauptamtlichen verläuft nicht immer ohne Spannungen und Konflikte. Einerseits versuchen Hauptamtliche, unattraktive Arbeiten an ehrenamtliche Helferinnen abzuschieben; andererseits übernehmen oft gerade Ehrenamtliche attraktive Aufgaben und Tätigkeiten, die auch hauptamtliche Pflegekräfte gerne erledigen würden, zu deren Übernahme sie aber auf Grund gestiegener zeitlicher Anforderungen nicht mehr in der Lage sind (z.B. Vorlesen, Gespräche, Spazierengehen). Auch erfahren Ehrenamtliche zum Teil mehr ideelle Zuwendung bzw. Aufmerksamkeit als Hauptamtliche (Auszeichnungen u.a.).

Entscheidungsstrukturen

Wichtige Entscheidungen, etwa hinsichtlich der Angebotsgestaltung, werden nach wie vor auf Vorstandsebene und durch die Leitungskräfte der Einrichtungen getroffen. Die (Re-)Aktivierung und der Einbezug von Fördervereinen hat daran kaum etwas geändert. Probleme zwischen Vorstand und Geschäftsführung/Leitung entstehen dann, wenn von der Leitung/Geschäftsführung schnelle Entscheidungen getroffen werden müssen und eine Abstimmung mit dem Vorstand nicht mehr möglich ist. Eine Mitwirkung der Mitglieder von Förder- und Trägervereinen mit ihren ein- bis zweimal jährlich stattfindenden Mitgliederversammlungen ist kaum möglich.

Anders ist dies z.B. beim vergleichsweise „jungen" Senioren-Kreativ-Verein in Halle. Dort werden Mitglieder monatlich über anstehende Entscheidungen informiert. Die Mitgliederversammlungen sind durch eine rege Beteiligung gekennzeichnet und es gibt auch Konfliktpotenzial. Dies hängt, so ist zu vermuten, mit der Entstehung als Kulturinitiative und den dynamischen Veränderungen hin zu einem „Sozialunternehmen" zusammen.

Chancen, Risiken, Konflikte

Bei der Mehrzahl der Einrichtungen und Dienste konnte durch die stärkere Beachtung von Fragen der Wirtschaftlichkeit und die (Re-)Aktivierung von Sozialkapital eine reichhaltigere Angebotspalette entwickelt und die Qualität der Leistungen verbessert werden. Darüber hinaus konnten sozialversicherungspflichtige Arbeitsplätze zumindest gesichert werden. Zu bedenken ist jedoch, dass die Initiative zur Entwicklung der Einrichtungen und Dienste häufig von starken Gründer-/Leitungsfiguren ausging. Ähnlich wie bei vielen kleinen privaten Unternehmen bleibt offen, ob die jeweiligen Arbeitsansätze tatsächlich robust genug sind, um ihren komplexen Ansatz auch ohne eine solche starke Persönlichkeit weiter zu entwickeln. Von Vorteil ist es, wenn man auf eine lange Tradition vergleichbar gut funktionierender Unterstützungsnetzwerke und auf entsprechende Ressourcen zurückgreifen kann, die nicht auf zu sattsam bekannten Formen eines bloßen Klientilismus der Vetternwirtschaft oder von zu „Old-boy-Netzwerken" regrediert sind.

Die größte Herausforderung liegt gegenwärtig wohl bei der personellen Erneuerung. In Ost und West sind die Mitgliedschaften von traditionellen Organisationen, Förder- und Trägervereinen überaltert und die Mitgliederzahl sinkt. Zwar versucht z.B. die Volkssolidarität durch die Entwicklung „generationsübergreifender" Angebote, neue und jüngere Mitglieder zu gewinnen (ebenso auf lokaler Ebene z.B. die Fördervereine der Sozialstationen in Weil am Rhein). Aber wahrscheinlich entscheidet sich anderswo, ob derartige Formen der Mobilisierung lokaler Solidaritäten Entwicklungsmöglichkeiten haben. Die entscheidende Frage lautet, ob diese bislang nur unzureichend beachteten Projekte und Modelle zukünftig auch auf der Bundesebene in Fachdiskursen, Öffentlichkeit und Politik mehr Aufmerksamkeit und Unterstützung finden werden.

Alles in allem: Die Beispiele lassen zumindest Umrisse einer anderen Pflegekultur erkennbar werden. Sie steht im Kontrast zu der Tendenz, Pflege und Hilfe als standardisierbare Produkte zu verstehen und auf Versorgungsstrukturen und Träger zu setzen, bei deren Wettbewerb örtliche Bindungen und Bezüge zweitrangig und die finanzierenden Pflegekassen die eigentlich entscheidenden Adressaten sind, nach deren Zahlungsbereitschaft sich auch die Pflegeangebote für die zu Versorgenden zu richten haben. Die wesentlichen Komponenten für vielfältigere Angebote zu Gunsten einer breiteren Konzeption von Hilfe und Pflege und einer Stärkung der Rolle der Adressaten wären demgegenüber:

– Eine stärkere Ausrichtung von Trägern und Anbietern an lokalen Ressourcen sozialen Kapitals, speziell auch an Selbstorganisationsformen von (potenziellen) Nutzern (Netzwerke, Partner, Sponsoring, Fördervereine, ehrenamtliche Mitarbeit u.a.);
– dementsprechend auch eine stärkere gesellschaftliche und lokale Einbettung und Diversifizierung von Trägerlandschaften und Angeboten;
– eine Entwicklung von Angeboten speziell im bislang vernachlässigten (und in den informellen und grauen/schwarzen Markt abgedrängten) Bereich „weicher" haushaltsbezogener und kommunikativer Dienste und Angebote;
– speziell in Bezug auf derartige Dienste nicht nur Unterstützung von sozialen Initiativen und Vereinen, die speziell solche Leistungen anbieten, sondern auch von regulären kommerziellen und marktförmigen Angeboten (die durchaus auch unter dem Dach freier Träger Platz haben können);
– Entwicklung eines sozial unternehmerischen Handlungsstils.

5. Zusammenfassung und Auswertung der Befunde

Adalbert Evers

5.1 Verschiedene Muster der Verknüpfung von Staat, Markt und Sozialkapital

In allen drei Untersuchungsbereichen hat sich gezeigt, dass es eine große Formenvielfalt gibt, in der vermeintlich trennscharfe Abgrenzungen zwischen Staat, Marktelementen und Bürgergesellschaft durchlässig werden. Drei Ziele stehen immer wieder im Vordergrund:

1. Die Erhaltung bzw. Revitalisierung bestimmter Angebotsqualitäten, die im Gefolge von Modernisierung verloren zu gehen drohen (vgl. die Beispiele aus dem Altenhilfebereich),
2. die Substitution staatlicher Zuwendungen,
3. der Versuch, neue Angebote und Qualitäten zu etablieren und abzusichern.

Die Zielsetzungen 2 und 3 sind vor allem im Kultur- und Schulbereich maßgebend.

In den meisten Beispielen wird beides deutlich: einerseits ein relativer Bedeutungsverlust sozialstaatlicher Verantwortung in ihrer herkömmlichen Form, verbunden mit einem Zwang oder Anreiz, entsprechende Lasten und Verantwortungen auf bürgergesellschaftliche und marktförmige Elemente zu übertragen; andererseits ein Kompetenzzuwachs für nicht-staatliche Akteure, der von ihnen selbst auch als Aufwertung erlebt wird und oft mit einer veränderten Definition öffentlicher Verantwortung und entsprechender sozialer Dienste, Einrichtungen und Qualitäten einhergeht. Ein durchgängiges Element ist dabei die Stärkung der lokalen Bezüge der jeweiligen Organisationen. Was das in Hinblick auf Ressourcen, Organisationsstrukturen und Einflussgrößen bedeutet, haben wir in Abbildung 9 mit Blick auf unsere Befunde aus allen drei Beispielbereichen noch einmal zusammengefasst. Wie bereits in den vorhergehenden Abbildungen zu Schule, Kultur und Altenpflege (Abb. 6-8) gibt es dabei Elemente, die sich einer klaren Zuordnung entziehen und die wir deshalb in Zwischenfeldern – etwa zwischen Markt und Bürgergesellschaft – verortet haben.

Abb. 9: Einrichtungen im öffentlichen Bereich als soziale Unternehmen – Ressourcen, Organisationsstrukturen, Einflussgrößen

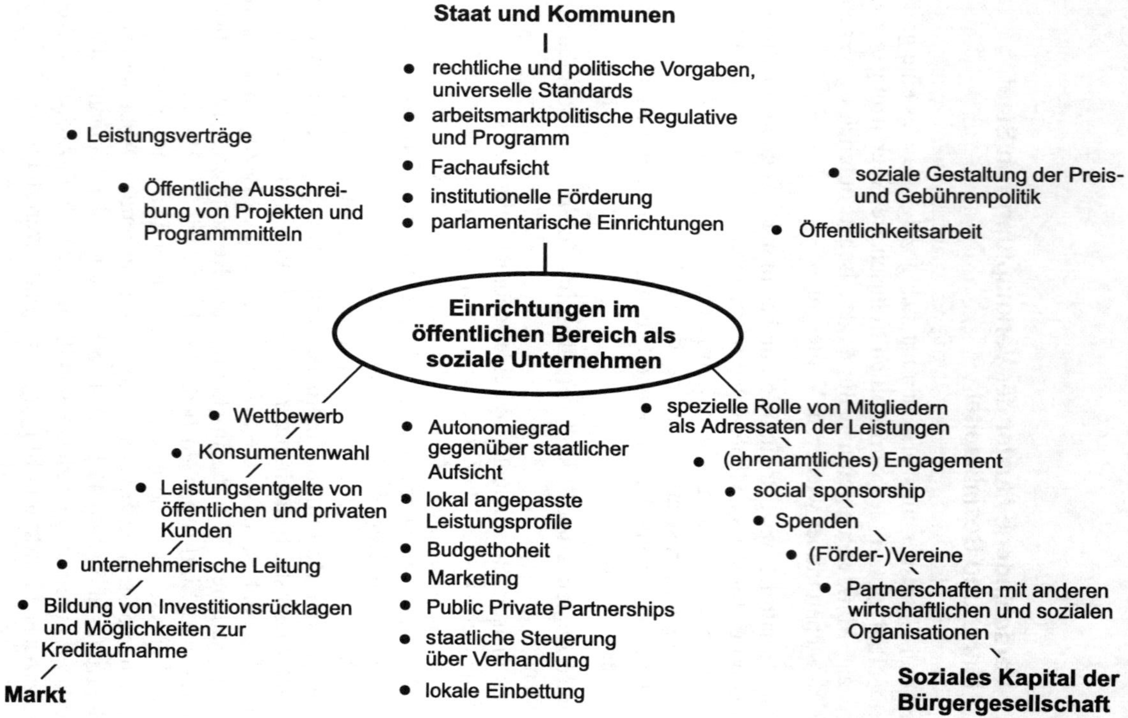

Staat und Kommunen

- rechtliche und politische Vorgaben, universelle Standards
- arbeitsmarktpolitische Regulative und Programm
- Fachaufsicht
- institutionelle Förderung
- parlamentarische Einrichtungen
- soziale Gestaltung der Preis- und Gebührenpolitik
- Öffentlichkeitsarbeit

Einrichtungen im öffentlichen Bereich als soziale Unternehmen

- Autonomiegrad gegenüber staatlicher Aufsicht
- lokal angepasste Leistungsprofile
- Budgethoheit
- Marketing
- Public Private Partnerships
- staatliche Steuerung über Verhandlung
- lokale Einbettung

- spezielle Rolle von Mitgliedern als Adressaten der Leistungen
- (ehrenamtliches) Engagement
- social sponsorship
- Spenden
- (Förder-)Vereine
- Partnerschaften mit anderen wirtschaftlichen und sozialen Organisationen

Soziales Kapital der Bürgergesellschaft

- Leistungsverträge
- Öffentliche Ausschreibung von Projekten und Programmmitteln
- Wettbewerb
- Konsumentenwahl
- Leistungsentgelte von öffentlichen und privaten Kunden
- unternehmerische Leitung
- Bildung von Investitionsrücklagen und Möglichkeiten zur Kreditaufnahme

Markt

5.1.1 Im Trend oder gegen den Strom – Bereichsspezifische Traditionen und Entwicklungspfade

Unterschiedliche Traditionen spielen eine enorme Rolle für die konkreten Formen der jeweils vorzufindenden Bewältigungsstrategien.

Im *Schulbereich* dominiert bis heute ein Leitbild, das Schule weitgehend als staatliche Veranstaltung begreift. In den meisten Fällen hat dabei die lokal (durch die Kommunen oder den Kreis) getragene Mitverantwortung, die einen Beitrag zur ortsangemessenen Differenzierung leisten könnte, kaum ein eigenes Handlungsprofil (siehe Bertelsmann-Stiftung 1996). Gegenüber der „staatlichen" Dimension sind also marktbezogene Dimensionen, wie z.B. der Einfluss von Wettbewerb mit anderen Schulen, die Möglichkeit, die eigene Personalpolitik selbst zu bestimmen usw., nur wenig entwickelt. Auch Elemente, die aus der Kooperation mit der örtlichen Bürgergesellschaft heraus Gestalt annehmen – vom Förderverein bis zur Nutung der Schulräumlichkeiten durch Vereine – wirken zumeist noch eher wie bloße Einsprengsel in ein durch und durch staatlich geprägtes Grundmuster.

Ähnlich wie im Kulturbereich (und im Kontrast zum Bereich der Altenpflege) können sich die von uns dargestellten Beispiele im Schulbereich auf einen allgemeinen öffentlichen Reformdiskurs über die Zukunft der Schule beziehen. Probleme wie die pädagogische Dimension von Schule, die Rolle der Eltern, der Bezug zu Gesellschaft und Wirtschaft etc. sind inzwischen ein Medienthema geworden. Nicht nur das bereits vorhandene öffentliche Problembewusstsein, sondern auch die Sensibilisierung im Bereich der Politik und der ministeriellen Fachpolitiken in den jeweiligen Ländern sind Faktoren, die Reformbestrebungen vor Ort Rückenwind geben könnten. In allen Bundesländern, auf die sich unsere Schulbeispiele beziehen, gibt es z.T. eher zögerliche, z.T. recht entschiedene Versuche, die Entwicklung eines veränderten schulischen Leitbilds zu unterstützen.

Im Bereich der *Altenpflege* kann hingegen von einer derartigen positiven Beziehung zwischen allgemeinen Trends und Diskussionen und den Entwicklungen vor Ort nicht die Rede sein. Im Zentrum der Aufmerksamkeit der Fachöffentlichkeit steht hier ein Prozess der Zentralisierung und Uniformierung, wie er mit der Einführung von auf Landesebene ausgehandelten Standards und Vergütungen einhergeht. Er wird dadurch, dass sich Kommunen und Kreise, aber auch lokale gesellschaftliche Akteure zusehends aus ihrer Mitverantwortung zurückziehen, noch weiter forciert. Die von uns dokumentierten Beispiele müssen gegen diesen Strom Traditionen zu verteidigen oder zu revitalisieren suchen, die im dominierenden Trend überhaupt keine Rolle spielen: lokale Trägerschaften von Einrichtungen, die Rolle von Fördervereinen und Krankenpflegevereinen, Spenden und Zuwendungen. Es ist der Versuch, Elemente aus der Geschichte eines Zweigs sozialer Dienste festzuhalten oder neu zu erfinden, der wie kaum ein anderer mit lokaler und gemeindlicher Selbstverwaltung und Eigenverantwortung verknüpft war. Vor allem an den Beispielen aus Weil am Rhein, und am Beispiel der Krankenpflegevereine aus Baden-Württemberg lässt sich das deutlich ablesen. Sie stammen nicht zufällig alle aus dem ländlichen Bereich.

Gleichzeitig macht sich im Sektor der Altenhilfe und Pflege auch der Unterschied zwischen der Geschichte der alten und der neuen Bundesländer besonders stark bemerkbar. Die Volkssolidarität mit ihrem breiten und dicht geknüpften Netz von Mitgliedschaften verfügt hier als Träger über ein einzigartiges Potenzial, das sie durch die Entwicklung einer besonderen Art von „Sozialwirtschaft" kapitalisiert, wie das Beispiel aus Altenburg zeigt.

Im sich differenzierenden *Kultur- und Freizeitbereich* scheint dagegen ganz allgemein die Bereitschaft größer zu sein, neben dem Pochen auf staatliche und kommunale Verantwortung einerseits und der Akzeptierung (markt-)wirtschaftlicher Überlegungen andererseits auch Bürgerengagement als Ressource zu nutzen. Bei deutschen Theatern sind Freundeskreise und Fördervereine ein selbstverständliches und gern gepflegtes Element, das gerade auch die Museen zu revitalisieren trachten. Die Stiftungsdiskussion tut ein Übriges, um die traditionell starken Bindungen des Kulturbereichs an lokales bürgerschaftliches Engagement wieder stärker ins Bewusstsein zu rufen. Netzwerke wie die Verbände der soziokulturellen Zentren schaffen Öffentlichkeiten für Bewegungen die das Bürgerengagement in der Kultur stärken wollen. Es ergibt sich hier wie im Schulbereich eine Wechselwirkung zwischen lokalen und bundesweiten Öffentlichkeiten, wie sie in dieser Form im Bereich der Altenhilfe überhaupt nicht vorhanden ist. Nur in Baden-Württemberg können sich durch die landesweite Projektbewegung für mehr Bürgerschaftliches Engagement (Klie/Roß 2000) lokale Protagonisten als Teil eines reformorientierten breiteren Zusammenhanges begreifen.

■ *5.1.2 Partnerschaften und organisationsinterner Mix – Zum Zusammenhang von Innen und Außen*

Vieles von dem, was diese Studie thematisiert, wird üblicherweise unter Überschriften wie „public-private partnerships", Netzwerkbildungen, Kooperationsbeziehungen, neue Vertragskultur u.Ä. abgehandelt (Heinze/ Strünck 1996: 6; Heinze 1998: 199f.; Kendall 1997; Craig et al. 1999;

Klijn/Koppenjan 2000). Tatsächlich sind derartige Prozesse ein wesentlicher Bestandteil dessen, was wir in den Vordergrund rücken wollen: die organisationsprägende Kraft von Außenbeziehungen bei öffentlichen Einrichtungen:

- Eine Schule als staatliche Anstalt entschließt sich zur gelegentlichen projektbezogenen Zusammenarbeit mit Anbietern von speziellen sozialpädagogischen Diensten, Vereinen u.a.m. – sie erschließt sich neue Partner.
- Ein Museum als städtische Einrichtung bedient sich der Angebote einer lokalen Freiwilligenagentur.
- Eine Sozialstation knüpft enge und regelmäßige Kontakte mit Kirchengemeinden als Partnern.

Jenseits dessen illustrieren unsere Beispiele aber auch, dass ein bestimmtes Maß an Verknüpfung mit Akteuren/Ressourcen/Rahmenbedingungen die interne Organisationsstruktur und den gesamten Handlungsstil beeinflusst. Ob etwas eher als „interne" Verschränkung oder als pluraler Außenbezug anzusehen ist, hängt nicht zuletzt davon ab, welche Bezugsebene man wählt. Zuweilen kann man von internen Verschränkungen nur sprechen, wenn man Dachorganisationen, die verschiedene Elemente unter sich gruppieren, betrachtet. Hier hat man es mit „Clustern" verschiedener Organisations- und Unternehmensformen zu tun. Bei der Volkssolidarität Altenburg z.B. handelt es sich um so etwas wie einen lokalen Mischkonzern, der – auch räumlich – Begegnungsstätten der Seniorenarbeit, Altenpflegeeinrichtungen und Angebote der Kinder-, Jugend und Familienhilfe umfasst. Dabei geht es nicht nur um verschiedene Bezugsgruppen, sondern auch um verschiedene Finanzierungsformen: Es gibt einerseits staatlich vergütete, andererseits verpreiste Leistungsbereiche, solche, die sehr marktnah operieren, und andere, die eher den Charakter lokaler Selbsthilfeeinrichtungen haben. Auch der Kreativ-Verein Halle beherbergt unter seinem Dach eine gewinnorientiert arbeitende GmbH, die Projekte des betreuten Wohnens für finanziell gut gestellte Senioren vermarktet, und organisiert zugleich ehrenamtlich arbeitende „Kindergartengroßeltern".

Wechselbeziehungen zwischen Außenbezügen und internen Strukturen lassen sich auch im *Schulbereich* finden: Die 9. Grundschule Prenzlauer Berg hatte einen Elternförderverein, also einen relativ gut abgrenzbaren „Partner". Jetzt gibt es einen losen Zusammenschluss von „Freunden der Schule", dem auch Vertreter von in das Schulleben integrierten Partnern angehören: die Anbieter des Mittagessens, die Reinigungsfirma, kommerzielle Organisationen (eine Musikschule) und Vereine, die Kurse und Arbeitsgruppen anbieten. In diesem losen Zusammenschluss spiegelt sich die interne Heterogenität eines schulischen Dienstleistungsbündels, bei dem „innen" und „außen" nicht immer trennscharf gegeneinander abzugrenzen sind. Ähnliche Beispiele bilden Schulen, die z.b. eine Stadtteilbibliothek oder eine Fahrradwerkstatt räumlich integrieren.

Die Wechselwirkungen zwischen Außenbeziehungen und Binnenstrukturen laufen zumeist an einem Punkt zusammen – dem der „Organisationskultur" und des Handlungsstils einer Einrichtung. Wenn z.B. Sozialstationen in der Altenpflege mit anderen Einrichtungen konkurrieren und durch die neuen Partner, die Pflegekassen, bestimmten Modi der Rechnungsführung unterworfen werden, wird auch in der Organisation das Klima „geschäftsmäßiger". Dort, wo eine Schulleitung es als eine erstrangige Aufgabe ansehen muss, von verschiedenen Seiten Projektgelder einzuwerben und attraktiv für Partner im „Kiez" zu sein, wird auch der innere Unternehmungsgeist – als Geschäftssinn und als Orientierung an sozialen Projekten – eine größere Bedeutung erhalten.

■ 5.1.3 Zwischen öffentlicher Einrichtung und Verein – Unterschiedliche Formen der Trägerschaft

Die von uns aufgearbeiteten Beispiele zeigen eine erstaunliche Formenvielfalt juristischer Trägerschaften, insbesondere aber auch einen großen Erfindungsreichtum im Umgang mit dem Kanon verfügbarer Rechtsformen.

Am wenigsten Variation auf der Ebene grundsätzlicher juristischer Formen findet sich dabei im Schulbereich; Schule ist und bleibt in allen Fällen eine öffentliche Anstalt; gleichzeitig gibt es jedoch auch hier eine beeindruckende Reihe von Erlassen und Einzelmaßnahmen, die im Rahmen neuer Steuerungsmodelle eine – mitunter sehr weit gehende – Budget- und Personalhoheit schaffen.

Im Bereich der Vereinsträgerschaften – also dem, was man als eine typische Organisationsform des Dritten Sektors bezeichnen könnte – gibt es eine Reihe von Variationen. Eine in allen von uns untersuchten Bereichen häufig anzutreffende Form der Einbindung von bürgerschaftlichen Elementen sind die *Fördervereine* – für Schulen, Museen und Theater, aber auch für Sozialstationen in der Altenpflege. Die jeweilige Einrichtung mit ihrem (staatlichen/kommunalen/"freien") Träger erhält damit eine fest zugeordnete Nebenorganisation. Dies ist ein relativ einfacher und durchsichtiger Weg der Einbeziehung von Sozialkapital-Ressourcen. Eine größere Rolle spielt die Vereinsform beim Trägerverein. Die Vielfalt von Rechtsformen und ihrer Verschachtelung erweist sich auch hier:

- Ein gemeinnütziger Verein im Kulturbereich wie der riesa efau gliedert die Betreibergruppe der Kneipe formalrechtlich aus, sodass sie unter dem Titel Vermögensverwaltung geführt werden kann.
- Ein Dachverband wie die Volkssolidarität vereint (s.o.) gemeinnützige Vereine, GmbHs und gemeinnützige GmbHs unter seinem Dach.
- An eine Sozialstation, die von den Pflegekassen als Partner anerkannt ist, wird ein Krankenpflegeverein angelagert, über den die Sozialstation die Rechts- und Fachaufsicht übernimmt.

Angesichts dieser Formenvielfalt scheint es geraten, zwischen zwei Ebenen der Benennung und Diskussion deutlich zu unterscheiden, nämlich zwischen

- der sozialen und wirtschaftlichen (Mit-) Trägerschaft, die de facto vorhanden sein kann und
- der Trägerschaft als einer juristisch ausgewiesenen Form.

Eine juristische Trägerform im Singular (dieser, der, jener Verein) kann einhergehen mit einem Plural de facto vorhandener aber z.T. kaum formalisierter Mit-Trägerschaften.

Fazit: Im Rahmen der Herausbildung hybrider Organisationsformen wird der juristische Formenreichtum organisatorischer Trägerschaft wieder stärker sichtbar. Dabei stellen sich auch Fragen nach angemessenen neuen juristischen Formen für die Verbindung von Engagement, sozialer Zielsetzung und unternehmerischem Wirtschaften.

5.1.4 Weniger staatliche Garantien und mehr öffentliche Verantwortung?

Die von uns dokumentierten Beispiele aus den drei Bereichen vereinen in ihrer großen Mehrheit zwei Dimensionen in sich, die üblicherweise alternativ diskutiert werden:

- die der Abschwächung herkömmlicher sozial-staatlicher Garantien und
- die der Erarbeitung neuer Aufgaben, Angebote und Arbeitsteilungen.

Beide haben im einzelnen Fall ein je unterschiedliches Gewicht.

Am einen Ende des Spektrums stehen sicherlich Beispiele wie das der Braunschweiger Bibliothek, wo es fast ausschließlich um die Substitution qualifizierter Beschäftigter durch ehrenamtliche Laienarbeit gehen sollte – bei Ausklammerung sonstiger Fragen von Innovation.

Am anderen Ende des Spektrums stehen z.B. all jene Schulbeispiele, wo die öffentlichen Zuwendungen nicht eingeschränkt werden, aber mit den wachsenden Ansprüchen auf eine Schule, die zusätzliche pädagogische und Betreuungsangebote machen sollte, nicht Schritt halten und wo überdies die Einbeziehung anderer Partner und Ressourcen nicht als zweitbeste Lösung (aus Mangel an staatlichen Mitteln), sondern als der in jedem Fall notwendige und angemessene Weg verstanden wird.

In vielen Fällen ist eine Initiative engagierter Bürger Ausgangspunkt zur *Erhaltung* und späteren Modernisierung eines von der weit gehenden Kürzung oder Schließung bedrohten Angebots (Schwimmbad Unna, Bibliothek Kolibri in Hamburg u.Ä.). In anderen Fällen zielt das Engagement betroffener Nutzer und Bürger auf die *Bereicherung* von Angeboten (Museumsshops, Öffnungszeiten, Kurse). In einigen Fällen geht vom Bürgerengagement eine Dynamik aus, die es in der Folge erlaubt, für Angebote staatliche Mittel einzuwerben; erst auf Grund der Initiative kann es zu einer *Neuformierung* von Angeboten kommen, die sich in der Folge als staatlich mitgetragene Programmangebote materialisieren (Gründung einer Kulturinitiative, die mit staatlichen Mitteln stabilisiert wird, wie z.B. riesa efau; Initiativen, die stark mit Mitteln der öffentlichen Beschäftigungsförderung operieren, wie der Senioren-Kreativ-Verein Halle).

Alles in allem kann man sagen, dass die von uns dokumentierten Bewältigungsstrategien auf mehr zielen, als die bloße Substitution fehlender staatlicher Mittel. Es geht nicht einfach um Notlösungen mangels Alternativen. Der Wunsch nach der Erhaltung und Verbesserung von Angeboten und Einrichtungen verbindet sich mit einer Strategie der Aufwertung von nicht-staatlichen Akteuren und Ressourcen. Die *finanziellen* Engpässe der öffentlichen Hand sind dabei nur eine Facette der Grenzen staatlicher Handlungsmöglichkeiten Oft werden andere Grenzen sichtbar. Sie haben zu tun mit den Grenzen bürokratischer Steuerung und hierarchischer Entscheidungsketten, mit mangelnder Anpassung standardisierter Lösungen an örtliche Besonderheiten u.a.m. Angesichts dessen lassen sich Erwartungen an staatliche Instanzen kaum mit Kategorien eines einfachen „Mehr" oder „Weniger" beschreiben. Und selbst wenn es um „mehr Staat" geht, kann damit etwas anderes gemeint sein als die Forderung nach einer besseren Versorgung: mehr Staat als ein Weg der Anerkennung und Verstetigung kooperativer Beiträge aus dem gesellschaftlichen Bereich. Bezogen auf den Bereich der Schulen hat der ehemalige hessische Kultusminister Holzapfel es so/folgendermaßen formuliert: Eigeninitiativen der Beteiligten waren

> „nicht nur die Variante des alten Satzes, dass Not eben erfinderisch mache. Noch gewichtiger waren wohl doch für die meisten die inhaltlichen

Gründe, die bewusst machten [...] dass sich Schule im Interesse aller an ihr Beteiligten verändern kann, wenn sie die Öffnung zur Gesellschaft nicht als Bedrohung eines Schutzraums betrachtet, sondern als Eröffnung neuer Chancen" (Holzapfel 2001: 10).

Im Folgenden soll nun beleuchtet werden, in welchen hauptsächlichen Formen staatliche, marktliche und bürgerschaftliche Elemente jeweils zu jenem „hybriden" Charakter von öffentlichen Einrichtungen beitragen, dessen Chancen diese Studie herauszuarbeiten versucht.

5.1.5 Staatliche Beiträge – Weniger Geld, mehr Spielraum?

Vorauszuschicken ist hier zunächst, dass staatliche Beiträge zu sozialen Dienstleistungen auf zwei sehr verschiedenen Ebenen angesiedelt sind. Die erste Ebene betrifft staatliche Regulative, durch die der Aktionsradius aller Beteiligten festgelegt wird. Die zweite Ebene betrifft die öffentliche Hand als Finanzier Diskutiert man die Einflussnahme des Staates als Regulator und Finanzier, so sind Veränderungstendenzen in Hinblick auf seine Präsenz in den drei von uns thematisierten Dienstleistungsbereichen durchaus unterschiedlich.

Am ehesten lässt sich im *Kulturbereich*, bei Museen, Theatern und Zuwendungen für freie Träger der Soziokultur, aber auch bei den wenigen von uns dokumentierten Beispielen aus dem Sport-/Freizeitbereich, ein doppelter Rückzug des Staates feststellen. Die finanziellen Zuwendungen stagnieren oder werden gekürzt und gleichzeitig wird die Möglichkeit von Theaterbetrieben, Museen etc., wirtschaftliche Entscheidungen unabhängig von staatlicher Rahmensetzung zu treffen, vergrößert; dementsprechend vergrößert sich potenziell auch die Bedeutung von Elementen sowohl des Marktes als auch der Bürgergesellschaft.

Gerade umgekehrt ist in den letzen Jahren die Entwicklung im Bereich der *Altenpflege* verlaufen; hier hat zwar das Engagement der Kommunen und Kreise deutlich abgenommen, aber mit der Neueinführung der Pflegekassen als parastaatlichem Finanzierungsträger hat sich auf dem Pflegemarkt die Regulationsdichte und Normierung der jeweiligen Dienstleistungen und mithin der Einfluss supralokaler Instanzen verstärkt .

Für den *Schulbereich* sind neben der bereits angesprochenen vorsichtigen Ausweitung schuleigener Entscheidungsspielräume vor allem zwei Tendenzen bemerkenswert: Eine Tendenz ist die wachsende Schere zwischen Anforderungen und zur Verfügung gestellten Ressourcen im Hinblick auf Sach- und Personalmittel. In allen von uns dokumentierten Beispielen wird die Regelfinanzierung der jeweiligen Schule als stagnierend bzw. zurückgehend dargestellt. Eine zweite Tendenz besteht darin, dass im staatlichen Bereich zeitlich befristete Programme, deren Nutzung an Konditionen gebunden ist, zunehmen. Die meisten von uns dokumentierten Schulen erhalten neben der Regelförderung Mittel aus Sonderprogrammen, wenn sie sich an bestimmten Modellprojekten (Europaschule, „Von der Schule in den Kiez", verlässliche Halbtagsschule) mit ihren jeweiligen Anforderungen beteiligen; so kann bei absolut gleich bleibenden oder sogar sinkenden Mitteln der politische Lenkungseffekt der staatlichen Zuwendungen erhöht werden.

Sieht man vom Altenpflegebereich ab, dann kann im Hinblick auf die Bedeutung staatlicher Finanzmittel festgestellt werden: Der „Input" an staatlichen finanziellen Ressourcen geht relativ zurück, während sich gleichzeitig die Autonomiespielräume im Umgang mit diesen Ressourcen erhöhen. Die wachsenden Spielräume lassen sich jedoch oft nur dann auch in verbesserte Handlungsmöglichkeiten umsetzen, wenn Akteure und Ressourcen aus anderen Bereichen ins Spiel gebracht werden.

■ *5.1.6 Der Beitrag von sozialem Kapital – zusätzliche Ressource und Mittel der lokalen sozialen Einbindung*

Wie bereits dargelegt, ist der Begriff des Sozialkapitals von uns gewählt worden, um die große Zahl verschiedener Formen der Unterstützung von gesellschaftlicher Seite in einem Diskurs zusammenfassen zu können.

Insbesondere im *Kulturbereich* verwendete Begriffe spiegeln die Notwendigkeit einer umfassenden Betrachtung potenzieller gesellschaftlicher Ressourcen, bei denen es um mehr geht als das üblicherweise angeführte Ehrenamt und das Spendenwesen; die Rede ist dort vom „fund and friend raising", von der „Nutzung wirtschaftlicher, sozialer und intellektueller Kapazitäten". Die folgenden Formen werden immer wieder genannt:

– Die Rolle von Träger- und Fördervereinen, bei denen z.T. die Mitgliedschaftspflichten auch mit besonderen Konditionen für die Nutzung der geförderten Einrichtung verbunden sind;
– das Sponsoring durch privatwirtschaftliche und andere Organisationen (Handwerksbetriebe und große Unternehmen, lokale Ämter und freie Träger);
– die Entwicklung und Pflege von Vertrauensbeziehungen zu Schlüsselpersonen aus der (lokalen) Politik, Gesellschaft, Wirtschaft (indem die Leiter von Schulen, Sozialstationen und Kulturzentren Kontakte zu politischen Entscheidungsträgern, Kirchen, Vereinen und Unternehmen im Stadtteil pflegen);

- Mitarbeit von Einzelpersonen – vor allem im Rahmen der obig angeführten Partnerschaftsbeziehungen – z.T. in der formalisierten Rolle der ehrenamtlichen Mitarbeit (im Vorstand der Vereine, bei Einrichtungen wie Museumsshops, bei Kursen und AGs an Schulen, im Zusammenhang erweiterter Angebote einer Sozialstation);
- besondere Formen des Engagements der unmittelbaren und mittelbaren Adressaten einer Einrichtung oder Dienstleistung in ihrer Rolle als Ko-Produzenten (Eltern, die bei der Renovierung der Schule helfen, Angehörige von gepflegten Personen, die das Pflegepersonal unterstützen, Schüler/innen, die Putzarbeiten selbst übernehmen).

Die rein wirtschaftliche Bedeutung dieses Bereichs schwankt dabei; ein Extrem stellt z.b. die fast 80-prozentige Teilfinanzierung der Hamburger Stadtteilbibliothek Kolibri dar. In den meisten Fällen bewegen sich die von Fördervereinen etc. mobilisierten Gelder aber auf einem Niveau von zumeist weit unter 20%. Dabei sollte jedoch die symbolische Rolle derartiger Unterstützung nicht übersehen werden: Sie kann die öffentliche Sichtbarkeit der Organisation erhöhen und darauf hinwirken, dass Personengruppen, auf deren Mitarbeit man ohnehin angewiesen ist – Eltern in der Schule, Kirchengemeinden in der Altenpflege, das lokale Bürgertum als zentraler Kulturträger – sich stärker mit der Organisation identifizieren.

Bei Fördervereinen bzw. Trägervereinen mit Mitgliederstrukturen, wie etwa der Volkssolidarität, ergeben sich darüber hinaus noch weitere interessante Aspekte:

- Sehr oft finden sich bei diesen Vereinen bestimmte Balancen von Eigeninteresse und Gemeinwohlbeitrag: Ortsvereine der Volkssolidarität behalten einen bestimmten Teil der Mitgliederbeiträge zur eigenen internen Verfügung; Krankenpflegevereine können einen bestimmten Prozentsatz ihrer Mittel einsetzen, um den Mitgliedern bei der Nutzung der Einrichtung Rabatt zu geben.
- Mitunter gibt es bei den Vereinen die Möglichkeit des Nebeneinanders individueller und korporativer Mitgliedschaften, sodass auch Gemeinden, Wirtschaftsbetriebe und andere Vereine als Mitglieder geworben werden können.
- Die Vereine schaffen, indem sie zu einem Verbindungsglied zwischen der Einrichtung selbst und der breiteren Öffentlichkeit werden, ein „verdichtetes Umfeld", aus dem heraus Personen zur gelegentlichen freiwilligen Mitarbeit gewonnen werden können.

In mehreren Fällen wird auch vom Aufbau *wechselseitiger Unterstützung* berichtet: Firmen, die den Auftrag zu Bau- und Reparaturarbeiten bekommen haben, werden um eine Unterstützung durch Spenden gebeten; Schüler aus Schulen, die Unterstützung aus dem Stadtteil erfahren haben, lassen sich von dort auf freiwilliges Engagement außerhalb ihrer Schule ansprechen. Oft ist die Einwerbung von Partnerschaften und Unterstützung Ergebnis eines systematischen Suchprozesses, des „Klinkenputzens"; Konzepte der lokalen Einbindung werden ein Teil der „Unternehmensphilosophie".

In den meisten Fällen ist die Aufwertung der Ressource Sozialkapital identisch mit der stärkeren Einbindung in den lokalen Kontext. Allerdings muss die verstärkte *gesellschaftliche Einbettung* und Nutzung sozialen Kapitals nicht eindeutig lokal orientiert sein. Neue Kommunikationsmittel stellen neue Nähen her, jenseits des lokalen Bezugs. Das zeigt das Beispiel der Bremer Schule, die sich auf Grund ihrer Lage in einem Stadtteil mit starken sozialen und wirtschaftlichen Defiziten im Rahmen der Suche nach Unterstützungspotenzialen mit einigem Erfolg darum bemüht, auf regionaler und bundesweiter Ebene Partner zu gewinnen. Die „Resozialisierung" öffentlicher Einrichtungen ist also nicht einfach gleich bedeutend mit einer „Relokalisierung".

Soziale Einbettung, oder anders formuliert, die Etablierung von informellen und formellen Formen der Einflussnahme (vgl. Kap. 1.2.6) ist die Kehrseite einer stärkeren Nutzung (lokalen) sozialen Kapitals (vgl. Kap. 1.2.3). Die damit etablierten Interdependenzen sind zugleich Ressourcen *und* Kontrollinstanzen. Im positiven Fall sind sie ein Weg, um sicherzustellen, dass „örtliche" Pflegeeinrichtungen, Schulen, Museen oder Kulturinitiativen sich auch an lokalen Interessen orientieren. Lokale Interessenträger werden damit gegenüber gesellschaftlicher Einflussnahme auf anderer Ebene aufgewertet. Die Kehrseite einer hohen Einbindung vor Ort und der Preis, der für die Nutzung lokalen sozialen Kapitals zu zahlen ist, kann die einseitige Abhängigkeit sein – z.B. von einer Elite von Eltern, einer kulturpolitisch restriktiven Auffassung in einem Theaterförderverein oder einer Kirchengemeinde, die „ihre" Sozialstation zu gängeln versucht.

Abschließend sei bereits her auf eine Einschränkung hingewiesen, die später noch einmal genauer diskutiert werden soll. Geht man mit Putnam von einem qualifizierten Begriff des Sozialkapitals aus, der vor allem solche Formen der Unterstützungsbereitschaft meint, die von „bürgerschaftlichem", also einem die eigenen unmittelbaren Interessen überschreitenden Engagement geprägt sind („civic engagement"), dann hat das Folgen. Nicht jede Form des „Beziehungen-spielen-Lassens" kann als ein positiver Beitrag interpretiert werden. „Social embeddedness" kann auch „Filz" oder „Klüngel" sein – eine Minderung öffentlichkeitsbezogener Teilhabe zu Gunsten privater Interessenorientierung.

5.1.7 Marktelemente – Zwischen Ökonomisierung und unternehmerischer Orientierung

Für die dokumentierten Einrichtungen im *Kulturbereich* gilt durchweg, dass sie einen bestimmten Teil ihrer Einkommen durch den Verkauf von Dienstleistungen finanzieren müssen. Interessant ist hier wieder der Konflikt oder die Mischung mit anderen Zielen: z.b. die mit der Preisgestaltung einhergehende soziale Verpflichtung, die abzuwägen ist gegenüber der Notwendigkeit, auch durch die Bildung von Rücklagen die eigene Organisation zu stabilisieren und nicht ins Defizit rutschen zu lassen. Bemerkenswert ist überdies die Einbindung von marktwirtschaftlichen Subunternehmen in ein öffentliches Angebot (vgl. das Beispiel des Museumsshops beim Fallbeispiel Reiss-Museum).

Ein weiterer Bereich der Erzielung von Markteinkommen betrifft im Kultur- und *Schulbereich* die Vermietung von Räumen für Feste und Nutzungen verschiedener Art (etwa für Vereinsveranstaltungen und Familienfeiern im Quartier der Schule; siehe entsprechende Praktiken bei der Bremer Schule). Bereits berichtet wurde über die Problematik der Zulassung privater Werbung in Schulräumen.

Im Bereich der *Altenpflege* mit seinen fließenden Übergängen zur Seniorenwirtschaft lässt sich ebenfalls nicht immer eindeutig abgrenzen, wo jener Bereich endet, innerhalb dessen man Leistungen für Bürger bereitstellt, die von öffentlichen Kassen entgolten werden (Pflegeleistungen, die mit den Kassen abgerechnet werden), und wo jener Bereich beginnt, in dem nach Maßgabe individueller Zahlungsbereitschaft Dienste angeboten werden. Die Grenzen zwischen ambulanten Pflegeleistungen aus sozialen Überlegungen, staatlicherseits subventioniertem Servicewohnen und rein privatwirtschaftlichen Angeboten auf diesem Gebiet sind nicht ein für alle Mal festgelegt. Speziell im Bereich der ambulanten Pflege gibt es darüber hinaus Praktiken, die darauf abzielen, das knapp geschnittene Bündel der von der Pflegeversicherung refinanzierten Leistungen durch eigenfinanzierte Leistungen zu ergänzen.

Markt meint aber nicht nur die Verpreisung von Dienstleistungen. Die Schaffung einer marktähnlichen Situation durch die Einführung von Wettbewerbsbedingungen spielt ebenfalls eine Rolle. Vor allem aus den Berliner Schulbeispielen wird berichtet, wie sehr drohende Schließungen zum Wettbewerb um Schüler beitragen. Gleichzeitig illustrieren unsere Beispiele aus dem Pflegebereich, dass der Wettbewerb mit privaten Anbietern dazu nötigt, Zeiten flexibler zu gestalten, Werbung zu betreiben etc.

Der Zwang zu einer unternehmerischen Orientierung wird dadurch noch verstärkt, dass der Markt für die Finanzierung von Leistungen sich auch auf den Bereich der staatlich-öffentlichen Mittel ausweitet. Die kluge Nutzung von Projektmitteln, von Programmen der EU, der Bundesministerien oder der Länder ist – dies dokumentieren Beispiele aus der Sozialwirtschaft der Volkssolidarität ebenso wie Skizzen aus dem Alltag prämierter Modellschulen – Teil des Managements öffentlicher sozialer Einrichtungen geworden.

Damit aber lokale Anbieter eigene Profile entwickeln und im Wettbewerb etwas „unternehmen" können, ist eine Deregulierung im Bereich der Verwaltung notwendig; hier wird immer wieder von Schritten berichtet, die den Schulen, aber auch Theatern und Museen ein mehr oder minder umfangreiches Budgetrecht einräumen (teilweise inklusive der Übertragbarkeit von Überschüssen auf das nächste Jahr) und die es ihnen erlauben, einen Teil ihrer Einkäufe nach eigenem Gutdünken ohne Absprache mit vorgesetzten Stellen zu regeln (rascher Einkauf im Bedarfsfall ohne obligatorische Ausschreibung u.Ä.).

■ 5.1.8 Positive Effekte der Verschränkung staatlicher, marktlicher und bürgerschaftlicher Elemente

Dass Arrangements für ein besseres Zusammenspiel von „Staat und Markt" Defizite auf beiden Seiten kompensieren helfen können, ist nicht weiter strittig. Die Pointe des in dieser Untersuchung gewählten Ansatzes liegt in der Einbeziehung des dritten Faktors – des sozialen Kapitals an bürgerschaftlichem Engagement. Hier ist mit Blick auf die Fallstudien zunächst einmal hervorzuheben, dass das Einbringen von Engagement in den vielen verschiedenen Formen, die beschrieben wurden, immer wieder einen zentralen Effekt hatte: die Gemeinwohlorientierung der betreffenden Angebote zu bekräftigen oder erneut einzufordern. Unter Bedingungen, wo überall die Notwendigkeit solcher öffentlichen Einrichtungen in Frage steht, ist das ein wichtiges gesellschaftspolitisches Datum.

In wirtschaftlichen Kategorien lässt sich die bewusste Einbeziehung von Marktelementen und Ressourcen des sozialen Kapitals zunächst einmal damit begründen, dass auf diese Weise *zusätzliche Mittel* für öffentliche Angebote erschlossen werden. Ein weiterer Grund für „gemischte" Strukturen kann das Ziel der Erzielung von *Synergieeffekten* sein. Das heißt: Eine Komponente, die hinzukommt, verstärkt zugleich den Effekt einer schon vorhandenen Komponente. Eine Kulturinitiative, die staatliche Beiträge in verlässlicher Form erhält, kann auch bei der Einwerbung zusätzlicher Mittel planvoller vorgehen. Noch stärker kann ein „matchingfund"-Prinzip wirken, das zusätzlich eingeworbene private und gesellschaftliche Unterstützung durch mehr öffentliche finanzielle Anerkennung belohnt.

Im Bereich der Wechselwirkungen zwischen politischen, sozialen und ökonomischen Prozessen werden mit Blick auf die Vorzüge von Organisationen im Dritten Sektor außerdem immer wieder zwei Stichworte genannt: die *Verringerung von Problemen kollektiven Handelns* und die *Verringerung von Transaktionskosten* (dazu: Bacchiega/Borzaga 2001). Sie können das Ergebnis der Einbeziehung der verschiedenen stakeholder in den Zielbildungsprozess einer Organisation und darüber hinaus des Übergangs von einer „Misstrauens-" zu einer „Vertrauenskultur" (Pröhl/Plamper 2000) sein. Wo entpersönlichte, sachliche Interaktionsbeziehungen von gemeinschaftsbildenden Elementen überlagert werden, können sich zusätzliche Bindungs- und Motivationseffekte ergeben. Vereine sind hier sehr oft nicht nur Zweckbündnisse, sondern auch Ausgangspunke für Geselligkeit. Das drückt sich symbolisch in Ereignissen wie der jährlichen Helferparty für das Hellweg-Schwimmbad, den Schulfesten, dem Ritus der jährlichen Mitgliederversammlung als „Festakt" o.Ä. aus. Derartige Mechanismen der Motivationsbildung, der Schaffung von Vertrauen und Bereitschaft, in gemeinschaftliche Initiativen zu investieren, diskutiert Putnam (2000: 288f.) als Möglichkeit, durch den Aufbau von Vertrauensbeziehungen und Beteiligungsnormen Dilemmata kollektiven Handelns zu verringern. Gemeint ist hier das Problem mit den „Trittbrettfahrern", also jenen, die unterstellen, dass *andere* sich an gemeinschaftlichen Initiativen beteiligen werden, sie selbst aber besser damit fahren, lediglich als passive Nutznießer von diesen Anstrengungen zu profitieren.

Gute und stabile Kooperationsbeziehungen zwischen verschiedenen an einer Dienstleistung beteiligten Partnern verringern auch finanziell folgenreiche Abstimmungsprobleme. Bei den Schulbeispielen wird immer wieder berichtet, dass die Pflege der Kontakte zu Elternfördervereinen, lokalen Schulträgern und Bezirken, aber auch zu Vereinen und Partnern aus der Wirtschaft es erleichtert, Konflikte (z.B. hinsichtlich der Anforderungen an Eltern als Kooperationspartner) früher zu sondieren und besser zu bewältigen. Ähnlich verhält es sich auch im Hinblick auf ein so komplexes Produkt wie das Wohnen. Die Gründung eines Nachbarschaftsvereins in der Siedlung einer Wohnungsbaugesellschaft und die Einstellung zusätzlichen Personals zur sozialen Betreuung hat auch die Dimension, dass ein Klima der Mitverantwortung revitalisiert wird, was z.B. zu einem pfleglicheren Umgang mit dem vorhandenen Wohnbestand führen kann.

Ein besonderer Vorteil gemischter Strukturen, die die Ressourcen des sozialen Kapitals einbeziehen, war dort zu beobachten, wo es um den komplizierten Prozess der Entwicklung und Einführung von Diensten geht.

Im Unterschied zum Schulbereich und zu etablierten Angeboten aus dem Kulturbereich spielen Probleme der Dienstleistungs*entwicklung* besonders im Altenhilfebereich eine große Rolle. Bekannt sind die Phänomene, dass man auch bei Hilfebedarf eventuell auf eine Inanspruchnahme von Hilfen „von außen" verzichtet, weil man damit „fremde" Elemente in die eigene Privatsphäre einbeziehen muss müsste, oder auch, weil deren Inanspruchnahme kulturell negativ bewertet wird und eine Umstellung im Lebensalltag verlangt (Baldock/Ungerson 1994). In den meisten Beispielen aus dem Altenhilfebereich taucht nun gewissermaßen beiläufig der Vorteil von Fördervereinen, Beziehungen zu Kirchengemeinden etc. auf; sie sind im ländlichen Bereich angesiedelt, wo entsprechende Vorbehalte noch besonders virulent sind. Durch die Mitgliedschaft im örtlichen Förderverein wird die Möglichkeit, zukünftig einmal auf Hilfe von „außen" angewiesen zu sein, gewissermaßen vorausgedacht und eine Bereitschaft, sie auch in Anspruch zu nehmen, unterstützt. Eine Sozialstation, die zu den örtlichen Einrichtungen zählt und in das lokale Milieu eingebunden ist, wird mit ihren Leistungen einfacher angenommen, und schließlich ist man dort, wo sich die anbietende Institution einen entsprechenden Vertrauensvorschuss erarbeitet hat, auch eher bereit, für zusätzliche Dienstleistungen zu zahlen. Man könnte in diesem Zusammenhang von den Vorteilen eines Prozesses sprechen, wo nicht einseitig von einem Anbieter das „marketing" einer Dienstleistung betrieben werden muss, sondern wo der Weg gewissermaßen im Wechselspiel zwischen Beteiligten verläuft, die (z.B. als individuelle oder korporative Mitglieder eines Fördervereins) zugleich Anbieter und Nutzer sind (zu derartigen Dynamiken bei haushaltsnahen Diensten vgl. Laville 1996: 111f.). Dieser Prozess kann mit der Artikulation eines Bedarfs und dem Akt der Selbsthilfe der Beteiligten beginnen, sich damit fortsetzen, dass die Bereitschaft zur Inanspruchnahme einer Dienstleistung als „Vertrauensgut" gefördert wird und darüber hinaus schließlich auch zur Bereitschaft, Dienste selbst einzukaufen, führen.

■ 5.1.9 Organisationskultur und Selbstverständnis

Bei den untersuchten Einrichtungen lassen sich zwei verschiedene Stufen der Verknüpfung von Marktelementen, staatlichen Beiträgen und bürgerschaftlichen Elementen unterscheiden:

- Die erste Stufe ist gekennzeichnet durch eine gewissermaßen sehr äußerliche Verknüpfung, wo lediglich eines der Elemente stilprägend wird: Die Existenz eines Elternfördervereins muss zunächst am Selbstverständnis einer Schule nichts ändern; für das Alltagsklima

einer Sozialstation können zunächst die Kontakte, die ihre Leiterin zu anderen Organisationen, Vereinen und kirchlichen Stellen pflegt, relativ bedeutungslos sein; die gelegentliche Mitarbeit einiger Ehrenamtlicher bleibt in einem Museum ein Randphänomen.
- Die zweite Stufe weist eine stärkere Verschränkung verschiedener Elemente auf: Die dauernde Präsenz von AGs, Angeboten von Vereinen etc. verändert das Schulklima ebenso wie die zusätzlichen Möglichkeiten und Belastungen, die z.B. ein eigenes Schulbudget mit sich bringt; ein Museumsshop, den Ehrenamtliche betreiben, wird direkt zum Identität stiftenden Ausweis der eigenen Fähigkeit, die Folgen der knappen staatlichen Finanzzuweisungen zu bewältigen; der Krankenpflegeverein in der kleinen Gemeinde Adelberg weiß, dass Werbung, der Entwurf von Logos etc., Teil der eigenen Profilierung sind; die Kirchenverwaltung der evangelischen Kirche fordert, dass ihre Sozialstationen in Abstimmung mit den kirchlichen Partnern ihren diakonischen Auftrag konkretisieren, sich aber auch ein transparentes Rechnungswesen sowie ein modernes Management zulegen und den Forderungen nach fachlichen Standards, die sich aus Vereinbarungen mit Pflegekassen entwickeln, besser entsprechen.

Auf dem Wege von der bloßen Anlagerung ursprünglich strukturfremder Elemente zur Verschränkung und wechselseitigen Beeinflussung kann, so unsere These, das entstehen, was wir als *soziales Unternehmen* bezeichnen möchten, eine Organisationsform, bei der drei Elemente stilprägend und identitätsbestimmend werden:

- Das Bewusstsein, einem öffentlichen Auftrag verpflichtet zu sein und entsprechende Mechanismen der politischen Rahmensetzung und Einbindung in einen politisch-gesellschaftlichen Kontext;
- das Bewusstsein, bei der Verfolgung der eigenen Ziele „unternehmerisch" handeln und dementsprechend wirtschaften zu müssen;
- das Bewusstsein vom Wert der gesellschaftlichen Einbindung und der Entwicklung von Netzen und Partnerschaften, mittels derer das Sozialkapital der bürgerschaftlichen Kultur (vor Ort und im weiteren Umfeld) für das eigene Unternehmen genutzt werden kann.

In den Interviews zu den Fallbeispielen sind immer wieder Formen der Selbstbeschreibung gewählt worden, die in diese Richtung weisen. Die Leiterin einer Kulturinitiative z.B. sieht sich selbst eindeutig als „Geschäftsführerin"; die Leiterin einer Schule bezeichnet diese als „öffentliche Einrichtung" („und das ist ja auch ein Kommunikationszentrum im Bezirk"); ein anderer Schulleiter beschreibt seine Arbeit so:

> „Ich habe lernen müssen, dass meine Arbeit nicht mehr unterrichten ist, sondern dafür zu sorgen, dass wir möglichst viele unterstützende Institutionen [...] haben müssen. Und deswegen besteht ein großer Teil meiner Arbeit im Briefeschreiben, in Telefonaten, in Besuchen von Gremien, im Konferieren, im Immer-wieder-Nachhaken, Nachfragen, im Ausdauerhaben."

Interessant schien uns zu sein, wie sehr die Sprache der dokumentierten Projekte gewissermaßen den professionell administrativen Slang, Floskeln aus der Markt- und Managementkultur und Begriffe aus der Lokalpolitik und der sozialen Arbeit vermengt.

■ ### 5.1.10 Auswirkungen auf die Qualität der Angebote – der sozialpolitische Aspekt

In der überwiegenden Zahl der von uns dokumentierten Beispiele hat die Einbeziehung von Marktelementen und die Aktivierung von Sozialkapital es ermöglicht, den Kernbereich „harter", unbedingt bestandsnotwendiger Leistungen mit einem Mantel „weicher" , d.h. ergänzender Angebote zu versehen. Was Kern- und was Ergänzungsleistung ist, liegt nicht fest. Und Veränderungen im Mantelbereich können bisweilen auch neue Dimensionen für das gesamte Profil der Einrichtung eröffnen.

Im *Kulturbereich* gehört sicherlich das Beispiel der Ersetzung ausgebildeter Bibliothekskräfte durch ehrenamtliche Laienhelferinnen in Braunschweig in diesen Zusammenhang. Aus örtlichen Bibliotheken wurden dadurch bloße Ausleihverwaltungen von Buchbeständen. Dass es auch anders gehen kann, zeigt das Bibliotheksbeispiel Kolibri aus Hamburg, wo mit der weit gehenden Übernahme durch einen Verein Öffentlichkeitsarbeit, Lesewettbewerbe, Lesungen, Ausstellungen und Kinder-Theateraufführungen sich um das Projekt „Buch und Lesen" herum entwickeln. Bei den Theaterbeispielen ist hingegen eine Veränderung des (künstlerischen) Angebotes nicht erkennbar; der Förderverein z.B. des Theaters Fürth füllt vielmehr durch seine Beiträge Lücken speziell im Bereich einmaliger Investitionen, die der auf den laufenden Betrieb gerichtete Verwaltungshaushalt offen lässt. Bei den Museen, aber auch bei dem Schwimmbad-Beispiel spielt speziell die Ausweitung der Öffnungszeiten eine wichtige Rolle; die Nutzungszeit des Hellwegbades etwa wurde nach der Vereinsübernahme fast verdreifacht. In den Museen können darüber hinaus aber auch weitere zeit- und damit in der Regel auch kostenintensive Dienste ausgebaut werden: museumspädagogische Angebote, Workshops, Kurse, Exkursionen und Feste.

Der Bereich der *Soziokultur* hat in diesem Zusammenhang in unserer Untersuchung deshalb einen wichtigen Stellenwert, weil hier die Intention von Bewältigungsversuchen oft in entgegengesetzter Richtung verläuft: Es geht nicht um Marktorientierung und Engagement, nachdem die weitgehend staatliche/kommunale Abdeckung einer Aufgabe an ihre Grenzen gestoßen ist, sondern um Forderungen nach einer angemessenen Einbeziehung staatlicher Unterstützungsbeiträge. Was sich Kulturinitiativen aus den alten und neuen Bundesländern erhoffen, ist jenseits der dauernden Suche nach jährlich befristeten Unterstützungen ein mittelfristig berechenbarer Mittelzufluss. Das Beispiel der alten Feuerwache in Köln zeigt, dass dann, wenn sich die Kommune als Finanzier immer weiter zurückzieht, die Gefahr besteht, dass die Angebote entweder einen ärmlichen und improvisierten Charakter behalten oder immer mehr kommerzialisiert werden müssen.

Auch im Bereich der *Schule* fungieren die Mitarbeit von Eltern, Sponsoring und Öffnung zum Stadtteil z.T. lediglich als Lückenbüßer für fehlende öffentliche Mittel. Das gilt vor allem dort, wo es um Renovierungsarbeiten, schlichte Routinen der Bestandspflege, die Vorhaltung des notwendigen Lehrmaterials u.Ä. geht.

Aber bereits hier lassen sich andere Ansätze verzeichnen, bei denen es nicht (allein) um die Überwälzung, sondern um eine bewusste Wiederaneignung von Verantwortlichkeiten geht – z.B. dort, wo – wie bei der Helene Lange Schule in Wiesbaden – die Schüler/innen die Reinhaltungsarbeiten selbst übernehmen wollen. Sie tun das sowohl, um die Identifikation mit einer Einrichtung zu stärken, die sie selbst mittragen und „pflegen", als auch, um dadurch im Jahr immerhin 150.000 DM an Mitteln für eigene Investitionen zu erhalten; ein anderes Beispiel könnte die Überlassung von Räumlichkeiten gegen Entgelt sein, dort, wo sie Teil einer Strategie der Öffnung der Institution Schule für ihr Umfeld ist. Weitere für die Qualität wichtige Angebote im Bereich Schule lassen sich in folgenden Punkten zusammenfassen:

– Beiträge zur sozialen Integration: spezielle Angebote für ausländische Schüler/innen, Zusammenarbeit mit deren Eltern; z.B.: zusätzlicher Sprachunterricht, Hilfe bei Behördengängen; Öffnung der Nachmittagsangebote auf dem Schulhof für alle Jugendlichen im „Kiez";
– Entwicklung von Brücken ins Berufsleben durch Zusammenarbeit mit anderen Institutionen der Berufsbildung und der privaten Wirtschaft (siehe Verein Lernen, Fördern, Arbeiten);

- Aufwertung der Betreuungsfunktion der Schule: verlässliche Betreuungszeiten, Angliederung einer Betreuungseinrichtung, die durch einen Förderverein (ko-)finanziert wird;
- Ausweitung von Angeboten inhaltlichen und sozialen Lernens: im musischen, sportlichen, naturwissenschaftlichen und technischen Bereich (Angebote einer Musikschule, Zusammenarbeit mit Sportvereinen, Einrichtung einer Theaterwerkstatt, Vermittlung von Wissen durch Computerfachleute).

Einige der aufgelisteten Leistungen wären durchaus als erweiterte staatliche Regelleistung vorstellbar; warum sollten Staat und Gemeinden nicht ein verlässliches professionelles Betreuungsangebot finanzieren und mit mehr Lehrern/Lehrerinnen und weiteren Fachkräften auch das Unterrichtsprogramm weiter auffächern können? Andere Leistungen erfordern jedoch die Einbeziehung von Partnern: Dazu gehört z.B. die vorübergehende und dauerhafte Mitarbeit von Personen und Organisationen, die Kompetenzen besitzen, über die die Schule nicht verfügt: qualifizierte Fachleute aus Vereinen, Wirtschaftsunternehmen oder Behörden.

Auch im Bereich der *Altenpflege* lässt sich kein trennscharfer Strich zwischen Substitutions- und Komplementäreffekten ziehen. Jenseits der Mittel, die aus der staatlichen Finanzierung und aus den Sozialversicherungen stammen, geht es um zwei mögliche ergänzende Ressourcenbereiche: Die Klienten können als Kunden ergänzende Leistungen selbst bezahlen und es kann durch Fördervereine und andere zusätzliche Formen lokaler Unterstützung (wie die ehrenamtliche Mitarbeit etc.) zusätzliches Potenzial erschlossen werden.

Speziell die Fördervereine helfen – ähnlich wie etwa im Schul-, Theater- und Museenbereich – u.a. bei einzelnen Investitionen, die aus den laufenden Etats nicht gedeckt werden können, so z.B. bei der Finanzierung von Einsatzwagen, speziellen Hilfs- und Pflegemitteln (vgl. z.B. die Rolle der saarländischen Sparvereine in diesem Zusammenhang).

Die hauptsächliche Wirkung des Aufbaus von individuellen Kundenbeziehungen (Selbstzahler) und der Einwerbung eines Sozialkapitals an Unterstützung und Vertrauen lässt sich jedoch in der Etablierung von Leistungen beschreiben, die nicht zum Kanon der auf einen engen medizinisch-pflegerischen Bereich eingegrenzten Leistungen der Sozialkassen gehören:

- Fahrdienste,
- Begleitungsservice bei Spaziergängen, Arzt- und Behördenbesuchen und beim Einkaufen,
- die Organisation von Besuchskreisen,

- Sterbebegleitung,
- Einsatz ehrenamtlicher Unterstützung bei der Verwaltung,
- hauswirtschaftliche Unterstützungen (Kochen, Putzen, Gartenpflege),
- Assistenz für Pflegekräfte,
- Beratung im Hinblick auf Pflegearrangements und Wohnraumanpassung,
- Angebote wie Lesungen, Vorträge, Selbsthilfegruppen etc., die insgesamt helfen, um den engeren Bereich der Pflegeleistungen herum so etwas wie eine Kultur der Aufmerksamkeit für Bedürfnisse der Hilfe und Pflege sowie Fragen des Alter(n)s entstehen zu lassen.
- Bei einigen Beispielen geht es jedoch auch darum, die Qualität der Angebote in ihrem Kern zu beeinflussen – Bedingungen zu schaffen, unter denen zusätzliche Zeit (z.B. „diakonische Zeit") für die einzelnen Verrichtungen bei der Pflege zur Verfügung steht.

Ähnlich wie im Feld „Bildung/Schule" werden durch derartige Leistungen herkömmliche Aufgabendefinitionen erweitert. So wie Schule auf mehr als Wissensvermittlung zielt, geht es hier um ein Leitbild von Pflege, das auf mehr als Versorgung zielt. In Teilbereichen konkretisiert sich diese Definitionserweiterung – z.B. im Fall des Nachbarschaftshilfevereins der Glückauf Wohnungsbaugesellschaft in Lünen, wo die Verantwortung für das Wohnen bei Mietern und Vermietern nicht nur „ein Dach über dem Kopf", sondern immer auch die Dimension der Zwischen-Räume und Zwischen-Beziehungen in einem Wohn-Gebiet umfasst.

Alles in allem wären damit wohl die Stichworte: „Ersetzung", „Erweiterung", „Ergänzung", „Vielfalt" und „Dynamik" die treffendsten Überschriften, wenn es darum geht, die Veränderung der Leistungsstrukturen zu beschreiben, die dann eintritt, wenn definierte (staatliche) Regelleistungen sich mit privaten Angeboten, unternehmerischer Orientierung und der Mobilisierung von Sozialkapital verschränken.

5.1.11 Auswirkungen auf Beschäftigung – ein wirtschaftlicher Aspekt

Kurz gefasst kann man die dominierende Tendenz im Hinblick auf Beschäftigung und Mitarbeit so formulieren: Dort wo herkömmlich – im Zuge eines starken staatlich-kommunalen Einflusses – im Spektrum der Beschäftigungs- und Mitarbeitsformen ganz überwiegend Normalarbeitsverhältnisse (Vollzeitstelle, sozialversicherungsrechtlich abgesichert bzw. Geltung der besonderen Regelungen für Beamte) dominierten, erweitert sich mit der Öffnung von Organisationen in Richtung des Marktes und der

Bürgergesellschaft dieses Spektrum erheblich. Die Bedeutung von Teilzeitarbeit, geringfügiger Arbeit, Mitarbeit auf Honorarbasis und freiwilligem Engagement nimmt zu. Nur in den Bereichen mit verstärktem staatlichen Zugriff – hier der Altenpflege – kann es zu einer Zunahme von sozial gesicherter professioneller Mitarbeit kommen.

Dabei ist hervorzuheben, dass es insgesamt nicht um eine Substitution vorhandener bezahlter und sozial gesicherter Arbeit („traditionelle Arbeitsverhältnisse") durch neue Formen ungesicherter und unbezahlter Mitarbeit geht. Es ändert sich vor dem Hintergrund stagnierender öffentlicher Zuwendungen vielmehr der Wachstumsmodus von Mitarbeit und Beschäftigung im jeweiligen Arbeitsmarktbereich. Ein großer Teil neu eingestellter Personen, hat kaum noch die Möglichkeit, im Rahmen eines traditionellen Arbeitsverhältnisses angestellt zu werden. Offen bleibt die Frage, inwieweit sich hier eher der generelle Wandel von Arbeitsmarkt- und Beschäftigungsstrukturen ausdrückt oder inwieweit das eher mit dem weniger stark verfassten Charakter der davon betroffenen Aufgaben zu tun hat. Jedenfalls geht es, was die herkömmlichen Formen von Arbeitsverhältnissen betrifft, nicht so sehr um Abbau, als vielmehr um einen schleichenden relativen Gewichtsverlust.

Am eindeutigsten ist diese Entwicklung im *Schulbereich*, der als einmal identisch war mit einem Bereich verbeamteter lebenslanger Mitarbeit; heute finden sich hier:

– Personen die projektbezogen in Maßnahmen des 2. Arbeitsmarktes mitarbeiten;
– Personen, die, angestellt bei anderen Trägern – z.B. einem Wohlfahrtsverband, der in der Schule soziale Arbeit übernimmt –, normal Beschäftigte sind;
– Personen, die als ABM-Kräfte z.B. bei einem Projekt „Schülerklub" mitarbeiten; das Angebot kann in dieser Form nur deshalb und so lange vorgehalten werden, wie diese fast kostenlosen Arbeitskraftüberlassungen existieren;
– im Bereich der Betreuung (Schulhort), der Kantinen etc. finden sich häufig 630-DM-Kräfte;
– Personen, die mit einem sehr geringen monatlichen Stundenaufwand AGs betreuen, werden auf Honorarbasis bezahlt;
– einzelne Berliner Schulen berichten von gelegentlicher Mitarbeit von Sozialhilfeempfängern/Sozialhilfeempfängerinnen im Rahmen gemeinnütziger Arbeit (Schulhof und Gartenanlagen);
– es gibt außerdem ehrenamtliche Mitarbeit in den verschiedensten Formen: als gelegentliche Initiative von Eltern und Fachleuten (ad-

ministrative Aufgaben, Renovierung etc.) und im Kontext des Engagements von Vereinen an der Schule (Sport u.Ä.).

Anhand des *Kultur- und Freizeitbereichs* und des Bereichs der *Altenpflege* ließe sich diese Tendenz zur Vergrößerung des Spektrums von Mitarbeitsformen weiter illustrieren. Soweit es dabei um Organisationen des Dritten Sektors geht, die sich aus Selbstverwaltungsansätzen heraus entwickelt haben, liegt hier das Problem eher in der Frage, inwieweit es im Kampf um die Sicherstellung insbesondere staatlicher Ressourcen überhaupt gelingt, innerhalb der schwach verfassten Formen ehrenamtlicher, geringfügig bezahlter, zeitlich begrenzter Mitarbeit im Rahmen von ABM-Programmen und Honorarmitteln einen festen Kern gesicherter Arbeitsverhältnisse zu konstituieren, der bei allen Fluktuationen im Umfeld Kontinuität garantieren kann (zur Beschäftigungsproblematik im Dritten Sektor vgl. Birkhölzer/Lorenz 1997; Bode 1999; Bode/Graf 1999 und Betzelt/ Bauer 2000).

Die von uns in den Fallbeispielen beobachteten Entwicklungen liefern im Übrigen auch Anschauungsmaterial zu der Frage, inwieweit im Bereich sozialer Angebote und Dienste durch die Stimulierung haushaltsnaher Angebote Arbeitsplätze geschaffen werden können. Auf derartige Möglichkeiten setzen auch die Konzepte der EU zur Förderung lokaler Entwicklung und Beschäftigung (vgl. European Commission 2000; CIRIEC 1999).

Im Hinblick darauf ist festzuhalten, dass die von uns beschriebenen Formen der Dynamisierung von Einrichtungen im Zuge eines stärkeren Kooperations- und Ressourcenmix sehr begrenzte Beschäftigungseffekte aufweisen. Der Umfang geht in der Regel nicht über eine Hand voll zusätzlicher Stellen hinaus. Die Effekte sind außerdem begrenzt, insofern ein großer Teil der in diesem Zusammenhang entstehenden Arbeitsplätze lediglich zur Einkommenssicherung *beiträgt* – durch Honorareinkommen, Teilzeitarbeit, geringfügige Beschäftigung etc. Angesichts der großen Zahl kleiner Beschäftigungsträger in Form von Schulen, Theatern, Museen, Sozialstationen etc. sollten die beschäftigungspolitischen Nebeneffekte einer gesellschaftlichen und marktwirtschaftlichen Öffnung von öffentlichen Einrichtungen auch nicht gering geschätzt werden.

Außerdem ergeben sich indirekte Beschäftigungseffekte, wenn durch privatwirtschaftliche Elemente und Aktivierung sozialen Kapitals der Bestand und von Einrichtungen gesichert werden kann. Die Beispiele im Bibliotheks- und Schwimmbadbereich, aber auch im Bereich der Museen verweisen darauf, dass Bürgerengagement und unternehmerische Initiativen nicht nur die Einrichtungen vor einer Schließung oder Auszehrung bewahrt haben, sondern auch helfen können, mit Blick auf kommende harte Auseinandersetzungen um knappe öffentliche Mittel ihre Reputation und Entwicklungschancen zu sichern.

Gerade Einrichtungen im Bereich von Dienstleistungen, die sich in einer Etablierungsphase befinden und ihren Platz im Zwischenbereich von Versorgungsangebot und Sozialmarkt erst noch finden müssen, sind grundsätzlich als Partner für Beschäftigungspolitiken gut geeignet. Speziell in den neuen Bundesländern bietet etwa der Kreativ-Verein Halle ein gutes Beispiel dafür, wie sich beginnend mit der kulturellen Aufschließung des Alltagslebens und Alltagskonsums älterer Mitbürger schrittweise konkrete Angebote wie das „Servicewohnen" entwickeln lassen und wie dabei die Nutzung von ABM-Kräften eine wesentliche Starthilfe für die Etablierung von Angeboten sein kann. (Illustrative Beispiele zur Verbindung von Struktur- und Beschäftigungspolitik und zur Rolle sozialer Unternehmen in diesem Kontext geben Evers et al. 2000.) Allerdings sind der Etablierung von Diensten, die sich allein nach Maßgabe der Zahlungsbereitschaft ihrer Adressaten entwickeln sollen, oft auch enge Grenzen gesetzt. Die Diakoniestation Weil am Rhein berichtet z.B., dass für von ihr vermittelte häusliche Hilfen der maximal verrechenbare Stundensatz dadurch bestimmt wird, wie sich die Preise auf dem grauen und schwarzen Markt von Putzhilfen entwickeln: „Mehr als 18 DM sind nicht drin – und die sind nicht kostendeckend". Dass es sehr schwer ist, hier Qualitäten zu entwickeln, die so überzeugend sind, dass die potenziellen Kunden bereit sind, deutlich mehr als bei einer informellen Beschäftigung zu zahlen, ist bekannt.

Obwohl die von uns untersuchten Bereiche öffentlicher Einrichtungen und Dienste grundsätzlich Adressaten für beschäftigungsfördernde Maßnahmen sind (ABM, Arbeit statt Sozialhilfe etc.), muss gleichzeitig auf die Grenzen eines solchen Ansatzes hingewiesen werden. Positiv wird aus den Berliner Schulbeispielen berichtet, wie Renovierungsarbeiten von einem Beschäftigungsträger des zweiten Arbeitsmarktes ausgeführt wurden, oder wie die vorübergehende Beschäftigung in einem Schulprojekt die Chance gab, sich später an einem anderen Ort wieder in den Arbeitsmarkt einzufädeln. Übereinstimmend wird jedoch von ansonsten ganz verschiedenen Initiativen wie der Kulturinitiative „Alte Feuerwache" in Köln, der „riesa efau" oder der Volkssolidarität Altenburg berichtet, dass die Einweisung in die formellen und informellen Anforderungen des jeweiligen Bereichs so aufwändig ist, dass sie sich bei einer engen zeitlichen Begrenzung der ABM-Jobs kaum lohnt; auch mangelt es den ABM-Kräften auf Grund der Befristung ihrer Mitarbeit und der geringen Aussichten, sich in der Organisation selbst eine Anschlussperspektive erarbeiten zu können, oft an der notwendigen Integrations- und Arbeitsmotivation. Schließlich bedarf es besonderer Abstimmungstechniken, damit nicht einfach Personen an ein Projekt überwiesen werden, sondern eine gewisse Vorabstimmung im Hinblick auf Eignung stattfinden kann.

Die positive oder negative Rolle von Beschäftigungsverhältnissen in diesem Bereich kann außerdem nicht ohne Einbeziehung der unterschiedlichen Lage und Motivation bei den Adressaten, geführt werden. Sowohl aus dem Schulbereich als auch aus dem Bereich der Altenpflege wird immer wieder berichtet, dass Mütter von Schulkindern oder ehemals gepflegten Personen eine besondere Motivation zur Mitarbeit haben. Geringfügige stundenweise Arbeit ist dort nicht zweite, sondern erste Wahl, wo die sie ausführenden Frauen verheiratet sind, in unmittelbarer Nähe wohnen und spezifische Vorteile wie Ortskenntnisse, kulturelle Vertrautheit u.Ä. mitbringen. Für viele Aspekte von Betreuungsarbeit qualifiziert bereits die Familientätigkeit. Hinter dem Begriff der geringfügigen Beschäftigung kann sich also einerseits ein als drittklassig empfundenes, eigentlich nicht gewünschtes Job-Verhältnis verbergen, andererseits aber für die oben beschriebenen Personengruppen (wie bei Mitarbeiterinnen des Krankenpflegevereins in Adelberg oder bei den Nachbarschaftshelferinnen der Sozialstation in Weil am Rhein) ein in vieler Hinsicht befriedigendes Arbeitsverhältnis. Sonst nicht verwertbare Qualifikationen können hier von Vorteil sein und unabhängig von der Lohnhöhe kann ein guter partnerschaftlicher Umgang mit den Beschäftigten gepflegt werden. Außerdem kann niedrige Bezahlung durch spezifische nicht-monetäre Gratifikationen zum Teil wieder wettgemacht werden: die wohnnahe Lage des Arbeitsplatzes, flexible Arbeitszeitregeln u.a.m.

In diesem Zusammenhang ist auch zu beachten, dass „engagierte" Mitarbeit nicht exklusives Kennzeichen einer Gruppe ist – etwa er ehrenamtlich Engagierten. Die Beispiele zeigen, dass auch Fachkräfte mit sehr viel Engagement zu Werk gehen. In den Interviews wurde immer wieder hervorgehoben, dass die Dezentralisierung von Aufgaben und damit zusammenhängenden Kompetenzen einen Mehraufwand an Zeit und Energie erfordert, dem kein begleitender Ressourcenzuwachs entspricht, und dass die entsprechenden Lernprozesse im Hinblick auf Verwaltungs- und Entscheidungsstil gewissermaßen „on the job" trainiert werden müssen. Immer wieder wurde von Schulleitern beklagt, dass solche zusätzlichen Leistungen auf neuen Gebieten der „Unternehmensführung" weder durch materielle Gratifikationen noch durch entsprechende Karriereaussichten honoriert werden.

Ein Engagement, das von Schulleitern/Schulleiterinnen zu Recht als zeitliche und emotionale Überbeanspruchung empfunden wird, kann andererseits aber auch positive Wirkungen haben. Die inhaltliche Identifikation mit der jeweiligen Tätigkeit kann eine gute Qualität auch bei sehr geringer Entlohnung sichern helfen. Das gilt z.B. bei Betreuungsleistungen von Familienfrauen – etwa im schulischen und im Altenpflegebereich –, wo die Anerkennung ihrer Tätigkeit sich weniger über die Höhe der finanziellen Vergütung als über die soziale „Passgenauigkeit" des Arbeitsangebots definiert. Hier erscheint so etwas wie ein „bezahltes Engagement", das als „bezahlte Ehrenamtlichkeit" bezeichnet wird, als durchaus sinnvoll. Einen Hinweis auf die schwierigen Grauzonen zwischen Ehrenamt und Erwerbsarbeit liefern die Aussagen von Vertretern aus Kultur- und Altenhilfe-Initiativen in den neuen Bundesländern; sie berichteten, u.a. deshalb bisher kaum die Anwerbung von Ehrenamtlichen betrieben zu haben, weil es einfacher war, via ABM die Anstellung von an sozialen Kontakten und der Arbeit selbst interessierten Personen zu betreiben.

Alles in allem: Bei der mit hybriden Organisationsformen einhergehenden größeren Vielfalt von Mitarbeitsformen ergeben sich Vor- und Nachteile. Die Balance wird nur dann positiver werden können, wenn man beginnt, Konzepte für eine neue Beschäftigungsvielfalt im öffentlichen Dienst zu entwickeln, statt an bisherigen Leitbildern festzuhalten.

■ 5.1.12 Auswirkungen auf Entscheidungsstrukturen – der demokratiepolitische Aspekt

Demokratie lebt von der Vielfalt. So verschiedene demokratische Prinzipien wie Mitentscheidungsmöglichkeiten des Einzelnen, Transparenz, Berücksichtigung relevanter Gruppeninteressen, Ausgleich zwischen Mehrheits- und Minderheitsorientierungen, direkte Mitwirkung und repräsentatives Entscheiden erfordern die Kombination verschiedener Elemente und Instrumente. In den von uns untersuchten Bereichen bedeutet die Verschränkung verschiedener Strukturelemente grundsätzlich, dass mehrere miteinander konkurrierende oder sich potenziell ergänzende Prinzipien der Entscheidungsfindung eingeführt oder neu gewichtet werden – die Einflussnahme der Beteiligten als Bürger, Konsumenten und Koproduzenten (Evers 1998a) oder als Auftraggeber, Kunden und Mitgestalter (Bogumil/ Holtkamp 1999). Wettbewerb zwischen Hilfe- und Pflegeeinrichtungen, mehr Autonomie der einzelnen Schulen, eine größere Bedeutung von Sponsorengeldern für eine Kulturinitiative können Wege sein, bisher maßgebliche Entscheidungsmechanismen zu verändern. Ob dabei unterm Strich mehr Demokratie entsteht, hängt nicht zuletzt davon ab, wie die jeweiligen Betrachter das demokratische Potenzial des einen oder anderen Elements gewichten. Inwieweit z.B. eine stärkere Orientierung einzelner Schulen an potenziellen Nutzern und „Kunden" in ihrem Einzugsbereich einen Gewinn an Demokratie darstellt und inwieweit dies das demokratische Recht auf eine ortsunabhängige gleiche Schulversorgung in Frage stellt, wäre eine derartige schwierige Frage.

Betrachtet man Organisationen unter dem Gesichtspunkt, inwieweit sie marktbezogene, staatlich-hierarchische Elemente und Formen des Sozialkapitals verschränken, wird man feststellen, dass je nach Gewicht dieser Elemente auch die Bedeutung der für sie typischen Entscheidungsformen (parlamentarische Entscheidung, Nutzermitbestimmung, Einflussnahme der Konsumenten) variiert.

Bei den *Schulen* dominiert nach wie vor eindeutig das überkommene hierarchische Entscheidungsmodell. Aber im Zuge der Übertragung von partieller Budgetautonomie und Personalhoheit und angesichts einer größeren Rolle selbstbewusster Partner vor Ort gerät dieses Modell nicht nur in ein Spannungsverhältnis mit der Notwendigkeit, eine Schule zu „managen" sondern auch mit Mitsprachewünschen lokaler Partner und beteiligter Nutzer.

Im Bereich von *Kultur- und Freizeit* ist die Situation in gewisser Weise polarisiert. Bei größeren Einrichtungen in öffentlicher Trägerschaft ergibt sich, ähnlich wie bei den Schulen, ein Problem der Austarierung hierarchischer, unternehmerischer und vereinsgebundener Entscheidungsstrukturen. Letztere sind vor allem in freien Kultureinrichtungen, die ihre demokratische Selbstverwaltung als tragendes Element ansehen, stilbildend.

Auch im Bereich der *Altenpflege* kann die jeweilige Bedeutung hierarchischer, von außen gesetzter Entscheidungen, unternehmerischen Handelns und demokratischer Abstimmung im Verein sehr verschieden sein. Sie reicht von der Einrichtung in Verbandsträgerschaft mit einer lediglich unterstützenden Rolle von Mitgliedschaften und Vereinselementen hinüber zu Konzepten, bei denen sich ein relativ hohes Maß an Entscheidungsfreiheit der jeweiligen Einrichtungsleitung mit einer vielseitigen örtlichen Vernetzung koppelt. Das verbessert Konsensbildungsfähigkeit, Bedarfsangemessenheit u.a.m..

Einige Beobachtungen lassen sich für alle drei Bereiche generalisieren. Das gilt zunächst für die große *Bedeutung informeller Beziehungsnetze*. Ein enges Miteinander von Schulträgern, Schulleitung und Fördervereinen kann Konflikte besser zu verarbeiten helfen, ebenso wie Vereinskonstruktionen, die dafür sorgen, dass Sozialstationen in Tuchfühlung mit den kommunalen Politikern oder den Kirchengemeinden bleiben. Selbst eine Mitgliedschaft wie die der Volkssolidarität, die sich nur ein- oder zweimal im Jahr zu Mitgliederversammlungen einfindet, kann im entscheidungsrelevant sein, insofern sie dem „Unternehmen Volkssolidarität" hilft, mit seinen Kunden als „Mitgliedern" auf Tuchfühlung zu bleiben.

Fördervereine spielen in allen drei von uns untersuchten Bereichen eine Rolle. Sie haben in der Regel keine formellen Mitbestimmungsrechte, sondern bilden sich vor dem Hintergrund eines generalisierten Vertrauensvorschusses in die Arbeit der entsprechenden Einrichtung. Nur jährlich oder halbjährlich stattfindende Vereinsversammlungen beschränken von vornherein den Einfluss derer, die nicht im Vorstand tätig sind. Dieser weit gehende Verzicht auf formelle Mitsprache bedeutet jedoch nicht, dass es nicht einen erheblichen informellen Einfluss geben kann; Personen oder Fördervereine können als Vermittler von Kontakten und als Reservoir für ehrenamtliche Mitarbeit von Bedeutung sein.

Ein weiterer verallgemeinerungsfähiger Aspekt betrifft den jeweiligen *Status einer Einrichtung gegenüber Finanziers und Entscheidungsträgern.* Wenn eine Organisation im Rahmen vereinbarter Zielsetzungen erfolgreich war und es ihr gelungen ist, diesen Erfolg den jeweiligen Entscheidungsinstanzen und der Öffentlichkeit auch deutlich zu machen, dann verbessert das natürlich auch ganz entschieden ihre Position bei zukünftigen Verhandlungen. Im Interview mit dem Trägerverein für das Hellwegbad wurde zu Recht darauf hingewiesen, wie wichtig eine Reputation als klug wirtschaftende und in der Bürgerschaft verankerte Organisation ist.

■ 5.2 Zentrale Herausforderungen und Schwierigkeiten

In den bisherigen Erörterungen sind nicht nur neue Organisationsformen sozialer Dienste, sondern implizit auch Bilder eines veränderten Sozialstaates umrissen worden. Er wirkt im Rahmen einer bürgergesellschaftlichen Orientierung als „aktivierender Staat", insofern er soziales Kapital, aber auch Dynamiken des Marktes zu nutzen und zu integrieren sucht. Soziale Unternehmen, die als hybride Organisationen derartige Elemente in sich vereinen, können dabei, so unsere Argumentation, ein wichtiges Element sein. Eine solche Perspektive der gesellschaftlichen Öffnung sozialstaatlicher Angebote wirft jedoch in Bezug auf bisherige Vorstellungen von sozialstaatlicher Fragen auf. Sechs Schlüsselprobleme sollen hier zum Schluss angesprochen werden.

■ *5.2.1 Kann man zugleich Verein, Unternehmen und öffentliche Dienstleistung sein?*

Hybride Organisationen stehen bei der Integration heterogener Bestandteile vor großen Schwierigkeiten.

Ein Teil dieser Schwierigkeiten kann als *Übergangsproblem* verstanden werden. Das gilt z.B. für die Vereinslösung bei der Kinder- und Jugendbücherei „Kolibri" in Hamburg, wo eine Stiftung, die „Hamburger Öffentlichen Bücherhallen", sich anfangs aus grundsätzlichen Erwägungen dagegen wehrte, ehrenamtliches Engagement in das Versorgungsangebot mit einzubeziehen; zu groß war die Befürchtung, dass damit der Weg für einen Substitutionsstrategie bei noch vorhandenen Erwerbsarbeitsplätzen freigegeben würde. So wird z.B. in den Schulbeispielen immer wieder hervorgehoben, dass mehr Eigeninitiative durch hierarchische und bürokratische Traditionen behindert wird. Immer wieder wird von staatlicher Seite der zusätzliche Energie- und Zeitaufwand, der mit der Einwerbung nicht-staatlicher Ressourcen entsteht, unterschätzt. Viele der dargestellten Schulmodelle existieren trotz und nicht wegen der Strukturen im Inneren des „öffentlichen Schulwesens".

Jenseits solcher Belastungen durch traditionelle Orientierungen und Strukturen gibt es aber in den Fallstudien auch eine ganze Reihe von Beispielen, die auf *strukturelle Schwierigkeiten* bei dem Versuch, verschiedene Aufgaben und Ziele miteinander vereinbar zu machen, verweisen.

- Im Schulbereich demonstriert z.B. die zunehmende Konkurrenz von Berliner Grundschulen um eine abnehmende Zahl von Kindern ein Grundproblem: Wie kann sichergestellt werden, dass auch bei Wettbewerb Kooperation möglich bleibt und der Konkurrent nicht nur als Rivale wahrgenommen wird?
- Insbesondere im Bereich der soziokulturellen Einrichtungen, aber auch im Schulbereich wird deutlich, dass der Umgang mit verschiedenen Finanzierungsquellen einen drastischen Mehraufwand bei Verwaltung, Beziehungspflege und Finanzbuchhaltung erfordert. Bomheuer merkt an, dass hier

    „zwei im Grunde inkompatible Finanzsysteme aufeinander treffen [...] Hier Bedarfsdeckung, dort Gewinnmaximierung, die starre Bindung an den Plan hier, die Anpassung an Marktprozesse dort" (1998: 373).

- In allen drei Beispielsbereichen wird deutlich, dass ein unternehmerischer Handlungsstil grundsätzlich nur schwer mit der Abstimmungskultur von Vereinen oder dem Arbeitsstil ehrenamtlicher Vorstände zu vereinbaren ist. Auf der einen Seite wird für komplizierte und weit reichende Weichenstellungen ein hohes Maß an unternehmerischer Handlungsfreiheit für Einzelpersonen erforderlich sein, auf der anderen Seite kann das Gefühl, selbst etwas mitgestalten zu können, maßgeblicher Grund für die Beteiligung sein.

In einer ganzen Reihe der von uns untersuchten Beispiele (vgl. insbesondere das Beispiel aus dem Bereich der Volkssolidarität, aber auch Beispiele von Fördervereinen für die Altenhilfe in den alten Bundesländern) wird das Problem der (Un-)Vereinbarkeit von unternehmerischer Orientierung und der Pflege einer unterstützenden Community mitsamt der damit einhergehenden Kultur von Identifikation und Beteiligung nur dadurch bewältigt, dass sich der örtliche Träger als loses Konglomerat verschiedener Bestandteile organisiert. Unter dem dach eines gemeinnützigen Trägers werden Organisationen von der gGmbH bis hin zur Sozialinitiative locker zusammengefasst.

Trennt man aber weitgehend (marktorientierte) Dienstleistungsfunktionen von (gemeinschaftsfördernden) Aktivitäten wie der Pflege eines Vereins, dann besteht nicht nur die Gefahr eindeutig hierarchischer Beziehungen zwischen diesen Teilelementen (der Verein als Mittel, die Einrichtung als Zweck). Es droht auch ein Verlust der Kontroll- und Orientierungsfunktion informeller und formeller Einbindungen, die ja auch helfen sollen, die soziale Orientierung von Handlungsstil, Qualitäten und Angebotspalette der Dienstleister sicherzustellen. Das Nebeneinander „lebensweltlicher Orientierungen" bei kleinen, von Vereinen und viel Engagement getragenen Angeboten hier (Seniorenbetreuung, Familienhilfe u.Ä.), und großen, nur dem jeweiligen Finanzierungsmarkt verpflichteten Einrichtungen dort (Krankenhäuser, Pflegeheime) ist aus dem Bereich der Wohlfahrtsverbände nur allzu gut bekannt. In einer englischen Untersuchung von Taylor/Langan/Hoggett (1995) hat man festgestellt, dass die Intensität der lokalen Einbindung für Qualität, soziale Orientierung und Gemeinwohlverpflichtung von Dienstleistungsangeboten wichtiger war als die Frage, ob der jeweilige Anbieter nun dem öffentlichen/kommunalen/staatlichen, dem privat-wirtschaftlichen oder dem Dritten Sektor zuzurechnen war. Unsere Untersuchung liefert zumindest Anschauungsmaterial, das in dieselbe Richtung weist.

Es bleibt also ein zentrales Problem, organisatorische Formen zu finden, im Rahmen derer einerseits unternehmerische Potenziale freigesetzt werden können, andererseits aber auch ein Mindestmaß an öffentlich-staatlicher Kontrolle und von Orientierung durch Vernetzungen und Partnerschaften gewahrt werden kann.

■ 5.2.2 Andere Leitbilder für Beschäftigung und Mitarbeit

Im Hinblick auf Formen der Beschäftigung und Mitarbeit könnten in den von uns untersuchten Bereichen die Kontraste kaum größer sein.

- Auf der einen Seite steht ein System wie die Schule, das immer noch ganz weitgehend von den Beschäftigungsbedingungen beamteter Lehrkräfte geprägt ist und in dem erst ganz allmählich andere Formen der Mitarbeit (Teilzeit, Werkvertragsbasis, befristete Arbeitsverhältnisse sowie geringfügige Beschäftigung) an Bedeutung gewinnen.
- Auf der anderen Seite stehen – vor allem bei kleineren Projekten im Kulturbereich –Angebote, die ganz wesentlich von z.T. vergüteter ehrenamtlicher Mitarbeit zehren, aber bei denen auch die berufliche Tätigkeit gering entgolten und sozial nur wenig gesichert ist.

Empfehlungen zur Beschäftigung und Mitarbeit müssen dieses erhebliche Gefälle berücksichtigen. In dem Maße, wie z.B. Schulen, aber auch andere Organisationen sich als soziale Unternehmen qualifizieren, werden nicht nur beamtenrechtliche Schemata immer fragwürdiger. Dort, wo wir von Mantelbereich und unscharfem Rand gesprochen haben, gibt es auch gute Gründe, Tätigkeiten befristet und als Werkvertrag auszuschreiben – Theaterprojekte enden irgendwann und bestimmte Kurse müssen nicht zur Dauereinrichtung werden. Umgekehrt haben jahrelange Professionalisierungsdebatten gezeigt, dass gerade „Projekte", die institutionell schwächer verfasst sind, nicht nur hoch qualifizierte Leitungskräfte, sondern im Kernbereich ein hohes Maß an Professionalität benötigen; bei diesen Projekten sind im Gegensatz zur klassischen Einrichtung Schule Mantelbereiche und Ränder groß, aber der tragende professionelle Kern oft viel zu klein und prekär.

Alles in allem: Die Forderung nach einer gewissen „Normalisierung" der Arbeitsmärkte im Dienstleistungsbereich kann je nach Bereich gegensätzliche Konsequenzen haben, im Sinne der Erhöhung von Flexibilität auf der einen und von stärkerer Verstetigung auf der anderen Seite. Bei der Verständigung darüber, was ein gutes Angebot sein könnte, und einem entsprechenden „Qualitätspakt" (Bogumil/Holtkamp 1999: 110) zwischen Bürgern, politischer Verwaltung, Arbeitnehmervertretern und Nutzern wird die beschäftigungspolitische Dimension zum kritischen Punkt.

Was nun das ehrenamtliche Engagement betrifft, so haben wir für die viel beklagte Substitution von Erwerbsarbeit kaum einen Beleg gefunden. Das einzige Beispiel für ehrenamtliche Mitarbeit als Instrument des Arbeitsplatzabbaus betraf die öffentliche Bibliothek der Stadt Braunschweig. Der Bibliotheksdirektor, der gegenüber dem Einsatz von Ehrenamtlichen zunächst pauschal ablehnend reagiert hatte, beschreibt seine nunmehrige Position mit „Ja. Aber richtig.". Damit spielt er auf den Umstand an, dass die Integration freiwilliger Mitarbeit dann zu Gunsten der Stabilisierung statt zur Substitution von Erwerbsarbeitsmöglichkeiten genutzt werden kann, wenn sie Teil einer Modernisierungskonzeption ist. Dann können nämlich unter Einschluss von Engagement auch neue Angebote entwickelt werden. Wenn z.B. – wie es dann in Braunschweig der Fall war – ehrenamtliche Mitarbeiter/innen potenzielle Benutzergruppen, wie die Einwohner/innen von Altenheimen, ansprechen und betreuen, ergeben sich neue Möglichkeiten, den Nutzerkreis zu vergrößern.

■ 5.2.3 Modernisierungskosten und Modernisierungsgewinne – Wer bekommt was?

Planungsprozesse werden zumeist sowohl Elemente der „Commodifizierung" als auch der „zivilgesellschaftlichen Transformation" (Selle 1997) enthalten. Die große Mehrheit unserer Fallbeispiele hat gezeigt, dass es möglich ist, Situationen herzustellen, in denen nicht nur Belastungen umverteilt werden, sondern auch „win-win-Lösungen" entstehen, die verschiedenen Seiten zu Gute kommen können: der öffentlichen Hand, den Adressaten der Dienste und Einrichtungen, ihren Trägern u.a. In den meisten Fällen gab es bei keiner der beteiligten Gruppen eindeutige Verlierer. Die eigentliche Frage lautet also, wer hier unterm Strich mehr und wer hier weniger gewonnen hat. Auf der Suche nach Antworten wird man faire Regeln für die Umverteilungsprozesse bei Vorteilen und Lasten entwickeln müssen, die jede Reformmaßnahme begleiten. Der Schulbereich bietet dafür eine Reihe von Beispielen:

– Es gibt einen Bereich, in dem alle Beteiligten gewinnen können. Mehr Budgetautonomie der Schulen kann den übergeordneten Stellen Verwaltungskosten ersparen, und doch kann der materielle Gewinn aus mehr eigener unternehmerischer Entscheidungsfreiheit so groß sein, dass er zusätzlichen Verwaltungsaufwand überkompensiert.

– Eher positiv stellt sich hier auch das Bremer Programm dar, das es ermöglicht, statt Stundenzuweisungen eine Ausweitung der Sachmittel zu erhalten. Insoweit der Zuwachs an Sachmitteln geringer ist als der Geldwert der Stundenzuweisungen, die wegfallen, sparen Stadt und Land Bremen; gleichzeitig haben aber auch die Schulen einen Vorteil, da sie mit den Sachmitteln auch Honorarkräfte einstellen und damit das Geld nach eigenem Ermessen an Engstellen passgenau einsetzen können.

– Schwierige Verteilungsfragen wurden auch an den Berliner Schulen sichtbar: Welcher Anteil an Mitteln aus schulischen Werbeaktionen,

die auf eigene Initiative zu Stande kamen, muss an den Schulträger weitergegeben werden?
- Ein faires Konzept muss auch auf den ersten Blick nicht sichtbare Kosten eines neuen Konzepts in Rechnung stellen, z.b. den Verwaltungsaufwand bei der Einwerbung und Nutzung neuer Programmmittel, bei der öffentlichkeitsbezogenen Profilbildung oder bei der Übernahme von mehr Verantwortung für die Ausbildung sozialer Fähigkeiten. Von derartigen Qualitätsausweitungen profitieren Adressaten, Gemeinwesen und administrativ wie finanziell Verantwortliche – inwieweit sind sie bereit, auch einen Teil der Kosten zu tragen?

Der Gefahr einer Einengung der Engagement-Diskussion allein auf die fiskalischen Aspekte und auf den Einspareffekt für eine Seite, nämlich die öffentliche Hand, sollte also offensiv begegnet werden. Das erfordert eine stärkere Aufmerksamkeit für nicht umstandslos monetär berechenbare Qualitätsaspekte und ein nüchternes Bilanzieren.

5.2.4 Eine neue Balance zwischen Vielfalt und Chancengleichheit?

Im Rahmen der Diskussion um die Aufwertung von Marktelementen und Sozialkapitalressourcen bei öffentlichen Leistungen beziehen sich die am meisten benutzten Argumente auf Gleichheit und Sicherheit. In der Tat hat vor dem Hintergrund jahrzehntelanger Stabilitätserfahrungen im bundesdeutschen Sozialstaat auch nach den Krisen- und Restrukturierungsprozessen der letzen Jahre dieser Verweis auf Gleichheit und Sicherheit eine besondere Überzeugungskraft. Gleichheit meint dabei gleiche Zugangsmöglichkeiten zu weit gehend kostenlosen Angeboten durch alle Schichten und an prinzipiell jedem Ort in gleicher Qualität. Sicherheit meint hier das Ausmaß, in dem die Konstanz der Angebote und ihrer Qualitätsstandards gewährleistet werden kann.

In diesem Zusammenhang sollte zunächst einmal daran erinnert werden, dass ein derartiges lückenloses öffentliches Versorgungsangebot seit jeher nur in Teilbereichen öffentlicher Dienstleistungsangebote existiert hat: z.B. mit dem flächendeckenden Netz von Schulen, Krankenhäusern oder auch Arbeitsämtern. Darüber hinaus hat es immer auch einen weiteren öffentlichen Verantwortungsbereich gegeben, ein abgestuftes System mit abnehmender staatlich-kommunaler (Mit-)Verantwortung.

Es mag plausibel sein, in bestimmten Bereichen bislang sehr gering bemessener staatlich-kommunaler Mitverantwortung eine Anhebung des

Niveaus und Umfangs eines garantierten Kernangebots zu fordern. Wenig überzeugend scheint es uns zu sein, dort, wo ein beträchtliches Gleichheits- und Standardisierungsniveau hergestellt wurde, jeden Leistungsbestandteil, der durch mehr Vielfalt einen Unterschied machen könnte, bereits vorab mit Argwohn zu verfolgen.

Offensichtlich spielt hier die Pfadabhängigkeit der Entwicklung in jedem Leistungsbereich eine große Rolle: Dort, wo man sich an lückenhafte und ungleiche Angebote gewöhnt hatte, wie z.B. im Bereich der Altenpflege, wird man im Prinzip zusätzliche privatwirtschaftliche Angebote mit weit weniger Argwohn betrachten als etwa im Schulbereich, wo ein lückenloses gleiches Angebot immer noch als erstrebenswert gilt. Es empfiehlt sich also, das Spannungsverhältnis von Vielfalt und Chancengleichheit für jeden der drei von uns mit Fallbeispielen dokumentierten Bereiche gesondert zu diskutieren.

Im Bereich *kultureller Angebote* wird Heterogenität, die Orientierung an den besonderen Bedürfnissen einzelner Teilkulturen und Szenen, wohl am wenigsten als problematisch empfunden. Und selbst wenn man davon ausgeht, dass an einem bestimmten Ort „bildungsbürgerliche" Angebote ohnehin großzügiger bedacht werden, wird ihre zusätzliche Unterstützung durch Fördervereine, Öffentlichkeitsarbeit und sponsorships wahrscheinlich kaum Gegner finden.

Im Bereich der *Altenpflege* kann man nach einigen Jahren der Umsetzung des Pflegeversicherungsgesetzes davon ausgehen, dass die durch diese Versicherung gedeckten Leistungen heute im Prinzip allerorten verfügbar sind – ob nun durch gemeinnützige oder kommerzielle Anbieter. Unter dem Gesichtspunkt „Gleichheit und Vielfalt" ist hier vor allem der teilweise Funktionswandel von (Förder-)Vereinen interessant. Vor der Pflegeversicherung repräsentierten sie den Versuch, für möglichst viele Lokalbürger Hilfe und Pflegeleistungen verfügbar zu machen. Heute repräsentieren sie zumeist einen Weg, durch derartige lokale Solidaritäten die „zentralisierte" Solidarleistung der Pflegeversicherung in lokaler Initiative aufzustocken.

Zu Recht wird das Gleichheitsargument vor allem im *Schulbereich* gegenüber jedem Konzept angeführt werden, das die Autonomie der einzelnen Schule und die Rolle von Ressourcen im (lokalen) gesellschaftlichen Umfeld aufwertet (vgl die Beiträge und Befunde in: Radtke/Weiß 2000) Ist mehr Ungleichheit in der schulischen Versorgung nicht die unvermeidbare Kehrseite jeder Dezentralisierungsstrategie? Und stimmt es, dass die alten zentralen Steuerungstechniken Ungleichheit zwar nicht bewältigt, die neuen, auf mehr Schulautonomie setzenden Konzepte hingegen Ungleichheit gar nicht mehr im Blick haben, wie Radtke (2000, 28) feststellen zu können meint? Gegen die Annahme einer mechanischen Koppelung von Vielfalt und Ungleichheit könnte man zunächst einmal darauf hinweisen, dass gegenwärtig im deutschen Schulsystem laut Feststellungen der OECD ein ganz anderer Faktor Ungleichheiten zu verfestigen droht: die Tatsache, dass Deutschland im internationalen Vergleich viel Geld in weiterführende Schulen, jedoch nur unterdurchschnittlich in den Bereich von Grundschulen und Sonderschulen investiert (OECD 2001). Die PISA Studie 2000 (Deutsches PISA-Konsortium 2001; OECD2001b) hat festgestellt, dass in keinem vergleichbaren OECD-Land – nicht einmal wie vermutet in den USA oder in Irland – die soziale Herkunft den Schulerfolg so stark bestimmt wie in Deutschland. Hier wird flächendeckend die Benachteiligung einer Schulform und der darauf verwiesenen sozialen Klientel administriert und festgeschrieben.

Wenn man sich nun aber mit den Effekten einer größeren Schulautonomie und einer Aufwertung der Rolle sozialen Kapitals befasst, dann ist zu berücksichtigen, dass mehr *gesellschaftliche* Einbettung nicht gleich bedeutend sein muss mit einem stärkeren *lokalen* Bezug. Das Bremer Schulbeispiel zeigt, dass man z.B. mangelnde Elternmitarbeit z.T. dadurch ausgleichen kann, dass man andere Partner im Umfeld (Vereine, die Wirtschaft etc.), aber auch Institutionen auf anderen Ebenen (regional, im medial erreichbaren Umfeld) anspricht. Dennoch: In armen und bedrohten Stadtteilen haben Schulen, die sich der Elternschaft und dem Stadtteil gegenüber mehr öffnen wollen, eindeutig die schlechteren Chancen. Wie sich am Beispiel von Erfahrungen mit Dezentralisierungskonzepten im Schulbereich in amerikanischen Großstädten gezeigt hat, bemessen sich die Chancen lokaler Initiativen daran, ob vor Ort gesellschaftliche Ressourcen erschließbar sind, starke „Führungspersönlichkeiten" existieren und entsprechendes Fachwissen vorhanden ist (Spreen 2000: 148/149).

Die Herausforderung wäre hier, in Bezug auf Autonomie- und Dezentralisierungskonzepte das Gleichheitsargument nicht lediglich defensiv zu begreifen. Das könnte z.B. heißen, einen neuen Kompromiss zwischen Gleichheit und Nutzung der Potenziale von Vielfalt zu schließen, der seinen Ausdruck u.a. in einer Festlegung darüber findet, welche Mittel und Leistungen zu einem unverzichtbaren Kernbereich gehören sollten. Und selbst hier, bei den Grundmitteln, wäre eine innovative kompensatorische Politik des sozialen Ausgleichs denkbar. Warum sollte z.B. eine Schule in einem weniger ressourcenreichen Umfeld nicht entsprechend bestimmter Indikatoren (Berufsabschlüsse der Eltern, Sozialhilfequote unter den Schülern) mehr Mittel pro Schüler erhalten als eine Schule in einem besseren Quartier (vgl. dazu auch Holzapfel 2000: 72f.)?

Zum zweiten sollte gerade mit Blick auf Reformkonzepte wie die der Ganztagsschule, von der man sich erhofft, dass sie dazu beitragen kann, die in Deutschland besonders enge Verkettung von sozialer Herkunft und Schulerfolg zu lockern, das Gleichheitsargument differenziert betrachtet werden. Wenn es nicht möglich ist, eine Ausweitung schulischer Angebote in diese Chancengleichheit fördernde Richtung in einem Schritt zu vollziehen, was spricht dann dagegen, einzelne (landesweite, auf Modellprojekte bezogene aber auch lokale) Initiativen als Teilschritte zu unterstützen, die vorübergehend Ungleichheiten in Umfang und Qualität der Angebote als Begleitmomente auf dem Weg zu neuen gleichheitsförderlicheren Standards hinnehmen?

Schließlich kann eine Dezentralisierung von Kompetenzen in der Mittelverwendung dazu beitragen, dass die Mittel insgesamt gezielter und situationsgerechter verwendet werden. Wenn z.B. am Gymnasium X zu Recht der Förderung von Theaterarbeit der vergleichsweise höchste Nutzen zugemessen wird, so mag in einer Gesamtschule Y eines Problemgebiets vor allem der Ausbau schuleigener, gegen geringes Entgelt nutzbarer Lernhilfeangebote den entscheidenden Erfolgsfaktor darstellen.

■ 5.2.5 Beteiligung nicht nur als Recht, sondern auch als Verpflichtung?

Pfadabhängigkeit betrifft auch die prägende Kraft von Traditionen im Hinblick auf Erwartungen und eigene Rollen – bei Staat, Bürgern, der Wirtschaft und den Vereinen, Initiativen und Verbänden. Blanke und Schridde (1999) haben im Rahmen einer Befragung festgestellt, dass in den Bereichen, in denen der Staat sehr viel Verantwortung trägt, eine Übertragung von Aufgaben an Bürger und Beteiligte eher abgelehnt wird, während umgekehrt in Bereichen, in denen die staatliche Verantwortung seit jeher sehr begrenzt ist, die Befragten eher angaben, dass hier Aufgaben von den Bürgern mitzutragen sind. Kurz, in vieler Hinsicht spiegelt das Gerechtigkeitsempfinden der Bürger sehr unterschiedliche Aufgabenteilungen zwischen Sozialstaat und Eigenverantwortung; man orientiert sich oft an dem, was sich im jeweiligen Bereich traditionell eingespielt hat.

Die „anspruchliche" Perspektive des Sozialbürgers, der für seine Steuerleistungen im Gegenzug ein Recht auf staatliche Leistungen reklamiert, ist durch die Konsumentenperspektive, aus der heraus man auf weitgehend vollständigen und qualitativ hochwertigen Angeboten besteht, noch verstärkt worden. Öffentliche Leistungen sollen mit den Qualitäten privater Dienstleistungen gleichziehen. Dieser Trend wird durch Konzepte, die im staatlich refinanzierten Sozialbereich mehr Wettbewerb und privatwirtschaftliche Trägerschaft wollen, noch verstärkt. Angesichts dieser Allianz von Sozialrechts- und Kundenansprüchen haben es jene Konzepte schwer, die darauf insistieren, dass die jeweilige Dienstleistung der Kooperation von Seiten der Nutzer bedarf bzw. auch komplementäre Leistungen von ihnen erfordert. Denn die Toleranzgrenze für die Heranziehung eigener Leistungen und materieller Beiträge ist bei den Bürgern je nach der Vorgeschichte eines Dienstleistungsbereichs sehr verschieden. Man hat sich daran gewöhnt, in einem Bereich vom Staat sehr wenig, im anderen hingegen sehr viel verlangen zu können.

- Zum Beispiel ist im Bereich der Kindertagesbetreuung erst in den 90er Jahren der rechtliche Anspruch auf KiTa – Plätze für die 3- bis 6-jährigen etabliert worden.
- Im Kulturbereich ist es eine Frage des lokalen politischen Willens, welche kulturellen Einrichtungen – z.B. ein Theater (in welcher Größe, mit wie vielen Sparten?) – man sich leistet.
- Dienstleistungsqualitäten sind in sehr unterschiedlichem Maße standardisiert, vergleicht man etwa den schulischen und den medizinischen mit dem kulturellen und dem pflegerischen Bereich.
- Der ergänzende Teil von Komplementärleistungen und Teilverantwortlichkeiten, der der individuellen Initiative überlassen bleibt, kann sehr hoch sein: So bietet z.B. die Pflegeversicherung verglichen mit der Krankenversicherung nur bescheidene Teilbeiträge zur Bewältigung des gesamten mit Pflege verbundenen Versorgungsaufwands.

Interessant ist hier vor allem, dass immer weniger dafür spricht, dass in diesen Bereichen staatlicher Mit-Verantwortung die Dynamik in Richtung einer staatlichen Alleinverantwortung geht, eher umgekehrt: Der Staat zieht sich aus einer nicht einlösbaren Vollverantwortung auf eine Mitträgerschaft bei Diensten, Angeboten und ihrer Finanzierung zurück. Soziale Rechte bleiben, aber sie nehmen den Betroffenen nicht Aufgaben und Risiken ab, sondern sollen den Umgang mit ihnen erleichtern. Auch qualitativ hochwertige Dienste werden vielfach keine Vollversorgung bieten.

Dieser Umstand wird in ansonsten anspruchsvollen Reformkonzepten, wie sie z.B. im *Schulbereich* diskutiert werden, mit wenigen Ausnahmen eher verdrängt. Ob nun bei Konzepten der Sozialdemokraten, der CDU/CSU oder der Grünen – in der Regel wird der Eindruck erzeugt, dass die selbstverantwortlich handelnde, reformerische Schule mitsamt Qualitätsmanagement und besserer Ausstattung es endlich schaffen wird, den Eltern tatsächlich in jenem Ausmaß Verantwortung abzunehmen, wie es die gegenwärtige hierarchisch geführte und schlecht ausgestattete Schule noch nicht vermag. Auch avancierte Reformkonzepte wie „Selbst ist die Schule" (B'90/Die Grünen 2000) oder Schule 21 (B'90/Die Grünen NRW 2000) setzen einseitig auf mehr finanzielle und pädagogische Spielräume für die Institution Schule vor Ort und thematisieren nur am Rande, inwieweit die Schule zur Nutzung derartiger Freiräume auf örtliche Partnerschaften angewiesen ist. Demgegenüber betonen Bildungsexperten aus verschiedenen Parteien wie z.B. Hartmut Holzapfel (SPD, Hessen) die „Verantwortung aller an Schule Beteiligten" (2001: 10) und Annette Schavan (CDU, Baden-Württemberg) bemerkt:

> „So modern die Rede von der öffentlichen Dienstleistung auch ist, so nachhaltig muss doch dem Eindruck entgegengewirkt werden, als könne Schule alle [...] Einzelerwartungen von Eltern [...] erfüllen" (1998: 84).

Sicherlich, in einer Zeit, in der bei der großen Mehrzahl von Familien beide Eltern arbeiten, sollte die Schule bei Bedarf ein ganztägiges Betreuungsprogramm bieten können – aber wie weit wird das ohne Einbeziehung der Eltern (sei es nun in Form von Gebühren, ähnlich wie in Kindertagesstätten, oder in Form eigener Beteiligung an der Initiierung und gegebenenfalls Mitverwaltung solcher Angebote) möglich sein? Natürlich wird Schule neben der Wissensvermittlung auch Leitbilder zur Vermittlung sozialer Kompetenz vermitteln müssen – aber kann das die Beiträge von Eltern überflüssig machen?

Deutlich wird hier, dass im Schulbereich die Umsetzung partnerschaftlicher Konzepte, die neben den *Rechten* der Eltern auf eine „gute Schule", als Sozialbürger und Konsumenten, auch ihre *Aufgaben* als Aktivbürger und Kooperierende betonen, am ehesten auf Barrieren stoßen wird. Das gilt weniger für die Einbeziehung von Vereinen, Betrieben und Institutionen. Hier könnte sich positiv auswirken, dass lokales Sponsorentum einigen von ihnen ohnehin eine gewisse Tradition hat und gegenwärtig, speziell bei Firmen, die sich profilieren wollen, im Trend liegt. Anders ist die Situation bei der Adressatengruppe der Eltern. Sie können mit einigem Recht fordern, dass ein Schulangebot zumindest in dem Sinne funktioniert, dass Grundabläufe gesichert sind. Und mit ebensolchem Recht können sie fragen, warum sie dann – wie in den Beispielen ja auch zur Sprache kommt – als „Nothelfer" für Reparaturen, Renovierungsaktionen u.Ä. herhalten sollen. Jenseits davon, in dem Bereich, in dem es um zusätzliche Angebote und Projekte geht, wird vieles von ganz unterschiedlichen individuellen Bereitschaften abhängen. Zwar haben wir in unseren Fallbeispielen Belege für zum Teil erstaunlich intensive Beteiligung von Eltern gefunden, aber diese betrafen in der Regel eine kleine Minderheit; an einer

Berliner Schule war man z.b. stolz, wenn es gelang, die Beteiligung der Eltern bei gelegentlichen Putzaktionen von 3 auf 17 Prozent zu erhöhen. All das sollte zur Vorsicht mahnen, was Vorstellungen über das generelle Niveau möglicher Elternbeteiligung angeht; es sollte jedoch nicht zu einer rein defensiven Haltung führen. Offenbar kommt es darauf an,

(a) ein Klima zu erzeugen, das durchweg deutlich macht, dass Beteiligung – auch der Eltern – zum Leitbild der Schule gehört und entsprechend ermuntert wird, dass es der Idee nach also eher die Regel als die Ausnahme sein sollte;
(b) der ohnehin gegebenen Differenzierung von Beteilungsformen Rechnung zu tragen; Beteiligung kann von größerer Regelmäßigkeit beim Besuch der Sprechtage über die zahlende Mitgliedschaft im Verein, gelegentliche aktive Mithilfe bei Festen bis zur verlässlichen Mitarbeit in Schulprojekten und Beiratsstrukturen reichen.

Alles in allem: Der Spielraum für Neuverhandlungen der herkömmlichen Verantwortungsteilung zwischen Staat, Markt, Bürgerschaft und den einzelnen Haushalten und Personen hängt von den unterschiedlichen Traditionen in verschiedenen Bereichen ab. Sie verbieten eine pauschale Antwort auf die Frage danach, was wem zuzumuten ist.

5.2.6 Aktivierung demokratischer Politik oder Bedienung privater Sonderinteressen?

Die in der Untersuchung präsentierten Fallbeispiele illustrieren vor allem die mit mehr gesellschaftlicher Partizipation verbundenen Chancen. Aber das geschieht im Kontext von Forderungen nach einer Neubestimmung der kommunalen und staatlichen Rolle. Repräsentative und partizipative Demokratieelemente sollen einander stimulieren und nicht abwerten – so z.B. bei lokalen Kulturinitiativen oder bei Altenpflege- und Hilfeangeboten, wo mehr staatliche Anerkennung von Eigeninitiativen gefordert wäre. Doch auch dann, wenn man nicht die vereinfachende Perspektive von der politischen Entscheidungsfindung als einem Nullsummenspiel übernimmt, bei dem eine Seite so viel „Macht abgeben" muss wie eine andere gewinnen möchte – es gibt Konkurrenzprobleme auch im Kontext von Konzepten politischen Entscheidens, die verschiedene Prinzipien besser zu verbinden suchen. Die öffentliche Förderung von Kulturinitiativen und Altenpflegeeinrichtungen ist nun einmal ohne Auflagen hinsichtlich ihrer Gestaltung nicht zu haben. Diese sollten nun allerdings nicht allein als Ausdruck bürokratischer Kontrolle betrachtet werden. Es geht hier auch um den Geltungsumfang dessen, was wir mit „Demokratie auf Distanz" (zum

Begriff der „politics at a distance" vgl. Putnam 2000: 341) umschreiben möchten. Mit diesem Kürzel wollen wir jene Elemente demokratischen Entscheidens kennzeichnen, wo unter dem Gesichtspunkt übergeordneter Interessen durch Entscheidungen des politisch-administrativen Systems in lokale und bereichsspezifische Entwicklungen eingegriffen wird. Sie stehen in einem prinzipiell unauflösbarem Spannungsverhältnis zu dem, was man als „kleine Demokratien" (von Trott zu Solz 1999) bezeichnen könnte: lokale Entscheidungshoheiten und formelle, aber auch informelle Einflussnahmemöglichkeiten von Beteiligten.

In vielen Beispielen aus dem Kultur-, Altenpflege- und Schulbereich ist nun zuvor der demokratiepolitische Wert solcher Elemente „kleiner Demokratien" unterstrichen worden:

– Der Wert der Mitsprache von Lehrern und Schülern, Eltern, Verbänden, Sponsoren und lokalen Trägern im Schulbereich,
– von Fördervereinsmitgliedern, Stadt, Kommune, Kreis, aber auch Kirchen bei Angeboten der Altenhilfe und -pflege,
– von Sportvereinen, Fördervereinen und Mitgliedern bei Freizeitangeboten wie Bädern,
– von Sponsoren und Fördervereinsmitgliedern bei einem Theater oder einer Oper.

Diese Formen der Einflussnahme sollten die „Demokratie auf Distanz", die durch die regulativen Entscheidungen auf der Ebene von Landes- oder Bundespolitik wirkt, ergänzen.

Als demokratiepolitische Perspektive kann ein derartiger Ansatz unter zwei Gesichtspunkten in Frage gestellt werden. Zum einen kann man fragen, inwieweit mehr gesellschaftliche Beteiligung soziale Ungleichheit verstärkt. Mit dieser Frage haben wir uns bereits auseinander gesetzt. Zum anderen kann die darüber hinaus gehende Frage lauten, inwieweit hier nicht „the dark side of social capital" (Putnam 2000: 350f.) sichtbar wird und demokratische Prinzipien in Frage gestellt statt gestärkt werden.

Vor allem im Schulbereich ließe sich ja die Gegenthese formulieren, dass eine starke Distanz zu den wirtschaftlichen, sozialen und ideologischen Kräften in der Gesellschaft, also eine zentrale Leitung und Entscheidung, Erfolgsvoraussetzung der Schule ist. Hier, wie auch bei anderen öffentlichen Aufgaben, stellt sich immer die Frage, inwieweit mehr gesellschaftliche Entscheidungsbeteiligung – vor allem dort, wo sie nicht in transparenten formalisierten Verfahren, sondern informell erfolgt – nicht statt einer partizipativen Unterfütterung repräsentativer Demokratie nur das Anwachsen von Filz und Korruption mit sich bringt. Begünstigen Fördervereine und Sponsorentum nicht, dass nun bestimmte einflussreiche

Personen sich noch stärker als „Strippenzieher" bei Entscheidungen qualifizieren können? Dass undurchsichtig wird, wer wem bei welchen Entscheidungen verpflichtet war oder gefallen wollte? Carole Anne Spreen berichtet, dass Dezentralisierungsinitiativen für stärker vom lokalen Gemeinwesen getragene Schulen in den USA zu wenig „die unterschiedliche Verteilung der Macht zwischen den Mitgliedern des Gemeinwesens" berücksichtigten (2000: 151). Die erste strittige Frage wäre hier also: Wie weit sollen sich soziale Unternehmen tatsächlich auf ihr je spezifisches Umfeld einlassen? Wo liegt der Punkt, an dem dadurch Prinzipien der Einheitlichkeit und Transparenz in Frage gestellt werden? Für öffentliche Angebote und soziale Dienste ist also die Balance von Autonomie und Abhängigkeit nur schwer auszutarieren.

Gesteht man nun aber ein bestimmtes Maß gesellschaftlicher Einflussnahme als legitim und förderlich zu, dann hat eine zweite strittige Frage mit dem Spektrum und der Gewichtsverteilung bei den gesellschaftlichen Interessenträgern zu tun. Bei der Schule könnten die Fragen lauten: Was, wenn bei mehr Elternmitsprache vor allem elitäre Interessen zum Ausdruck kommen? Oder wenn durch Sponsorentum eng gefasste wirtschaftliche Interessen einflussreich werden? Bei der Altenpflege könnten sie lauten: Was, wenn durch kommunale Mitträgerschaft lokalen Alternativen der Versorgung und Dienstleistung das Wasser abgegraben wird oder sie auch nur im Wettbewerb schlechter gestellt werden? Tatsächlich gilt für Initiativen, lokale Interessengruppen und Partner von Projekten, dass eine grundsätzlich sozial offene und demokratische Orientierung nicht in jedem Fall unterstellt werden kann .

Im Hinblick auf diese Fragen gilt es zunächst zu berücksichtigen, dass heute der reale Einfluss organisierter Elterninteressen oder anderer lokaler wirtschaftlicher und gesellschaftlicher Partner verschwindend gering ist. Es sollte nicht übersehen werden, dass das bisherige System scheinbar eindeutig staatlich-parlamentarisch gelenkter Angebote hingegen tatsächlich eine ganze Reihe wirksamer Formen nicht-lokaler gesellschaftlicher Einflussnahme kennt. Es sind vor allem große national organisierte Interessenverbände, wie z.B. die Lehrergewerkschaft an den Schulen, Berufsverbände beim künstlerischen Personal oder Pflegekassen und Landesvertreter von Wohlfahrtsverbänden im Altenpflegebereich, die diese Einflussnahme vermitteln. Jede kritische Frage nach Legitimität und Grenzen einer Aufwertung der *lokalen* Einbindung, wie sie in diesem Bericht befürwortet worden ist, sollte das durchweg hohe Maß „außerparlamentarischer Mitbestimmung" durch z.T. hochgradig professionell, zentral und lobbyistisch agierende gesellschaftliche Interessenträger berücksichtigen.

Vor diesem Hintergrund wird sichtbar, dass die Aufwertung der Rolle von Eltern vor Ort, von Mitgliedern lokaler Fördervereine oder Kirchensprengel oder auch von Sponsoren oder Fördermitgliedern eines Kulturvereins nicht als potenzieller Abstrich von demokratisch-parlamentarischer Einflussnahme verstanden, sondern vielmehr als Möglichkeit gesehen werden könnte, vorherrschende hochgradig professionalisierte und zentralisierte Formen gesellschaftlicher Einbindung zu ergänzen, aber auch in Frage zu stellen. Die Kritik zielt dabei auf eine Praxis von Interessengruppen, bei der lokale Bedürfnisse und Prioritäten eine geringe, großmaßstäblich organisierte Teil- und Verbandsinteressen jedoch in der Regel eine wichtige Rolle spielen. Skocpol (1999) hat hier argumentiert, dass die Aufwertung der demokratischen Legitimität pluralistischer Einflussnahme und ihrer Fähigkeit, Gemeinwohlbelange mit in Betracht zu ziehen, einer Reform von Interessenvertretungsstrukturen bedarf, die zu oft durch „advocates without members" gekennzeichnet ist.

Wenn man sich erst einmal für partizipative Formen der Organisation und Entscheidungsfindung entschieden hat, dann ist ein dritter und letzter Punkt, der hier erwähnt werden soll, möglicherweise am allerwenigsten strittig. Er wirft jedoch große praktische Schwierigkeiten auf: Formen der Beteiligung und Mitträgerschaft sollten so geartet sein, dass es möglich wird, zwischen verschiedenen rivalisierenden oder auch nur einander fremden „communities" eine Brücke zu schlagen (zum „bridging capital" vgl. Putnam 2000: 362f.) – z.B. zwischen Mitgliedern eines Kultur- und Jugendausschusses, einem Verein zur Soziokultur, dem Arbeitsamt, das ABM-Stellen bewilligt, einer an neuen Angeboten besonders interessierten Szene und dem Stadtrat als Vertreter der Bürger.

Dieses Problem der „constituency" sozialer Unternehmen, oder allgemeiner, der Etablierung von Netzwerken kooperativer Demokratie, wird oft unterschätzt. Ein Teil des Dilemmas sozialer und kultureller Einrichtungen ist es ja, dass viele der Beteiligten zu wenige Möglichkeiten zum direkten Dialog und damit auch zur wechselseitigen realistischen Einschätzung haben, um über Mitsprache auch in die Fähigkeit zur Mitverantwortung hineinzuwachsen. Niemand kann leichter und hemmungsloser kritisieren als diejenigen, die vom jeweiligen System aller Möglichkeiten realer Teilhabe beraubt sind. Und oft sind die Vorurteile dort am größten, wo man von den Interna der jeweils kritisierten anderen Seite am wenigsten weiß. Formalisierte Interaktionszusammenhänge können hier helfen, Mit-Verantwortung zu organisieren. Im Bereich Altenpflege tragen dazu z.B. Pflegekonferenzen oder mehrere „stakeholder" einbindende Vereinsvorstände bei; Fördervereine können z.B. bei einem Theater den direkten Dialog über die Programmgestaltung zwischen Finanziers, Publikum und Künstlern eröffnen helfen oder in der Schule anlässlich des Aufbaus eines Horts den örtlichen Schulträger, Eltern, Lehrer und eventuell sich anbietende freie Träger an einen Tisch bringen.

Alles in allem: Die in Richtung einer stärkeren sozialen Einbindung und Unterstützung zielenden Überlegungen für öffentliche Angebote und Dienstleistungen haben möglicherweise ihre kritische Spitze gar nicht dort, wo sie oft vermutet wird – bei der Infragestellung einer unterstellten Alleinkompetenz von Ausschüssen, Räten und Parlamenten. Ihre Chance bestünde vielmehr darin, den traditionellen Formen hoch zentralisierter und interessenegoistischer Einflussnahme einen stärker dezentralen und gemeinwohlorientierten Modus der gesellschaftlichen Beteiligung entgegenzustellen und damit gesellschaftliche Partizipation stärker als *bürgergesellschaftlich* zu qualifizieren.

5.3 Resümee: Auf dem Weg zu sozialen Unternehmen – Von der Tendenzbeschreibung zur Handlungsempfehlung

Es wäre unsinnig, zu leugnen, dass in die Darstellung und Diskussion der Entwicklungen, die in den 19 Fallstudien dokumentiert wurden, normative Orientierungen eingeflossen sind. Aus dem, was in der Auswertung kommentiert wurde, und dem, was bisher unerwähnt blieb, ergibt sich unvermeidlich eine bestimmte Selektivität. Unsere Untersuchung hat mit illustrativen Fallbeispielen ein gesellschaftspolitisch fundiertes analytisches Konzept zu umreißen versucht, das weder realitätsferne Utopie noch bloßes theoretisches Konstrukt ist. Es lebt von der Spannung zwischen allen drei Elementen: normativen Orientierungen, theoretischen Überlegungen und der Beobachtung real vorhandener praktischer Ansätze.

Gleichzeitig hat diese Studie nicht so etwas wie eine zwingende Beweiskraft. Sie hat keine eindeutig „messbaren" Vorteile hybrider Organisationsformen gegenüber privatwirtschaftlichen oder staatlich-kommunalen Alternativen erbracht – weder unter Gesichtspunkten der Qualität noch der Beschäftigungswirksamkeit. Beurteilt werden sollte die Studie eher an der Frage, inwieweit es ihr gelungen ist, mit Blick auf die Debatten um Bürgergesellschaft und Sozialstaat einen Beitrag zu Verdichtung und Konkretisierung zu leisten – durch das Sichtbarmachen eines spezifischen Entwicklungstypus im Bereich öffentlicher Angebote und Dienste, der hybriden Organisationsform des „sozialen Unternehmens".

Doch wenn man von Tendenzbeschreibungen zu sozialpolitischen Handlungsempfehlungen übergeht, empfiehlt sich eine deutlichere Kennzeichnung der normativen Orientierungen. Vereinfachend kann man zwei

Optionen einander gegenüberstellen – Varianten einer Option, die sich auf eine Balance von Staat und Markt konzentriert; und Varianten einer zweiten Option, die vor allem auf eine Aufwertung der Bürgergesellschaft und ihrer Ressourcen an sozialem Kapital zielt. In der Realität ergeben sich daraus drei verschiedene strategische Orientierungen:

(1.) Eine liberale Variante der Suche nach einer neuen Balance von Markt und Staat im Bereich sozialer Dienste: Hier werden vor allem mehr Marktelemente gefordert und die bisher vertretenen Konzepte staatlicher Sicherung und gleicher Versorgungsstandards in erster Linie als Fessel für einen Qualitätswettbewerb verstanden. In dieser Perspektive sollte der Staat (z.B. durch Gutscheine) lediglich übermäßigen sozialen Unterschieden in der Fähigkeit zur Nachfrage nach öffentlichen Diensten (wie z.b. der Schulbildung) entgegentreten, statt weiterhin zu versuchen, selbst in hohem Maße die Qualitäten des Angebotes vorzugeben. Öffentliche Dienstleistungseinrichtungen sollen hier zu privaten Unternehmen mutieren – allerdings auf Märkten, die im Unterschied zu sonstigen Bereichen evtl. stärker reguliert oder durch eine öffentliche Finanzierung der Kundennachfrage flankiert werden. Die Beteiligung von Adressaten der Dienste und anderen Partnern ist nur am Rande von Interesse. Wer sich kompetent fühlt, kann – als gut informierter Kunde oder als Sponsor, ggf. auch als Mitglied einer Konsumentenvereinigung – Einfluss nehmen. Sonstige Formen des Engagements werden eher als temporäre Notmaßnahme bzw. als freiwillige Wahlmöglichkeit angesehen und manches auch als Zumutung. Aus dieser Perspektive bleibt lediglich zu fragen, wie sichergestellt werden kann, dass auf den dann entstehenden Märkten (z.B. für das Gut „Schulbildung") Versorgungs- und Qualitätslücken geschlossen werden können.

(2.) Eine sozialdemokratische Variante der Suche nach einer neuen Balance von Markt und Staat im Bereich sozialer Dienste. Sie kann z.B. davon ausgehen, dass die knappe Bemessung staatlicher Finanzierungsmittel lediglich auf eine temporäre Unterbewertung der Relevanz des jeweiligen Bereichs verweist, sodass bei veränderter politischer Konjunktur z.B. ein voll staatlich finanziertes System von Ganztagsschulen eine realistische Zielvorstellung ist. Das gilt von dieser Warte aus auch deshalb, weil man davon ausgeht, in einer öffentlichen Verwaltung dieselben Standards an Professionalität erreichen zu können, wie sie heute der weithin als vorbildlich angesehene private Bereich vorhält. Das gibt durchaus Raum für die Frage nach besserem Management. Die stärkere Berücksichtigung von Fragen der Gleichheit und Versorgungssicherheit wird sich in Differenzen

zu liberalen Positionen hinsichtlich der notwendigen finanziellen Ausstattung des Sozialbürgers als Kunde sozialer Dienstleistungen niederschlagen. Und sie führt darüber hinaus auch zu mehr Vorsicht bei Strategien der Assimilation von Sozialbereichen an übliche Marktverhältnisse. Bürgerengagement und Ressourcen sozialen Kapitals werden auch hier eher eine Randstellung einnehmen, aber nicht allein wegen der Kundenorientierung, sondern auch deswegen, weil man das Leitbilds vom sozialstaatlich gut abgesicherten Sozialbürger bevorzugt.

(3.) Optionen eines aktiven Sozialstaats in der Bürgergesellschaft. Sie bilden die für diese Studie maßgebliche Perspektive. Ihnen liegt die Frage zu Grunde, inwieweit die Rolle des Sozialstaates in einer Bürgergesellschaft anders als in der bloßen Weiterführung der liberalen oder sozialdemokratischen Tradition bzw. im Rahmen eines „lib-lab" (liberal-labour) – Kompromisses zu denken ist. Die Aufwertung bürgergesellschaftlicher Elemente und der besonderen lokalen und kulturellen Kontexte, innerhalb derer sie sich vermitteln, könnte einen „dritten Weg" ermöglichen. Gegenüber herkömmlichen sozialdemokratischen und liberalen Elementen wie (zentral-)staatlicher Verantwortung und Wettbewerb sollten demnach individuelles und gemeinschaftliches Engagement, lokale Partnerschaften und Vereinbarungen zur Mit-Trägerschaft zwischen wirtschaftlichen, gesellschaftlichen und staatlichen/kommunalen Akteuren eine größere Rolle spielen – eine „Resozialisierung" öffentlicher Dienste und Einrichtungen. Gesellschaftliche Einflussnahme wird hier nicht allein als das Kräftespiel von Lobbys und Interessengruppen gedacht, sondern im Sinne einer stärkeren Bezugnahme öffentlicher Dienste und ihrer Träger auf solche Organisationen und Partner in Wirtschaft und Gesellschaft, die auch als „corporate citizens" zu agieren suchen.

Trotz aller Unterschiede gibt es eine Kompromissformel, unter der sich in Hinblick auf die am leichtesten fass- und benennbare Dimension von Bürgergesellschaft und sozialem Kapital, nämlich das ehrenamtliche Engagement, auf den ersten Blick alle drei Orientierungen einigen können. Sie lautet: „Verbesserung der Rahmenbedingungen für ehrenamtliches Engagement". Diese Formel funktioniert aber nur solange, wie die Aufgabe verbesserter Rahmenbedingungen auf Fragen des sozialrechtlichen Status von engagierten Gruppen und Einzelpersonen sowie auf bestimmte Infrastrukturen, wie Vermittlungsstellen und Förderagenturen eingegrenzt wird (dazu: Evers 1998b). In dem Moment, in dem die Frage gestellt wird, ob Bürgerengagement auch in den Blaupausen für die Zukunft zentraler Einrichtungen und Dienste des Sozialstaats reales Gewicht erhalten soll, werden Spannungen sichtbar. Wer will tatsächlich Bürgerengagement als

Baustein und Qualitätsdimension von Schulwesen, Kindertagesbetreuung oder Altenpflege (dazu: Evers/Rauch/Stitz 2001)? Von daher verweist diese Studie auf ein entscheidendes Defizit der Bürgergesellschafts-Debatte in Gestalt des gegenwärtigen konsensuellen Ehrenamtsdiskurses. Sie macht aber auch eine Chance deutlich: die Rede vom Ehrenamt unter dem Gesichtspunkt ihrer Bedeutung für die Strukturmuster zukünftiger institutionalisierter Sozialstaatlichkeit aufzugreifen. Das könnte sie repolitisieren.

Aus der zuletzt genannten Perspektive, jenseits von Privatisierung und schlankem Staat (Schuppert 1999), aber auch jenseits der üblichen Ehrenamtsdebatte, ergeben sich die folgenden Forderungen:

– Marktelemente in den sozial zu verantwortenden Bereich von Dienstleistungen (z.B. die von Schulen und kulturellen Einrichtungen erbrachten Dienstleistungen sowie Angebote zur Hilfe und Pflege) einzubringen,
– gleichzeitig aber auch die staatlichen Institutionen, wie z.B. Länder und Kommunen, nicht aus ihrer Verantwortung etwa für einen Kernbereich gleicher Qualitätsstandards und eine möglichst breite Zugänglichkeit zu entlassen,
– dabei insgesamt die Mitverantwortung von Adressaten, Nutzern, Bürgern und Organisationen der Bürgergesellschaft einzuplanen und wo nötig zu stärken – durch aktive Mitwirkung, Partnerschaften, Mitträgerschaft, individuelle Mitarbeit u.Ä. –, kurz: eine Mobilisierung und Pflege des sozialen Kapitals zu betreiben, über das die Gesellschaft als Bürger-Gesellschaft – also insoweit sie sich als eine Gesellschaft von Bürgern qualifiziert – verfügen kann.

Erst insoweit das gelingt, macht eine stärkere gesellschaftliche Einbettung öffentlicher Angebote wirklich Sinn – die Gefahr von Filz, Cliquenwirtschaft und einer Privatisierung öffentlicher Anliegen kann anerkannt und begrenzt werden.

Ganz offensichtlich wird dabei auch in Zukunft der Wohlfahrtsmix je nach Politikbereich verschieden sein: Für ein flächendeckendes Angebot haben Staat und Kommunen bei den Schulen, aber nicht unbedingt bei Kulturinitiativen zu sorgen; und der Kernbereich dessen, was eine Altenhilfeeinrichtung an Leistungen und Qualitätsstandards zu bieten hat, wird weit größer sein als im Bereich von lokalen Kulturangeboten. Gleichheit und Versorgungssicherheit werden also in verschiedenen Bereichen eine unterschiedliche Rolle spielen, und dasselbe gilt somit auch für staatliche Regularien und finanzielle Leistungen. An die Stelle der scheinbar trennscharfen Gegenüberstellung von „öffentlich" und „privat" treten Abstufungen der staatlich-kommunalen und bürgergesellschaftlichen Einflussnahme auf Dienstleistungen. Dazu trägt einerseits die Tendenz von Staat und Kommunen bei, eigenen Einrichtungen mehr Autonomie zu geben bzw. sie schrittweise aus dem Bereich des öffentlichen Sektors im engeren Sinne auszugliedern; andererseits wird hier wirksam, was Matthies als einen „welfare mix von unten" bezeichnet hat: „situationsbedingte und lokale, teilweise auf ein Projekt begrenzte neue Mischformen von Akteuren" (Matthies 1998: 67). In allen Bereichen spielen Bürgergesellschaft und Staat für die soziale Orientierung öffentlicher Dienstleistungen eine unentbehrliche Rolle; umgekehrt sollten aber auch im sozialen und öffentlichen Bereich aus dem Marktbereich übernommene Elemente sowohl bei der Betriebsführung als auch bei der Systemgestaltung Einfluss bekommen. Vor diesem Hintergrund ist also auch der Titel der Untersuchung, „Von öffentlichen Einrichtungen zu sozialen Unternehmen", nicht nur als Trendbeschreibung, sondern auch als sozialpolitische Empfehlung zu verstehen.

Wir kommen nun am Ende zurück zum Begriff des „sozialen Unternehmens", den wir am Anfang der Studie als Arbeitsbegriff bereits skizziert hatten. Bei vielen der Organisationen, die wir untersucht haben, lässt er sich im Hinblick auf die folgenden Gemeinsamkeiten anwenden:

(a) Sie sind einer *Mehrzahl von Zielsetzungen* verpflichtet und haben insgesamt einen ausgewiesenen Gemeinwohlbezug;
(b) sie weisen einen *unternehmerischen Organisations- und Handlungsstil* auf, der auf ein beträchtliches Maß an personal- und produktbezogener finanzieller Entscheidungsfreiheit angewiesen ist;
(c) sie *integrieren bewusst die Nutzung und Kultivierung sozialen Kapitals* in ihr Handlungskonzept – im Sinne der Inanspruchnahme von Ressourcen der aktiven Mitarbeit, aber auch der Mitbestimmung, um sicherzustellen, dass die jeweilige Unternehmung ihren sozialen Zielen verpflichtet bleibt.

Dieser Definitionsvorschlag von sozialen Unternehmen als einer spezifischen *hybriden Organisationsform* versucht zum einen, die Grenzen zum privatwirtschaftlichen Bereich durchlässiger zu machen; zum anderen ist unter dieser Perspektive aber auch die Abgrenzung zwischen staatlich-öffentlichem Bereich und „Drittem Sektor" zweitrangig. Nach Maßgabe der Einbeziehung bürgerschaftlicher Elemente des sozialen Kapitals sind beide Bereiche öffentlichkeitsbezogen. Und es gibt in beiden partikulare und auf festgelegte Vorstellungen des Allgemeinwohls bezogene Elemente. Die Frage der sozialen Orientierung wird nicht ex negativo behandelt („non profit"), sondern dadurch zu thematisieren versucht, dass nach einer Art der Rahmengebung gesucht wird, wo staatlich-kommunale Vorgaben im Verbund mit garantierten Einflussnahmemöglichkeiten gesellschaftlicher „stakeholder" sicherstellen, dass die bei einem sozialen Unternehmen durchaus zulässigen oder sogar erwünschten eventuellen Überschüsse („profits") im Rahmen sozialer Aufgabenstellungen und Gemeinwohlbezüge verwendet werden.

Was wären demnach die zentralen Aufgaben einer staatlichen und kommunalen Strategie der Revitalisierung sozialer und öffentlicher Angebote, die (neben Fragen der fachlich-inhaltlichen Neubestimmung z.B. der schulischen Erziehung, der Pflege oder der Soziokultur) auch auf eine ordnungspolitische Neuorientierung im Sinne einer Stärkung von hybriden Organisationen in Form sozialer Unternehmungen setzt?

– Zunächst sollte sichergestellt werden, dass keines der drei konstitutiven Elemente für ein gemischtwirtschaftliches „hybrides" Versorgungskonzept, das staatliche, marktliche und bürgergesellschaftliche soziale Kapital, a priori marginalisiert wird.
– Versorgungsarrangements sollten z.B. die Bedingungen dafür herstellen, dass unternehmerische Konzepte im Bereich öffentlicher und sozialer Angebote mehr Raum erhalten – durch einen entsprechenden Rückbau von Zentralisierung, mehr Investitionsfreiheit im Hinblick auf die Dienstleistungsangebote sowie eventuell weitere Schritte (Möglichkeiten der Aufnahme von Finanzmitteln für eigene Investitionen etc.).
– Gesellschaftliche Einflussnahme sollte stärker als bürgergesellschaftliche Partizipation und Einbindung qualifiziert werden; gegenüber zentral organisierten, nicht transparenten und lobbyistisch verengten Formen der Einflussname sollten Öffentlichkeit und lokale Akteure, das individuelle Engagement der Nutzer aber auch die Kommunen mehr Bedeutung bekommen. Bürgergesellschaftliche Orientierung in diesem Sinne ist dann nicht an der Zahl mitarbeitender Ehrenamtlicher zu messen, sondern sie wird erkennbar am Handlungsstil der betreffenden Organisationen der auf eine bessere gesellschaftliche und z.T. auch lokale Einbettung zielt.
– Eine besondere Aufgabe wird es sein, Instrumente und Elemente aus einem Bereich dem jeweiligen Umfeld anzupassen – z.B. gilt es in sozialen Unternehmen, dem privatwirtschaftlichen Bereich entnommene Managementtechniken so umzugestalten, dass ein Personalmanagement möglich wird, das auch auf die Einbindung ehrenamtlich Mitarbeitender zugeschnitten ist; Messverfahren wie etwa das „benchmarking" taugen in gemeinwohlorientierten Bereichen nur,

insoweit sie soziale Effekte sichtbar machen können, die im privatwirtschaftlichen Bereich kaum von Bedeutung sind.

Parlamentarische Politik und öffentliche Verwaltung bei Staat und Kommunen hätten jenseits laufender Finanzierungsverpflichtungen bei einer derartigen Aufgabenstellung vor allem die folgenden Leistungen zu erbringen:

- Leitbilder vorzugeben: Initiativen zu ergreifen, die zu einer (Neu-) Festlegung eines abgestimmten kooperativen Mix an Verantwortlichkeiten zwischen den Beteiligten führen, und damit zu einem entsprechenden Leitbild für den jeweiligen Angebotsbereich;
- einen Kernbereich von Standards und Qualitätsmerkmalen festzulegen, die bei öffentlicher Förderung unverzichtbar sind;
- Förderprogramme und Finanzierungsrichtlinien zu entwickeln, die dort, wo eines der drei konstitutiven Elemente (unternehmerische Orientierung, sozialstaatliche Zielsetzung sowie bürgerschaftliche Einbindung und Beteiligung) als unterentwickelt gelten kann, Anreize zu seiner Stärkung bieten;
- Innovationsfonds einzurichten, die es möglich machen, mit neuen experimentellen Praktiken Erfahrungen zu sammeln;
- die „neuen Steuerungsmodelle" aus den letzten Jahren so weiterzuentwickeln, dass sie nicht länger als zur Bürgerbeteiligung konkurrierende, sondern vielmehr als dazu komplementäre Elemente (Klie/ Meysen 1998) fungieren können.

Alles in allem: Im weiteren Rahmen der Orientierung auf sozialstaatliche Verantwortung in einer Bürgergesellschaft und eine aktivierende Politik (Mezger/West 2000; Heinze/Olk 2001) geht es nicht nur um vielfältige *interorganisatorische* Beziehungen zwischen Staat und Gesellschaft, sei es nun in Form von veränderten Kooperationsnetzwerken, Verhandlungsformen, Partnerschaften oder Vertragsbeziehungen. Es geht auch um neue *intraorganisatorische* Arrangements. Die Untersuchung vielfältiger hybrider Organisationsformen hat dabei das deutlicher Gestalt annehmen lassen, was wir als soziale Unternehmen bezeichnet haben.

Literatur

6, P./Leat, D. (1996): Inventing the British Voluntary Sector by Committee: from Wolfenden to Deakin. In: Non-Profit-Studies, Vol. 1/No. 2, S. 33-45

6, P./Kendall, J. (Hg.) (1997): The contract culture in public services. Studies from Britain, Europe and the USA. Aldershot, S. 181-192

Aktionsbündnis „Was sind dem Staat die Kinder wert?" (Hg.) (2000): Was sind dem Staat die Kinder wert? Meckenheim

Aktionskreis Kultur (1997): Bürger, Staat und Wirtschaft als Partner. In: Kulturkreis der deutschen Wirtschaft im BDI e.V. (Hg.): Kulturförderung in gemeinsamer Verantwortung III – Bürger, Staat und Wirtschaft als Partner. Blaubuch des Arbeitskreises Kultur. Bonn, S. 5-11

Alber, J./Schölkopf, M. (1999): Seniorenpolitik – Die soziale Lage älterer Menschen in Deutschland und Europa. Amsterdam

Angerhausen, S./Backhaus-Maul, H./ Schiebel, M. (1995): Nachwirkende Traditionen und besondere Herausforderungen: Strukturentwicklung und Leistungsverständnis von Wohlfahrtsverbänden in den neuen Bundesländern. In: Rauschenbach, T./Sachße, Ch./Olk, Th. (Hg.): Von der Wertgemeinschaft zum Dienstleistungsunternehmen. Frankfurt/M., S. 377-403

Bacchiega, A./Borzaga, C. (2001): Social enterprises in the institutional approach. In: Borzaga. C./Defourny, J. (Hg.): The Emergence of Social Enterprise. London

Backhaus-Maul, H./Olk, T. (1997): Vom Korporatismus zum Pluralismus? Aktuelle Tendenzen im Verhältnis zwischen Staat und Wohlfahrtsverbänden. In: Theorie und Praxis der sozialen Arbeit, Heft 4, S. 25-32

Badura, B./Hart, D./Schellschmidt, H. (1999): Bürgerorientierung des Gesundheitswesens. Selbstbestimmung, Schutz, Beteiligung. Baden-Baden

Baldock, J./Ungerson, C. (1994): Becoming consumers of community care: Households within the mixed economy of welfare. London

Ballusek, H. von (1980): Die Pflege alter Menschen – Institutionen, Arbeitsfelder und Berufe. Berlin: Deutsches Zentrum für Altersfragen

Barber, B. (1995): „All economics are embedded: the career of a concept and beyond". In: Social Research, Vol. 62/, No. 2, S. 387-413

Bauer, Rudolph (2001): Personenbezogene soziale Dienstleistungen. Begriff, Qualität und Zukunft. Wiesbaden

Benkert, W. (1994): Kulturfinanzierung. In: Rauhe, H./Demmer, C. (Hg.): Kulturmanagement: Theorie und Praxis einer professionellen Kunst. Berlin, New York, S. 73-83

Bertelsmann Stiftung (Hg.) (1996): Innovative Schulsysteme im internationalen Vergleich, Band 1+2. Gütersloh

Betzelt, S./Bauer, R. (2000): Erwerbsarbeit im „Dritten Sektor". Bestandsaufnahme, Perspektiven und Empfehlungen. Ergebnisse der deutschen Teilstudie des

NETS-Projekts „New Employment Opportunities in the Third Sector". Kleine Schriften des ILS, Heft 8, Bremen

Beutel, W./Fauser, P. (2001): Erfahrene Demokratie. Wie Politik praktisch gelernt werden kann. Opladen

Beutling, L. (1994): Theatermanagement. In: Rauhe, H./Demmer, C. (Hg.): Kulturmanagement: Theorie und Praxis einer professionellen Kunst. Berlin, New York, S. 271-282

Bien, W. (Hg.) (1996): Familie an der Schwelle zum neuen Jahrtausend. Wandel und Entwicklung familialer Lebensformen. Opladen

Birkhölzer, K./Lorenz, G. (1997): Der Beitrag sozialer Unternehmen zur Arbeitsbeschaffung in Deutschland. In: Interdisziplinäre Forschungsgruppe „Lokale Ökonomie" (Hg.): Veröffentlichungsreihe 28. Berlin

Bischoff, C. (1994): Frauen in der Krankenpflege. Frankfurt/M., New York

Blanke, B./Schridde, H. (1999): Bürgerengagement und Aktivierender Staat. Ergebnisse einer Bürgerbefragung zur Staatsmodernisierung in Niedersachsen. In: Aus Politik und Zeitgeschichte, 24-25, S. 3-12

Blinkert, B./Klie, T. (2000): Pflegekulturelle Orientierungen und soziale Milieus. In: Sozialer Fortschritt, Heft 10, S. 237-245

Bode, I. (1999): Von bewegt bis flexibel – Zur Entwicklung von Arbeitsverhältnissen im Dritten Sektor. In: Zeitschrift für Sozialreform, Jg. 45/Heft 11/12, S. 920-940

Bode, I. (2000): Die Bewegung des Dritten Sektors. In: Forschungsjournal Neue Soziale Bewegungen, (13) (2000) 1, S. 47-52

Bode, I./Evers, A. (2000): From institutional fixing to entrepreneurial mobility? The German third sector and its contemporary challenges. Paper presented to the World Conference of the International Society for Third Sector Research, July 2000. Dublin

Bode, I./Graf, A. (1999): Arbeiten für gute Zwecke. Organisation und Beschäftigung im Dritten Sektor. Duisburger Beiträge zur soziologischen Forschung (1999), Nr. 4

Boessenecker, K.-H./Trube, A./Wohlfahrt, N. (Hg.) (2000): Privatisierung im Sozialsektor. Sozialpolitik und Sozialmanagement, Bd. 1. Münster, S. 95-115

Bogumil, J./Holtkamp, L. (1999): Der Bürger als Auftraggeber, Kunde und Mitgestalter – ein Systematisierungsvorschlag zur Einordnung bürgerschaftlichen Engagements. In: Bürgerschaftliches Engagement in der kommunalen Praxis. Initiatoren, Erfolgsfaktoren und Instrumente. Köln, S. 13-19

Bomheuer, A. (1998): Finanzierung von soziokulturellen Zentren. In: Halfar, B. (Hg.): Finanzierung sozialer Dienste und Einrichtungen. Baden Baden, S. 174-185

Bonas, I. (1997): Neue Unternehmenskultur: Soziale Unternehmen in Deutschland. In: Stiftung Bauhaus Dessau (Hg.): Wirtschaft von unten. Dessau, S. 144-152

Borzaga, C./Mittone, L. (1997): The multi-stakeholder versus the nonprofit organisation. Universita di Trento Dipertimento di Economia, Discussion Paper No. 7

Borzaga. C./Defourny, J. (Hg.) (2001): The Emergence of Social Enterprise. London

Böttcher, J. U. (Hg.) (1999): Sponsoring und Fundraising für die Schule. Ein Leitfaden zur alternativen Mittelbeschaffung. Neuwied

Bullinger, H.-J. (Hg.) (1997): Dienstleistungen für das 21. Jahrhundert. Gestaltung des Wandels und Aufbruch in die Zukunft. Stuttgart

Bundesministerium für Familie, Senioren, Frauen und Jugend (Hg.) (1998): Zehnter Kinder und Jugendbericht. Bericht über die Lebenssituation von Kindern und die Leistungen der Kinderhilfen in Deutschland. Bonn

Bündnis 90/Die Grünen NRW (2000): NRW Schule 21. Ein Konzept zur Qualitätssicherung unserer Schulen. http://www.gruene-nrw.de/ ltw2000/ themen/ th_11.htm

Burk, K. et al. (1998): Grundschule mit festen Öffnungszeiten. Rhythmisierter Schulvormittag und veränderte Arbeitszeiten. Weinheim, Basel

Calhoun, C. (1998): The public good as a social and cultural project. In: Powell, W. W./Clemens, E. S. (Hg.): Private action and the public good. New Haven, London, S. 3-19

CARE konkret 12. Mai 2000a, S. 1

CARE konkret 9. Juni 2000b, S. 3

CIRIEC (Hg.) (1999): The enterprises and organizations of the third system: a strategic challenge for employment. A synthetic report on 15 EU-countries. (Manuskript, Université de Liège)

Clarkson, M. B. A. (1995): A stakeholder framework for analyzing and evaluating corporate social performance. In: Academy of Management Review, Vol. 20/ No. 1, S. 92-117

Cohen, J., Rogers, J. (1994): Solidarity, democracy, association. In: Streeck, W. (Hg.): Staat und Verbände, Sonderheft 25 der Politischen Vierteljahresschrift, Opladen, S. 136-159

Conrad, C. (1994): Vom Greis zum Rentner. Göttingen

Craig, G./Taylor, M./Szanto, C./Wilkinson, M. (1999): Developing local compacts: relationships between local public sector bodies and the voluntary and community sectors. London

Damkowski, W./Görres, St./Luckey, K. (1988): Sozialstationen – Konzept und Praxis eines Modells ambulanter Versorgung. Frankfurt/M., New York

Dankert, B. (1996): Chance oder Alibi? Ehrenamtliche Arbeit in der Finanzkrise Öffentlicher Bibliotheken. In: Deutscher Kulturrat e.V. (Hg.): Ehrenamt in der Kultur. Stand und Perspektiven ehrenamtlicher Arbeit im Kulturbereich. Bonn, S. 187-190

Dees, J. G., (1998): Enterprising nonprofits. In: Harvard Business Review, Vol. 76/No. 1, S. 55-68

Deutsche Angestellten Krankenkasse (DAK) (1999): Qualität in der häuslichen Pflege – DAK Versicherten-Befragung. Hamburg

Deutsche Shell (Hg.) (2000): Jugend 2000. Band 1 und 2. Opladen

Deutscher Bibliotheksverband e.V. (1998): Freiwillige – (k)eine Chance für Bibliotheken? Entwurf eines Positionspapiers, Fassung vom 21.9.1998. Berlin

Deutscher Kulturrat e.V. (Hg.) (1996): Ehrenamt in der Kultur. Stand und Perspektiven ehrenamtlicher Arbeit im Kulturbereich. Bonn

Deutscher Kulturrat e.V. (Hg.) (2000): Lobbyarbeit für die Kultur. Jahresbericht des Deutschen Kulturrates Mai (1999 bis April 2000. Bonn, Berlin

Deutscher Städtetag (Hg.) (1994): Neues in Organisation, Konzeption und Präsentation von Museen. Reihe C, DST-Beiträge zur Bildungs- und Kulturpolitik. Köln

Deutscher Städtetag (Hg.) (1996): Neue Rechtsformen für Kultureinrichtungen. Reihe C, DST-Beiträge zur Bildungs- und Kulturpolitik. Köln

Deutscher Städtetag (1998): Kultur in der Stadt. Empfehlungen, Hinweise und Arbeitshilfen des Deutschen Städtetages 1987 bis 1998. Neue Schriften des Deutschen Städtetages, Heft 75. Stuttgart, Berlin, Köln, Mainz

Deutsches Jugendinstitut e.V. (Hg.) (1998): Tageseinrichtungen für Kinder. Pluralisierung von Angeboten. Zahlenspiegel. München

Deutsches PISA-Konsortium (Hg.) (2001): PISA 2000. Basiskompetenzen von Schülerinnen und Schülern im internationalen Vergleich. Opladen

di Maggio, E./Powell, W. (1993): The iron cage revisited: isomorphism and collective rationality in organizational fields. In: American Sociological Review, Vol. 48/ No. 1, S. 147-160

Diakonisches Werk der evangelischen Kirche in Württemberg e.V. (Hg.) (1996): Weiterentwicklung von Krankenpflegevereinen. Dokumentation der Tagung vom 17.10.1996 in der Filderhalle, Leinfelden-Echterdingen, Stuttgart

Diakonisches Werk der evangelischen Landeskirche in Baden e.V. (Hg.) (1998): Vom Krankenpflegeverein zum Diakonieverein – Neue Chancen und Herausforderungen. Workshop 1998/1999, Karlsruhe

Ehrhardt, M (1989): Stichwort: Öffentliche Aufgaben. In: Chmielewicz, K./Eichhorn, P. (Hg.): Handwörterbuch der Öffentlichen Betriebswirtschaft. Stuttgart, S. 1003-1011

European Commission (2000): Acting locally for employment. A local dimension for the european employment strategy. Communication from the Commission COM (2000) 196 final, 07.04.2000

Evangelische Kirche Hessen und Nassau (EKHN) (Hg.) (1997): Handbuch für Diakoniestationen in der EKHN. Darmstadt

Evers, A. (1990): Shifts in the welfare mix – introducing a new approach for the study of transformations in welfare and social policy. In: Evers, A./Wintersberger, H. (Hg.): Shifts in the welfare mix. Their impact on work, social services and welfare policies. Frankfurt/M., Boulder/Colorado, S. 7-30

Evers, A. (1995): Die Pflegeversicherung. Ein mixtum compositum im Prozeß der politischen Umsetzung. In: Sozialer Fortschritt, Heft 2, S. 23-28

Evers, A. (1995a): Part of the welfare mix: the third sector as an intermediate area between market economy, state and community. In: Voluntas 6/2, S. 159-182

Evers, A., Olk, T. (Hg.) (1996): Wohlfahrtspluralismus. Vom Wohlfahrtsstaat zur Wohlfahrtsgesellschaft. Opladen

Evers, A./Leichsenring, K. (1996): Reduktion oder Redefinition politischer Verantwortung? Modernisierung sozialer Dienste in Delft und Stockholm. Europäisches Zentrum für Wohlfahrtspolitik und Sozialforschung, Eurosocial Report No. 60. Wien

Evers, A. (1997): Geld oder Dienste? Zur Wahl und Verwendung von Geldleistungen im Rahmen der Pflegeversicherung. In WSI Mitteilungen, Heft 7, S. 510-518

Evers, A./Haverinen, R./Leichsenring, K./Wistow, G. (Hg.) (1997): Developing quality in personal social services. Concepts, cases and comments. Aldershot, Brookfield (USA), Singapore, Sydney, Ashgate

Evers, A. (1998): Zwischen Versorgung und Aktivierung. Das Pflegegesetz ermöglicht eine Kultur der Pflege – seine Umsetzung droht sie zu verbauen. In: Schmidt R./ Thiele A. (Hg.): Konturen der neuen Pflegelandschaft: Positionen, Widersprüche, Konsequenzen. Regensburg, S. 7-22

Evers, A. (1998a): Consumers, Citizens and coproducers: a pluralistic perspective on democracy in social services. In: Flösser, G./Otto, H. U. (Hg.): Towards more democracy in social services. New York, Berlin, S. 43-52

Evers, A. (1998b): Soziales Engagement. Zwischen Selbstverwirklichung und Bürgerpflicht. In: Transit, Heft 15, S. 186-200

Evers, A./Klie, T. (1999): Zur Neuausrichtung kommunaler Alterssozialpolitik oder: Nach dem Pflegeversicherungsgesetz – freiwilliges kommunales Engagement? In: Schmidt R./Entzian, H./Giercke, K.-J./Klie, Th. (Hg.): Die Versorgung pflegebedürftiger alter Menschen in der Kommune. Beiträge zur Sozialen Gerontologie und Altenarbeit. Frankfurt/M., S. 39-48

Evers, A./Leggewie, C. (1999): Der ermunternde Staat. Vom aktivierenden Staat zur aktivierenden Politik In: Gewerkschaftliche Monatshefte, Heft 6, S. 332-340

Evers, A./Rauch, U. (1999): Ambulante Altenpflege – Umbau oder Abbau kommunaler Verantwortlichkeiten? In: Zeitschrift für Sozialreform, Heft 2, S. 170-185

Evers, A. et al. (2000a): Soziales Kapital mobilisieren. Gemeinwesenorientierung als Defizit und Chance lokaler Beschäftigungspolitik. Schriftenreihe des Instituts für Landes- und Stadtentwicklungsforschung des Landes Nordrhein-Westfalen. Dortmund

Evers, A./Rauch, U. (2000): Private Pflegearrangements und die Rolle der Kommunen – Erfahrungen aus dem Vogelsbergkreis. In: Entzian H. et al. (Hg.): Soziale Gerontologie: Forschung und Praxisentwicklung im Pflegewesen und in der Altenarbeit. Frankfurt/M., S. 111-125

Evers, A./Wohlfahrt, N./Riedel, B. (2000): Bürgerschaftliches Engagement in Nordrhein-Westfalen. Dortmund

Evers, A. (2001): The significance of social capital in the multiple goal- and resource-structure of social enterprises. In: Borzaga. C./Defourny, J. (Hg.): The Emergence of Social Enterprise. London, S. 296-311

Evers, A./Rauch, U./Stitz, U. (2001): Ist Engagement erwünscht? – Sein Stellenwert im Kontext eines Umbaus öffentlicher Dienste und Einrichtungen. In: Heinze, R./Olk, T. (Hg.): Bürgerengagement in Deutschland. Bestandsaufnahme und Perspektiven. Opladen, S. 209-230

Evers, A. (2002): Bürgerschaftliches Engagement als soziales Kapital. Die politische Leerstelle im Konzept Robert Putnams. In Haus, M. (Hg.): Bürgergesellschaft, soziales Kapital und lokale Politik. Opladen, S. 59-75

Evers, A./Sachße, C. (2002): The pattern of social services in Germany: care for children and the elderly. In: Baldock, J./Sippilä, J. (Hg.): Care services in international perspective. London (im Erscheinen)

Fessler, N./Ziroli, S. (Hg.) (1997): Zusammenarbeit von Schule und Verein im Sport. Programme, Projekte und Perspektiven. Schorndorf

Flösser, G./Otto, H. U. (Hg.) (1998): Towards more democracy in social services. New York, Berlin

Frank, K./Pelzer, S. (1996): Tageseinrichtungen für Kinder. Hort, Schule – und was noch? Betreuungsangebote für Schulkinder – Eine Bestandsaufnahme. München

Freiwilligenagentur Halle-Saalkreis e.V. (1999): Quantität und Struktur ehrenamtlicher Arbeit im Kulturbereich der Stadt Halle. Eine empirische Studie. In: Kultusministerium Sachsen-Anhalt/Kulturpolitische Gesellschaft (Hg.): Bürgerschaftliches Engagement im Kulturbereich. Halle/Saale, S. 9-28

Freier, D. (1997): Bürgerengagement als Ressourcen für soziale Einrichtungen. In: Theorie und Praxis der sozialen Arbeit, Heft 1, S. 25-31

Friedeburg, L. von (1994): Bildung zwischen Aufklärung und Anpassung. Erfahrungen mit der Bildungsreform in der Bundesrepublik. Frankfurt/M.

Fuchs, H. (1997): Die Wohltaten der Pflegekasse. In Soziale Sicherheit, Heft 10, S. 321-331

Fuchs, M. (1992): Stichwort: öffentlich. In: Bauer, R. (Hg.): Lexikon des Sozial- und Gesundheitswesens. München, Wien, S. 1442-1443

Gablers Lexikon des Wirtschaftsrechts (1972): Öffentliche Einrichtungen. Wiesbaden, S. 1303-1305

Gittell, R./Vidal, A. (1998): Community organizing: building social capital as a development strategy. Thousand Oaks/California, London

Glaser, H. (1994): Soziokultur als Aufgabenfeld der Kulturpolitik. In: Arbeitsgruppe Soziokultur im Freistaat Sachsen (Hg.): Soziokultur in Sachsen. Dresden, S. 19-28

Glaser, H. (1999): Kommunale Kulturpolitik. In: Wollmann, H./Roth, R. (Hg.): Kommunalpolitik. Politisches Handeln in den Gemeinden. Opladen, S. 676-687

Granovetter, M. (1985): Economic action and social structure. The problem of embeddedness. In American Journal of Sociology, Vol. 91/No. 3, S. 481-510

Granovetter, M. S. (1973): The strength of weak ties. In: American Journal of Sociology, 78, S. 1360-1380

Gropp, U. (2000): Ehrenamt und bürgerschaftliches Engagement im Kulturleben der Stadt Osnabrück. In: Wagner, B. (Hg.): Ehrenamt, Freiwilligenarbeit und bürgerschaftliches Engagement in der Kultur. Bonn, S. 96-127

Grothe, C. (1995): Ortsgemeinden und Diakoniestationen: Überlegungen zur diakonischen Gemeinde anhand der Arbeit der Diakoniestationen. Bielefeld

Handwörterbuch der Wirtschaftswissenschaft (HdWW) (1980): Öffentlich-rechtliche Körperschaften. Stuttgart, New York, Tübingen, Göttingen, Zürich, S. 399-404

Harriss, J./de Renzio, P. (1997): Missing link or analytically missing? The concept of social capital. An introductory bibliographic essay. In: Journal of International Development, Vol. 9/No. 7, S. 919-937

Hartnuss, B./Maykus, S. (2000): Kooperation von Jugendhilfe und Schule – zur Neuverortung im KJHG. In: Theorie und Praxis der sozialen Arbeit, Jg. 51/Heft 5, S. 176-181

Heinelt, H./Mayer, M. (Hg.) (1997): Modernisierung der Kommunalpolitik. Neue Wege der Ressourcenmobilisierung. Opladen

Heinrichs, W. (1994): Kommunale Kulturarbeit. In: Rauhe, H./Demmer, C. (Hg.): Kulturmanagement: Theorie und Praxis einer professionellen Kunst. Berlin, New York

Heinze, T. (Hg.) (1994): Kulturmanagement. Opladen

Heinze, R. G./Strünck, C. (1996): Kontraktmanagement im Windschatten des „Wohlfahrtsmix"? Neue kommunale Steuerungsmodelle für das System der Wohlfahrtsverbände. In: Evers, A./Olk, T. (Hg.): Wohlfahrtspluralismus. Opladen, S. 295-322

Heinze, R. G. (1998): Die blockierte Gesellschaft. Sozioökonomischer Wandel und die Krise des „Modell Deutschland". Opladen, Wiesbaden

Heinze, R./Olk, T. (Hg.) (2001): Bürgerengagement in Deutschland. Bestandsaufnahme und Perspektiven. Opladen

Hermsen, T. (1994): Soziokultur als Aufgabenfeld der Kulturpolitik. In: Arbeitsgruppe Soziokultur im Freistaat Sachsen (Hg.): Soziokultur in Sachsen. Analysen, Anmerkungen, Ausblicke. Dresden, S. 19-28

Hermsen, T. (1997): Kunstförderung zwischen Passion und Kommerz. Vom bürgerlichen Mäzen zum Sponsor der Moderne. Frankfurt/M., New York

Hessisches Ministerium für Umwelt, Energie, Jugend, Familie und Gesundheit (Hg.) (1998): Vereinbarkeit von Familie und Beruf. Zweiter Hessischer Familienbericht. Wiesbaden

Hinte, W. et al. (1999): Soziale Dienste: Vom Fall zum Feld. Soziale Räume statt Verwaltungsbezirke. Berlin

Holfelder, W./Bosse, W. (Hg.) (1998): Schulgesetz für Baden-Württemberg. Handkommentar für Schulpraxis und Ausbildung mit Sonderteil Lehrerdienstrecht (12. Auflage). Stuttgart

Holzapfel, H. (1996): Schule 2000. Bildungspolitische Thesen für die Schule von morgen. Fulda

Holzapfel, H. (2000): Bildung und aktivierender Sozialstaat. In: Mezger, E./West, K.-W. (Hg.): Aktivierender Sozialstaat und politisches Handeln. Marburg, S. 63-79

Holzapfel, H. (2000): Gespräch mit Hartmut Holzapfel, hessischer Kultusminister a.D., am 19.12.2000 in Frankfurt/M.

Holzapfel, H. (2001): Schule und bürgerschaftliches Engagement. Beitrag für die Enquête-Kommission des deutschen Bundestages. KDrs. Nr. 14/112

Hurrelmann, K. (2001): Von der volkseigenen zur bürgerschaftlichen Schule. Bringt die Privatisierung ein modernes Schulsystem? In: Pädagogik, Heft 7-8, S.44-47

Institut für Kulturpolitik der Kulturpolitischen Gesellschaft (Hg.) (1998): Freiwilligenarbeit in der kulturellen Bildung und Kulturarbeit. Bestandsaufnahme von freiwilligem Engagement im Kultursektor. Bonn

Institut für Landes- und Stadtentwicklungsforschung des Landes Nordrhein-Westfalen (ILS) (Hg.) (1994): Trotz knapper Kassen. Qualitätssicherung für soziale und kulturelle Einrichtungen. Beispiele aus der Praxis. Duisburg

Institut für Psychologie und Sozialforschung (IPS) (Hg.) (1999): Evaluation des bremischen Schul- und Schulverwaltungsgesetzes. Universität Bremen

Irmak, K. H. (1998): Anstaltsfürsorge für „Alterssieche" von Weimar bis Bonn (1924-1961). In: Zeitschrift für Gerontologie und Geriatrie, Bd. 31/Heft 6, S. 438-447

Jakob, G./Janning, H. (2000): Freiwilligenagenturen. Eine erste Bilanz. In: Neue soziale Bewegungen, Heft 2, S. 64-76

Jütting, D./Jochinke, M. (1996): Standpunkte und Perspektiven zur Ehrenamtlichkeit im Sport. Düsseldorf

Kahrs, B. (1999): Vorwort. In: Institut für Psychologie und Sozialforschung (IPS) (Hg.): Evaluation des bremischen Schul- und Schulverwaltungsgesetzes. Universität Bremen

Kassenbrock, G. (1996): Entwicklung des ehrenamtlichen Engagements von Frauen in der Bücherarbeit der evangelischen Kirche in Deutschland. In: Deutscher Kulturrat e.V. (Hg.): Ehrenamt in der Kultur. Stand und Perspektiven ehrenamtlicher Arbeit im Kulturbereich. Bonn, S. 191-200

Klie, T. (1995): Pflegeversicherung: Einführung, Lexikon, Gesetzestext. Hannover

Klie, T. (1998): Veränderungen durch die Pflegeversicherung – ein Überblick nach 1000 Tagen. In: Hans-Weinberger-Akademie (Hg.): Dokumentation des Symposiums: Qualität in der häuslichen Pflege durch Kundenmacht. München, S. 13-18

Klie, T./Meysen, T. (1998): Neues Steuerungsmodell und Bürgerschaftliches Engagement. Konkurrierende oder synergetische Programme zur Verwaltungsmodernisierung. In: DÖV, Heft 11, S. 452-459

Klie, T./Roß, P. St. (2000): Bürgerschaftliches Engagement in Baden-Württemberg. 4. Wissenschaftlicher Abschlussbericht (Sozialministerium Baden-Württemberg Hg.). Stuttgart

Klijn, E. H./Koppenjan, J. F. M. (2000): Public management and policy networks. Foundations of a network approach to governance. In: Public Management, Vol. 2/No. 2, S. 135-138

Kohnert, M. (1992): Ambulante Altenbetreuung in den neuen Bundesländern. In: Neue Entwicklungen in der Altenhilfe – Dokumentation der Tagung „Podium 91", Deutscher Verein für öffentliche und private Fürsorge. Frankfurt/M., S. 45-49

Kolinek, W. (2000): Schulprofil im Wandel. Ein Lern- und Arbeitsbuch pädagogischsystemischer Schulentwicklung für Neugierige, Betroffene und Entdecker. Bad Heilbrunn

Kordfelder, A. (2001): Themenschwerpunkt „Netzwerkmanagement". In: Institut für Kulturpolitik. Projektzeitung „Kulturpolitik als Ehrenamt", 2. Ausgabe, Februar

Kramer, R. M. (1998): Nonprofit organizations in the 21st century. Will sector matter? Nonprofit Sector Research Fund, Working Paper Series. Washington

Kramer, R. M. (2000): A third sector in the third millennium? In: Voluntas: International Journal of Voluntary and Nonprofit Organizations, Vol. 11/No. 1, S. 1-23

Krashinsky, M. (1997): „Stakeholder theories of the non-profit sector : one cut at the economic literature". In: Voluntas, Vol. 8/No. 2 (Special Issue : Economic Theory), S. 149-161

Kröger, F./Kolfhaus, S. (1998): Public-Private Partnership in der Bundesrepublik Deutschland. In: Sievers, N. (Hg.): Neue Wege der Kulturpartnerschaft. Institut für Kulturpolitik der Kulturpolitischen Gesellschaft, Materialien, Heft 3. Bonn, S. 22-28

Kulturausschuss des Deutschen Städtetages (1997): Kulturpolitik und Bürgerengagement. In: Kulturpolitische Mitteilungen, Nr. 78, S. 60-61

Kultusministerium Baden-Württemberg (2001): Gespräch am 09.02.2001 in Stuttgart mit Herrn Klaus Happold, zuständiger Referatsleiter, und Herrn Dr. Klein

Kultusministerium Hessen (1999): Hessisches Schulgesetz, Fassung von 1999, www.kultusministerium.hessen.de

Kultusministerium Hessen (2001): Gespräch am 11.01.2001 in Wiesbaden mit Herrn Herbert Schnell, zuständiger Ministerialdirektor

Kunstmann, W. (1998): Zur Entwicklung und Situation der häuslichen Kranken- und Altenpflege. In: Zwischenzeiten – Jahrbuchbuch für kritische Medizin 30. Hamburg, S. 85-101

Kunz H. (2000): Menschenwürde im Alter unbezahlbar? – Altenheime zwischen Sparzwang und neuen Anforderungen. In: Kommune, Heft 1 S. 17-20

Lane, J.-E. (1993): The public sector. Concepts, models and approaches. London, New Delhi

Laville, J. L. (1996): Von der Gemeinwirtschaft zur Solidarwirtschaft. In: Evers, A./ Olk, T. (Hg.): Wohlfahrtspluralismus. Vom Wohlfahrtsstaat zur Wohlfahrtsgesellschaft. Opladen, S. 103-125

Laville, J.-L./Sainsaulieu, R. (1997): Sociologie de l'association. Paris

Laville, J.-L./Nyssens, M. (1999): The social enterprise: toward a theoretical approach. In: Borzaga. C./Defourny, J. (Hg.): The emergence of Social Enterprise. London, S. 312-332

Laville, J.-L. et al. (2000): Third system: a European definition. In: CIRIEC: The enterprises and organizations of the third system. A strategic challenge for employment. Liège, S. 101-122

Leadbeater, C. (1997): Social entrepreneurs: the future of our welfare. London

Lohre, W. (Hg.) (1999): Schule in der Stadt. Eine Dokumentation guter Beispiele des Arbeitskreises schulinnovativer Städte und Kreise. Gütersloh

Luthe, D./Strünck, C. (1998): Diversifizierte Barmherzigkeit. Organisationsformen freiwilligen Engagements im Strukturwandel. In: Arbeitskreis Nonprofit-Organisationen (Hg.): Nonprofit-Organisationen im Wandel. Ende der Besonderheiten oder Besonderheiten ohne Ende? Schriften des Deutschen Vereins für öffentliche und private Fürsorge. Frankfurt/M., S. 155-176

Mansbridge, J. (1998): On the contested nature of the public good. In: Powell, W. W./ Clemens, E. S. (Hg.): Private action and the public good. New Haven/London, S. 3-19

Matthies, A.-L. (1998): Von der öffentlichen Dominanz sozialer Dienste zum Aufbau intermediärer Instanzen? Finnland und die neuen Bundesländer im Vergleich. In: Soziale Welt, Jg. 49/Heft 1, S. 57-70

Meyer, B. (1998): Kultur als öffentliche Gemeinschaftsaufgabe. In: Fördern, was es schwer hat. Beiträge zum Gestaltungsanspruch kommunaler Kulturpolitik. Essen, S. 9-15

Meyer, B. (1999): Die Öffentlichen Bibliotheken zwischen Staat und Bürgergesellschaft. In: Pro Libris 4, Heft 1, S. 53-54

Mezger, E./West, K. W. (2000): Aktivierender Sozialstaat und politisches Handeln. Marburg

Ministerium für Frauen, Jugend, Familie und Gesundheit des Landes Nordrhein-Westfalen (Hg.) (1999): Neue Wohnprojekte für ältere Menschen – Gemeinschaftliches Wohnen in Nordrhein-Westfalen, Beispiele und Wege zur Umsetzung. Düsseldorf

Musgrave, R. A./Peacock, A. T. (Hg.) (1967): Classics in the theory of public finance. New York (Original edition 1958)

Naschold, F. (1995): Modernisierung des Staates. Zur Ordnungs- und Innovationspolitik des öffentlichen Sektors. Berlin

Naschold, F. et al. (1996): Leistungstiefe im öffentlichen Sektor. Erfahrungen, Konzepte, Methoden. Berlin

Naschold, F. (1997): Binnenmodernisierung, Wettbewerb, Haushaltkonsolidierung. Internationale Erfahrungen zur Verwaltungsreform. In: Heinelt, H./Mayer, M. (Hg.): Modernisierung der Kommunalpolitik. Neue Wege zur Ressourcenmobilisierung. Opladen, S. 89-117

Naschold, F./Bogumil, J. (2000): Modernisierung des Staates. New Public Management in deutscher und internationaler Perspektive. Opladen

OECD (Hg.) (1998): Redefining Tertiary Education. Paris

OECD (Hg.) (1999): Social Enterprises. Paris

OECD (Hg.) (1999a): Innovating schools. Schooling for tomorrow. Centre for Educational Research and Innovation. Paris

OECD (Hg.) (2001): New School Management Approaches. Paris

OECD (Hg.) (2001a): Education at a Glance. OECD Indicators. Paris

OECD (Hg.) (2001b): Lernen für das Leben. Erste Ergebnisse von PISA 2000. Bonn

OECD (Hg.) (2000): Bildungspolitische Analyse 1999. Zentrum für Forschung und Innovation im Bildungswesen (deutsche Übersetzung). Paris

Offe, C. (1999): „Sozialkapital". Begriffliche Probleme und Wirkungsweise. In: Kistler, E./Noll, H.H./Priller, E. (Hg.): Perspektiven gesellschaftlichen Zusammenhalts: empirische Befunde, Praxiserfahrungen, Meßkonzepte. Berlin, S. 113-120

Olk, T. (1987): Das soziale Ehrenamt. In: Sozialwissenschaftliche Literatur Rundschau, S. 84f.

Olk, T. (2001): Sozialstaat und Bürgergesellschaft. In Heinze, R. G./Olk, T. (Hg.): Bürgerengagement in Deutschland. Bestandsaufnahme und Perspektiven. Opladen, S. 29-68

Pabst, S. (1998): Politik und Wettbewerb. In: Blätter der Wohlfahrtspflege, Heft 5+6, S. 96-98

Palm, I. (1998): Geschichte und Perspektive von Krankenpflegevereinen (unveröffentlicht)

Pestoff, V. A. (1996): Renewing public services and developing the welfare society through multi-stakeholder cooperatives. In: Journal of Rural Cooperation, Vol. 23/No. 2, S. 151-167

Pestoff, V. A. (1998): Beyond the market and state. Social enterprises and civil democracy in a welfare society. Aldershot

Plamper, H. (2000): Bürgerkommune: Was ist sie? Was soll sie sein? Was ist zu tun? Arbeitspapier 32 der Hans Böckler Stiftung. Düsseldorf

Powell, W. W./Clemens, E. S. (Hg.) (1998): Private action and the public good. New Haven, London

Preiß, Chr./Wahler, P. (1999): Schule auf neuen Wegen – Ein Blick auf aktuelle Entwicklungen. In DJI (Hg.): Das Forschungsjahr 1999. München, S. 107-119

Pröhl, M./Plamper, H. (2000): Von der Mißtrauens- zur Vertrauenskultur: Erfolgsbedingungen des Neuen Steuerungsmodells. In: Töpfer, A. (Hg.): Die erfolgreiche Steuerung öffentlicher Verwaltungen. Wiesbaden, S. 113-124

Putnam, R. D. (1993): Making democracy work. Civic traditions in modern Italy. Princeton

Putnam, R. D. (1995): Bowling alone: Americas declining social capital. In: Journal of Democracy, No. 1, S. 65-78

Putnam, R. D. (2000): Bowling alone. The collapse and revival of American community. New York

Radtke, F. O. (2000): Schulautonomie, Sozialstaat und Chancengleichheit. In: Radtke, F. O./Weiß, M. (Hg.): Schulautonomie, Wohlfahrtsstaat und Chancengleichheit. Ein Studienbuch. Opladen, S. 13-34

Rauhe, H./Demmer, C. (Hg.) (1994): Kulturmanagement: Theorie und Praxis einer professionellen Kunst. Berlin, New York

Reichard, C. (1996): Umdenken im Rathaus. Neue Steuerungsmodelle in der deutschen Kommunalverwaltung. Berlin

Rengshausen, H./Stüdemann, J. (1994): Soziokulturelle Einrichtungen in Sachsen – eine Einleitung. In: Arbeitsgruppe Soziokultur im Freistaat Sachsen (Hg.): Soziokultur in Sachsen. Dresden, S. 9-18

Rinken, A. (1971): Das Öffentliche als verfassungsrechtliches Problem. Dargestellt am Rechtsstatus der Wohlfahrtsverbände. Berlin

Röbke, T. (Hg.) (1993): Zwanzig Jahre Neue Kulturpolitik. Erklärungen und Dokumente. 1972-1992. Essen

Röbke, T./Wagner, B. (Hg.) (2000): Jahrbuch für Kulturpolitik 2000, Band 1. Thema: Bürgerschaftliches Engagement. Essen

Röper, J./Jüllig, C. (Hg.) (1998): Die Macht der Nächstenliebe – Einhundertfünfzig Jahre innere Mission und Diakonie 1848-1998. Im Auftrag des Deutschen Historischen Museums und des Diakonischen Werkes der Evangelischen Kirche in Deutschland. Berlin

Rosenbladt, B./Blanke, K. (2000): Ehrenamt und Freiwilligenarbeit im Sport. In: Rosenbladt, B: Freiwilliges Engagement in Deutschland, Bd. 1. Stuttgart, S. 303-360

Runde, P. (1996): Einstellungen und Verhalten zur Pflegeversicherung und zur häuslichen Pflege. Arbeitsstelle Rehabilitations- und Präventionsforschung, Universität Hamburg

Sachße, C. (1986): Mütterlichkeit als Beruf. Frankfurt/M.

Sachße, C. (1996): Verein, Verband und Wohlfahrtsstaat. Entstehung und Entwicklung der dualen Wohlfahrtspflege. In: Rauschenbach, T. et al. (Hg.): Von der Wertgemeinschaft zum Dienstleistungsunternehmen. Jugend- und Wohlfahrtsverbände im Umbruch (2. Auflage). Frankfurt/M., S. 123-149

Sachße, C. (2001): Stufen der Gemeinwohlförderlichkeit: Bürgerschaftliche Organisationen und Steuerprivileg. Bertelsmann Stiftung – Konzepte Stiftungen 3. Gütersloh

Salamon, L. M., Anheier, H. K. (1997): The civil society sector. In: Society, Vol. 34/ No. 2, S. 60-65

Schavan, A. (1998): Schule der Zukunft. Bildungsperspektiven für das 21. Jahrhundert. Freiburg

Schmidt, R. (1991): Altenhilfe – (k)ein Geschäft für Profis? Berlin: Deutsches Zentrum für Altersfragen (DZA), Beiträge zur Gerontologie und Altenarbeit, Bd. 84

Schmidt, R. (2000): Ambulante pflegerische Versorgung – ein Wachstumsmarkt? In: Theorie und Praxis der sozialen Arbeit, Nr. 2, S. 56-61

Schmidt, U. J. (1991): Widersprüche zwischen Deklaration und Realität. Zur Versorgung alter Menschen in der früheren DDR. In: Altenhilfe auf der Suche nach Visionen – Dokumentation der Tagung „Podium 90", Deutscher Verein für öffentliche und private Fürsorge. Frankfurt/M., S. 51-62

Schneekloth, U. et al. (1996): Hilfe- und Pflegebedürftige in privaten Haushalten: Endbericht; Bericht zur Repräsentativerhebung im Forschungsprojekt „Möglichkeiten und Grenzen selbständiger Lebensführung", Schriftenreihe des Bundesministeriums für Familie, Senioren, Frauen und Jugend, Bonn

Schuppert, G. F. (1981): Die Erfüllung öffentlicher Aufgaben durch verselbständigte Verwaltungseinheiten. Göttingen

Schuppert, G. F. (Hg.) (1999): Jenseits von Privatisierung und „schlankem" Staat: Verantwortungsteilung als Schlüsselbegriff eines sich verändernden Verhältnisses von öffentlichem und privatem Sektor. Baden-Baden

Seibel, F. et al. (Hg.) (1997): Économie sociale: Fakten und Standpunkte zu einem solidarwirtschaftlichen Konzept. Frankfurt/M.

Selle, K. (1997): Kooperationen im intermediären Bereich – Planung zwischen „Commodifizierung" und „zivilgesellschaftlicher Transformation". In: Schmals, K. M./Heinelt, H. (Hg.): Zivile Gesellschaft. Opladen, S. 29-57

Senatsbehörde (1999): Richtlinie über Werbung an den Schulen des Senators für Bildung, Wissenschaft und Kunst der freien Hansestadt Bremen vom 4. März 1999

Senatsbehörde (2001): Gespräch mit Herrn Lückert, zuständiger Senatsrat, und Frau Moning, Finanzreferentin, in der Behörde des Bremischen Bildungssenators

Senatsverwaltung (2001a): Gespräch mit Oberschulrat Horst Seidel und Oberschulrätin Evelin Terzioglu, beide Senatsverwaltung Berlin, am 25.01.2001 in Berlin

Senatsverwaltung (2001b): Gespräch mit Grundsatzreferent Christian-Magnus Ernst, Senatsverwaltung Berlin, am 26.01.2001 in Berlin

Senioren-Kreativ-Verein e.v. Halle (Saale) (Hg.) (1998): Der Versuch eines anderen Weges in der offenen Altenarbeit – am Beispiel des Senioren-Kreativ-Vereins in Halle (Saale). (Verfasser: H. Joachimsthaler). Halle/Saale

Sievers, N./Wagner, B. (Hg.) (1992): Bestandsaufnahme Soziokultur. Beiträge, Analysen, Konzepte. Dokumentation des gleichnamigen Forschungsprojekts der Kulturpolitischen Gesellschaft e.V. Im Auftr. des Bundesministeriums des Innern. Stuttgart

Sievers, N. (1997): Kulturpolitik und Kulturverwaltungsreform – Empirische Befunde und kritische Anmerkungen. In: Uhlendorff, U./Zimmer A. (Hg.): Public/Private-Partnership. Die Herstellung öffentlicher Güter im historischen Wandel. Kassel, S. 153-179

Sievers, N. (2001): Netzwerk Kulturpolitik. Verantwortungsteilung in der Kulturpolitik. In: Institut für Kulturpolitik. Projektzeitung „Kulturpolitik als Ehrenamt", 2. Ausgabe, Februar

Sievers, N. (2001a): Fördern ohne zu fordern. Begründungen aktivierender Kulturpolitik. In: Röbke, T./Wagner, B. (Hg.): Jahrbuch für Kulturpolitik 2000. Band 1, Thema: Bürgerschaftliches Engagement. Essen, S. 131-136

Skocpol, T. (1996): Unravelling from above. In: The American Prospect, No. 25, S. 20-25

Skocpol, T. (1999): Advocates without members: the recent transformation of american civic life. In: Skocpol T./Fiorina, M. (Hg.): Civic Engagement in American Democracy. Princeton, S. 505-506

SPD Hessen-Süd (Hg.) (2000): Gleiche Chancen, gleiche Bildung: Ganztags. Verlag Presse und Bildung GmbH im Bezirk Hessen-Süd der SPD

Spreen, C. A. (2000): Empowerment und Enablement: Steuerung großstädtischer Schulen durch die Schulgemeinde in den USA am Beispiel New York, Los Angeles und Chicago. In: Radtke, F. O./Weiß, M. (Hg.): Schulautonomie, Wohlfahrtsstaat und Chancengleichheit. Ein Studienbuch. Opladen, S. 136-160

Statistisches Bundesamt (Hg.) (1998): Bevölkerung und Erwerbstätigkeit. Leben und Arbeiten in Deutschland. Wiesbaden

Statistisches Bundesamt (Hg.) (1999): Statistisches Jahrbuch. Wiesbaden

Stern, C. (Hg.) (1999): Schule neu gestalten. „Netzwerk innovativer Schulen in Deutschland". Gütersloh

Strachwitz, R. Graf (1996): Privatrechtliche Trägerschaftsformen für Museen. In: Wiese G./Wiese W. (Hg.): Die Finanzen des Museums, Schriften des Freilichtmuseums am Kiekeberg. Ehestorf, S. 101-116

Taylor, M. et al. (1995): Encouraging diversity: voluntary and private organisations in community care. Aldershot

Tirole, J. (1994): The internal organisation of governments. Oxford Economic Papers, Vol. 46, S. 1-29

Trott zu Solz, L. von (1999): „Big and Small Democracy". Zur Verbindung von Bürgergesellschaft und Demokratie. In: von Alemann, U./Heinze, R.G./Wehrhöfer, U. (Hg.): Bürgergesellschaft und Gemeinwohl. Analyse. Diskussion. Praxis. Opladen, S. 69-81

Tyll, S. (1999): Kundenbegriff überdenken – Die Logik der Ökonomie entspricht nicht der Ethik der sozialen Arbeit. In: Forum Sozialstation, Nr. 101, S. 36-37

Uhlendorff, U./Zimmer, A. (Hg.) (1997): Public/Private-Partnership. Die Herstellung öffentlicher Güter im historischen Wandel. Kassel

van Deth, J. W. (Hg.) (1997): Private groups and public life. Social participation, voluntary associations and political involvement in representative democracies. New York

Volkholz, S. (2001): Gespräch mit Sybille Volkholz, Berliner Bildungssenatorin a.D., am 26.01.2001 in Berlin

Volkholz, S. (2001): Partnerschaft zwischen Schule und Betrieb. Ein Projekt der IHK Berlin stellt sich vor. In: Pädagogik, Heft 7-8, S. 55-57

Volkssolidarität Landesverband Thüringen e.V. (Hg.) (1996): Über ein halbes Jahrhundert Volkssolidarität – Mosaik einer humanistischen Bewegung. Von K.-H. Swoboda. Pößneck

Wagner, B./Zimmer, A. (Hg.) (1997): Krise des Wohlfahrtsstaates – Zukunft der Kulturpolitik. Bonn, Essen

Wagner, B. (1998): Neue Förderakteure und Regionalisierung. Aktuelle Tendenzen öffentlicher Kulturförderung. In: Norbert Sievers (Hg.): Neue Wege der Kulturpartnerschaft. Institut für Kulturpolitik der Kulturpolitischen Gesellschaft, Materialien, Heft 3. Bonn, S. 9-21

Wagner, B. (2000a): Auf dem Weg zum Volunteer-Management. Ehrenamt und Freiwilligenarbeit in der Kultur. (Manuskript/o. O.)

Wagner, B. (2000b): Ehrenamt, Freiwilligenarbeit und bürgerschaftliches Engagement in der Kultur. In: Wagner, B. (Hg.): Ehrenamt, Freiwilligenarbeit und bürgerschaftliches Engagement in der Kultur. Bonn, S. 11-35

Weinkopf, C. (1998): Öffentlicher Dienst – Soziale Dienstleistungen. Beschäftigung im Bereich sozialer Dienstleitungen. In: Mezger, E./West, K. W. (Hg.): Neue Chancen für den Sozialstaat. Soziale Gerechtigkeit, Sozialstaat und Aktivierung. Marburg, S. 42-54

Weisbrod, B. A. (Hg.) (1998a): To profit or not to profit: the commercial transformation of the nonprofit sector. Cambridge

Weisbrod, B. A. (1998b): Institutional form and organizational behavior. In: Powell, W./Clemens, E. S. (Hg.): Private action and the public good. New Haven, London, S. 69-84

Weiss, M./Steinert, B. (2000): Privatisierung im Bildungsbereich – Internationale Tendenzen. In: Radtke, F. O./Weiß, M. (Hg.): Schulautonomie, Wohlfahrtsstaat und Chancengleichheit. Ein Studienbuch. Opladen, S. 35-51

Wiese, G./Wiese, W. (Hg.) (1996): Die Finanzen des Museums. Schriften des Freilichtmuseums am Kiekeberg. Ehestorf

Willnauer, F. (1994): Kulturförderung. In: Rauhe, H./Demmer, C. (Hg.): Kulturmanagement: Theorie und Praxis einer professionellen Kunst. Berlin, New York, S. 102-117

Wimmer, N. (1999): Das öffentliche Interesse im Spannungsfeld von Staatsverantwortung und Wettbewerb. In: Struktur im Wandel. Organisationen zwischen Staat und Markt 37/1999, 3-4, S. 6-21

Wissenschaftliches Institut der AOK (1998): Der Pflegemarkt in Deutschland – Ein statistischer Überblick. Bonn

Wolff, K. (1999): Mehr Unterricht, mehr Betreuung und mehr Gerechtigkeit. Verlässliche Grundschulen und Betreuung in ganz Hessen: Die neue Form der „Grundschule mit festen Öffnungszeiten". Frankfurter Allgemeine Sonntagszeitung vom 14.11.1999

Wüstenrot Stiftung Deutscher Eigenheimverein e.V. (Hg.) (1997): Wohnquartiernahe Alltagshilfen – Ergebnisse eines bundesweiten Wettbewerbs. Stuttgart

Young, D. R. (1998): Commercialism in nonprofit social service associations. Its character, significance, and rationale. In: Weisbrod, B. A. (Hg.): To profit or not to profit. The Commercial transformation of the nonprofit sector. Cambridge, S. 207-235

Zimmer, A. (1996): Vereine – Basiselemente der Demokratie. Opladen

Zimmer, A. (1999): Corporatism revisited – the legacy of history and the German nonprofit sector. In: Voluntas, Vol. 10/No.1, S. 37-50

Zimmer, A. (2001): Bürgerschaftliches Engagement im Kulturbereich und im Dritten Sektor. In: Röbke, T./Wagner, B. (Hg.): Jahrbuch für Kulturpolitik 2000. Band 1, Thema: Bürgerschaftliches Engagement. Essen, S. 75-96

Zimmermann, O. (2001): Was hindert und wie fördert man bürgerschaftliches Engagement in Vereinen und Verbänden des Kulturbereiches. In: Röbke, T./Wagner, B. (Hg.): Jahrbuch für Kulturpolitik 2000. Band 1, Thema: Bürgerschaftliches Engagement. Essen, S. 157-178

Über 30 Bände und Sonderbände haben der Reihe »Modernisierung des öffentlichen Sektors« ein unverwechselbares Profil gegeben: fachlich hochkompetent, auf das Wesentliche konzentriert, mit ausgeprägtem Praxisbezug – eine aktuelle, preiswerte und verläßliche Bibliothek zu zahlreichen Fragen und Problemen der Verwaltungsreform.

»Wer fundierte und konzentrierte Basisinformationen ... sucht, wird hier bestens bedient.«

(Verwaltung + Management)

In der Reihe »*Modernisierung des öffentlichen Sektors*« - eine Auswahl:

13 Rolf Brandel, Sybille Stöbe-Blossey, Norbert Wohlfahrt
Verwalten oder gestalten? Ratsmitglieder im Neuen Steuerungsmodell
1999   104 S.   ISBN 3-89404-733-X

Jeder Band der Reihe: € 8,90

14 Hans Brinckmann, Martin Wind
Teleadministration. Online-Dienste im öffentlichen Sektor der Zukunft
1999   102 S.   ISBN 3-89404-734-8

15 Stefan Engelniederhammer, Bodo Köpp, Christoph Reichard, Manfred Röber, Hellmut Wollmann
Berliner Verwaltung auf Modernisierungskurs. Bausteine - Umsetzungsstrategien - Hindernisse
1999   100 S.   ISBN 3-89404-735-6

16 Frieder Naschold, Werner Jann, Christoph Reichard
Innovation, Effektivität, Nachhaltigkeit. Internationale Erfahrungen zentralstaatlicher Verwaltungsreform
1999   99 S.   ISBN 3-89404-736-4

17 Ralph Greifenstein, Leo Kißler
Personalvertretung in Reformrathäusern. Zur Standortsuche von Personalräten im Reformprozeß
2000   108 S.   ISBN 3-89404-737-2

18 Klaus Lüder
Neues öffentliches Haushalts- und Rechnungswesen. Anforderungen, Konzept, Perspektiven
2001   105 S.   ISBN 3-89404-738-0

19 Jörg Bogumil, Lars Holtkamp, Leo Kißler
Verwaltung auf Augenhöhe. Strategie und Praxis kundenorientierter Dienstleistungspolitik
2001   93 S.   ISBN 3-89404-739-9

eXtra   Wolfgang Gerstlberger, Klaus Grimmer, Martin Wind
Innovationen und Stolpersteine in der Verwaltungsmodernisierung
1999   112 S.   ISBN 3-89404-720-8

Fortsetzung auf der nächsten Seite

Modernisierung des öffentlichen Sektors

Als **Sonderbände** der Reihe sind zuletzt erschienen:

4 Frieder Naschold, D. Budäus, W. Jann, E. Mezger, M. Oppen, A. Picot, Chr. Reichard, E. Schanze, N. Simon
Leistungstiefe im öffentlichen Sektor. Erfahrungen, Konzepte, Methoden
1996   184 S.   ISBN 3-89404-754-2   € 14,90

6 Gertrud Kühnlein
Verwaltungspersonal in den neuen Ländern. Fortbildung und Personalpolitik in ostdeutschen Kommunen
1997   136 S.   ISBN 3-89404-756-9   € 12,90

7 Otto Jacobi, Berndt Keller (Hg.)
Arbeitsbeziehungen im öffentlichen Dienst Europas. Interessenvertretung und Mitbestimmung in der EU
1997   139 S.   ISBN 3-89404-757-7   € 14,90

8 Leo Kißler, J. Bogumil, R. Greifenstein, E. Wiechmann
Moderne Zeiten im Rathaus? Reform der Kommunalverwaltungen auf dem Prüfstand der Praxis
1997   237 S.   ISBN 3-89404-758-5   € 18,90

9 Claus Reis, Matthias Schulze-Böing (Hg.)
Planung und Produktion sozialer Dienstleistungen. Die Herausforderung "neuer Steuerungsmodelle"
1998   224 S.   ISBN 3-89404-759-3   € 17,90

10 Hans Brinckmann
Die neue Freiheit der Universität. Operative Autonomie für Lehre und Forschung an Hochschulen
1998   208 S.   ISBN 3-89404-760-7   € 14,90

11 Jochen Lang, Frieder Naschold, Bernd Reissert
Management der EU-Strukturpolitik. Steuerungsprobleme und Reformperspektiven
1998   135 S.   ISBN 3-89404-761-5   € 12,90

12 Wolfgang Hinte, Gerd Litges, Werner Springer
Soziale Dienste: Vom Fall zum Feld. Soziale Räume statt Verwaltungsbezirke
1999   202 S.   ISBN 3-89404-762-3   € 15,90

13 Wolfgang Pfaffenberger, Ulrich Scheele, Katrin Salge
Energieversorgung nach der Deregulierung. Entwicklungen, Positionen, Folgen
1999   137 S.   ISBN 3-89404-763-1   € 12,90

14 Leo Kißler, Melanie Graf, Elke Wiechmann
Nachhaltige Partizipation. Beschäftigtenbeteiligung als Beitrag für mehr Chancengleichheit
2000   269 S.   ISBN 3-89404-764-X   € 18,90

15 Klaus Lenk, Gudrun Klee-Kruse
Multifunktionale Serviceläden. Ein Modellkonzept für die öffentliche Verwaltung im Internet-Zeitalter
2000   143 S.   ISBN 3-89404-765-81   € 12,90

Ausführliche Informationen über die Reihe und über sein Gesamtprogramm sendet der Verlag Ihnen gern. Natürlich kostenlos und unverbindlich.
edition sigma
Karl-Marx-Str. 17   D-12043 Berlin
Tel. [030] 623 23 63   Fax [030] 623 93 93
E-Mail: verlag@edition-sigma.de   und stets aktuell im Internet:
www.edition-sigma.de